ARMARIUM

STUDIA EX HISTORIA SCRIPTURAE,
LIBRORUM ET EPHEMERIDUM

ARMARIUM

STUDIA EX HISTORIA SCRIPTURAE, LIBRORUM ET EPHEMERIDUM

STUDIEN AUS DER GESCHICHTE DER SCHRIFT, DER BÜCHER UND DER PERIODICA

Herausgegeben von

PIROSKA DEZSÉNYI SZEMZŐ
und
LÁSZLÓ MEZEY

AKADÉMIAI KIADÓ • BUDAPEST 1976

ISBN 963 05 1016 2

Printed in Hungary

WIDMUNG

Wir möchten das Armarium dem Direktor der Universitätsbibliothek Budapest, Professor Dr. László Mátrai, zu seinem 65. Geburtstag als ein etwas verspätetes Geschenk widmen. Die Aufsätze dieses Studienbandes, die sich mit fast sämtlichen Gebieten der Buch- und Bibliotheksgeschichte befassen, stellen unserer Meinung nach einen würdigen Beitrag zur Ehrung jenes Wissenschaftlers dar, der seit bereits dreißig Jahren die buch- und bibliothekshistorisch bedeutsamste ungarische Bibliothek leitet.

Professor Mátrai, der hervorragende Pfleger der Wissenschaftsgeschichte und Kulturphilosophie, ist nicht nur Bibliotheksfachmann, sondern auch Wissenschaftler, als der er unentwegt die Forschungen und Bestrebungen der Kommission für Buchgeschichte und Bibliographie, zu deren Gründern und Mitgliedern er gehört, unterstützt. Möge er neben unseren Glückwünschen den vorliegenden Studienband als Ausdruck unserer Verehrung und unseres Dankes annehmen.

Prof. Dr. László Mezey

INHALT

VORWORT

Die Buchgeschichtliche und Bibliographische Arbeitskommission der Ungarischen Akademie der Wissenschaften beabsichtigte ursprünglich, das Armarium zur Fünfhundertjahrfeier des ungarischen Buches im Jahre 1973 zu veröffentlichen. Man wollte eine Reihe von Studienbänden eröffnen, die in ungezwungener Reihenfolge erscheinen sollten. Anfang 1972 begann Béla Dezsényi das bereits gesammelte Material zum Druck vorzubereiten; durch seinen plötzlichen Tod am 8. September 1972 wurde die Arbeit jedoch abgebrochen. Dieser schmerzliche Verlust bedeutete die verspätete Herausgabe des Bandes. Piroska Dezsényi Szemző trat das Erbe ihres Mannes an und besorgte zusammen mit László Mezey die Vorbereitung des Bandes zur Drucklegung.

Die hier veröffentlichten Studien umfassen ein weites Gebiet, ausgehend vom Mittelalter über die Renaissance, das Barockzeitalter und die Aufklärung bis in unsere Tage. Die Herausgeber waren bemüht, den Themenkreis auch in internationaler Beziehung zu erweitern, daher erscheinen neben ungarischen Beiträgen auch Studien von Autoren aus Rumänien, der Tschechoslowakei und Österreich in deutscher, französischer und englischer Sprache.

Durch diese Studien werden wichtige Teilprobleme gelöst, und wir versuchten die Synthese von Fragen, die zur Zusammenfassung bereits reif waren. Auf diese Weise werden gut fundierte Forschungsergebnisse für die ungarische, aber auch internationale wissenschaftliche öffentliche Meinung aus jenen Themenkreisen erschlossen, mit denen sich die Arbeitskommission seit zwei Jahrzehnten befaßt. Mit ihren gut dokumentierten literarischen und historischen Beziehungen bringen sie viel Neues und helfen, in einzelnen Kapiteln der Kulturgeschichte manche Lücken unseres Wissens zu schließen.

Die Herausgeber

IN MEMORIAM BÉLA DEZSÉNYI

LÁSZLÓ MEZEY

Als ich mich am 29. August 1972 von Béla Dezsényi verabschiedete, dachte ich, daß er daheim bleibt, ich aber eine lange Reise antrete. Am Freitag der folgenden Woche war er, der daheim geblieben war, bereits ferner als ich an irgendeinem Orte meiner zwei Monate dauernden Wanderschaft. Erst im Oktober erreichte mich die Kunde von seinem Hinscheiden. Es wäre für mich heute schwer, der tiefen und bitteren Trauer in Worten Ausdruck zu verleihen, die ich empfand, als ich den unerwartet schnellen Heimgang meines guten und hochverehrten Freundes, meines nächsten Mitarbeiters erfuhr. Hatten wir doch so viele gemeinsame Sorgen und Pläne. Die Sorgen werden vielleicht diejenigen mit mir teilen, die ich darum bitten kann, bei der Verwirklichung unserer Pläne aber wird er in unserer Mitte sein. Er wird auch jetzt immer teilhaben an unserer Arbeit im Dienste der Wissenschaft, die ihm so teuer geworden war, war er doch mit seiner verständigen, universellen, teilnehmenden Liebe so sehr eins geworden mit allem, was zu den wichtigsten Aufgaben unserer Arbeitsgemeinschaft und ihrer Vorgängerin seit bereits achtzehn Jahren gehörte. Nun, da er uns verlassen hat, sind László Mátrai, Mitglied der Akademie der Wissenschaften, und ich die Einzigen von denen, die 1954 von der Akademie der Wissenschaften mit der bis heute andauernden Arbeit betraut worden waren. Wie viele gemeinsame Erinnerungen aus jenen achtzehn Jahren werden wieder lebendig! Doch soll jetzt nicht von ihnen die Rede sein, sondern von ihm selbst. Wir wollen hier Béla Dezsényis, seines tapferen, mit guter Arbeit ausgefüllten Lebens gedenken.

Er wurde am 8. Mai 1907 in Budapest geboren. Sein Vater war Beamter des Landesvereins Ungarischer Landwirte, der infolge seines schweren Schicksals und seiner im ersten Weltkrieg erlittenen Verwundung im Alter von dreiundfünfzig Jahren starb.

Dezsényi absolvierte seine Studien mit Auszeichnung und wurde daher 1925 ins Eötvös-Kollegium aufgenommen. Er absolvierte seine Universitätsstudien und erhielt als Lehramtskandidat für französische Sprache und Literatur zweimal ein Staatsstipendium, mit dem er 1927 und 1929 seine Studien an der Universität Genf fortsetzte. 1931 erhielt er seine Befähigung zum Mittelschulprofessor und wurde zum Doktor der Philosophie promoviert. Seine Doktordissertation trägt den Titel Magyar–svájci szellemi kapcsolatok a szabadságharc idején (Geistige Beziehungen zwischen Ungarn und der Schweiz zur Zeit des Freiheitskrieges). 1934 wurde er provisorisch zum Mittelschulprofessor am Imre-Madách-Gymnasium in Budapest ernannt und später in die Széchényi Nationalbibliothek in Budapest als Praktikant aufgenommen. 1940 wurde er zum Hilfs-Kustos der Bibliothek ernannt und ab 1943 mit der Leitung der Periodikaabteilung der Bibliothek betraut.

An der Universität hatte er zeitgenössische Philologie studiert. Sein Befähigungsdiplom zum Mittelschulprofessor lautete für deutsche und französische Sprache und Literatur. Mit Fragen der Weltliteratur befaßte er sich hauptsächlich im Zusammenhang mit der Untersuchung der Beziehungen französisch- und deutsch-schweizerischer Schriftsteller zu Ungarn. Seine Doktorarbeit und sein Buch Magyarország és Svájc (Ungarn und die Schweiz), das die weit zurückreichenden Beziehungen zwischen beiden Völkern erschließt und vertieft sowie seine anderen Studien beweisen, daß seine Arbeiten aus dem Themenkreis der vergleichenden Literaturwissenschaft selbständig waren und sich auf ein ziemlich großes Gebiet erstreckten.

Sein Lebenswerk sollte jedoch auf einem anderen Gebiete der Wissenschaften entstehen. Schon als er an seiner Doktordissertation arbeitete, beschäftigten ihn Fragen der periodischen Presse und deren Geschichte und nachdem er seinen Dienst in der Nationalbibliothek angetreten hatte, beschäftigte er sich auch beruflich in erster Linie mit Zeitungen und Zeitschriften. So verpflichtete er sich der Zeitungswissenschaft und wurde der erste Pfleger der ungarischen Journalistik, der diese bewußt in ein System zu fassen trachtete. Seine diesbezüglichen Studien erstreckten sich auf sämtliche Epochen der ungarischen Pressegeschichte: A magyar hírlapirodalom első százada (Das erste Jahrhundert der Journalistik Ungarns); A magyar hírlap útja kiadó és közönség között (Der Weg der ungarischen Zeitungen zwischen Redaktion und Lesern); Az első magyar képes hetilap (Das erste ungarische illustrierte Wochenblatt); Az időszaki sajtó története a Dunatáj országaiban (Geschichte der periodischen Presse in den Ländern des Donauraums); A Nova Posoniensia és az újságolvasók a XVIII. században (Die Nova Posoniensia und die Zeitungsleser im XVIII. Jahrhundert); A magyar hírlapirodalom 1848—49-ben (Die ungarische Journalistik 1848/49); Kossuth, a forradalmi publicista (Kossuth als revolutionärer Publizist); A Nemzeti Kör a negyvenes évek irodalmi és politikai mozgalmaiban (Die Rolle des Nationalen Klubs in den literarischen und journalistischen Bewegungen der vierziger Jahre); Szacsvay Sándor és a bécsi cenzúra (Sándor Szacsvay und die Wiener Zensur) usw. Auf Grund seiner Tätigkeit habilitierte er sich 1946 an der Budapester Universität im Themenkreis „Geschichte der periodischen Presse Ungarns" zum Privatdozenten. Unter seiner Leitung entstand die Bibliographie der ungarischen Zeitungen und Zeitschriften und als erste Frucht dieser Tätigkeit A magyar sajtó bibliográfiája 1945—1954 (Bibliographie der ungarischen Presse 1945—1954).

Diese Arbeiten bereiteten sein Werk A magyar sajtó 250 éve (250 Jahre ungarische Presse) vor, das er 1954 zusammen mit György Nemes veröffentlichte. Es wird als pressehistorisches Handbuch an der Universität und den Hochschulen benutzt. Er selbst sagte darüber: „Man kann es, ja vielleicht soll man es kritisieren. Seit den letzten sechzehn Jahren hätte man es sicherlich besser gemacht, wenn das so leicht wäre. Als ich es schrieb, fehlten dazu selbst die elementarsten Vorarbeiten.“ Davon, daß die ungarische Presse nicht isoliert dasteht und daß es eine universelle Pressegeschichte gibt, wollte eben niemand etwas wissen. Damit und durch seine Tätigkeit an der Universität ein Vierteljahrhundert hindurch wollte er der Wissenschaft, in erster Linie der wissenschaftlichen Presseforschung, am meisten dienen. Seine Hörer schenkten ihm Vertrauen und brachten ihm Interesse entgegen, die Universität zeichnete ihn mit dem Dozententitel aus.

In diesem Zusammenhang muß erwähnt werden, daß fast sämtliche Artikel über die Presse, die in drei großen Lexika erschienen, von ihm verfaßt wurden, dazu auch ein Großteil diesbezüglicher Ausführungen der sechsbändigen Literaturgeschichte.

Die Bibliographie seiner literarischen Tätigkeit spiegelt seine weit ausholende wissenschaftliche Tätigkeit wider. Sie erschien im Országos Széchényi Könyvtár Évkönyve 1970—71 (Jahrbuch der Széchényi Nationalbibliothek 1970/71), 1973, S. 11—23. Ein Teil davon hängt natürlich mit seinem Beruf zusammen, hierher gehören ja eigentlich seine pressehistorischen Forschungen, da er die Periodikasammlung des Nationalmuseums achtundzwanzig Jahre hindurch leitete, länger als irgendeiner seiner Vorgänger, angefangen bei István Kereszty bis zu Zoltán Trócsányi, vielleicht den Gründer der Abteilung, József Szinnyei, ausgenommen. Zum Schutze der ihm anvertrauten Werte ließ er einen großen und zwei kleinere Panzerräume und einen besonderen Lesesaal für Periodika bauen. Er begann die Herausgabe des Repertoriums für Periodikaartikel und die retrospektive Zeitungsbibliographie. Er war genötigt, sich auch mit theoretischen Bibliotheksproblemen im engeren Sinne des Wortes zu befassen und konnte so aus seinem Arbeitsbereich z. B. die Teilnahme an der Normierung der Dokumentation, besonders der Periodika-Bibliographien und der Titelabkürzungen nicht ausschließen, was z. T. auch Auswirkungen auf internationaler Ebene hatte. Wie auch immer, im weiteren Sinne berührten diese ja ebenfalls sein Hauptthema, die Pressewissenschaft. In den letzten drei Jahren beschäftigte er sich mit der Geschichte der Széchényi Nationalbibliothek von 1919 bis zu unseren Tagen. Drei Studien schrieb er über diesen Themenkreis, von denen zwei einen größeren Umfang haben als vier Bogen. Sein Beruf als Bibliothekar behinderte seine Beschäftigung mit literarischen Fragen nicht, so hat auch sein letzter — postumer — Artikel einen bekannten ungarischen Erzähler unseres Jahrhunderts zum Gegenstand: Móra Ferenc hivatalos levelezése az Országos Széchényi Könyvtárral az 1920-as években (Der dienstliche Briefwechsel Ferenc Móras mit der Széchényi Nationalbibliothek in den 1920er Jahren).

Zu erwähnen sind noch die von ihm redigierten Veröffentlichungen und Zeitschriften, an erster Stelle Magyar Könyvszemle, A Magyar Tudományos Akadémia I. osztályának könyvtörténeti és bibliográfiai folyóirata (Ungarische Buchrundschau, Buchhistorische und bibliographische Zeitschrift der I. Klasse der Ungarischen Akademie der Wissenschaften). Seine darin erschienenen Artikel und über hundert Rezensionen stehen nicht nur mit seinem Forschungsgebiet, sondern auch mit den aktuellen Erfordernissen seiner Arbeit als Schriftleiter im Zusammenhang. Es ist vielleicht nicht uninteressant zu erwähnen, daß Dezsényi neben den Beiträgen aus der Geschichte des Buches und der Handschriften, wie sie zur alten Tradition von Magyar Könyvszemle gehörten, von 1954 an als Erster — vor allen anderen Institutionen und Organen — der Pressegeschichte des zwanzigsten Jahrhunderts einen großen Platz überließ, darunter besonders den Zeitschriften und Herausgebern der sogenannten „versunkenen Literatur". In der Geschichte von Magyar Könyvszemle wird Dezsényis Name ein besonderes Kapitel bedeuten und dies ist nicht ein pietätvoller Gemeinplatz.

Béla Dezsényi wurde 1958 mit der Redaktion der Országos Széchényi Könyvtár Évkönyvei (Jahrbücher der Széchényi Nationalbibliothek) sowie anderer Publikationen der Széchényi Nationalbibliothek betraut. Seit dieser Zeit erschienen 7 Bände der Jahrbücher und ihr Inhalt ist nicht ausschließlich, ja nicht einmal überwiegend bibliothekswissenschaftlicher Natur, sondern hauptsächlich literaturhistorisch und kulturhistorisch. Der achte und letzte von ihm redigierte Band ist jetzt im Druck. Unter anderen, von ihm redigierten Veröffentlichungen der Széchényi Nationalbibliothek erschien vor kurzem der Briefwechsel des großen ungarischen Romanschriftstellers Kálmán Mikszáth (1847—1910). Er bereitete ebenfalls die Veröffentlichung des Briefwechsels des Erzählers Gyula Krúdy (1878—1933) vor.

Aus all dem geht hervor, daß sich seine Tätigkeit nicht nur auf die Zeitungswissenschaft bezog, obwohl die Mehrzahl seiner Arbeiten diesem Fachgebiet entstammt. Man könnte sein Lebenswerk unter dem Titel „Grund- und Hilfswissenschaften der Literaturgeschichte" zusammenfassen, da ja, meiner Meinung nach, die Bibliotheksgeschichte und im allgemeinen die Bibliothekswissenschaften — richtig aufgefaßt — auch hierher gehören. „Von denen, die auf diesem Gebiete tätig sind", sagte Béla Dezsényi einmal, „bin ich heute vielleicht der älteste an Jahren — und was die Ergebnisse meiner Tätigkeit betrifft, wenn auch nicht der Ergiebigste, aber vielleicht auch nicht der Letzte." Dieser Meinung Béla Dezsényis können wir jedoch nicht beipflichten: sowohl an Jahren, als auch hinsichtlich der Ergebnisse seiner Tätigkeit war er der Erste.

Diese Ergebnisse seines Wirkens erhalten sein Andenken in uns lebendig. Indem wir sie behüten und zur Geltung bringen, können wir zur Weiterentwicklung dieses ihm teuer gewordenen Zweiges der Wissenschaft beitragen und so werden diese Worte des Gedenkens nicht mit dem Augenblick und dem Leben verhallen.

GLOSSIERTES JOHANNESFRAGMENT AUS DEM 9. JAHRHUNDERT IN BRATISLAVA[1]

PÁL TIMKOVICS

Ein beachtlicher Teil des alten Bücherbestands in der Akademiebibliothek Bratislava war bis Mitte des 17. Jahrhunderts im Besitz des Evangelischen Lyzeums. In diese alte Sammlung gehört auch das Buch, das ins Pergament des nachstehend analysierten Kodexfragments gebunden wurde. Der Band, der etwa wie ein Colligatum Promotionsschriften und verschiedene biblische Themen beinhaltet, wurde wahrscheinlich aus Wittenberg oder vielleicht aus Halle von im Ausland studierenden Theologen in die Bibliothek des Evangelischen Lyzeums gebracht — bereits in gebundener Form.

Das Fragment selbst wurde in ziemlich beschädigtem Zustand gefunden. Sein Pergament ist vergilbt, an manchen Stellen braun und nicht besonders stark präpariert. Aus seinem Charakter können wir auf deutschen Ursprung schließen. Das ganze besteht nur aus einem Folio, beide Seiten (im weiteren: Folio A und Folio B) sind vollgeschrieben. Seine Maße sind 355 mm × 241 mm, davon betragen die des evangelischen Textus 258 mm × 91 mm. Die Glossen befinden sich neben dem Textus auf der rechten bzw. linken Seite, so ist das Fragment klar zu sehen; es zeigt eine Gliederung in drei Spalten. Die auszufüllenden Spiegel wurden im voraus liniert, die Randlinie ist auch neben dem Textus und den Glossen klar ersichtlich. Die Linierung wurde mit Zinn ausgeführt — getrennt für Textus und Glossen. Auf dem Foto sieht man die Punktierung zwar nicht, doch können wir aufgrund der sorgfältig aufgetragenen Linierung annehmen, daß es sie ursprünglich gab. Die Glossen auf der linken Seite sind kurz, da dem Glossator sicherlich nicht genug Platz zur Verfügung stand, während sie auf der rechten Seite manchmal fast bis zum Rande reichen.

Die evangelischen Passus (Joh. 15,2—20) umfassen insgesamt je 28 Zeilen. Der Skriptor beginnt nicht jeden Versus in einer neuen Zeile, wenn

[1] Das Kodexfragment, bestehend aus einem Passus des Evangeliums des Johannes sowie den beigefügten Glossen, wurde von Prof. László Mezey im Jahre 1968 in der Akademiebibliothek Bratislava gefunden. In der vorliegenden Studie wird der originale Text der Glossen gebracht und der Versuch unternommen, die Entstehung des Fragments zu bestimmen. Zur Grundlage der Textveröffentlichung dienten die vorläufigen Aufzeichnungen von Prof. Mezey. (Gegenwärtig steht uns nur eine sehr schwache Fotokopie des Fragments zur Verfügung.) Die Definition ist das Ergebnis einer in die Methodik der Fragmentforschung einführenden Seminararbeit sowie meiner eigenen Forschungen.

aber der Versus doch in eine neue Zeile gerät, so befindet sich der erste Buchstabe außerhalb des Spiegels und zwar in Form eines roten Initials. Der Glossator verwendet dieselbe Methode.

Die oben detailliert behandelte Art der Linierung, die sorgfältige Gliederung sowie die roten Initialen lassen darauf schließen, daß der Kodex, dessen Fragment wir zu analysieren versuchen, bereits bei seiner Entstehung zu dem Zweck geschaffen wurde, dem Leser den biblischen Text mit einer die Verständigung erleichternden und die theologische Auslegung kurz summierenden Glosse zugänglich zu machen.

Die Schrift des evangelischen Textus ist Minuskel aus der frühen karolingischen Zeit. Sie ist gut lesbar und leicht zu übersehen. Ihr Duktus ist proportioniert, vielleicht ein wenig dicht, die Wortgrenzen sind oft nicht voneinander getrennt. Diese etwas enge Variante ist für die Kodizes der Karolingerzeit im allgemeinen charakteristisch. Der Angulus ist nicht rechtwinklig, sondern ähnelt eher einem Spitzwinkel. Der Pondus der Schrift ist etwas dick, im Gegensatz zu dem der grazileren und dünneren Buchstabenformen des 10. Jahrhunderts.[2]

Der Text der Glossen ist nicht so gut lesbar, an manchen Stellen ist er sogar ganz verschwommen bzw. verletzt. Die Schriftart ist die bei Glossen im allgemeinen bevorzugte *cursiva textualis formata.*[3] Aller Wahrscheinlichkeit nach stammen die Glossen aus derselben Zeit wie der Textus selbst.

An der Schrift des Textus sind Merkmale der karolingischen Schriftreform zu beobachten. Im allgemeinen wird hier die Unziale a verwendet, die genauso wie **g** die Kennzeichen der karolingischen Minuskeln trägt. Gleichzeitig jedoch gebraucht der Skriptor oft den früher geläufigen sog. kursiven offenen *a* Buchstaben: *a;* beide Varianten kommen also manchmal im selben Wort vor: z. B. *clarificatus, faciat*. An einer Stelle können wir an der Formung des Buchstaben g die Merkmale des früher benutzten ʒ erkennen, die Schreibung des alten Buchstaben ist hier jedoch falsch. Im allgemeinen also g: *ego, diligitis, gaudium,* einmal jedoch: *eço* (richtig: *eʒo*). Diese Beispiele sprechen dafür, daß das Fragment wohl aus jener Zeit stammt, als die Verbreitung der karolingischen Schriftreform erst ihren Anfang nahm und daher die Hand noch unwillkürlich zu den charakteristischen Formen einer früheren Schriftart neigte.

Das vor der Schriftreform verwendete *a* kommt am häufigsten in der Schreibung des Diphthongs *ae* vor, z. B. *haec, quae, quaecumque*. An diesen Beispielen kann man zugleich das wichtigste Rechtschreibemerkmal des Fragments ablesen: der Skriptor benutzt den mit zwei Buchstaben dargestellten Diphthong — im Gegensatz zu der späteren Praxis, bei der im Falle eines Doppellauts der Buchstabe ę verwendet wurde.

[2] Siehe vergleichsweise: Jones, L. W.: The Script of Cologne from Hildebald to Hermann. Cambridge (Mass.), 1932, S. 40, Cologne, Dombibliothek 106. Plates XXXIV und XXXIX.

[3] Bischoff, B.: La nomenclature des écritures livresques du IXe au XIIIe siècle. Nomenclature des écritures livresques du IXe au XVIe siècle. Premier colloque international de paléographie Latine. Paris, 28–30 avril 1953, S. 8; Stiennon, Jacques: Paleographie du Moyen Age. Armand Colin, Paris 1973, S. 99.

Im Textus finden wir die für die Zeit allgemein bezeichnenden Abkürzungen: z. B. *ppter* = propter, *p* = pro, *pſecuti ſ̄* = persecuti sunt, *aū* = autem, *n̄* = non, *quaecumq;* = quaecumque. Die Konjunktionen *quia, quod, quis* werden nicht abgekürzt. In der Regel kürzt der Skriptor die Wörter erst dann ab, wenn er dazu wegen Platzmangel tatsächlich gezwungen ist. Die Nasale sind nur am Ende der Zeilen abgekürzt: z. B. *sermonē, fructū, gaudiū.* Die bekannte Abkürzungsform der Partikel *et* wird wohlbekannterweise auch innerhalb des Wortbildes verwendet, z. B. *mand&e, fid&, p&etis.*

Der Glossator hingegen gebraucht recht oft Abkürzungen, die auf Nasale auslautenden Wörter werden mit einem Suspensionszeichen, diejenigen, mit der Endung -us häufig mit dem spezialen Zeichen (') abgekürzt, z. B. *ē* = est, *n̄rae* = nostrae, *bonorū operū* = bonorum operum, *facit'* = facitis, *afferam'* = afferamus, *efficim'* = efficimus, *nob̄* = nobis.

Die charakteristische Abkürzung der Nomina sacra ist auch bei diesem Glossator zu finden: z. B. *xp̄i* = Christi, *xp̄ianus* = christianus, *ih̄s* = Jesus.

Viel problematischer als die paleographische Bestimmung war allerdings, den Inhalt des Fragments zu bestimmen, oder genauer die Quellen der Glossen zu finden.

Der evangelische Textus beinhaltet das Gleichnis aus dem Evangelium des Johannes über die Rebe vom 2. Versus des 15. Kapitels an *(et omnem qui fert fructum)* bis zum 20. Versus *(si me persecuti sunt)*. Das Fragment weicht vom Text der Vulgata nicht wesentlich ab. Zweimal wird hier die im kritischen Apparat der Vulgata erwähnte Variante gebracht[4] (7. Versus: statt *eum*: *eos*; 15. Versus: statt *dicam*: *dico*). Die dritte Abweichung rührt höchstwahrscheinlich nur von falscher Kopierung her (15. Versus: statt *quid faciat*: *quis faciat*).

Bei der Erforschung des Ursprungs der Glossen bot sich das von Paulus Diaconus zusammengestellte sog. karolingische Homiliarium („In vigilia Apostolorum") als erster Anhaltspunkt an. In diesem wird als Erklärung von *Ego sum vitis* der entsprechende Passus aus Augustinus' „Tractatus in Johannem" angeführt.[5] Die Glossen zeigen zwar an manchen Stellen wortwörtliche Übereinstimmung mit dem Augustinischen Kommentar, doch weichen sie in wesentlichen Punkten davon ab, so daß der Autor weiter gesucht werden mußte, durch dessen Vermittlung der mittelalterliche Schriftausleger mit den Werken von Augustinus bekannt gemacht wurde. Der treueste Anhänger und Nachfolger Augustinus' war Beda Venerabilis aus dem Inselreich, doch schrieb er zu Johannes keinen Kommentar. Mit der im breiten Kreise bekannten „Glossa ordinaria" stimmen die hier behandelten Glossen nicht überein.

Am Hof Karls des Großen wirkte ein hervorragender Gelehrter namens Alcuin, der aus den Bibelerklärungen der Kirchenväter, vor allem des Augustinus und des heiligen Gregor ebenfalls sehr viel schöpfte, und der

[4] Novum Testamentum graece ac latine. Nestle, Stuttgart 1923.

[5] Paulus Diaconus: Migne PL. XCV, 1536. — Augustinus: Tractatus in Johannem Migne PL. XXXV, 1839—1854.

in der Verbreitung der karolingischen Reformen eine wichtige Rolle spielte.[6] Der Glossator des vorliegenden Fragments benutzt das Werk „Commentaria in Sancti Johannis Evangelium" von Alcuin als Quelle.

Alcuin folgt in seinem Kommentar zum Evangelium des Johannes dem Gedankengang von Augustinus, an vielen Stellen wird jedoch Augustinus' „Tractatus" abgekürzt, an einigen Stellen aber durch kurze Hinweise ergänzt bzw. modifiziert.

Die Zusammenhänge bzw. Abweichungen zwischen „Tractatus", „Commentaria" und den Glossen könnten wie folgt bezeichnet werden: Augustinus verweilt bei jedem wichtigen Wort sehr lange und geht auf detaillierte theologische Darlegungen ein. Wie bekannt, war die Gnadenlehre eines seiner Lieblingsgebiete.[7] Bei der Erklärung von *omnem, qui fert fructum, purgabit eum* z. B. erörtert er eingehend das Wesen von „mundatio", die Bedeutung der Taufliturgie usw.

Der Kommentar von Alcuin ist wesentlich kürzer und einheitlicher, so kann man den Gedankengang leichter verfolgen als den des Augustinischen Werkes. Die Debatten über die Gnadenlehre sind zu Alcuins Zeit nicht mehr aktuell, so geht er auf die Details kaum ein.

Auch der Glossator benutzt souverän seine Quelle, die von Augustinus übernommenen Passus werden hier in noch größerem Maße abgekürzt. An manchen Stellen weicht der Text auch von Alcuins Kommentar ab. Es ist durchaus möglich, daß dem Glossator auch ein anderes Werk als Quelle diente, doch können wir zugleich annehmen, daß er Alcuin selbständig umarbeitete. Es kann dabei festgestellt werden, daß nicht etwa theologische Bedenken den Glossator zur Verwendung von Abkürzungen und Modifizierungen bewegten. Dies um so weniger, als ja aus der Natur der Glossen folgt, daß der Verfasser den wesentlichen theologischen Gehalt kurz zusammenfassen muß. Der Glossator hebt aus dem Text von Alcuin bzw. Augustinus die zu seiner Gattung, zur Glosse passenden knappen, frappanten Sätze — etwa in der Art des Wortspiels — sehr geschickt hervor. Siehe: Glossen Fol. A 5—8 b: *Qui enim a semetipso . . .*

Neben den Glossen bringen wir als Vergleich auch die entsprechenden Passus aus dem Kommentar von Alcuin.[8]

[6] Karl der Große. Hrsg. von Bernhard Bischoff. II. Band, Düsseldorf 1966^2: Wolfram von den Steinen: Der Neubeginn. S. 9—27.

[7] Die Religion in Geschichte und Gegenwart. I. Band, Tübingen 1957, S. 745. Die Gnadenlehre Augustins.

[8] Die Zahlen neben den Glossen (z. B. 1—2) bezeichnen die Zeilen des evangelischen Passus, neben welchen sich die gegebene Glosse befindet, sie zeigen also nicht die Versusgliederung des Evangeliums! Mit dem Buchstaben a unter den Zahlen bezeichnen wir die Glossen auf der linken, mit b die auf der rechten Seite. Bei der Veröffentlichung des Textus benutzten wir folgende Zeichen: die senkrechte Linie / zeigt die Zeilengrenze, die runden Klammern ( ) die aufgelöste Abkürzung, die eckigen Klammern [ ] die sinngemäße Ergänzung an Stellen, wo die Buchstaben verschwommen und schwer lesbar sind. Die Nomina sacra lösten wir nicht auf und behielten die Abkürzungszeichen: z. B. *x$\bar{p}$i*. — Der Text von Alcuin: Commentaria in S. Johannis Evangelium, Caput XXXVI. Migne PL. C, 941—947.

	GLOSSEN (FOL. A.)	ALCUIN
1—2 a	*n(on) gig[net] [a]bscidetur et in igne(m) / mittetur*	
1—2 b	*Purgat e[um] in . . . dei- / tatis suae ut amp[lius] . . . fructi / ficant*	
5—8 b	*Id [est] manete in dilectione mea ut / et ego in vob(is) maneo / Qui eni(m) a semet[i]pso. . . / mat ferre in vite non e(st) qui [in] / vite non e(st) in xp̄o non e(st) qui in xp̄o / non e(st) xp̄ianus non e(st)*	*Qui enim a semetipso se fructum existimat ferre, in vite non est, qui in vite non est, in Christo non est, qui in Christo non est, christianus non est.* (942, C)
9—11 a	*Id e(st) ego su(m) radix vos ramus / culi qui manet in unitate / cum xp̄o bonoru(m) operu(m) / multu(m) fructu(m) affert*	
11—12 b	*Non eni(m) dix(it) parv(um) [aut multum] / sed omnino nihil*	*Non dixit: Parvum aliquid boni potestis sine me facere, sed omnino nihil* (942, C)
12—14 a	*Unum e duob(us) palmiti congru/ it aut vitis aut ignis Si in vite/ non e(st) in igne erit Ut ergo/ in igne non . . . maneat in vite*	*Unum e duobus palmiti congruit aut vitis, aut ignis si in vite non est, in igne erit: ut ergo in igne non sit, maneat in vite.* (942, D)
16—19 b	*Manendo in xp̄o . . .* . . . . Vier Zeilen sind verschwommen. . . . . *volunt nis . . .*	*Manendo quippe in Christo, quid velle possunt nisi quod convenit Christo? Quid velle possunt, manendo in Salvatore, nisi quod alienum non est a salute? Nec enim petere volunt, nisi quod expedit ad salutem.* (943, A)
18—22 a	*Si eni(m) hoc gloria e(st) patris ut fruc/tum plurimu(m) afferam(us) et simus/ discipuli xp̄i Non gloriae hoc/ nostrae tribuamus tamquam ex nob(is) ipsis/ habeam(us) sed e[ius] gloriae cuius/ gratia nos efficim(us) ut simus dis/cipuli xp̄i et maneamus in vite*	*Si enim haec gloria est Patris, ut fructum plurimum afferamus, et simus discipuli Christi, non hoc nostrae gloriae tribuamus, tamquam hoc ex nobis ipsis habeamus. Eius est enim haec gratia, et ideo non nostra, sed eius est gloria. A quo efficimur, ut simus discipuli Christi,*

		nisi ab illo cuius misericordia praevenit nos, ut velle subsequatur et posse, quae ad id pertinet, ut perpetualiter maneamus in vite? (943, B)
21—23 b	*Non equalitate(m) naturae ...| n(ost)rae et suae sic(ut) patris et ipsius| sed gratia(m) qua mediator dei et hominum homo xp̄s ih̄s*	*non aequalitatem naturae ostendit nostrae et suae, sicut est Patris et ipsius sed gratiam, qua est mediator Dei et hominum homo Christus Jesus* (943, C)
23—24 a	*Origo eni(m) salutis n(ost)rae est| dilectio d(e)i quia ipse prior dilex(it) nos*	
24—25 b	Zwei Zeilen sind verschwommen.	
25—28 a	*Quae s(unt) precepta patris nisi quae| antea dixit et sic(ut) mandatu(m) ded(it) | mihi Pat(er) sic facio Quod ap(os)t-(olu)s| exponens ait xp̄s fact(us) e(st) p(ro) nob(is) oboediens usque ad morte(m)*	*Quae sunt praecepta Patris, nisi ante dixit: Et sicut mandatum dedit mihi Pater sic facio? Quod Apostolus exponens ait: Christus factus est oboediens Patri usque ad mortem, mortem autem crucis* (944, A)
27—28 b	*Quid e(st) ergo ... xp̄i ... nob(is) | nisi salus n(ost)ra p(ro)pt(er) qua factus e(st)|*	*Quid est gaudium Christi in nobis, nisi salus nostra, propter quam factus est homo. Et quid est gaudium nostrum, quod aicit implendum, nisi eius habere consortium.* (944, B—C)

GLOSSEN (FOL. B.)

1— 2 a	*homo et quid e(st) gaudiu(m) n(ost)r(um) | quod dicit implendu(m) nisi ei(us) |habere consortium.*	
3— 6 a	*Maiore(m) hac dilectione(m) n[emo]h[abet] | In hoc enim ostendit perfectio caritatis ta(m) validus ma|nere sit ut p(ro) fratris salute ani|ma(m) p(ro)pria (m) ponere n(on) dubitet Qui | vero substantia(m) fratri in neces|sitate posito n(on)*	*Qui vero substantiam suam fratri in necessitate posito non tribuit, quomodo animam suam*

	tribuit quomo/do anima(m) sua(m) p(ro) eo ponit	*in persecutione daturus est pro fratre suo?* (945, C)
3—6 b	Neun Zeilen sind verschwommen.	
7—8 a	*Hac ergo conditione ius ami/-citiae posuit ut in co(m)pletio-ne/ mandato(rum) vigor et ardor osten/deret amantiu(m)*	
8—12 b	*Id (est) in timore servitutis consti/tutos quia qui p(er) timo-rem / tantum... servit adhuc divi/nae caritatis n(on) habet dulcedi[nem]/ filius servit au-(tem) / propt(er) amor[em]*	
11—13 a	*Hoc e(st) servos adoptavi mihi in / filios et gaudia int(er)nae caritatis / in mentib(us) n[os-tris] in spiritu*	
14—17 a	Sieben Zeilen sind verschwommen.	
13—17 b	*Id [est] gratia prevenit aposto-los / ut ex servis faceret a[mi]-cos...*	
	Fünf Zeilen sind verschwommen.	
21—24 b	*Hoc e(st) in xp̄o... fui[ss]e-ti[s] /...* *Sed ego elegi vos... de pecca/-torib(us) feceri iustos et p(ro)-pter hoc / odit vos mundus quia con/trariae illis sapitis et di-versa/ agitis*	
24—27 a	*Perfectus magister revocat/ [dis]cipulos ad exemplu(m) quod/[ipse] [ei]s antea osten-de/bat dicens nunc au(tem) ex-hor/[tatur] eos ut habeant .../ ... ser[mon]es magistri/*	*Perfectus magister revocat discipulos ad exemplum quod in se ostendebat, ut in prioribus legimus. Nunc autem exhortatur eos quatenus habeant in memoria sermonem magistri: Non est servus maior Domino suo.* (947, B)
27 b	*Quod est predic... si me qui/*	

Die Ergebnisse unserer Forschungen könnten wir folgendermaßen zusammenfassen: Das in der Akademiebibliothek Bratislava gefundene Fragment aus dem 9. Jahrhundert beinhaltet einen Teil des Evangeliums des Johannes sowie die ihm beigefügten Marginalien. Durch paläographische, kodikologische und textgeschichtliche Argumente kann bewiesen werden, daß das vorliegende Fragment aus den ersten Jahrzehnten des 9. Jahrhunderts, d. h. aus der Anfangsperiode der Verbreitung der karolingischen Schriftreform stammt. Der Glossator benutzte die ,,Commentaria in sancti Johannis Evangelium" Alcuins, so können wir als Terminus post quem das Entstehungsdatum dieses Werkes, d. h. das Jahr 800 betrachten.[9] Das Jahr 830 dient wohl als Terminus ante quem, in dem Falle allerdings, wenn wir nicht annehmen, daß es irgendwo ein Skriptorium gab, wo einige Elemente der älteren Schrift weiterleben konnten.

Der Entstehungsort des Kodex soll dort gesucht werden, wohin der Kommentar von Alcuin schnell gelangen konnte — höchstwahrscheinlich also im zentralen Gebiet des Karolingerreichs.

Ziehen wir die Institutionen in Betracht, so kommen vor allem die über ein entwickeltes Skriptorium verfügenden Reichsabteien oder vielleicht Bistümer in Frage. (Stablo [Stavelot], Fulda, Reichenau, St. Gallen oder etwa Speyer, Worms usw.)

Aus der Folio-Anordnung, den roten Initialen und dem Charakter der Glossenschrift können wir folgern, daß der Kodex, dessen Fragment wir hier soeben behandelt haben, zur ständigen Benutzung bestimmt war und wahrscheinlich den Zwecken des Theologieunterrichts diente.

[9] Vgl. Schönbach, Anton E.: Über einige Evangelienkommentare des Mittelalters. Sitzungsberichte der philosophisch-historischen Classe der kaiserlichen Akademie der Wissenschaften. CXLVI. Band, Wien 1903, Abhandlung IV, S. 53.

PROBLEME DER ENTSTEHUNGSGESCHICHTE DES PRAY-KODEX

LÁSZLÓ MEZEY

Der Pray-Kodex ist jene Handschrift, die das älteste Textdenkmal der ungarischen Sprache, die sogenannte Grabrede enthält. Er wurde schon seit langem und ganz allgemein nach dem Manne benannt, der ihn entdeckte und sich als erster mit ihm befaßte, nach György Pray.[1] Der Kodex diente — wie allgemein bekannt — als *Sakramentarium*, oder nach einer früheren Benennung als Liber sacramentorum und diesem Zwecke entspricht auch der größte Teil seines Textes.[2] Er enthält die variablen Meßgebete (*oratio, secreta, complenda* = Postcommunio) und das bis in die letzte Zeit unveränderte Hauptgebet *(canon missae)*, außerdem die wichtigsten Weihegebete *(benedictiones maiores)* für Mariä Lichtmeß (2. Februar), Palmsonntag, die Weihe des Taufbrunnens am Karsamstag, die sonntäglichen Segnungen der klösterlichen Räumlichkeiten, die Liturgie des Begräbnisses sowie viele andere ergänzende Gebete und Zeremonien.[3] Beim Begräbnisritus findet man im Pray-Kodex die *sermo supra sepulchrum*, die man in Ungarn Grabrede nennt,[4] während man auf den ersten Folios — anscheinend als sekundäre Einfügung — die Beschlüsse der gesetzgebenden Synode von Esztergom findet.[5] Außerdem enthält der Kodex

[1] Die erste Erwähnung des Kodex geschieht nur ganz nebenbei in einer Fußnote. (G. Pray: Vita S. Elisabethae viduae necnon B. Margaritae virginis, Tyrnaviae, 1770, p. 249). Dort zitiert Pray die ersten Zeilen der Grabrede. Im gleichen Jahr teilt János Sajnovics, Prays Ordensbruder, in seiner berühmten Arbeit (Demonstratio idioma Hungarorum et Lapponum idem esse, ebendort, 1770) schon etwas mehr über den Inhalt des Kodex mit, den Pray paläographisch auf eine noch heute stichhaltige Weise in die Zeitordnung einreihte: *En locum Hungaricum seculi XII. et ineuntis XIII. Latiatuc feleym* . . . (a.a.O.). Pray benützt und erwähnt den Kodex in den 1770er Jahren häufig, geht aber nicht auf Einzelheiten ein. Ausführlicher dagegen schreibt er darüber in Dissertatio historico-critica de s. dextera divi Stephani primi Hungariae regis, Vindobonae 1771, p. 43—48, endlich ganz eingehend in Diatribe in dissertationem historico-criticam de S. Ladislao Hungariae rege . . . ab Ant. Ganóczy conscriptam, Posonii et Cassoviae 1777, p. 211—231.

[2] Dictionnaire d'archéologie chrétienne et de la liturgie 15, p. 242—285 (V. Leroquais); Lexikon für Theologie und Kirche 9 (2) 1964, p. 237—239 (B. Kleinmeyer).

[3] Eine ausgezeichnete Angabe des Inhalts des Kodex finden wir bei P. Radó: Libri liturgici manu scripti bibliothecarum Hungariae, Budapest 1947, Országos Széchényi Könyvtár Kiadványai, XXVI, p. 31—58. Ebendort finden wir die vollständigste Bibliographie bis 1947, dem Jahre des Erscheinens von Radós Arbeit.

[4] Vgl. mit der Literatur von linguistischem Wert in Szabó, Dénes: Magyar Nyelvemlékek (Ungarische Sprachdenkmäler), (2) 1959, p. 27—29.

[5] Radó auf p. 31 des zit. Werkes hält dies für eine Eintragung „von erster Hand"; die inhaltskritische Ausgabe des Textes findet sich bei Závodszky, Levente: A Szent

den fast vollständigen Text des Micrologus,[6] eines Werkes aus der zweiten Hälfte des 11. Jahrhunderts, das den Zwecken des päpstlichen Zentralismus diente,[7] einen Kalender, Tabellen und Regeln zur Berechnung des Kalenders (Computus), annalenartige Aufzeichnungen mit einer Anzahl anderer zusätzlicher Texte.[8] Da aber *a parte potiori fit denominatio*, steht das vollständige Sakramentar über den mannigfaltigen Texten, Eintragungen und Fragmenten und nur dieses Sakramentar kann dem Kodex Namen und Charakter geben.

Daß der Pray-Kodex ein Sakramentar war, erschien so selbstverständlich und war so allgemein bekannt, daß er neben seiner häufigeren Benennung nach seinem Entdecker auch als solches erwähnt wurde: die ungarischen Forscher von Ignác Batthyány bis Polikárp Radó[9] und die ausländischen Forscher bis zu den Werken H. Jungmanns[10] und B. Luykx'[11] untersuchten und würdigten den Kodex als Sakramentar. Von dieser Auffassung weicht in neuester Zeit P. Ratkoš ab, nach dessen Auffassung der Kodex ein Lehrbuch war.[12] Batthyány fügt diesem Sakramentar bereits ein Beiwort zur Bezeichnung seiner Herkunft bei und nennt es Boldvense.[13] Im hervorragend gut redigierten Katalog Radós finden wir neben Codex Prayanus auch die Benennung Sacramentarium Bolduense.[14] Dieser Auffas-

István, Szent László és Kálmán korabeli törvények...forrásai (Quellen der Gesetze aus der Zeit Stefan des Heiligen, Ladislaus des Heiligen und Kolomans), Budapest 1904; meine Bemerkung über eine „sekundäre Einfügung" will nur dem Verdacht Ausdruck verleihen, daß die Synodalen zum Teil oder in ihrer Gänze nicht zum Kodex gehörten, sondern ihm von anders her beigefügt wurden.

6 Mohlberg, Cunibert: Das älteste Sakramentar Ungarns und eine wiedergefundene Micrologus-Handschrift. Ephemerides liturgicae, Roma 1927, p. 68.

7 Radó läßt den Text des Micrologus — mit Recht — von der „zweiten Hand" schreiben. Zweifellos war das ein Skriptor, der zu Beginn des 13. Jahrhunderts lebte.

8 Beschrieben im bereits zitierten Werk Radós und in Bartoniek, Emma: Codices latini medii aevi Bibl. Nat. Hung. Budapestini 1941, p. 57—63.

9 Batthyány Ignatius: Leges ecclesiaticae Regni Hungariae II. Albae Iuliae 1785, p. 130—196 und die Bibliographie Radós im zit. Werk p. 35 sowie die kurze Bewertung p. 36.

10 Als Vertreter der rheinischen Meßordnung wird das Sakramentarium bei Jungmann, H.: Missarum solemnia I—II öfter angeführt.

11 Luykx, Bonifas; Jungmann beruft sich auf ihn im zit. Werk I, p. 173.

12 Laut Ratkoš: A Pray kódex keletkezése és funkciója (Entstehung und Bestimmung des Pray-Codex) in Századok, 1968, p. 941—963 war der Kodex „seinem Inhalt nach zu schließen nur als Lehrbehelf bestimmt, infolgedessen sehen wir darin ein Handbuch der Veszprémer Kapitelschule" (p. 962); ebendort (Fußnote 79). Der Kodex „ist nicht nur ein Sakramentarium sondern auch eine kleine mittelalterliche Enzyklopädie", die „in der Veszprémer Schule bereits vor dem Tatareneinfall benützt wurde". Dies ist eine weithergeholte Behauptung, die jeder Grundlage entbehrt und sich um die Wirklichkeit des untersuchten Materials nicht kümmert. Bedenken wir doch, daß von seinem Umfang, der 172 Folios, d.h. 344 Seiten ausmacht, 127 Folios, d.h. 254 Seiten die Texte des Sakramentars, des Rituales (und des Missales) einnehmen und nur die restlichen 45 fol. (90 Seiten) von den Synodalia decreta, dem Micrologus, dem (auch „ärztliche" Ratschläge enthaltenden) Kalender, der Chronik eingenommen werden und nur einige Seiten nach Alexanders Villa Dei Anleitungen zur Berechnung des Kalenders enthalten, die als Lehrmittel aufgefaßt werden könnten.

13 Batthyány Ignatius zit. Werk p. 120—121.

14 Zit. Werk p. 31: „Sacramentarium O.S.B. Boldvense (Codex Prayanus; 1192—95)."

sung gemäß soll der Kodex im ehemaligen Benediktinerkloster von Boldva entstanden sein. Diese Ansicht stieß jedoch auf einigen Widerspruch: laut Marián R. Prikkel ist der Entstehungsort des Pray-Kodex Pannonhalma,[15] laut János Karácsonyi Székesfehérvár,[16] laut József Ernyei[17] und, seit letzter Zeit, P. Ratkoš zufolge Veszprém.[18]

Im Kodex finden sich sowohl die Besonderheiten der monastischen Liturgie als auch der Domkapitel in gleicher Weise, jedoch so, daß in seinem derzeitigen Texte die des Benediktinerordens überwiegen. Deswegen war die Mehrzahl der Forscher der Ansicht, daß der Kodex in einem Benediktinerkloster entstand. Diejenigen jedoch, die sich mit diesem Problem besonders befaßten, waren nicht imstande, einen stichhaltigen Grund für die Besonderheiten der Liturgie der Domkapitel anzugeben (Menyhért Zalán[19] und Flóris Kühár[20]). Die Anhänger der Auffassung hingegen, daß der Kodex in einem Domkapitel (Székesfehérvár oder Veszprém) entstanden ist (Karácsonyi, Ernyei und Ratkoš) können ihrerseits wiederum keine Erklärung für das gleichzeitige und unzweifelhafte Vorhandensein von Besonderheiten geben, die auf den Benediktinerorden hinweisen. Es liegt aber auf der Hand, daß der Entstehungsort und die Fragen des Gebrauches des Kodex durch Mönche und Domkapitularen irgendwie miteinander zusammenhängen und es ist unmöglich, in der einen Beziehung zu einer brauchbaren Schlußfolgerung zu gelangen, ohne dabei auch die andere Beziehung zu berücksichtigen. Und da unsere Forscher bei ihren Untersuchungen die Fragen nicht zusammengehörend betrachteten, sind noch heute folgende Probleme zu lösen: (1) der *Entstehungsort des Kodexes* und (2) die Frage, für den *Gebrauch welcher Körperschaft* derselbe bestimmt war.

Als wahrscheinlicher Entstehungsort des Pray-Kodex steht noch immer Boldva an erster Stelle.[21] Ignác Batthyány lenkte die Aufmerksamkeit auf jene Eintragung, die hier das entscheidende Argument darstellt: *monasterium iohannis b(aptistae) comburitur iuxta bulduam situm.*[22] Auch andere Textstellen unterstützen die Annahme, daß Boldva als der Entstehungsort des Pray-Kodex anzusehen ist: *intercedene beata Maria semper uirgine et beato Iohanne . . . hoc sanctum ovile circumda . . ., cum omni congregatione*

[15] A Pray-kódex, A Pannonhalmi Sz. Benedek Rend története (Der Pray-Kodex. Geschichte des Benediktinerordens von Pannonhalma) I, Budapest 1902, p. 439–441.

[16] Hol írták a Halotti Beszédet? (Wo wurde die Grabrede geschrieben?). Magyar Nyelv, 1925, p. 221.

[17] A Pray-kódex termőhelye és eredeti rendeltetése (Entstehungsort und ursprüngliche Bestimmung des Pray-Kodex). Magyar Könyvszemle, 1927, p. 67–83.

[18] Siehe Fußnote 12.

[19] Zalán, Menyhért: A Pray-kódex írásának helye és további sorsa (Wo wurde der Pray-Kodex geschrieben und welches war sein weiteres Schicksal?). Magyar Könyvszemle, 1927, p. 247–274.

[20] Kanonokok és szerzetesek litániája a Pray-kódexben (Litanei der Domkapitularen und Mönche im Pray-Kodex). Magyar Könyvszemle, 1939, p. 67–69.

[21] Dies geht aus Polikárp Radós früher zitierter (Fußnote 14) Bestimmung des Kodex hervor. Radó kennt die Literatur und die Geschichte des Problems am gründlichsten.

[22] Batthyány im zit. Werk p. 210. Codex: f. 16'.

et familia b. Iohannis baptiste . . .[23] (später in Klammern gesetzt). Deswegen wurde es später von *Radó* in seiner — bisher besten — Besprechung des Kodex nur mehr *Sacramentarium OSB Bolduense* genannt. Der Schutzheilige des *Benediktinerklosters von Boldva* war also der heilige Johannes der Täufer und das Sakramentarium des Pray-Kodex wurde für den Gebrauch in diesem Kloster angefertigt.[24]

Wir sehen sofort, daß von *Topographie und Patrozinium* zusammen eine Antwort auf die Frage des Entstehungsortes zu erwarten ist, doch sind beide auch getrennt voneinander zu untersuchen. Der Hinweis auf den Brand des dem heiligen Johannes dem Täufer geweihten Klosters an der Boldva fügt sich nämlich gut in die Reihe der annalenhaften Bemerkungen (ff. 15—16) ein, wo für das Jahr 1144 folgendes zu lesen ist: *Regnante gloriosissimo rege Geyza dedicatum est monasterium in ciploc in honore Sancte Mariae a uenerabili episcopo martyrio.*"[25] Martyrius, der 1144 die Klosterkirche von Széplak (bei Kassa) zu Ehren der Jungfrau Maria einweihte, war nämlich der territorial zuständige Bischof von Eger (Erlau).[26] Das Marienkloster von Széplak wurde von einem Zweige der Familie Aba

[23] f. 56 und f. 105' an letzterer Stelle (Missa communis pro uiuis at que defunctis = Oratio „Pietate tua"): *famulas et famulas tuas (atque loca nostra una cum omni congregacione et familia beati Ioannis baptiste)*. . ., der in Klammern stehende Teil kann ausgelassen werden außerhalb der „Gemeinschaft des heiligen Johannes des Täufers". Der ganze Text *(loca nostra)* weist auf eine Reformgruppe der Benediktiner hin, was jedoch damals in Ungarn kaum denkbar ist.

[24] Ratkoš versucht (zit. Werk p. 961—962), das Kloster des Johannes des Täufers „an der Boldva" mit dem Kloster in Jászó zu identifizieren und weist unter Berufung auf Györffy: Az Árpádkori Magyarország történeti földrajza (Geschichtliche Geographie Ungarns zur Zeit der Árpáden), I, p. 760, die bisherigen Ansichten bezüglich Boldva, Komitat Borsod, zurück. Die Angabe Györffys bezieht sich jedoch auf die Pfarrkirche des Dorfes und nicht auf das Patrozinium des Klosters. Es ist nämlich nicht erwiesen, daß nach der Aufhebung der Benediktinerabtei die Klosterkirche die Rolle der Taufkirche übernommen hat. Die Ansicht betreffs Jászó führt zu noch verwickelteren Kombinationen. Die Kirche und das Kloster der Prämonstratenser-Chorherrn von Jászó, dessen Schutzheiliger Johannes der Täufer ist, liegt wirklich zwischen zwei Armen der Boldva. Die Propstei hieß jedoch im Jahre 1234 noch „de ualle Turna" (Backmund, N.: Monasticon Praemonstratense I. Straubing, 1949—53) Györffy hingegen (zit. Werk p. 176) beruft sich auf ein Diplom, das man auch so verstehen könnte, daß in Jászó eine Kollegiatkirche weltlicher Chorherrn gewesen ist (*in quadam nostra ecclesia collegiata Yazou nominata* sagt das Domkapitel von Esztergom). So würde folgendes Bild entstehen: 1234 besteht im Tornatal ein Kloster der Prämonstratenser-Chorherrn, in Jászó selbst (am Ufer der Boldva) besteht ein Kollegiat-Kapitel, das anscheinend identisch ist mit dem Kloster Johannes des Täufers am Ufer der Boldva (das Wort *monasterium* steht damit in keinem Widerspruch!), doch brannte dieses Kloster — laut Pray-Kodex — bereits 1203 nieder. Endlich besteht immerhin die Möglichkeit, daß der ursprünglich im Tornatal angesiedelte Prämonstratenser-Konvent die niedergebrannte oder zugrundegegangene Kapitelkirche von Jászó (mit Hilfe von Kálmán Herzog) übernahm und neu gründete. Faßt man all diese Kombinationen zusammen, kommt man doch zu keinem eindeutigen Ergebnis, denn in Boldva war und existiert eine Klosterkirche und außerdem lassen sich die Kombinationen mit den Prämonstratenser- oder Weltpriester-Chorherrn von Jászó in das allgemeine Bild von Benediktinercharakter unseres vorliegenden Kodex nicht einfügen.

[25] f. 15.

[26] Schematismus cleri archidioecesis Agriensis, anni 1939, Agriae 1939, p. XXII.

gegründet und mit Benediktinern besiedelt.[27] Sechzig Jahre später brannte die Abtei Boldva ab und auch dies wird im Pray-Kodex erwähnt. Zieht man diese beiden topographischen Hinweise (auf Széplak und Boldva) gleichzeitig in Erwägung, muß man sagen, daß Széplak mit dem gleichen Recht der Entstehungsort des Pray-Kodex sein könnte, wie Boldva. Für Boldva spricht allerdings das Patrozinium des heiligen Johannes des Täufers und daß im Sakramentar wiederholt der Name Johannes des Täufers vorkommt. Es scheint erwiesen zu sein, daß der Pray-Kodex in einem dem heiligen *Johannes dem Täufer geweihten Benediktinerkloster* entstand, daraus folgt jedoch nicht, daß dieses Kloster ausschließlich Boldva sein konnte, da die Eintragung über den Brand des dortigen Klosters an sich gleichwertig derjenigen ist über die Einweihung des *Klosters von Széplak*. Ende des 12. Jahrhunderts gab es in Ungarn drei dem heiligen Johannes dem Täufer geweihte Benediktinerklöster:[28] das bereits erwähnte *Boldva*, *Szentjános* im Komitat Bihar und *Jánosi* im Komitat Gömör. Radó und Kühár schließen mit Recht das von Széplak weit entfernte Kloster im Komitat Bihar aus, doch nimmt keiner von beiden *Jánosi* in seine Kombinationen auf. Dieses Kloster liegt nämlich in annähernd gleicher Entfernung von sowohl *Széplak* als auch *Boldva* und konnte daher *von den Geschehnissen* beider Klöster Kunde erhalten. Auf Grund dieser Erwägungen ist wohl die Benediktinerabtei *Jánosi bei Rimaszombat das dem heiligen Johannes dem Täufer geweihte Benediktinerkloster*, in dem die Abschrift des Sakramentariums angefertigt wurde. Neben Boldva werden — zwar seltener — auch Székesfehérvár und Veszprém als Entstehungsorte erwähnt, und zwar deswegen, weil sie die Teile des Textes, und die liturgischen Vorschriften rechtfertigen könnten, die auf den *pontifex*, Bischof und Klerus, nicht aber auf Mönche hinweisen.[29] Ich muß aber betonen, daß obwohl die Gegner des benediktinischen Charakters des Kodex mit Recht jene Textstellen hervorheben, die sich nicht auf die Benediktiner beziehen, dies meiner Ansicht nach dem tatsächlichen *Benediktiner-Gepräge* unseres Pray-Kodex keinerlei Abbruch tut. Karácsonyi erblickte im Probst von Székesfehérvár den *pontifex*, d. h. den Träger der bischöflichen Insignien,[30] Ernyei und Ratkoš im Bischof von Veszprém.[31] Menyhért Zalán widersprach dieser Ansicht Karácsonyis, hauptsächlich deswegen, weil der Probst von Székesfehérvár weder Mitra noch andere bischöfliche Insignien trug.[32] Dies widerspricht jedoch den Tatsachen.

[27] Karácsonyi, János: A magyar nemzetségek a XVI. század közepéig (Die ungarischen Geschlechter bis zur Mitte des 14. Jahrhunderts), I, Budapest 1900, p. 43; Sörös, Pongrác: Elenyészett bencés apátságok (Verschwundene Benediktinerabteien), Pannonhalmi Rendtörténet (Geschichte des Ordens von Pannonhalma), (XII)6, Budapest 1916.

[28] Sörös, zit. Werk.

[29] Siehe die darauf bezüglichen Stellen bei Radó; Ernyey benutzte sie für seine Beweisführung mit großer Entschiedenheit, siehe Fußnote 17.

[30] Siehe Fußnote 16, zit. Werk p. 78.

[31] Siehe Fußnoten 17 und 12.

[32] A Pray-kódex írásának helye . . . (Wo wurde der Pray-Kodex geschrieben . . .?), (Fußnote 19) p. 265.

Die königlichen Prälaten trugen bereits zur Zeit Andreas' II. die Pontifikalien[33] und der *rangälteste* unter ihnen war — in gleicher Rechtsstellung wie der Abt von Pannonhalma (unmittelbar dem Papste unterstellt) — *der Probst von Székesfehérvár*,[34] da er der oberste kirchliche Würdenträger der Kathedrale war, in der die Könige gekrönt wurden und ihre letzte Ruhestätte fanden. Der Text des *Sakramentars* selbst scheint Karácsonyis Auffassung zu untermauern. Unter den verschiedenen Gebeten (Orationes ad diversa) folgen nämlich aufeinander: *pro papa et episcopis, pro antistite et suis subditis, pro abbatibus*. Der hier erwähnte *antistes* könnte auf den Probst von Székesfehérvár gedeutet werden, als Prälat mit besonderer territorialer Jurisdiktion, und nicht auf die Bischöfe. Es ist immerhin nicht auszuschließen, daß derjenige, der dieses Exemplar des Pray-Kodex zusammenstellte, doch an einen *Diözesanbischof* dachte. Es unterliegt keinem Zweifel, daß das Vorkommen von *pontifex, clerus, archidiaconus* usw. nicht in das allgemeine Bild eines benediktinischen Ursprungs hineinpaßt und daß die Forscher, die dem Benediktinerorden angehörten, nicht imstande waren, das Problem zu lösen und es daher im besten Falle umgingen.

Ernyei und später Ratkoš versetzen die Entstehung des Kodex — sehr richtig — in das Ambiente eines Domkapitels. Beide sehen in Veszprém, seiner Bischofskirche und seinem Domkapitel den Entstehungsort des Kodex.[35] Wenn auch Ratkoš' Beweisführung hinsichtlich der Bedeutung der *Osterprozession*[36] noch so richtig ist und er ein unbedeutend erscheinendes Detail, wie das Wort *fratres* auf die Domkapitularen deutet und in diesem Punkt richtig zu argumentieren scheint,[37] so erscheint sein Gedankengang hinsichtlich der Patrozinien unannehmbar. Die Johannes dem Täufer geweihte Kirche in *Veszprém* kann unmöglich mit dem Prozessionsgebet des Kodex in Verbindung gebracht werden, da daraus klar hervorgeht, daß es nach der *Rückkehr* der Prozession in die Kirche, von der die Prozession ihren Anfang genommen hatte, gesungen wurde. Und diese Kirche war auch ein Patrozinium des Johannes des Täufers.[38] Stammte

[33] Mezey L.: Ungarn und Europa im 12. Jahrhundert. Kirche und Kultur zwischen Ost und West. Vorträge und Forschungen. XII, Konstanz 1968, p. 258, 8a.

[34] Mezey, László: Székesfehérvár egyházi intézményei a középkorban (Die kirchlichen Institutionen Székesfehérvárs im Mittelalter). Székesfehérvár évszázadai, 2, 1971.

[35] Ratkoš (Fußnote 12) p. 944.

[36] ebd. p. 948, 951.

[37] ebd. p. 1951. „Unter fratres muß man ausdrücklich die Mitglieder des Kapitels verstehen . . .", richtig ist auch die Erklärung für „monasterium" (ebd. p. 952, Fußnote 43).

[38] Ratkoš' Bemühungen („es bedeutete tatsächlich eine große Kraftanstrengung, die im Pray-Kodex unzweideutig erwähnte Kirche des heiligen Johannes des Täufers annähernd zu lokalisieren . . .") hätten eher einen Sinn gehabt, wenn ihm der Beweis gelingt, daß die Kirche Johannes des Täufers in Veszprém vollkommen in die Beschreibung der Osterprozession hineinpaßt. Indessen erwähnt unser Kodex ausdrücklich die *pontifex*-Kirche, also die Kathedrale, als den Ausgangspunkt der Prozession und als ihren Endpunkt und eine Station wird in der Margaretenkirche gemacht. Der heilige Johannes wird nämlich nach der Rückkehr (f. 56: *in redeundo cantentur versus . . .*) in der vor dem Hochaltar gesungenen Oration erwähnt: *Finito uersu intrantes chorum dicent . . . Et alii duo ante altare prosequantur istum uersum Recordamini. Tunc dicatur*

der Text aus Veszprém, müßte hier der Name des Erzengels Michael stehen. Der Text des Pray-Kodex läßt nur die Deutung zu, daß die Kirche, vor derem Hochaltar das Gebet gesungen wurde, Johannes dem Täufer geweiht war. Aus der Erwähnung eines Heiligen-Kreuz-Altars kann auf keinerlei besonderen Veszprémer Kreuzkultus gefolgert werden. Einen Heiligen-Kreuz-Altar gab es in jeder mittelalterlichen Kathedrale und wahrscheinlich sogar in den größeren Klosterkirchen. Dieser Altar stand in der Achse der Kirche, in einer Linie mit dem Eingang des Kirchenschiffs zum Chor des Domkapitels oder der Mönche. An diesem Altar wurde die Morgenmesse, *Missa matutinalis*, für die Verstorbenen gelesen und dies war auch der Ort der Pfarrfunktionen.[39] Auffallend wäre es, wenn es in Veszprém oder in einer anderen Kirche, wo das Pray-Sakramentar gebraucht wurde, keinen Kreuz-Altar gegeben hätte.

Ratkoš legt außerdem der Überschrift der oratio des Sakramentariums für das Fest des heiligen Michaels große Bedeutung bei: *Dedicacio basilice s. michaelis*.[40] Er denkt bei der Basilika des heiligen Michael an die Kathedrale zu Veszprém. Dies ist jedoch ein großer Irrtum. In den verschiedenen Sakramentartypen (Gregorianum,[41] Gelasianum,[42] Leonianum,[43] wird nämlich das Fest des Erzengels in dieser Form bezeichnet, weil dieser Tag tat-

---

haec oratio Suscipe domine preces nostras et per ressurectionem . . . intercedente beata Maria semper uirgine et beato Johanne baptista muro custodie tuo hoc sanctum ouile circumda . . . Daß aber im Musterexemplar hier ursprünglich nur die Erwähnung des Altars der Jungfrau Maria stehen konnte, folgt aus dem Schlußgebet der zu Mariä Lichtmeß abzuhaltenden Prozession.

[39] Nur als Beispiel erwähne ich Folgendes: In Esztergom las der Rector des Heiligen-Kreuz-Altars jeden Montag und Freitag und an den Wochentagen der Fastenzeit ein Hochamt für das Seelenheil der Verstorbenen; und er ist auch der Burgpfarrer (Kollányi, F.: Esztergomi kanonokok (Esztergomer Kanoniker), Esztergom 1900, p. 21). In Eger liest der Meister des Altare S. Crucis jede Woche eine Messe für die Verstorbenen: „*Habet etiam curam omnium defunctorum in ecclesia sepeliendorum et tempore celebrationis exequiarum missas dicere* . . ." (Az egri főegyház Szent János-könyve) Das Heilige-Johannes-Buch der Kathedrale von Eger (Liber S. Johannis, veröffentlicht durch Kandra, Kabos, Eger, 1886, p. 468); in Nagyvárad: altare sancte crucis, quod per nos (capitulum) et episcopum institutum, primo competenter, postmodum vero uberius per Stephanum iuniorem regem Hungariae (Stefan V.) est dotatum ratione missae, quae in dicto altari pro defunctis celebrari consueverunt . . ." (Bunyitay V.: A váradi káptalan legrégibb statutumai (Die ältesten Statuten des Domkapitels von Nagyvárad) Nagyvárad 1886, p. 71); der Kreuzaltar nimmt in der Liturgie des Domes immer einen vornehmen Platz ein, wie dies aus unseren Ordinarii aus dem Mittelalter hervorgeht. Mariä Lichtmeß: „. . . *descendit processio ante aram s. crucis* . . ." (Ordinarius . . . alme ecclesie Agriensis . . . veröffentlicht durch Kandra, Kabos, Eger, 1905, p. 133); an den Festen des Heiligen Kreuzes (3. Mai und 14. September): „*totum officium missae peragitur in altare sancte crucis* . . ." (ebd. p. 149).

[40] Ratkoš ang. A. p. 950–951.

[41] Liber sacramentorum Gregorii Magni: „III Kalendas Octobris — Dedicatio basilicae sancti Michaelis", Migne, Patrologia Latina, 78, p. 143. Doch entspricht dies laut Anmerkung nicht nur der römischen, sondern sogar der gallikanen Tradition: „*in cujus prefatione seu contestatione dedicationis fit mentio.*"

[42] „Dedicatio Basilicae Angeli Michaelis", The Gelasian Sacramentary. Liber Sacramentorum Romanae Ecclesiae. Edit. H. A. Wilson, Oxford 1894, p. 200.

[43] Sacramentarium Leonianum — Codices selecti phototypice impressi. Vol. I. Einl. Franz Sauer, Graz, 82 V: „Pridie Kalendas Octobres Basilicae Angeli in Salaria".

sächlich der Jahrestag der Einweihung der Kirche des heiligen Michael in Rom war.[44] Dies und der Umstand, daß das Michaelsfest eine Oktave hatte (den 6. Oktober), geht aus allen ungarischen (Strigoniense) und aus fast sämtlichen Meßbüchern des fränkisch-römischen Ritus hervor.[45] Die Argumente Ratkoš', insoweit sie sich auf Patrozinien und im allgemeinen auf den Kalender beziehen, haben keine Beweiskraft. Absichtlich betont er Beziehungen, die Beweise für seine Theorie sein könnten, wenn sie auf ausreichenden Informationen beruhen würden.[46] So hebt er sehr richtig die nichtmonastischen Besonderheiten hervor, was ihn aber nicht berechtigt, die Beziehungen zu dem Benediktinerorden außer acht zu lassen. Und von diesen gibt es eine ganze Reihe und sie wurden von den Forschern, die dem Benediktinerorden angehören, umfassend gewürdigt. Um nur eine zu erwähnen: der heilige Benedikt hat zwei Feste (21. März und 11. Juli),[47] das Fest im Juli hat eine Oktave (18. Juli),[48] die keineswegs so allgemein ist, wie die Oktave des Festes des Erzengels Michael.

Die Vermischung von kanonikalen und monastischen Besonderheiten verwirren die Entstehungsgeschichte des Kodex. Versuchen wir trotzdem eine Lösung zu finden, indem wir dies immer vor Augen halten.

Daß der Kodex um 1200 in einem oder mehreren Benediktinerklöstern gebraucht wurde, erscheint genügend bewiesen, nicht nur durch die benediktinischen Besonderheiten des Sanctorale[49] und durch das monastische Ritual (Sonntagsprozession und Segen),[50] sondern auch durch das (monastische) Begräbnisritual, in dem der *conventus*[51] und nicht der Klerus erwähnt wird. Die diesbezüglichen Argumente wurden von Polikarp Radó sorgfältig gesammelt und damit der Beweis erbracht, daß der Kodex in seiner jetzigen Form auf ein Benediktinerkloster zurückgeht. Es ist allerdings eine andere Frage, was der Text des Kodex über seinen Ursprung aussagt.

[44] Dictionnaire d'archéologie chrétienne et de liturgie, 16, p. 192.

[45] So war es auch in Eger: „*de sancto michaele fit suffragium per totam octavam . . .*" Ordinarius, p. 180 (Fußnote 39).

[46] Man könnte noch mehr Beispiele anführen. Hier nur einige: „Marienkirche . . . zu der später eine Schule gehörte . . ." zit. Werk p. 949: in der Anmerkung: „*capella b. Marie virginis de Scolis . . .*", d.h. die Marien-Kapelle war die Kapelle der Schule, sie gehörte zu ihr. Daraus, daß die Patrozinium-Gruppe: Jungfrau Maria, heiliger Johannes und heiliges Kreuz zusammen vorhanden sind, läßt er vermuten, daß die Möglichkeit besteht, daß zwischen Veszprém und Sázava Verbindungen bestanden (p. 950, Fußnote 87). Doch ist dasselbe auch in Eger vorhanden (Liber S. Johannis, Anmerkung 39); in Nagyvárad (Bunyitay, Stat. 69, 71), in Esztergom (Kollányi LI–LII) und überall innerhalb der Kathedrale! Aus der Anmerkung des Kalenders: „Incipiunt dies canicularum . . . Finis dies canicularum" folgert er bereits auf Schulferien. Dies kann man jedoch in sehr vielen mittelalterlichen Kalendern lesen und im Mittelalter fielen die Schulferien nicht gerade auf die Hundstage.

[47] Pray-Kodex: ff. 72', 79–79'.

[48] ebd. f. 80'.

[49] Kniewald Károly: A Pray-kódex Sanctoraléja (Das Sanctorale des Pray-Kodex). Magyar Könyvszemle, 1939, p. 1–58. Im allgemeinen ist die Kritik Batkoš' stichhaltig.

[50] ff. 129'–131'.

[51] ff. 133'–136': „*omnis conventus uersa facie stat ad orientem . . .*", „*dominus abbas dicat hunc uersum . . .*"

Den kritischen Punkt bildet die Beschreibung der wichtigsten Feste und Liturgien des Kirchenjahres.[52] Diese Folios, so wie im allgemeinen die *benedictiones maiores* (Mariä Lichtmeß, Aschermittwoch), stehen in auffallendem Gegensatz zur monastischen Liturgie dieser Tage. Bereits Ratkoš hielt es für notwendig zu bemerken, daß die Prozession am Aschermittwoch im Kirchhof Station macht.[53] Dies ist — seiner Meinung nach — bei einer Ordenskirche nicht möglich.[54] Neben den Klosterkirchen der Mönche konnte wohl eben ein Friedhof sein. Auffallend ist eher, daß unser Kodex die Prozession nicht ins *claustrum* oder, wie man es im mittelalterlichen Latein nannte, in den *ambitus*, also in die Arkaden des Kreuzganges des Klosters führt, wie es im allgemeinen durch das Brauchtum der Mönche und der mönchischen Kapitularen vorgeschrieben war.[55] Auf Grund dieser Vorschrift muß man tatsächlich an eine freistehende Kirche (ohne angebaute Gebäude) denken.[56] Diese Prozession bestand übrigens aus einen Umgang um die Kirche.[57] Die Beschreibung der ganzen Liturgie der Karwoche entbehrt jeden monastischen Zuges. Am Palmsonntag wird die Weihe „der Zweige und Blumen" *(benedictio florum et frondium)* vor dem im Kreis stehenden Klerus *(circumstante clero)* vorgenommen.[58] Am Gründonnerstag kommunizieren[59] die Meßpriester und Diakone und nicht die *fratres, monachi et conversi* oder einfach der *conventus*. Am Karfreitag schließt der Ausdruck *conueniant omnes ecclesiastici*[60] unzweideutig aus, daß es sich hier um eine monastische Gemeinschaft handelt. Mit *ecclesiastici* bezeichnete man nämlich im allgemeinen nur die Weltpriester.[61] Bei der Beschreibung der am Karfreitag üblichen Liturgie der Kreuzverehrung ist zu lesen *duo presbiteri stantes retro altare*[62] und nicht *fratres* oder *monachi*. Ebendort kann es sich im Gegensatz zur gekünstelten Erklärung Zaláns,[63] bei *archidiaconus cum duobus clericis* nur um einen Archidiakon handeln, diesen gibt es jedoch ausschließlich in einer Bischofskirche.

[52] Zum Vergleich benutzte ich Martène Edmundus: De antiquis ecclesiae ritibus III. Antuerpiae 1764, p. 45—48 (Mariä Lichtmeß), p. 51—57 (Aschermittwoch), p. 70—72 (Palmsonntag), p. 173—181 (Ostersonntag) und p. IV (De ant. monachorum ritibus). ebd. 1764 p. 119—120, 147, 183 für die entsprechenden monastischen Riten; außerdem für den Ritus von Cluny (Ordo Cluniacensis per Bernardum, Vetus Disciplina monastica, Parisiis 1726, pp. 296—297, 307, 319).

[53] Ratkoš zit. Werk p. 951.

[54] ebd.

[55] Vgl. Martène zit. Werk (Fußnote 52).

[56] Érdy-kódex (Érdy-Kodex) „zenth processiot es yarnak az zenth egyháznak körüle" (heilige Prozession und machen einen Umgang um die heilige Kirche). Nyelvemléktár, IV, 207.

[57] Ordinarius Agrien (Fußnote 39), p. 54.

[58] f. 45. „*ibi circumstante clero ubi palmarum (rami) consecrandi sunt.*"

[59] f. 49. „*Fractris autem oblatis communicent presbiteri quam diaconi quam ceteri omnes.*"

[60] Auch am Karsamstag: f. 52, „*conveniat omnis clerus ad ecclesiam . . .*"

[61] Du Change, Glossarium mediae et infirnae lat. II p. 227 s.v. Radó, Libri p. 46.

[62] Radó, Libri p. 47.

[63] A Pray-kódex írásának helye . . . (Wo wurde der Pray-Kodex geschrieben . . . ?). Magyar Könyvszemle 1927, p. 254. Im allgemeinen sind seine Argumente schwach,. z. B. discalceati nudis pedibus, nur bei den Benediktinern. (Vgl. dagegen Martène: De ant. eccl. ritibus auch was über die Domkapitularen gesagt wird.)

Ein gewichtiges Argument gegen den monastischen Ursprung des Pray-Kodex ist die Erwähnung des Taufbrunnens *fons baptismalis* bei der Beschreibung der Liturgie des Karsamstage.[64] Die Taufe ist das vornehmste Recht eines Pfarrers und steht ausschließlich den Kathedralen und den ihnen unterstellten Tauf- (Pfarr-)Kirchen *(ecclesiae baptismales)* zu.[65] Unter der Dynastie der Árpáden waren die Mönche von den Pfarrfunktionen ausgeschlossen und hielten selbst in ihren eigenen Kirchen Weltpriester.[66] Neben den Klosterkirchen wurden nacheinander noch besondere Taufkirchen[67] errichtet. Laut den Rubriken des Kodex steht in der Kirche ein *fons*, dessen Wasser vom *pontifex* an der Vigil des Osterfestes geweiht wird.[68] Nach dieser Weihe zieht wieder eine Prozession *de fonte ad chorum*, wie bei der Vesper. Der Kodex hält es für nötig zu bemerken, daß an der Vigil zu Pfingsten die Segnung des Taufbrunnens so *hoc more canonicorum* vor sich geht; *sed more monastico* nach den einleitenden vier Lesungen aus dem Alten Testament — die Segnung des *fons* unterbleibt — und unmittelbar darauf die Litanei gesungen wird. Nachher beginnt die Messe.[69]

Aus dem Obigen zeichnet sich bereits eine methodologische Frage ab: Ist es nicht denkbar, daß die offensichtlichen Widersprüche der Abfassung des für den Gebrauch durch Benediktiner bestimmten, in der heutigen Form auf uns gekommenen Kodex nicht durch eine nicht genügend sorgfältig durchgeführte *Abschrift* des Musterexemplars verursacht wurden, sondern durch die nicht genügend sorgfältige *Adaptierung* an die Erfordernisse eines anderen Kreises von Benützern ? Diese Methodik für die Lösung eines in der Kodex-Forschung nicht seltenen Falles bringt uns vielleicht der Lösung des vorliegenden Problems etwas näher.[70]

[64] ff. 53—54.

[65] Váci egyházmegyei almanach, 1970 (Almanach für die Diözese Vác), p. 18—21 und die angegebene Literatur.

[66] Schreiber G. Gregor VII Cluny, Citeaux, Prémontré zu Eigenkirche, Parochien und Seelsorge, Gemeinschaften des Mittelalters, Münster W., 1948, p. 273—370; hier ergibt sich ein klares Bild, einerseits von der von der westlichen abweichenden Struktur des Benediktinerordens Ungarns (das fast vollkommene Fehlen von Prioraten), andererseits ihre Einstellung gegen die von Mönchen geführten Pfarren, sogar seitens der Prämonstratenser. Als Beispiel für das Rechtsverhältnis zwischen dem Abt von Zalavár und den Pfarrern seines Gebietes: A zalavári apátság története (Geschichte der Abtei von Zalavár). PRT VII, Budapest 1902, p. 60—61.

[67] Beispiele für die Unterschiede von Kloster und Pfarre: Hajdani monostorok a csanádi egyházmegyében (Ehemalige Klöster in der Diözese Csanád). Budapest 1926.

[68] „*Interim pontifex intret in consecrationem fontis et fiat benediccio fontis.*" (f. 54).

[69] f. 60. „*Ibique expleto baptisterio* (= Weihe des Taufbrunnens) *redeant ad chorum cum eadem processione cantando letaniam Kyrie leison X(riste: K(yrie)*"; „*Sed hoc secundum canonicos secundum uero ordinem monachorum simul lectione et oratione dicatur letanie*", weil es bei den Mönchen keinen Taufbrunnen gab. Es soll jedoch erwähnt werden, daß mit einer Handschrift, anscheinend aus dem ersten Drittel des 13. Jahrhunderts *(cursiva notularis)* unserem Text Bemerkungen über Taufkirchen am Rand beigefügt wurden. Diese Glossen stammen vielleicht bereits aus der Zeit, als der Kodex von Studenten benützt wurde.

[70] Solche methodologische Fragen behandelt Mezey, László in: Problémák és megoldások a kódexkutatásban (Probleme und ihre Lösungen in der Kodexforschung). Az Országos Széchényi Könyvtár Évkönyve (Jahrbuch der Széchényi Nationalbibliothek), 1960, p. 159—160.

Soviel kann bereits festgestellt werden: der Kodex, der die Grabrede enthält, wurde von einer dem Johannes dem Täufer geweihten Benediktinerabtei benützt, sein Musterexemplar hingegen war das Sakramentar einer Bischofskirche. So läßt sich erklären, warum darin die Gebete vorkommen, die beim Anlegen der Pontifikalien zu sprechen sind[71] und die Vorschriften für die Liturgie der Karwoche, die für ein nicht-monastisches Milieu sprechen. Wo entstand dieses *Musterexemplar* und wo war es in Gebrauch? Wenn man neben — und vor — dem Patrozinium des Johannes des Täufers noch ein anderes in Betracht zieht, muß in erster Linie an eine der Jungfrau Maria geweihte Kirche gedacht werden. So *intercedente beata Maria semper virgine et beato Johanne* . . ., insofern vorausgesetzt werden kann, daß *beato Johanne* eine spätere Einfügung ist, entsprechend der Abschrift bzw. den Erfordernissen der neuen Kirche und ihres Schutzheiligen. Bei der Begräbnisliturgie *cadauer portetur ad altare sancte N* . . .[72] könnte man daran denken, daß anstelle von *N.* ,,Marie" stehen könnte und daß der Leichnam vor den Hochaltar der Kirche getragen wurde und daß dieser ein Marienaltar war. Doch bleibt noch immer die Möglichkeit offen, daß *N.* für sancte Crucis steht, und in diesem Falle kommt der Ort mit dem bereits früher erwähnten Heiligen-Kreuz-Altar in Verbindung. Endlich ist es immerhin möglich, daß *N.* für den Namen einer Heiligen steht.

Eine bestimmtere Antwort als alle jene Zweifel erhalten wir von der Osterprozession, die bereits von anderen, zuletzt aber sehr gründlich von Ratkoš herangezogen wurde.[73] *Ora tercia*, also um etwa 9 Uhr Vormittag,[74] versammeln sich alle Kleriker (nicht Mönche!) in Festgewändern.[75] Nach Besprengung mit Weihwasser intoniert der Kantor die Antiphon *Cum rex gloriae.*[76] Unter Absingung dieser Antiphon *(sic veniant canentes)* sollen

[71] ff. 22—23'; siehe Radó, Libri liturg. I p. 41—42.

[72] Im Kodex steht ganz unzweideutig der Buchstabe *N.* Radó sah aber *M.* und findet dafür die Lösung M(arie) (Libri, p. 57).

[73] An angegebener Stelle p. 948—953 (das muß natürlich nicht ,,im Spiegel der Topographie Veszpréms" bewertet werden).

[74] Ratkoš erwähnt hier zwar die ,,Karsamstags"-Zeremonien, im Kodex ist hingegen ganz klar vom Ostersonntag die Rede, *Tertia hora* kann nur 9 Uhr vormittags sein und nicht ,,mittags" (ebd. p. 948).

[75] f 55': ,,*clerci sollemniibus uestimentis sint parati*".

[76] Die Beschreibung der Prozession lautet folgendermaßen: ,,*inprimis fiat exorcismus aque. Post hec presbiter accipiens de ipsa aqua et spargat altare ita dicendo: Vidi aquam* (mit Neumen) *Ps. Confitemini domino Gloria patri* (mit Neumen) (Radó p. 48); vergleichsweise geben wir hier die Beschreibung aus dem Ordinarius von Eger (Fußnote 39, p. 72, 73): ,,*Item ad processionem cantatur antiphona. Cum rex gloriae et transit processio ad s. Petrum, ubi dicitur una oratio cum versiculo ut in capitulari. Qua finita choratores incipiunt. Salve festa dies. Choro repetente aliquando a principio, aliquando a Qua deus infernum. Et perveniendo ad ecclesiam stet processio ad duas partes ante altare s. crucis cum astantibus suis Episcopo ante altare beate virginis stante. Finito Salve festa dies, succentor incipit antiphonam. Sedit angelus. Cantando usque. Nolite metuere. Post hec pueri supra altare s. crucis canunt antiphonam. Crucifixum in carne. Qua finita succentor incipit. nolite timere. Cantando usque Alleluia. Deinde choratores ante altare s. crucis versis faciebus ad processionem canunt antiphonam. Recordamini. Qua finita intrat processio ad chorum cantando. Alleluia, cum sua nota. Postea dicitur versiculus cum sua oratione ante altare magnum, ut in capitulari. Deinde dicitur missa solemniter.*"

Von den Einzelheiten, die A. Martène (De ant. eccl. ritibus III, p. 179—183) über sie zur heiligen Margarete, d. h. in die ihr geweihte Kirche gehen, in der sie einen Antiphon zu Ehren der jungfräulichen Märtyrerin von Antiochien *(O quam preciosa)* singen und nachher eine Osteroration, in die *intercedente beata Margareta* einzuschieben ist. Bei der Rückkehr sollen alle Verse des mit *Salve festa dies, toto v(enerabilis evo)* beginnenden Osterliedes gesungen werden und nachher die Antiphon *Sedit angelus.* So sollen sie in die Kirche eintreten und vor dem Heiligen-Kreuz-Altar Aufstellung nehmen, wo dann der Vers *Crucifixum* gesungen werden soll. Nach diesem Vers sollen sie in den Chor einziehen, *Nolite metuere* singend, worauf ein Gebet folgt, in dem in der bereits erwähnten Form Maria und Johannes angerufen werden.[77] Da das Gebet vor dem Hochaltar gesungen wurde, handelt es sich um *Patrozinien,* und zwar um die Schutzheiligen *zweier verschiedener Kirchen,* von denen die eine Maria, die andere Johannes dem Täufer geweiht war. Achten wir auch darauf, daß die Erwähnung des Johannes-Patroziniums in einem Kontext unterlaufen ist, der in seiner Gänze nach den Umständen der Domkapitel, ja sogar der Domliturgie von einem Kodex in den anderen abgeschrieben wurde. Vor dem Abschreiber im Benediktinerkloster Jánosi lag daher eine Handschrift, laut der die Osterprozession aus einem Mariendom in eine nicht weit von ihm gelegene *Margaretenkirche* ging. Die Entfernung kann im großen ganzen angegeben werden, wenn die Zeit in Betracht gezogen wird, die zum *Absingen* der Antiphon *Cum rex*

---

die Liturgie der französischen Kathedralen mitteilt, kommt nur die Straßburger dem ungarischen Usus nahe (ebd. p. 181), hingegen zeigt der *ordinarius* von Münster (was die Osterprozession betrifft) die Verwandtschaft des Hauptgebietes der karolingischen liturgischen Gebräuche mit dem *ordo* der Bischofskirchen Ungarns: Opuscula et textus, series liturgica — Excerpta ex ordinariis germanicis (Ex Ordinario II maioris ecclesiae Monasteriensis, edidit Richardus Stapper), Münster, 1936. „*Sic procedentes cum responsorio*" "*Angelus domini*" *intramus ad s. Paulum. Ibi statione disposita statim duo canonici maioris ecclesie cantabunt* „*Populus acquisitionis*". *Chorus respondet* „*Christus resurgens*". *Finita antiphona, qui presunt choro, imponunt antiphonam* „*Cum rex gloriae*" *et sic eximus et facimus solemnem processionem per circuitum curie in cappis sericis. Ad s. Iacobum intramus, vexillis et sancta cruce foris stantibus. Ibi cantamus* „*Aduenisti desiderabilis*". *Finita antiphona statim duo scholares imponunt* „*Salve festa dies*". *Cum istis versibus perficimus circuitum curie, et disposita statione in medio ecclesie nostre incipiunt cantores* „*Sedit angelus*". *Tunc duo canonici ex iussu decani in ambone super primum altare cantabun* „*Crucifixum*". *Quibus respondens chorus redit ad chorum cantans* „*Nolite metuere*". *Deinde duo sacerdotes iuxta maius altare cantabunt alium versum* „*Recordamini*". *Tunc cum tropis incipitur missa secundum libros . . .*"

Über den Ursprung und die Deutung der Texte führe ich Placide Lefèvre an, was er über die Liturgie der Prämonstratenser sagt, da einzig und allein die Tradition des Ordens der Prämonstratenser Chorherren auf uns gekommen ist: „Avant la messe solennelle, le jour de la fête, procession dont les chants, désignés par l'ordo à la fin du XII-e siècle étaient certainement reçus antérieurement. On notera, comme chant de départ, l'antienne célèbre de Notker, richement décorée de mélismes, Cum rex gloriae Christus: elle rappelle la descente du Seigneur ressuscité aux enfers, d'après le texte des évangiles apocryphes. Durant la station, devant l'entrée du choeur au retour, le superbe répons Sedit angelus dont les deux versets Crucifixum et Recordamini sont chantés ante et retro crucem, survivance, semble-t-il, du répertoire employé pour dramatiser le mystère de la résurrection à l'issue des matinâs pascales, comme le préscrivait maint ordinaire du moyen âge, ceux de Liège et de Louvain par exemple." (La Liturgie de Prémontré, Louvain, 1957, p. 84.)

[77] Ordin. Agrien.: „*ante magnum altare.*"

gloriae bzw. auf dem Rückweg von *Salve festa dies* nötig ist und daraus gefolgert wird, *wie weit* man während dieser Zeit langsam schreitend gehen kann.

Bevor wir versuchen mit Hilfe dieser Hypothese zu einem Ergebnis zu gelangen, soll nun festgestellt werden, welche Kathedralen Ungarns *Maria* geweiht waren und wo es in der Nähe der Kathedrale eine *Margarete* von Antiochien geweihte Kirche gab. Mariendome waren in Esztergom (dort war Adalbert Maria als zweiter Schutzheiliger beigegeben, dessen Verehrung später Maria in den Hintergrund drängte), außerdem in Győr, Nagyvárad und Vác. Für die ersten drei Kathedralen war „das Namensfest der Kirche" Mariä Himmelfahrt (15. August), nur in *Vác* Mariä Geburt (8. September).[78] Von den vier Möglichkeiten für den Tag des Schutzheiligen bleibt nur Vác, da für das Fest Mariä Geburt *(Nativitas Mariae)* wir unter den Meßgebeten des Kodex eine eigene Präfation finden, wodurch dieser Tag durch ausschmückende Texte auf das Niveau der höchsten Feste des Jahres erhoben wird. Außerdem ist die Bischofskirche von Vác der einzige Mariendom Ungarns, in dessen Nähe im Mittelalter eine *Margaretenkirche* stand,[79] die Pfarrkirche des Schloßgrundes von Vác. Dieses Kirchlein der heiligen Margarete stand wohl auf dem kleinen Platz,[80] an dem sich die ehemalige Budapester Hauptstraße und die Burgunder Gasse kreuzen und daher in einer Entfernung von 120—130 m von der mittelalterlichen Bischofskirche, die sich am heutigen König-Géza-Platz befand. Langsam schreitend benötigt man 5 Minuten, um diese Entfernung zu begehen, und diese Zeit würde im großen ganzen der Zeit entsprechen die zum Absingen von *Cum rex gloriae* bzw. *Salve festa dies* nötig ist.[81]

Die letzte Station der langen Prozession (in letania) für die Weihe der Feldfrüchte (25. April) und die Bittage lag noch weiter entfernt. Für diese

[78] Váci egyházmegyei almanach (Almanach der Diözese Vác) Vác, 1970, p. 71.; die Präfation lautet: „*Et precipue pro meritis beate dei genitricis et perpetue uirginis Marie gracia plene, tuam omnipotenciam laudare, benedicere et predicare. Per christum...*" f. 86'.

[79] Ratkoš (im zit. Werk p. 948) erwähnt die Kirche der heiligen Margarete in Veszprém. Da diese jedoch nicht in der Burg, in der Nähe des Domes lag, kommt sie aus den bereits erörterten Gründen nicht in Betracht.

[80] Chobot, Ferenc [A váczi egyházmegye történeti névtára (Geschichtliches Namensregister der Diözese Vác). I. Vác, 1915, p. 116] nimmt an, daß die Dom- (Burg-) Pfarre und die Pfarre der Ungarnstadt (Magyarváros) ein und dieselbe waren und meint, daß „*Dominus sacerdos sancte Marguerite de Vaxsia*" und sein Genosse „*Petrus sacerdos eiusdem ecclesiae*", die im Zehentregister des 14. Jahrhunderts angeführt werden, Kapläne des Dompfarrers gewesen seien, was widersinnig ist. Ignác Tragor (Váczi Kalauz [Führer durch Vác], p. 38, 39) gibt die Stelle des Kirchleins im großen ganzen ebenso an, wie ein Türke, der dort 1570 ein Verzeichnis anzulegen hatte und es noch in baufälligem Zustand sah und von ihm sagt, daß es zwischen den Küchengärten stand, die unmittelbar vor dem Ostteil der Burg, daher auf jeden Fall nahe zum Dom lagen. (Fekete, Lajos: A törökkori Vác [Vác zur Türkenzeit]. Budapest 1942, p. 85 — Pestmegye műemlékei [Die Kunstdenkmäler des Pester Komitats], II, p. 245).

[81] Die Melodie zum „Cum rex gloriae" ist aus keiner ungarischen Quelle auf uns gekommen (es existiert ja auch kein ungarisches *processionale* aus dem Mittelalter), ich habe es daher dem *processionale* der Prämonstratenser entnommen, dem einzigen wo es erhalten blieb. (Processionale ad usum sacri et canonici ordinis Praemonstratensis, Parisiis, Tornaci, Romae, 1932) (Mit dem responsorium Sedit Angelus); „Salve festa dies" siehe A Manual of Gregorian Chant, Rome—Tournai 1903, p. 345—347.

Tage finden wir folgendes Gebet eingetragen: *Mentem familie tue... intercedente b. Petro apostolo tuo...*" Die Prozession ging daher zu einer dem heiligen Petrus geweihten Kirche, was wiederum den topographischen Besonderheiten der Stadt Vác im Mittelalter entsprechen würde. In einer gewissen Entfernung von der Stadt, in südöstlicher Richtung stand eine dem heiligen Apostel *Petrus* geweihte Steinkirche an der Stelle, wo die Herzöge Ungarns, als sie in die Schlacht von Mogyoród zogen, den Bau eines bischöflichen Münsters gelobt hatten.[82]

Die hier dargelegten, aus liturgischen und topographischen Tatsachen gewonnenen Argumente berechtigen uns zur Annahme, daß das Musterexemplar *des Pray-Kodex* in Vác entstanden ist.

Dieses *in Vác entstandene Musterexemplar* gibt aber Hinweise über sich hinaus. Es läßt irgendwo im Hintergrund die Umrisse eines Exemplars ahnen, in das noch keinerlei Eintragungen lokalen Charakters gemacht worden waren. Zu Pfingsten wurde von dem sonntäglichen Hochamt die gleiche Prozession abgehalten, wie am Ostersonntag. Der Text der Oratio ist natürlich ein anderer und darin ist die Stelle des Namens des Schutzheiligen der bei der Prozession besuchten Kirche *(ecclesia, capella processionalis)* freigelassen: *intercedente beat. N.*[83] Der Vorfahre des Vácer Exemplars war daher ein Kodex, in dessen Text für die tatsächlichen Beziehungen weite Alternativen offen standen. In der Beschreibung der Osterprozession, bei der eine prunkvollere Liturgie entfaltet wurde, wurde die Schutzheilige der Kirche, die während der Prozession besucht wurde, erwähnt; in der eher wortkargen Beschreibung der Pfingstprozession (oder ist vielleicht nur die von Pray entdeckte Abschrift so wortarm) wird die Kirche der heiligen Margarete — in ihrem Patrozinium — nicht erwähnt.

Auch die Heimat des entfernteren textgeschichtlichen Vorfahrens des Pray-Kodex läßt sich angeben. Am Karfreitag gab es unter den Orationes maiores auch ein Gebet für den König: „*Oremus et pro christianissimo rege nostro (ut deus et dominus noster subditas illi faciat omnes barbaras naciones ad nostram perpetuam pacem).*" Diese *admonitio* sollte ursprünglich für den römischen Kaiser gebetet werden.[84] Ihr Wortlaut ist: „*Omnipotens sempiterne deus in cuius manu sunt omnium potestates et omnia iura regnorum; respice ad romanum benignus imperium, ut gentes que in sua feritate confidunt potencie tue dextera comprimantur. Leuate*" etc. G. Tellenbach wies schon früher nach, daß dieses Gebet[85] dem Gedanken der *translatio imperii* entsprechend

[82] Mezey, László: A váci püspökség kialakulása (Entstehung des Bischoftums Vác). — Váci egyházm. almanach (Almanach der Diözese Vác), p. 19, 20.

[83] f. 60' Die Kürzung (der Strich mit dem Wert einer suspensio) läßt die Substitution der Endsilbe (o oder a) offen.

[84] Liber sacram. Gregorii Magni, Migne PL 78, dieses Sakramentar war auf dem Gebiet von Neustrien (Compiègne) in Gebrauch und läßt zwar in der monitio ebenfalls „pro christianissimo rege nostro" beten, in der oratio hingegen: „Respice ad Romanorum atque Francorum benignus imperium..." (col. 79—80); in dem noch älteren Gelasianum: „pro Christianissimo imperatore vel rege nostro III." und „respice propitius ad Romanum sive Francorum benignus imperium..." (The Gelasian Sacramentary, p. 76.)

[85] Tellenbach, Gerd: Römischer und christlicher Reichsgedanke in der Liturgie des frühen Mittelalters. — Sitzungsberichte der Heidelberger Akademie der Wiss. — Phil. Hist Klasse. Jg. 1934—35, I. Heidelberg 1938, 26—27. Er hebt die Sorgfalt

auf das fränkisch-römische Reich umgedeutet wurde und so später auf die neuen Königreiche, die im Laufe der Geschichte sich zur vollständigen Souveränität *(imperium)* entwickelt hatten, zu denen auch Ungarn gehörte. Und dennoch blieb im Pray-Kodex der Ausdruck *romanum imperium* stehen, vielleicht deswegen, weil der Muster-Kodex nicht jenes Exemplar war, das der Bischof bei der Karfreitagsliturgie benützte. Der Skriptor im Kloster Jánosi, der ohnehin oberflächlich arbeitete und sich mit dem Aufstellen und Einhalten von Standpunkten für die Neufassung oder das Umarbeiten des Textes nicht abplagte, beließ in seiner Abschrift — in unserem Kodex — den Ausdruck *romanum imperium,* der für Ungarn keinen Sinn hatte.

Immerhin liefern uns die zahlreichen Nachlässigkeiten des Kopisten in einer wichtigen Frage willkommene Hinweise. Das Sakramentar ist ein Sakramentarium Gregorianum fränkisch-römischen Typs, dessen Kodex-Vorfahre aus dem Gebiete des *romanum imperium* nach Ungarn kam.[85a] Feststellbar ist, daß dieser frühe Vorfahre unseres Kodex in der zweiten Hälfte des 11. Jahrhunderts entstanden ist, also noch vor den gregorianischen Reformbewegungen und vor der damit verbundenen *vita communis* des Klerus sowie der weiteren Verbreitung der Organisation der Domkapitel.[86] Die Rubriken geben nämlich das Bild der liturgischen Tätigkeit eines einfacheren Domklerus.

Dieser frühe Vorfahre unseres Kodex und mit ihm zusammen auch sein ungarischer Nachkomme wurden von B. Luykx und J. A. Jungmann zur Gruppe der rheinfränkischen Sakramentare gerechnet.[87] Diese Feststellung ist nicht neu und fügt sich gut in das allgemeine Bild ein,[88] das wir uns von den Anfängen der Liturgie in Ungarn machen können, und dennoch entging sie der Aufmerksamkeit Ratkoš'. In seinem Bestreben, unser Sakramentar um jeden Preis mit der Missionstätigkeit Cyrills und Methods

hervor, mit der die neuen regna (Francorum, Anglorum) ihre Staatlichkeit auch *liturgisch* betonen, anderseits aber sagt er: „Das imperium Romanum ist keineswegs ein bloß staatsrechtlicher Begriff gewesen, sondern auch ein mächtiger Kulturgedanke . . ." (30); aus der überwiegenden Mehrzahl der handschriftlichen Quellen geht hervor, daß die ursprüngliche Formulierung folgendermaßen lautete: „pro christianissimo imperatore nostro . . ." und es bildeten sich Wendungen heraus, wie „respice ad Romanum benignus regnum" (Missale Strigoniense, Feria sexta in parasceue), da ja „rex est imperator in suo regno . . .".

[85a] Siehe darüber Mezey, László: Codex Albensis. Ein Antiphonar aus dem 12. Jh. Budapest—Graz 1963.

[86] A váci püspökség kialakulása (Entstehung des Bistums Vác). — Váci egyhm. almanach (Almanach der Diözese Vác), p. 23, 24; in unserem Kodex werden folgende „officia ecclesiastica" erwähnt: cantor, custos, archidiaconus. Die ersten beiden Ämter konnten auch von Mönchen bekleidet werden, das dritte nicht.

[87] Sehr häufig angeführt in Jungmann, A.: Missarum sollemnia I—II, Innsbruck 1957, Register B III b unter „Rheinischer Messordo". Die Einreihung in diese Sakramentargruppe stammt von B. Luykx. Übrigens führt Jungmann unseren Kodex unter dem Namen „Sacramentar von Boldau" an.

[88] Siehe Anmerkung [85a]. Dort schrieb ich über die grundlegenden rheinfränkisch-süddeutschen Charakteristiken der ungarischen Liturgie, im Gegensatz zur Theorie der Herkunft aus Frankreich, die Radó vertritt, dessen Theorie sich aber mit der damaligen geschichtsgeographischen Lage nicht in Einklang bringen läßt.

unter den Slawen in Verbindung zu bringen,[89] erwähnt er die „Kiewer Blätter" bzw. das unter diesem Namen bekannte Kodex-Fragment.[90] Diesbezüglich wies R. Gamber bereits nach, daß dieses Fragment der letzte Rest eines altslawischen Sakramentariums lateinischen Ritus ist.[91] Gamber stellte auch fest, daß das ursprüngliche Sakramentarium zum Typus von Aquileia gehörte.[92] Diese Tatsache paßt auch gut zur Geschichte des Versuchs Cyrills und Methods. Der Pray-Kodex hingegen ist nicht norditalienisch, sondern gehört in die Linie der liturgischen Texttraditionen, wie sie durch die karolingischen Reformen in Gang kamen und ist einer ihrer spätesten, wenn auch noch immer beachtenswerten Repräsentanten.[93] Der Stammbaum dieses Kodex ist etwa folgender:

* X (karolingisch-rheinisches Sakramentarium vor 1050)
* V (Vácer Musterexemplar 1083—Mitte des 12. Jh.)
P (Pray-Kodex)

Der Stammbaum des Kodex, der die Grabrede enthält, ist nun klar, fraglich bleibt jedoch, wie in der Praxis eine Abschrift auf die andere folgte.

Der * X-Kodex, der aus dem Rheinland (Nieder- oder Oberlothringen) nach Ungarn kam, gehörte zur Gruppe der liturgischen Bücher Ungarns des 11. Jahrhunderts. Diese bestimmten grundlegend und auf eine Weise, die große Abweichungen nicht zuließ, die Geschichte der ungarischen Variante der römischen Liturgie des *usus* oder der *consuetudo Strigoniensis* bis ins 17. Jahrhundert.[94] Diese karolingische oder fränkisch-römische Variante, die zu Beginn des 11. Jahrhunderts in Ungarn starke Wurzeln faßte, wurde durch den in den Kodex fast vollständig aufgenommenen *Micrologus seu Libellus de romana auctoritate* des Bern von Konstanz, eines Exponenten der zentralistischen Bestrebungen Roms, nicht verändert. Der Verfasser wollte darin für die in der Stadt Rom gebräuchliche Praxis auf volkstümliche Weise Stimmung machen. Polikárp Radó stellte fest, daß die Meßordnung des Kodex nicht mit der des *Micrologus* übereinstimmt.[95] Aber dasselbe kann man auch über einige Einzelheiten oder Vorschriften von allgemeinerer Geltung sagen.[96] Es ist möglich, daß der *libellus*, der

[89] . . . „um in der frühfeudalen Kultur Ungarns wenn auch nur eine winzige Spur des kulturellen Erbes von Groß-Mähren zu entdecken" (im zit. Werk p. 942); dieses Bestreben ist wohl interessant und nützlich, kann aber mit Recht unseren Kodex nur mit einer gewissen kodikologischen Methodik berühren.

[90] ebendort.

[91] Die Kiewer Blätter in sakramentargeschichtlicher Sicht. Cyrillo-Methodiana. Zur Frühgeschichte des Christentums bei den Slawen 863—1963, Köln—Graz 1964, p. 362—371.

[92] ebd. p. 370—371; Ratkoš (p. 950) führt die Oratio des Papstes Clemens an, die mit einem unbekannten Fachausdruck „introit" genannt wird, die aber im Verhältnis zu dem im Fragment von Kiew ins Altslawische übersetzten Gebet keine Variante ist — wie man das sofort sehen kann — sondern eine andere Formulierung.

[93] Jungmann zit. Werk II, p. 177.

[94] Siehe Mezey László im Vorwort zum Codex Albensis, p. 33—35.

[95] Radó, Libri p. 31.

[96] Die eingehende Bestandaufnahme der Abweichungen wird einmal die Aufgabe textgeschichtlicher Untersuchungen sein. Nur als Beispiel erwähne ich folgenden Fall um darauf hinzuweisen, wie unser Codex von der „Romana auctoritas" des

durch die Synode von Esztergom gutgeheißen wurde *(quem supra collaudauimus)* tatsächlich der Micrologus war, es ist jedoch sicher, daß dessen romanisierenden Bestrebungen in die liturgische Praxis der ungarischen Bischofskirchen *nicht* übernommen wurden. Warum hielt der Skriptor des Klosters Jánosi es für nötig, vor die Abschrift des Sakramentariums die Zusammenfassung der liturgischen Ideen Gregors VII. einzufügen?

Wir sahen, daß der Benediktiner, der den Kodex abschrieb, an wesentlichen Stellen die Vorschriften, die sich nicht auf den benediktinischen Ritus bezogen sowie die Terminologie unverändert beibehielt.[97] Der Grund dafür war wahrscheinlich, daß das Kloster über kein consuetudinarium verfügte, mit dessen Hilfe die Änderungen der Texte hätten durchgeführt werden können. Auch ist es naheliegend, daß der Personalstand des Klosters klein war[98] (einige Mönche, ein bis zwei Schüler) und daß man es infolge des Fehlens einer lokalen Tradition mit der Durchführung der Zeremonien nicht allzu genau nahm und dazu jeder Kodex eines anderen Ritus genügte. Dies erklärt das eigenartige *Zusammenwirken* des nicht-monastischen und des monastischen Brauchtums, das im Endergebnis die endgültige Form des Textes unseres Kodex ergab.

Da dem ungarischen Benediktinerorden in jener Zeit jede Organisation vollkommen fehlte und viele Eigenklöster adliger Familien ganz sich selbst überlassen waren, ist selbst die Voraussetzung ausgeschlossen, daß ihr liturgisches Leben in irgendwelchen geordneten Bahnen verlief. Bei den Benediktinern Ungarns war eine systematische Ordensliturgie, wie der Ordo Cluniacensis mit seinen in Einzelheiten gehenden Beschreibungen,[99] das Liber Usuum der Zisterzienser,[100] oder die Consuetudines der Prämonstratenser,[101] die in jener Zeit bereits bekannt waren, einfach undenkbar. Jedoch war es vielleicht gerade deshalb gut, die allgemein gültigen Vorschriften des Micrologus zum Gebrauch heranzuziehen, weil diese

---

Micrologus abweicht. Die Anweisung des Gebetes für das Neujahrsfest lautet im Libellus folgendermaßen: „*In octaua domini iuxta romanam auctoritatem . . . cantamus orationem gregorianam*", „*Deus qui salutis*" *et non illam* „*Deus qui nobis nati saluatoris*" *dicimus* . . ." (f. XIX); hingegen das Sakramentarium (ff. 36–36') gibt zuerst „*In octauis domini* „*Deus qui nobis nati saluatoris diem celebrare concedis octauum*" und erst nachher folgt unter der Überschrift „*Beate marie in octaua domini*" das Gebet des Micrologus.

[97] Am auffallendsten ist dies bei den Zeremonien der Karwoche.

[98] Über die geringe Zahl der Mönche in den Eigenklöstern adeliger Geschlechter Ungarns schrieb ich im VI. Kapitel von Deákság és Európa (Scholarentum und Europa).

[99] Über die älteste Ausgabe des Ordo per Bernardum siehe Anmerkung 39. Albers: Consuetudines monasticae, Stuttgart 1903 ist die Ausgabe der Bücher über das monastische Brauchtum — und in jüngerer Zeit der kritische Korpus des K. Halliger erscheint seit 1958 in Rom (Corpus Consuetudinum Monasticorum).

[100] Séjalon, H.: Nomasticon cisterciense, Solesmes, 1892, p. 84–211.

[101] Lefèvre Pl.: L'Ordinaire de Prémontré d'après les mes du XII-e et du XIII-e s. Louvain 1947; derselbe: La Liturgie de Prémontré, Histoire, Formulaire, Chant et Cérémonial. Louvain 1957; sein mittelalterlicher Auszug in Ungarn: Cod. lat. 35 der Universitätsbibliothek, Budapest. Der zweite Teil des Ordinarius (Kalender und Rubriken) erschien auf ungarisch: Lányi Kódex (zum Gebrauch der Prämonstratenser-Nonnen von Somlóvásárhely, 1511) in Nyelvemléktár (Sammlung von Sprachdenkmälern) VII.

Vorschriften auf irgendeine Weise (da sie ja für den Weltklerus und nicht für Mönche bestimmt waren) angewandt werden konnten.

Wahrscheinlich stammten die Aussegnungen der Räumlichkeiten des Klosters *(loca regularia)* und die *sepultura monachorum* und vor ihnen das *sacramentarium minus,* das überwiegend deutsche und französische Benediktinerfeste (Majolus, Martialis) enthält, aus dem unmittelbaren monastichen Brauchtum.[102] Ob die *sepultura laicorum* und darin die *Grabrede* dem monastichen Kodex entnommen wurden, aus dem jene Ergänzungen stammten, geht nicht klar hervor. Es ist immerhin zu bedenken, daß *der Begräbnisritus ein Teil der älteren Sakramentartypen ist.*[103] So ist es daher möglich, daß *das Begräbnis von Laien und darin das ungarische Sprachdenkmal bereits im Vácer Musterexemplar vorhanden war.*[104] Wenn der Charakter des Kodex durch das Sakramentarium, das den Hauptteil seines Inhaltes ausmacht, bestimmt wird, konnten wir auch die Entstehung seiner auf uns gekommenen Form von der Untersuchung des *Liber sacramentorum* erwarten. Die zahlreichen anderen ergänzenden Texte und Eintragungen lagerten sich auf die bereits entstandene Form ab, sie erklären nicht seine Entstehung, sondern sind nur Anhaltspunkte für seinen Gebrauch und für die genauere Kenntnis des weiteren Schicksals des Kodex. Die Ergebnisse der Untersuchung der Gestaltung und Entstehung des Pray-Kodex lassen sich folgendermaßen zusammenfassen: 1. Der Kodex wurde von einem in der *Bischofskirche von Vác* benutzten Exemplar für die *Benediktiner von Jánosi* abgeschrieben und teilweise neu formuliert, oder besser mit Ergänzungen versehen. 2. Das *Vácer Musterexemplar* kann seinerseits auf ein *rheinfränkisches Musterexemplar* zurückgeführt werden, das vor der zweiten Hälfte des 11. Jahrhunderts entstand. 3. Insgesamt *erinnert* der Kodex an die Zeit und die kulturellen Beziehungen der der kirchenorganisatorischen Arbeit König *Stefans,* die den ferneren historischen Hintergrund bilden.

[102] ff. 137—142'.

[103] Orationes post obitum hominis. The Gelasian Sacramentary (Fußnote 39,) p. 295—297; Item orationes antequam ad sepulcrum deferatur p. 297—298 orationes ad sepulcrum ebendort und orationes post sepulturam.

[104] Die Taufe, Eheschließung (benedictio super sponsum et sponsam, ff. 116'—117') und das Begräbnis sind die den Taufkirchen eigenen Riten. Von ihnen konnte nur das jus sepulturae auf "das Grab der Ahnen" (sepultura maiorum), d.h. auf das Kloster übergehen (Vergl. Feine, H.: Kirchliche Rechtsgeschichte. Die kath. Kirche, Köln—Graz 1964, p. 162, 163) (nach der früheren Ordnung). Als dann die Bettelmönche in die Pastoration einbezogen wurden, mußte dies von neuem geordnet werden (ang. A. p. 417, 439), dies berührt jedoch die Entstehungsgeschichte unseres Kodex nicht. Bei der Beschreibung der Vigil von Ostern muß der Bemerkung Aufmerksamkeit geschenkt werden „*et hic catecizantur (!) infantes per presbyteros*", die auf die Taufe hinweist. Wenn wir dies mit den Zeremonien der Eheschließung und des Begräbnisses in Verbindung bringen, so ist die sepultura laicorum und die dazugehörige Grabrede ein Denkmal der *Pastorationspraxis* der früher (wenn auch nicht frühesten) *Árpádenzeit* und daher das Werk von Personen, deren Wirkungskreis das Volk „ad populum" war, und nicht von Mönchen.

ZUR ÜBERLIEFERUNG DER WERKE ULRICHS VON POTTENSTEIN[1]

ANDRÁS VIZKELETY

Über Ulrich von Pottenstein, Vertreter der Wiener deutschsprachigen Scholastik zu Beginn des 15. Jahrhunderts, Übersetzer der Cyrillus-Fabeln, mußte Friedrich Ranke 1943 auf Grund der wenigen erhaltenen Handschriften die Meinung äußern, daß das riesige katechetische Interpretationswerk Ulrichs beinahe unbekannt bleiben mußte.[1a] Von dem in vier Bücher und 70 durchgezählte Kapitel gegliederten, mit einem vom Verfasser selbst verfertigten lateinisch-deutschen Sachregister versehenen Riesenwerk waren nämlich bis 1953 nur vier Handschriften (die Hälfte davon aus Ungarn) bekannt[2]: 1. Salzburg, Benediktinerabtei St. Peter, Signatur a X 13, um 1446—1454, Buch I—II (Paternoster- und Avemaria-Auslegung) vollständig und Anfang des III. Buches bis zum 27. Kapitel (Credo-Auslegung). — 2. Österreichische Nationalbibliothek (ÖNB), Signatur Cod. Vind. 3050, kurz nach 1406, Buch III, das letzte, 42. Kapitel des Buches ist unvollständig. — 3. Kalocsa, Erzdiözesanbibliothek, Signatur Ms. 322, erste Hälfte des 15. Jh., Buch III bis zu Kapitel 31. — 4. Ebenda, Signatur Ms. 629, 1416 Buch IV (Magnificat- und Dekalog-Auslegung) vollständig.

Hermann Menhardt berichtete 1953 in der Stammler-Festschrift über zwei weitere Pottenstein-Fragmente der ÖNB[3]: Cod. Vind. 3710, 1446, 27 Blätter aus Buch I, und Cod. Vind. 2953, um 1450, 38 Blätter aus Buch III. Diese letztere, die Credo-Hs. soll nach Menhardt keine Kopie der anderen, früher abgeschriebenen Hs. 3050 darstellen, sondern auf eine dritte Handschrift zurückgehen. Außer diesen Funden stellte Menhardt eine wichtige Quelle Ulrichs fest: den ,,Tractatus contra haeresim Waldensium" des Peter von Pillichsdorf, aus dem er die Partien gegen die Waldenser übernahm.

[1] Kurzfassung eines Vortrags, der am 15.12.1970 im Arbeitsausschuß für Buchgeschichte und Bibliographie der Ungarischen Akademie der Wissenschaften gehalten wurde. Das Manuskript wurde Anfang 1971 abgegeben.

[1a] W. Stammler—K. Langosch: Die deutsche Literatur des Mittelalters. Verfasserlexikon. III. Berlin 1943, Sp. 918—923. Vgl. dazu Bd. V. Berlin 1955, Sp. 1100—1101 von C. Minis. Diese beiden Artikel und die später zitierte Studie H. Menhardts vertreten die gesamte Sekundärliteratur zu den theologischen Werken Ulrichs.

[2] Vgl. Ranke a.a.O. Entstehungszeit und Signaturen der Hss. wurden nach dem heutigen Stand unserer Kenntnisse verändert.

[3] H. Menhardt: Funde zu Ulrich von Pottenstein. In: Festschrift für Wolfgang Stammler. Berlin 1953, S. 146—171.

Während der Bearbeitung der mittelalterlichen deutschen Handschriften in Ungarn wurden zwei weitere Kodizes als Werke Ulrichs identifiziert. Die Hs. B. V. 2 der Erlauer (Eger) Erzdiözesanbibliothek enthält die Paternoster- und Avemaria-Auslegung (Buch I—II), und der Cod. Lat. 2° 2 der Bibliothek der Ungarischen Akademie der Wissenschaften die beinahe vollständige Magnificat-Auslegung (am Anfang fehlen zweieinhalb, am Schluß ein Kapitel). Bei Handschriftenvergleichen in der Staatsbibliothek München fand ich noch in cgm 5019 ebenfalls die Paternoster- und Avemaria-Auslegungen. Die Hs. wurde zwar von Weidenhiller angeführt und beschrieben, auch mit der Wiener Schule in Zusammenhang gebracht, jedoch nicht bestimmt.[4] Schließlich beschrieb Menhardt in seinem Wiener Katalog eine Hs. mit Fragezeichen als eine in Predigten umgearbeitete Fassung der Magnificat-Auslegung Ulrichs,[5] die ihm zur Zeit seiner in der Stammler-Festschrift erschienenen Studie wahrscheinlich noch unbekannt war.

Zu den vier Handschriften, die Ranke 1943 bekannt waren, kamen also noch sechs Textzeugen und eine siebente, vorausgesetzte Hs. hinzu, die als Grundlage zum Cod. Vind. 2953 diente. Die verglichenen Stellen der beiden Magnificat-Auslegungen (Kalocsa und Bibliothek der Ungarischen Akademie der Wissenschaften, Budapest) entsprechen einander wörtlich, die Annahme einer dritten Vermittler-Handschrift scheint also überflüssig zu sein. Bei den Paternoster- und Avemaria-Auslegungen habe ich keine Textvergleiche durchgeführt.[6]

Zu den Provenienzen der Handschriften und zum Wirkungskreis der Schriften Ulrichs gibt es nur einige Anhaltspunkte. Der Schreiber der Salzburger Hs. war selbst in Salzburg tätig (Erasmus Adelmann).[7] Einen der Wiener Kodizes (Cod. Vind. 3050) besaß im 15. Jahrhundert der Salzburger Goldschmied Peter Spörl.[8] Diese Hs. und auch der Cod. Vind. 3710 kamen später in den Besitz der Benediktinerabtei Mondsee. Die Credo-Auslegung (Cod. Vind. 2953) war früher im Besitz des Schottenstifts in Wien.[9]

Die Erlauer Hs., wie beinahe sämtliche Kodizes und Raritäten der heutigen Erzdiözesanbibliothek, stammen aus der Sammlung des Erlauer Bischofs Graf Karl Eszterházy (1762—1799), der auch zur Zeit der josephinischen Klosteraufhebungen in Erlau residierte. Der Kodex B. V. 2 wurde von einem Beauftragten Eszterházys aus der 1783 in Wien versteigerten Auerspergschen Bibliothek „floreno uno" erworben.[10] Mehrere Stücke der ehemaligen Auerspergschen Sammlung sind Welser Provenienz.[11] Leider

[4] P. E. Weidenhiller: Untersuchungen zur deutschsprachigen katechetischen Literatur des späten Mittelalters. (Münchener Texte und Untersuchungen zur deutschen Literatur des Mittelalters, Bd. 10) München 1965, S. 223, 227.

[5] H. Menhardt: Verzeichnis der altdeutschen literarischen Handschriften der Österreichischen Nationalbibliothek. III. Berlin 1961, S. 1497.

[6] Von Herrn Gerold Hayer (Salzburg) wird eine Ausgabe der Paternoster-Auslegung vorbereitet.

[7] Menhardt, Stammler-Festschrift, S. 148.

[8] Menhardt, Katalog Bd. II, S. 842—843.

[9] Menhardt, Katalog Bd. I, S. 659.

[10] Eintragung im handschriftlichen Katalog der Erzdiözesanbibliothek.

[11] Mitglieder der Familie Auersperg waren auch Grafen von Wels.

ließ Eszterházy alle Kodizes einheitlich einbinden, wobei nicht nur die Originaleinbände, sondern auch die Vorsatzblätter mit eventuellen Besitzervermerken verlorengegangen sind.

Der Cod. Lat. 2° 2 der Akademiebibliothek verrät überhaupt nichts über Vorbesitzer. Die Vorsatzblätter und die ersten zwei bis drei Lagen der Hs. wurden ausgerissen. Der einfache Originaleinband weist keine besonderen Stilmerkmale auf. Für den alten Katalog beschrieb der Archäologe und Kodikologe Flóris Rómer (1815—1889) die Hs., über die Provenienzen bemerkte er aber nur, daß der Kodex mit 6 anderen deutschen Handschriften in die Bibliothek gelangt war.

Die Kalocsaer Auslegung des apostolischen Glaubensbekenntnisses liefert schon mehrere Anhaltspunkte. Der Kodex wurde in der ersten Hälfte des 15. Jh., etwa um 1430 geschrieben[12] und enthält auf der Versoseite des letzten unbeschriebenen Blattes eine zeitgleiche Eintragung: „daz puch ist dez hanss fischer han ich In 3 gulden darauff gelichen". Er blieb jedoch nicht lange in Privatbesitz. Am oberen und unteren Schnitt trägt der Buchblock eine mittelalterliche Signatur (G. l.) und an der Außenseite des Vorderdeckels einen Pergamentstreifen mit dem Titel. Die Hs. war also Eigentum einer Bibliothek, in der die größeren Handschriften auf dem Regal oder dem Pult flach lagen. Mehrere Zeichen deuten darauf hin, daß die Hs. eifrig benutzt wurde. Außer dem zum ursprünglichen Text gehörenden, von Ulrich selbst zusammengestellten Sachregister wurde dem Kodex von einer Hand des späten 15. Jh. noch ein Inhaltsverzeichnis hinzugefügt, das sich nach den Blattzahlen und nicht nach den Kapiteln und „Tafelbuchstaben" (von Ulrich eingeführte, mit dem Alphabet signierte Einschnitte) wie das Sachregister richtete. Dieselbe Hand hat die „Tafelbuchstaben" am Rand deutlicher umschrieben, um die Benutzung des Registers zu erleichtern, und am Rand einige Korrekturen, Quellennachweise und Ergänzungen zum Text vermerkt. Der Erleichterung des Nachschlagens dienten außerdem Lederläppchen am äußeren Rand der Kapitelanfänge. In der Hs. befindet sich auch ein seltsames Lesezeichen. In einer Hülle steckt eine drehbare Scheibe mit vier Zahlen (I—IIII) am Rand. Diese Zahlen kann man in einen Schlitz der Hülle einstellen. Hülle und Scheibe wurden aus steifem Leder verfertigt und sind an einem Lederstreifen zu bewegen, der am Kapitalband befestigt ist. Das Gerät diente offensichtlich dazu, daß der Leser, der wahrscheinlich aus dem Kodex vorlesen mußte, die Scheibe bis zu der Stelle schieben konnte, an der er aufgehört hatte zu lesen und dann mit Hilfe der Scheibe die betreffende Spalte einstellen konnte. Die zweispaltig beschriebene, aufgeschlagene Handschrift bot nämlich vier Spalten zur Auswahl.[13] Die Art der Signatur, die Korrekturen und Nachträge, das neu zusammengestellte Inhaltsverzeichnis und son-

[12] Wasserzeichen: Ochsenkopf, identisch mit Piccard XII/578, belegt zwischen 1427—1435. Eine ausführliche Beschreibung der Handschriften erfolgt im II. Band des Beschreibenden Verzeichnisses der altdeutschen Handschriften in ungarischen Bibliotheken; (Bd. I, Budapest—Wiesbaden 1969).

[13] Ob es sich dabei um eine „cavilla" handelt, sei dahingestellt. W. Wattenbach interpretiert die „cavilla" als ein Gerät des Schreibers und nicht des Lesers, in: Das Schriftwesen im Mittelalter. Leipzig 1871, S. 163, 380. Vgl. dazu die Belege im Wörterbuch Du Cange.

stige Behelfe, die die lesetechnische Orientierung in der Hs. erleichtern sollten, erlauben den Schluß, daß sie wahrscheinlich in einem Kloster zum öffentlichen Vorlesen bestimmt war.

Der zweite Pottenstein-Kodex in Kalocsa, eine riesige Pergamenthandschrift (ca. 40×30 cm), entstand nach dem Schreibervermerk im Jahre 1416, d. h. noch zu Lebzeiten Ulrichs. Seiner Ausstattung nach scheint er keine Gebrauchshandschrift, sondern ein repräsentatives Geschenkexemplar gewesen zu sein. Über den ursprünglichen roten Ledereinband wurde später ein dickes Hirschleder gezogen und am Rücken mit Ölfarbe signiert. Zwei gleichgebundene Kalocsaer Handschriften tragen die Besitzereintragung des Dorotheenstiftes zu Wien. Es liegt also nahe, daß auch die Hs. 629 mit der Auslegung des Magnificats und der Zehn Gebote Ulrichs aus der Stiftbibliothek stammt. Dies kann zu einigen weiteren interessanten Vermutungen führen.

Das Wiener St. Dorotheenstift wurde von Andreas Plank gegründet, der die Wiener Kanzlei zu der Zeit leitete, als Ulrich von Pottenstein Hofkaplan Herzog Albrechts IV. war. Plank fuhr zwar 1406 nach Italien, kam aber 1413 nach Wien zurück und übernahm wieder sein früheres Amt. Nach seiner Rückkehr hat er das Stift gegründet, in das er sich später auch zurückzog und das er in seinem Testament vom 6. 11. 1433 zu seinem Universalerben einsetzte. Auch seine Bibliothek fiel also dem Stift zu, im Testament wurden jedoch einzeln nur eine Bibel, ein Corpus Juris und Breviere genannt.[14] Das Stift, Heimstätte des österreichischen, deutschsprachigen spätmittelalterlichen Erbauungsschrifttums, besaß zahlreiche deutsche Handschriften, von denen allein in der Österreichischen Nationalbibliothek 17 Stück nachweisbar sind.[15] Die Annahme, daß die 1416 entstandene, schön ausgestattete Pergamenthandschrift von Ulrich für Andreas Plank bestellt wurde, dem er als Hofkaplan bestimmt vielfach verbunden war, liegt also auf der Hand. Die nächste Station der Hs. wäre dann das Dorotheenstift, und die letzte der Bibliophile Adam Patachich, der — wie Eszterházy in Erlau — zur Zeit der josephinischen Klosteraufhebungen das höchste kirchliche Amt in Kalocsa bekleidete. Beide Kalocsaer Pottenstein-Handschriften tragen seine Signatur. Die geheimen Kanäle, durch die manche Schätze der aufgehobenen Bibliotheken in fremde Hände kamen, wurden des öfteren behandelt.[16]

Außer der relativ hohen, zahlenmäßigen Vermehrung der Überlieferung ließen also einige Handschriften auch aufschlußreiche Vermutungen über die Benutzung und Wirkung der Werke Ulrichs zu. Eine genauere Untersuchung der Wiener, Salzburger und Münchner Ulrich-Handschriften könnte wahrscheinlich weitere interessante Angaben liefern.

[14] Vgl. H. Rupprich: Das Wiener Schrifttum des ausgehenden Mittelalters. (Sitzungsberichte der Österreichischen Akademie der Wissenschaften. Phil.-Hist. Klasse, 228. Bd., 5. Abteilung), Wien 1954, S. 159.

[15] Cod. Vind. 1567, 1646, 1707, 2684, 2696, 2728, 2736, 2800, 2809, 2810, 2812, 2864, 2875, 2878, 2897, 2970, 4724. Vgl. Menhardt: Katalog Bd. III, S. 1602.

[16] Vgl. A. Vizkelety: Millstätter Handschriften in der Ungarischen Nationalbibliothek Széchényi. In: Carinthia I. 157 (1967), S. 290—295 und die dort angeführte ältere Literatur.

EIN ERHALTEN GEBLIEBENES BUCH DER „ACADEMIA ISTROPOLITANA"

CSABA CSAPODI

Cod. Lat. 4596 der Österreichischen Nationalbibliothek enthält die Kommentare eines Unbekannten zum Matthaeus-Evangelium. Der einfache Papierkodex entstand wahrscheinlich 1449, da neben dem ersten größeren roten Initial des sonst schmucklosen Bandes die Jahreszahl 1449, steht. Sein Besitzer begann die Handschrift nach dem Zeugnis der Eintragung am oberen Rand der Versoseite des Pergamentvorsatzblattes noch im selben Jahr, am 28. Oktober zu lesen: *Anno d[omi]ni 1449 fui admissus ad legendum eiusdem et in vigilia simonis et Iude incepi legere hunc librum.* Es dauerte neuneinhalb Monate, bis der Leser ans Ende der 495 großformatigen (295 × 218 mm), dicht beschriebenen Folien kam: *In vigilia laurenti (!) Anno M°CCCC 50.*[1] Dieser Leser und zugleich Erstbesitzer des Bandes war — nach der auffallenden Ähnlichkeit der drei Eintragungen — derselbe Sigismund Lengenfeld, dessen Name auf der Innenseite des Vorderdeckels steht: *Iste liber est m[a]g[ist]ri Sigismundi de lengenueld.* Über Sigismund Lengenfeld wissen wir nichts, außer daß er 1474 Preßburger Kanoniker und Baccalaureus der Theologie war.[2]

Der Wiener Cod. Lat. 4596 befand sich also im 15. Jh. in ungarischem Besitz und vermehrt wahrscheinlich sogar die Zahl der in Ungarn entstandenen mittelalterlichen Handschriften.[3] Eine viel größere Bedeutung dürfen wir aber dem Kodex aufgrund der sich auf dem Einbanddeckel, unter dem Namen Lengenfeld befindenden Eintragung einer anderen Hand beimessen: *M[a]g[iste]r Sigismu[n]dus obrecht de Lengenuelde in theolo-*

[1] Auch neben der Eintragung, die den Beginn der Lektüre registriert, steht am Rand: . . . *finiui [in] uigilia laurentj (!)* Der Vermerk am Ende der Handschrift mit der Zeitangabe *In vigilia laurenti (!) Anno M°CCCC 50* gibt also nicht die Zeit an, zu der der Skriptor mit der Abschrift fertig wurde. Der gedruckte Wiener Katalog (Tabulae codium manu scriptorum . . . in Bibliotheca Palatina Vindobonensi asservatorum. Vol. 3. Vindobonae 1869) führt also die Jahre 1449—1450 irrtümlich als die Entstehungszeit des Kodex an.

[2] Gusztáv Rimely: Capitulum insignis ecclesiae collegiatae Posoniensis. Posonii 1880. S. 1, ohne genaue Quellenangabe. Auf Rimely bezieht sich Tivadar Ortvay: Pozsony város története (Geschichte der Stadt Preßburg), Pozsony 1894, Bd. III, S. 266.

[3] Die Deckel sind mit Leder bezogen und mit gotischen Einzelstempeln bedruckt. Der Einband entstand wahrscheinlich in Ungarn, vielleicht in Preßburg. Ihm ähnlich ist der Einband des Gregorius-Kodex, den Lambrecht 1666 aus dem Budaer Schloß mit sich nahm. (Heute in der Österreichischen Nationalbibliothek, Signatur: Cod. Lat. 759.)

gia bacc[alaureus] posonij q[ue] (!) (q[uod] et histropolis dici[tur]) cu[m] erigeret[ur] Vniu[er]sitas ex p[ri]mis collegiatu[s] hunc libr[um] loco triu[m] flor[enorum] Vng[aricorum] qu[o]s de gradibus in facultate p[er]ceptis eidem debuit coram tota facultate existente obtulit 1474.

Diese paar Zeilen bezeugen nicht nur, daß es sich dabei um das erste erhalten gebliebene Buch der ,,Academia Istropolitana" handelt, sondern sie ergänzen in mancher Hinsicht unsere dürftigen Kenntnisse über die Preßburger Universität König Matthias'. Vor allem liefern sie einen neuen Beitrag dazu, daß die Universität 1474 noch ungestört, samt ihren festlichen Formalitäten existierte; die Buchschenkung — und wohl auch die gleichzeitige Graduierung — geschah in Anwesenheit der gesamten theologischen Fakultät. Wir entnehmen dieser Eintragung noch, daß die Gebühr für die Graduierung 3 ungarische Gulden betrug, statt des Geldes aber auch ein Buch für die Fakultät in Empfang genommen wurde.

Die einzelnen Fakultäten der Universität besaßen also eigene Bibliotheken.[4] Daß es sich bei der Buchschenkung nicht darum handelte, daß man das Buch im Wert des Geldes, also zu späterem Verkauf und nicht zur Vermehrung der Fakultätsbibliothek annahm, beweist schon der festliche Akt der Schenkung. Einen weiteren Beweis liefert der Umstand, daß der Band ein Kettenbuch war. Lengenfeld hat seine eigenen Bücher bestimmt nicht angekettet, man hat die Stücke wohl in der Fakultätsbibliothek aufbewahrt.

Mit Lengenfeld konnten wir also die Zahl der Theologiestudenten an der Preßburger Universität vermehren, mit einem Studenten, der einer der ersten Konviktualen seit der Gründung der Universität war.[5] Wir halten es hier nicht für unsere Aufgabe, uns mit der Person, Abstammung und dem Bildungsweg Lengenfelds näher zu beschäftigen, möchten nur erwähnen, daß er den akademischen Grad ,,Magister Artium" nicht an der Preßburger Universität erwarb, da die sechs Jahre zur Absolvierung der Artes und der Theologie nicht ausgereicht hätten. Er studierte auch nicht an der nahen Wiener Universität, da sein Name in den dortigen Matrikeln nicht auftaucht.[6] Nachdem er den Grad des Baccalaureus erwarb, wurde er noch im selben Jahr Kanoniker in Preßburg.

Über das weitere Schicksal des Kodex sind wir nur soweit unterrichtet, daß er im 18. Jh. aus der Universitätsbibliothek Wien in die Hofbibliothek, in die heutige Österreichische Nationalbibliothek gelangte.[7]

[4] So war das auch an der Wiener Universität. Nicolaus de Hittendorf hat sich 1470 ein Buch aus der Bibliothek der ,,Facultas Artium" ausgeliehen: *Exauditus fuit absolute M. Stephanus Murer de Brunn, qui petivit concedi M. Nicolao de Hittendorf in Theologia licentiato, tunc in nova universitate Histropolensi videlicet Posoniensi lectori quemdam librum pro exemplari de libraria facultatis.* (Abgedruckt bei Mihály Császár: Az Academia Istropolitana. Pozsony 1914, S. 116.) Nicht nur die Preßburger Kapitelbibliothek diente also als Universitätsbibliothek, wie dies M. Császár (zit. Werk S. 76) behauptet.

[5] ,,Collegiatus" bedeutet nach dem ,,Glossarium" von Du Cange ,,collegii alumnus, convictor".

[6] Die Matrikel der Universität Wien. 2. Bd. 1—2 Lfg. 1451—1518. I. (Publikationen des Instituts für Österr. Geschichtsforschung. VI. 1), Graz—Köln 1959—1966.

[7] Alte Wiener Signatur: Univ. 141.

Interessanterweise geriet zur gleichen Zeit eine Sammelhandschrift Lengenfelds mit theologischem Inhalt ebenfalls aus der Wiener Universitätsbibliothek in die Hofbibliothek (heutige Signatur: Cod. Lat. 4254).[8] Sie enthält folgende Stücke: Lectura in libros Sententiarum. — Tabula in S. Thomae Aquinatis opera. — Auctoritates sanctorum patrum et doctorum. — Expositiones rariorum vocabulorum, partim germanice. — Synonyma unum et idem significantia. Als Besitzervermerk ist auch hier *Iste liber est Magistri Sigismundi obrecht de lengenfeld* zu lesen, sonst gibt es in der Handschrift keine weiteren Eintragungen. Man könnte sich vorstellen, daß Lengenfeld auch diesen Kodex der „Academia Istropolitana" schenkte, es ist aber auch nicht ausgeschlossen, daß er diese Handschrift der Fakultätsbibliothek nur zur Benutzung bei sich hatte und deshalb sein Name in der Handschrift steht. An der Wiener und wohl auch an der Preßburger Universität mußten nämlich die Baccalaureaten vor der Graduierung eben die Sentenzen des Petrus Lombardus kommentieren.[9] Die erste und größere Hälfte der Sammelhandschrift enthält ein diesbezügliches Stück. Diese Annahme wird auch von der hier erscheinenden Namensform Lengenfelds unterstützt. In sein eigenes Buch trug er sich nämlich als „Sigismundus de lengenueld" ein, im Cod. Lat. 4254 wird er dagegen als „Sigismundus obrecht de lengenfeld" erwähnt, ähnlich, wie sein Name im Schenkungsvermerk steht, wie er also wahrscheinlich auch immatrikuliert wurde.

Vielleicht werden mit der Zeit in der Handschriftenabteilung der Österreichischen Nationalbibliothek noch weitere Kodizes Lengenfelds auftauchen, die eventuell auch über das weitere Schicksal seiner Bücher Aufschluß geben.

Abschließend möchten wir nur als eine noch weiter zu erforschende Annahme erwähnen, daß auch die bisher für einen Corvina-Band gehaltene Inkunabel der Széchényi-Nationalbibliothek[10] möglicherweise nicht der königlichen Bibliothek, sondern der „Academia Istropolitana" gehörte. Das Werk, das „Supplementum Summae Pisanellae" des zeitgenössischen italienischen Franziskaners Nicolaus de Ausmo, erschien undatiert vor August 1473 bei Vendelinus de Spira in Venedig. Das erste Blatt des Budapester Exemplars wurde in Ferrara illuminiert; unten, in der Randornamentik erscheinen zwei Wappen nebeneinander. Auf der vom heraldischen Gesichtspunkt aus vornehmeren rechten Seite (für den Betrachter links) steht das Wappen Papst Sixtus' IV. und an der linken Seite (der Seite des äußeren Blattrandes) ein ungewöhnlich konstruiertes Wappen Matthias':

[8] Alte Wiener Signatur: Univ. 308. Sein Einband ist viel einfacher, als der des anderen Kodex Lengenfelds.

[9] Jenő Ábel: Egyetemeink a középkorban (Unsere Universitäten im Mittelalter). Budapest 1881, S. 73.

[10] Inc. 197. Über den Band s. János Csontosi: XV. századi könyvtári viszonyok és egy ismeretlen Corvin-incunabulum (Bibliotheksverhältnisse im 15. Jh. und eine unbekannte Corvina-Inkunabel). In: Magyar Könyvszemle, 1878, S. 59—79; A Corvin-könyvtárhoz tartozó ősnyomtatvány (Eine Inkunabel der Bibliotheca Corviniana). In: Magyar Könyvszemle, 1878, S. 55—56. Csaba Csapodi—Klára Csapodi-Gárdonyi: Bibliotheca Corviniana. München—Berlin 1969, Nr. 47.

Im ersten Feld erscheint das ungarische Wappen mit den Querbalken, im zweiten der tschechische Löwe, im dritten der Rabe des Hauses Hunyadi. Das vierte Feld ist bis zur Unkenntlichkeit abgerieben.[11] Aufgrund dieser Wappen hat man bisher stets angenommen, daß das Buch dem König von Papst Sixtus IV. geschenkt wurde. Der Inhalt des Bandes veranlaßt uns jedoch zu weiteren Überlegungen. Warum hätte der Papst dem König, einem bekannten humanistischen Sammler ein gedrucktes Handbuch zum Abnehmen der Beichte gewidmet? Das „Supplementum Summae Pisanellae" ist nämlich ein Nachtrag zur „Summa casuum conscientiae" des ein Jahrhundert früher wirkenden italienischen Dominikaners, Bartholomaeus de Pisa, d. h. zu einem kasuistischen Werk, das für Beichtväter zur Unterscheidung und Beurteilung der verschiedenen Delikte und Sünden zusammengestellt wurde. Und wenn der Band wenigstens in Rom erschienen wäre! Aber nein, es ist ein Venediger Druck. Auch eine derartige Anwendung beider Wappen stellt einen ungewöhnlichen Fall dar. Die Wappen des Schenkers und des Beschenkten fand ich noch nie nebeneinander.[12] Eine solche Anwendung der Wappen wäre aber im Buch einer Universität, die mit päpstlicher Genehmigung vom König gegründet wurde, durchaus denkbar. Auch deshalb ist es sehr zu bedauern, daß das vierte Feld des ungarischen Wappens völlig unkennbar gemacht wurde. Wir könnten auch nicht erklären, weshalb ein Band solchen Inhalts und solch bescheidener Ausstattung aus der Bibliothek verschwunden wäre, da die Humanisten, die sich an den Beständen der Bibliotheca Corviniana mit Vorliebe vergriffen, ein solches Buch nicht besonders interessierte. Schließlich ist auch auffallend, daß die Inkunabel eben in der Bibliothek der Preßburger Franziskaner entdeckt wurde.

Diese Überlegungen bleiben vorerst nur Annahmen. Der Wiener Cod. Lat. 4596 liefert aber zweifellos einen neuen Beweis dafür, wie wichtig die Aufgabe — nicht nur vom buch- und bibliotheksgeschichtlichen Gesichtspunkt, sondern auch vom Aspekt der gesamten ungarischen Kulturgeschichte des Mittelalters — wäre, die ausländischen Handschriftensammlungen, samt ihren Fragmenten, endlich systematisch, Stück für Stück durchzuforschen. Dies wäre eine Aufgabe für Generationen und könnte nur unter irgendwelcher zentraler Leitung und Registrierung der Ergebnisse bewältigt werden. Es würde sich aber unbedingt lohnen.

[11] Die farbige Abbildung des ersten Blattes s. Ilona Berkovits: Magyarországi corvinák (Corvinen in Ungarn). Budapest 1962, Abb. 41.

[12] Die „Statuta urbis Romae", eine angebliche Corvina-Inkunabel, ebenfalls mit dem päpstlichen und ungarischen Wappen verziert, ist seit Jahrzehnten verschollen, wir konnten sie also nicht untersuchen. Pál Gulyás: A Korvina két maradványa Amerikában (Zwei Reste der Bibliotheca Corviniana in Amerika). In: Magyar Könyvszemle, 1915, S. 127. Er gibt als Standort die Pierpont Morgan Library in New York an. Der Band befindet sich dort aber nicht (briefliche Mitteilung der Bibliothek).

DIE BIBLIOTHEK DER KARTAUSE LECHNITZ IN DER ZIPS VOR 1500

(GESCHICHTE UND BUCHBESTANDSREKONSTRUKTION)

ADRIENNE FODOR

Die meisten ungarischen Klosterbibliotheken wurden im 16. Jahrhundert zerstört oder sie erlitten schwere Schäden während der Türkenherrschaft bzw. in dem Chaos bei der Flucht vor den Türken und auch zur Zeit der Reformation. Den alten Bestand einiger Bibliotheken kennen wir nur aus dem Bücherverzeichnis (z. B. den in der Abtei von Pannonhalma und Pécsvárad oder später die Sammlung im Kapitel von Veszprém und Preßburg),[1] das erhalten gebliebene Büchermaterial ist jedoch nur ein kleiner Bruchteil des einstigen Bestands.

Die Mehrheit der Bücher in der Sammlung der im Jahre 1563 aufgelösten Kartause zu Lechnitz sind jedoch bis zum heutigen Tage erhalten geblieben. Sechsundsiebzig Bände des aus den Jahren vor 1500 stammenden Bestands* (32 Kodizes und 44 Wiegendrucke) sind in ungarischen bzw. oberungarischen Bibliotheken auffindbar,[2] und wir wissen von neun weiteren Kodizes aus der Schenkungsurkunde des Klosters von Menedék-

[1] Katalog der Bibliothek in Pannonhalma und Pécsvárad, veröffentlicht in der Publikation A könyv és könyvtár a magyar társadalom életében az államalapítástól 1849-ig (Buch und Bibliothek in der Geschichte der ungarischen Gesellschaft von der Staatsgründung bis zum Jahre 1849), Budapest 1963, pp. 64–70 — ebenfalls in derselben Publikation: Bücherverzeichnis des Veszprémer Kapitels, pp. 82–92. — Über die Bibliothek des Preßburger Kapitels: Ipolyi, Arnold: A pozsonyi káptalan XIV. századi könyvtára (Bibliothek des Preßburger Kapitels im 14. Jahrhundert), Új Magyar Múzeum, 1856, I. pp. 161–191.

* Im Frühjahr 1975 konnte ich im Bestand der Bibliothek der Matica Slovenska, Slowakische Nationalbibliothek, das Vorhandensein 26 ehem. Lechnitzer Wiegendrucke und weiterer 26 Drucke aus dem 16. Jahrhundert sowie auffallenderweise eine liturgische Handschrift (mit Kartäuser Antiphonale und Psalterium) feststellen. Ich bedanke mich für die freundliche Hilfe von Herrn Dr. Josef Telgarsky, Bibliotheksdirektor, insbesondere für einige ergänzende Bemerkungen zu dem hier mitgeteilten Bücherverzeichnis.

[2] Der Großteil der erhalten gebliebenen Bücher der Klosterbibliothek in Lechnitz ist heute in der Budapester Universitätsbibliothek zu finden: 31 Kodizes und 36 Wiegendrucke. Ein Kodex ist in der Nationalbibliothek Széchényi aufbewahrt. Von den Wiegendrucken finden wir zwei in der Bibliothek des Zentralseminars, weitere zwei in der Bibliothek der Kirchenprovinz in Eger.

Wir haben hier versucht, die Sammlungen der ausländischen Bibliotheken aufgrund von Bibliographien zu überblicken, doch werden in den meisten die Possessor-Aufzeichnungen nicht gebracht. So fanden wir insgesamt 4 aus Lechnitz stammende Wiegendrucke: zwei in der Universitätsbibliothek Bratislava und zwei im Kapitel der Zips — die Signatur der Bücher siehe in der Bibliographie am Ende der Studie.

szirt aus dem Jahre 1352.[3] Unter den erhalten gebliebenen Büchern gibt es keinen liturgischen Kodex, obwohl in dem Kloster ein konventuales Meßbuch, ein Lectionarium, zwei Gradualien und zwei Antiphonalien sowie zum persönlischen Gebrauch jedes Mönches ein Meßbuch und ein Breviarium vorhanden sein mußten.[4] Diese Bücher wurden — als die ältesten und wertvollsten Manuskripte des Klosters — von den sich verlaufenden Mönchen wahrscheinlich mitgenommen. In der Budapester Universitätsbibliothek finden wir jedoch unter den Kodexfragmenten ein Kartäuser Missale-Kalendarium[5] aus dem 15. Jahrhundert, das aller Wahrscheinlichkeit nach aus dem Lechnitzer Kloster stammt.

Der einstige Bestand der Klosterbibliothek kann — zusammen mit den Drucken aus dem 16. Jahrhundert, die bis 1563 in den Besitz der Mönche gelangen konnten[6] — entsprechend den Verhältnissen des Bestands aus den Jahren vor 1500 auf etwa 200—250 Bände geschätzt werden. Dies vorausgesetzt, versuchen wir, die Bibliothek einer spätmittelalterlichen ungarischen Kartause auch konkreter darzustellen.

Unter den vier Klöstern des durch seine Liebe zum Buch und seine Sammellust berühmten Kartäuserordens[7] in Ungarn (Menedékszirt, Lechnitz, Lövöld, Tárkány) ist allein die Bibliothek in Lechnitz erhalten geblieben. Ein Bruchteil des Bestands der Klosterbibliothek von Menedékszirt wurde nach Lechnitz gebracht und in die dortige Bibliothek aufgenommen.[8] Aus der Sammlung der beiden anderen Kartäuserbibliotheken kennen wir kaum einige Bände. Von den Büchern des Klosters von Tárkány blieb kein einziger Band erhalten, doch können wir einer im Jahre 1432 ausgestellten Urkunde entnehmen, daß die Tárkányer Bibliothek ein Meßbuch, ein Graduale und ein Antiphonale von den Gaminger Kartäusern kaufte und neun weitere Kodizes als Geschenk bekam.[9]

Aus dem Bestand des Klosters in Lövöld, das eines der schönsten und reichsten Kartäuserklöster Europas war, und unter den ungarischen Klöstern wahrscheinlich über die größte Bibliothek verfügte,[10] kennen wir insgesamt sieben Wiegendrucke und einen Kodex.[11]

Die Kataloge der Bibliotheken einiger Kartäuserklöster im Ausland (z. B. des Klosters in Aggsbach, Gaming, Buxheim und Erfurt) sind erhalten geblieben.[12] Im Vergleich zu ihrem Bestand von mehreren hundert

[3] A könyv és könyvtár . . . (Buch und Bibliothek . . .) pp. 73—74.
[4] Die Kartäuser lasen auch in ihren Zellen Messe.
[5] Fragmenta Codicum: Fragm. lat. 24 (vorläufige Signatur).
[6] Die Sammlung der nach 1500 gedruckten Bücher ist im Gange.
[7] Dazu siehe Lehmann, Paul: Bücherliebe und Bücherpflege bei den Karthäusern. = Erforschung des Mittelalters. Bd. 3, Stuttgart 1960, pp. 121—142.
[8] Siehe unter [25].
[9] A könyv és könyvtár . . . pp. 74—75.
[10] Das Kloster wurde oft von Ludwig dem Großen und auch von König Matthias besucht. Matthias Corvinus schenkte den Mönchen Bücher, in der sog. Lövölder Corvina finden wir seine Widmung. — siehe. unter [11]
[11] Die Wiegendrucke siehe: Koroknay, Éva: A lövöldi karthausi kolostor kötéseiről in: Esztergom évlapjai. Budapest 1960, p. 32 (Über die Einbände in der Kartause von Lövöld) Die Kodizes siehe Universitätsbibliothek cod. lat. 72.
[12] Mittelalterliche Bibliothekskataloge Österreichs. Bd. 1—3. München 1918—1932.

Bänden verfügten die ungarischen Klöster über viel bescheidenere Sammlungen. Wegen ihrer ärmlichen finanziellen Verhältnisse konnten sie für Bücher nur wenig Geld ausgeben, die Inschriften der erhalten gebliebenen Bände bezeugen, daß die meisten Bücher als Geschenk in den Besitz der Mönche kamen.[13]

Die Bibliothek in Lechnitz kann, was ihre Größe anbelangt, als mittelmäßig bezeichnet werden, ihr Bücherbestand ist der Menge nach kaum reicher als der der damaligen Pfarrbibliotheken (z. B. Nagyszeben oder Brünn).[14] Die erhalten gebliebenen Manuskripte und Drucke aus dem 14.–15. Jahrhundert — etwa 80 Bände — sind jedoch hinsichtlich der ungarischen Bibliotheksgeschichte sehr bedeutende Denkmäler.

Das Kloster von Lechnitz[15] befand sich an der Grenze des alten ungarischen Komitats Szepes (Zips), also der Slowakei und Polens, am Ufer des Flusses Dunajec. Auf seiner nördlichen Seite, im von den Karpaten umgebenen Tal, genannt nach dem Heiligen Antonius, führte die Krakauer Landstraße, wo reger Verkehr herrschte. Das ,,Rote Kloster" war so in der Zips und im südlichen Teil Polens — vor allem in Krakau — gut bekannt.

Das Lechnitzer Kloster wurde im Jahre 1319 von dem aus dem Rudger-Geschlecht stammenden Meister Kakas gegründet. Der Konvent von Menedékszirt lenkte die Bauarbeiten und auch die Ausstattung wurde von dem sog. Mutterkloster besorgt.[16] Nicht zuletzt versahen die Mönche von Menedékszirt das neue Kloster mit den wichtigsten liturgischen Handbüchern. Das auch strategisch wichtige Gebäude, das bei Gefahr den Bewohnern der Umgebung Obdach bot, war von einer doppelten Steinmauer umgeben. Von der Landstraße aus ragte das untere Kloster mit seinem roten Schindeldach empor.[17] In diesem Gebäude befanden sich das Refectorium, der Kapitelsaal, das Hospitium und die Gastzimmer der Laien.

Hinter dem unteren Kloster, in der Mitte des viereckigen Hofes stand die Antoniuskirche, neben ihr die Sakristei. Aus der Sakristei führte eine Tür in die Bibliothek, deren Größe wir nicht kennen, aber laut Beschreibung eines ,,Augenzeugen" war sie voll mit Büchern (man schrieb 1638!). In den Schränken sah der Visitator des Kartäuserordens viele Bücher mit Aufzeichnungen des Konventpossessors aus Menedékszirt.[18]

[13] Siehe unter [40].

[14] In der Bibliothek der Pfarre von Nagyszeben gab es im Jahre 1442 139 Bände, in der Brünner Pfarre in der zweiten Hälfte des 15. Jahrhunderts 140–150 Bände; siehe Iványka, Endre: Két magyarországi plébániai könyvtár a XV. században. Századok, 1938, p. 329.

[15] Das Kloster wird Rotes Kloster, Rubrum Claustrum, Červený kláštor und auch Kloster im Tal des Heiligen Antonius (Domus de valle S. Antonii) oder Konvent von Dunajec genannt.

[16] Siehe unter [3].

[17] Daher stammt die Bezeichnung ,,Rotes Kloster".

[18] Im Jahre 1638 besuchte Repffius Udalrik, der Prior einer Kartause in Polen, das Kloster von Lechnitz und schickte einen Bericht dem Visitator des Ordens in Brünn über den Zustand des Klosters, seine Beschreibung ist erhalten geblieben. Eine ist im Landesarchiv zu finden: E 151 Acta Ecclesiastica Ordinum et Monialium. 2. Kästchen. Fasc. 7, 28. Brief. — Zitiert wird Dedek Crescens, Lajos: A karthauziak Magyarországban (Die Kartäuser in Ungarn), Budapest 1889, pp 101–102.

Im hinteren Teil des Hofes und an seinen beiden Seiten befanden sich die einzelnen, mit Gärten umgebenen Häuschen der Mönche. Diese wurden in den Kartäuserklöstern mit dem Sammelnamen „oberes Kloster" bezeichnet. Nach den Statuten des Ordens wohnte der Mönch allein in seiner Zelle, manchmal — vorübergehend — mit einem anderen Bruder zusammen. Im Kloster von Lechnitz gab es insgesamt vierzehn „Zellen", die Zahl der Mönche betrug also wahrscheinlich nicht mehr als 14—15.

Die Geschichte des Klosters von Lechnitz wurde — beginnend mit der Gründung bis zur Mitte des 18. Jahrhunderts — von dem Kamaldulenser Mönch P. Romuald Hadbavny geschrieben.[19] Auch zur Zeit der Kartäuser entstand eine Chronik, diese ging jedoch verloren.[20] Dem Kamaldulenser Mönch diente also nicht die frühere Chronik als Quelle, sondern die Urkundenkopien, die in der Klosterbibliothek vorhanden waren. Die Chronik von Pater Romuald bietet über das Schicksal der Güter reichlich Angaben, er zählt die Kartäuser-Prioren auf; von der Geschichte des Klosters selbst — und vor allem über die Historie des 14. Jahrhunderts — erzählt er aber recht wenig.

In den Jahren 1430—1450 plünderten die Hussiten mehrere Male beide Kartäuserklöster. Die Mönche wurden aus der Zips vertrieben, viele von ihnen zogen sich angeblich in das Kloster von Felsőtárkány zurück.[21] Das Lapis refugii wurde im Jahre 1433 in Brand gesteckt, wahrscheinlich brannte auch die Bibliothek nieder.[22]

Das Ende des 15. und der Anfang des 16. Jahrhunderts brachten in der Geschichte der beiden Klöster eine verhältnismäßig friedliche Periode. Die beschädigten Gebäude wurden renoviert und neue Zellen gebaut. Die Kirche des Lechnitzer Klosters wurde erweitert, auch die Fresken des Refektoriums stammen aus dieser Zeit.[23] Der Großteil der Bücher wurde in diesen Jahren beschafft, nur etwa in einem Viertel der erhalten gebliebenen Bände finden wir Schenkungswidmungen aus den Jahren 1480—1490.[24]

Anfang des 16. Jahrhunderts wurden die meisten Bewohner der Zips innerhalb einiger Jahrzehnte zu Protestanten. Außer den Religionsstreitigkeiten entflammten auch politische Kämpfe. In Oberungarn brandschatzten die Truppen von Zápolya und Ferdinand, so mußten auch die beiden

[19] Zitat aus Wagner, Carolus: Analecta Scepusii sacri et profani. Posonii 1778. Pars. 3. pp. 173—195.

[20] Demeter Komossy, Kamaldulenser Prior in Lechnitz fordert die Chronik der Kartäuser von Sándor Berzeviczy im Jahre 1747. (Einige Jahre zuvor, als Romuald Hadbavny die Geschichte des Klosters beschrieb!) Berzeviczy konnte sie aber nicht übersenden, da András Daxner die Chronik mitgenommen hatte. — Siehe Dedek, p. 245.

[21] Kandra, Kabos: A segedelemvölgyi karthauziak Tárkány mellett. Adatok az egri egyházmegye történetéhez (Die Kartäuser vom Tal der Hilfe bei Tárkány, Angaben zur Geschichte der Diözese Eger), Bd. 2, p. 19.

[22] Aus dem Bücherbestand der Klosterbibliothek ist nur ein Kodex erhalten geblieben, der jedoch in der zweiten Hälfte des 15. Jahrhunderts geschrieben wurde, die Possessor-Aufzeichnung stammt aus dem 16. Jahrhundert (Budapester Universitätsbibliothek, cod. lat. 77).

[23] Magyarország műemlékei (Kunstdenkmäler Ungarns), Bd. 4.

[24] Siehe unter [40].

Klöster zwei Monarchen gleichzeitig Steuer zahlen. Im Jahre 1544 plündern die Truppen von Podmaniczky, Sadorló und Demeter die beiden Klöster. Das Lapis refugii, das über viel weniger Güter verfügte als das Lechnitzer Kloster, konnte sich nicht mehr erhalten. Die Mönche zogen mit ihren verbliebenen Büchern nach Lechnitz und so wurden die beiden Konvente vereint. Der erhalten gebliebene Bestand der Klosterbibliothek von Menedékszirt wurde also in die Bibliothek von Lechnitz eingeschmolzen.[25]

Selbst der vereinte Konvent konnte das Lechnitzer Kloster nicht länger als 20 Jahre behalten. Die sich nach ihren verbliebenen Gütern sehnenden Herren, vor allem Gergely Bornemissza, ein Propst aus der Zips, baten König Ferdinand, das „im Untergang begriffene" Kloster den Kartäusern wegzunehmen und dem Zipser Kapitel zu schenken. Ferdinand stimmte zu, und damit verlor der Kartäuserorden im Jahre 1563 sein letztes Kloster in Ungarn.[26] Die Mehrheit der Mönche suchte in den benachbarten Klöstern (in Mähren und Schlesien) Zuflucht. Sie nahmen einen Teil der Dokumente des Konvents mit sich, die sie den Nonnen des Klarissenklosters in Verwahrung gaben.[27] Die Bibliothek selbst — oder zumindest der Großteil des Bücherbestands — blieb im Kloster und wurde somit von den folgenden Besitzern geerbt.

Nachdem sich die Kartäusermönche verstreut hatten, war das Kloster einige Jahre lang im Besitz des Propsts Gergely Bornemissza, danach wurde es mehrere Generationen hindurch von den Mitgliedern der Familie Margócsy und später von György Palocsai Horváth geerbt. Nach dem Tod Palocsais fiel das Kloster an den König zurück, der es im Jahre 1625 Pál Rákóczi schenkte. Die Familie Rákóczi (Pál Rákóczi, sein Sohn László und Frau Erdődy, geb. Erzsébet Rákóczi) ließ das Kloster wiederherstellen. Die doppelten Steinmauern wurden verstärkt, das untere Kloster umgebaut und als Landhaus eingerichtet.[28]

Die Familie Rákóczi verhandelte mehrere Male mit den Kartäusern über die Rückgabe des Klosters, doch konnte der Orden den Kaufpreis nicht auftreiben. Schließlich verkaufte es Erzsébet Rákóczi im Jahre 1699 an den Bischof László Mattyasovszky aus Nyitra für dreißigtausend Forint. In seinem Testament hinterließ Mattyasovszky das Kloster dem Kamaldulenserorden, dem es vom Jahre 1710 bis zur Abolition (d. h. bis zum Jahre 1782) gehörte.

Die Klöster des Kartäuserordens verfügten — fast ohne Ausnahme — alle über reiche Büchersammlungen. Guibert de Nogent meinte, daß *in omnimoda paupertate se deprimant, ditissimam tamen bibliothecam coaggerant.*[29] Die Statuten des Ordens beinhalten viele Hinweise über Behand-

[25] Dedek, p. 199.

[26] Die Klöster von Lövöld und Tárkány wurden einige Jahre zuvor von den Türken zerstört.

[27] Von hier geriet es dann ins Archiv des Krakauer Klarissenklosters von St. Andreas. — Siehe Dedek, p. 206. Später kam es in das Klarissenkloster von Nowy Sącz, in der Zeit der josephinischen Klosteraufhebungen schließlich geriet es in das Staatsarchiv Wien.

[28] Dedek, p. 228.

[29] Lehmann, p. 123.

lung, Bewahrung, Pflege und Ausleihe der Bücher.[30] Und daß die Bibliothek in den Kartausen nicht nur eine einfache Sammlung war, sondern ein ständig benutztes Hilfsmittel, kann auch durch die erhalten gebliebenen Bände bewiesen werden: wir finden in ihnen mit Handschriften aus verschiedenen Jahrhunderten viele Aufzeichnungen, Glossen und Textverbesserungen. Oft wurden die gedruckten Bücher mit handgeschriebenem Inhaltsverzeichnis ergänzt, um die Handhabung zu erleichtern.[31]

Paul Lehmann hebt drei wesentliche Züge der Kartäuser-Bücherkultur hervor:[32] 1. das Bücherschreiben und das Kodexkopieren; 2. die Bindung und Pflege der Bücher; die Textverbesserungen der Kartäuser.

Als die Buchdruckerei noch nicht erfunden war, war es der Kartäuserorden, der am eifrigsten Kodizes kopierte. Im 13. Jahrhundert formulierte Guigo, der fünfte Prior der Grande Chartreuse, die Wichtigkeit dieser Tätigkeit der „stummen Mönche" wie folgt: *Libros quippe tanquam sempiternum animarum nostrarum cibum cautissime custodiri et studiosissime volumus fieri, ut quis ore non possumus, Dei verbum manibus predicemus. Quot enim libros scribimus, tot nobis veritatis precones facere videmur.*[33]

Laut der Statuten wurde jeder, der in den Orden eintrat, mit den zur Buchkopierung nötigen Werkzeugen ausgerüstet, denn es kam sehr selten vor, daß ein Mönch eine andere Meisterschaft betrieb als das Bücherschreiben.[34]

Mit der Verbreitung der Buchdruckerei verliert dies zwar an Bedeutung, doch wurden in den unter ärmlichen finanziellen Verhältnissen wirkenden ungarischen Klöstern noch im 16. Jahrhundert viele Bücher kopiert.

Unter den vier ungarischen Klöstern verfügen wir nur Angaben über die Kodexkopierung in Lapis refugii. Anonymus Carthusianus erwähnt in der Chronik des Klosters[35] zwei bedeutende Buchkopierer: Konrad, der im Jahre 1310 vom Priorat abdankte, um dem Bücherschreiben mehr Zeit widmen zu können. Er kopierte zwei konventuale Meßbücher, ein Graduale, ein Breviarium, ein Collectarium und ein Necrologium. Der andere Buchkopierer, Jodok von Wagendrüssel lebte Anfang des 16. Jahrhunderts. Von seinen zahlreichen Büchern erwähnt der Chronist nur zwei Antiphonalien und zwei Gradualien.

Obwohl die Kartauserchronik nur von zwei Buchkopierern weiß, bedeutet dies jedoch bei weitem nicht, daß es außer ihnen keine anderen Buchkopierer in Menedékszirt gegeben hätte. Das Kopieren von Manuskripten mit Noten — so auch der Antiphonalien und Gradualien — konnte nur von einem geschulten Skriptor verrichtet werden. Wer sich mit dem Kopieren der Kodizes beschäftigte, der mußte in diesem Kunstgewerbe bewandert sein; in den einfachen, kursiv geschriebenen Kodizes blieb die Stelle der Initiale leer. Im Kloster von Menedékszirt könnten also außer den

[30] A könyv és könyvtár . . . p. 70.
[31] z. B. bei „Summa theologica" des Antoninus Florentinus. Wiegendruck im Besitz der Budapester Universitätsbibliothek, Signatur 185—187.
[32] Lehmann, pp. 121—142.
[33] Zitat aus Lehmann, p. 124; — Dedek, p. 57.
[34] A könyv és könyvtár . . . p. 70.
[35] Zitat aus Wagner, Pars. 2. pp. 69—79; Dedek, p. 244.

beiden in „scriptura formata" kopierenden Mönchen viele einfache Buchkopierer gewirkt haben. Auf dieselbe Weise müssen wir den Bücherkauf der Tárkányer Kartäuser in Gaming auffassen.[36] Die Tatsache, daß die Mönche die im Klostergebrauch unentbehrlichen Antiphonalien und Gradualien in Gaming kauften, beweist nicht etwa, daß sie nicht schreibkundig waren, vielmehr geht es darum, daß sie im Kunstgewerbe nicht bewandert waren.

Die einfache Schrift gut schreibenden Mönche fertigten z. B. den Kodex Nr. 50 an (im Besitz der Budapester Universitätsbibliothek), in dem wir sämtliche Varianten des Kursivs finden.[37]

Auch gab es geschickte Miniatoren unter den ungarischen Kartäusern. König Matthias ließ z. B. den Lövölder Corvina-Wiegendruck wahrscheinlich von Kartäusern miniieren.[38]

Über die Tätigkeit der Kodexkopierer im Kloster von Lechnitz stehen uns keine Angaben zur Verfügung. Nach László Mezey wurde nur ein geringer Teil der erhalten gebliebenen Kodizes des Klosters im Kloster selbst kopiert,[39] die übrigen erhielten die Mönche als Geschenk. Von den Wiegendrucken und Kodizes finden wir in etwa fünfzehn Bänden Schenkungswidmungen. Die Spender sind*: Matthias de Cobilino und Johannes Pnyowski, die Rektoren der Krakauer Universität, der Dekan Nicolaus de Cracovia, Nicolaus de Elkus, Kantor im Florianistift, Nicolaus de Nissa, Prediger in der Marienkirche, zwei Krakauer Altaristen: Wenceslaus und Nicolaus Czipser. sowie Heinricus de Radom, der im Jahre 1445 Magister der Universität wurde.[40]

Von Michael Venceslai de Conyn und Ladislaus Kaczynbray wissen wir nichts Näheres. Swanthoslaus Silentiosus, der dem Kloster fünf Wiegendrucke schenkte, war ein berühmter Missionar aus Krakau. Es gibt auch im Karmelitenkloster von Krakau 12 Wiegendrucke.

In beiden Kartausen der Zips gab es eine Buchbinderei. Die meisten der erhalten gebliebenen Bände können in zwei oder drei Einbandtypen eingereiht werden. Auch die in die Einbandtafeln eingepreßten Motive stimmen überein, obwohl die Mönche diese von verschiedenen Stellen als Geschenk bekamen. Aus den Einbandtafeln der Bücher aus Lechnitz kamen solche Fragmente zum Vorschein, auf denen die Possessor-Aufzeichnung

[36] Siehe unter [9].
[37] Auf die detaillierte Untersuchung dieses Kodex wollen wir noch zurückkommen.
[38] Siehe unter [11].
[39] A könyv és könyvtár . . . p. 54.
* Für die Mitteilung der Personalien zur Identifizierung der folgenden Krakauer Donatoren bin ich dem Leiter der Handschriftenabteilung der Jagellonischen Bibliothek, Herrn Dr. J. Zátej zu besonders warmem Dank verpflichtet.
[40] Jan Długosz, ein polnischer humanistischer Geschichtsschreiber hat in der zweiten Hälfte des 15. Jahrhunderts mehrere Versuche gemacht, die Kartäuser bei Krakau anzusiedeln. Nach dem Tode Długosz's (i.J. 1480) sahen die Bürger von Krakau, daß der Versuch der Gründung des Klosters erfolglos blieb und haben die oben genannten Bücher den Kartäusern von Lechnitz, nicht weit von Krakau, gegeben. — Siehe Sikora, Franciszek: O fundacji kartuskiej Jana Długosza. Kwartalnik historyczny 80. Warszawa 1973, pp. 872 – 884. Über die Spender siehe Muczkowski: Statuta nec non liber promotionum philosophorum ordinis in Universitate studiorum Jagellonica . . . 1402 – 1849. Cracoviae 1849 und Conclusiones Universitatis Cracoviensis ab anno 1441 ad annum 1589. Wyd. Henryk Barycz. Kraków 1933.

des Klosters zu sehen ist, z. B. in der Tafel des Decretums von Gratianus wurde ein Blatt aus ,,Analiticorum libri lectura" von Thomas de Aquino gefunden, auf dem die Aufzeichnung *Monast. Lechni. Thomas Augustiny* steht.[41] Ebenfalls in einer Einbandtafel fand man jenen Schenkungsbrief der dreibändigen Bibelerklärung von Nicolaus de Lyra, die Swanthoslaus Silentiosus den Mönchen von Lechnitz schenkte.[42]

Wie hat sich dann das Schicksal des im Kloster gebliebenen Bücherbestands gestaltet? Die Kartäuserbibliothek — oder zumindest der Großteil des Bestands — war noch im Jahre 1638 im Kloster, höchstwahrscheinlich wurden die Bücher erst zur Zeit der Rákóczis verstreut. Wie die Bücher zwischen 1563 und 1638 eigentlich erhalten blieben, während einer Zeit also, in der das Kloster mehrere Male in den Besitz eines neuen Herren überging, wissen wir nicht. Wahrscheinlich ist, daß sie von den Mönchen versteckt wurden[43] und erst Anfang des 17. Jahrhunderts, als die Familie Rákóczi die Gebäude renovieren ließ, wieder zum Vorschein kamen.

Nach den Aufzeichnungen der Kartäuser stammen die nächsten Eintragungen ca. aus dem Jahre 1650. Im Großteil der Wiegendrucke finden wir die Worte *Monast. Lechniciensis: Thomas Augustiny.* Wer Thomas Augustiny war, wissen wir bis zum heutigen Tage nicht. Wahrscheinlich gehörte er zum Kreis der Familie Rákóczi und stellte in ihrem Auftrag ein Verzeichnis der Bücher im Kloster zusammen. Der Annahme, daß er ein Kartäuser gewesen sei, widerspricht die Tatsache, daß er seinen Namen immer ohne Frater angibt. Auch fügt er das Attribut ,,Kartäuser" nicht an den Namen des Klosters.

In der zweiten Hälfte des 17. Jahrhunderts besuchten die Kartäuser oft die Familie Rákóczi, um über den Rückkauf des Klosters zu verhandeln. Auf ihren Reisen zurück ins Ausland nahmen sie dann auch Bücher mit. Erzsébet Rákóczi wies ihren Verwalter Johannes Melczer in Eperjes an, dem bei ihm erscheinenden Kartäusermönch einige Bände von den Büchern im ,,kleinen Kloster" (oberes Kloster!) und in Makovicza zu überreichen.[44] Melczer soll den Krakauer Karmelitern schreiben, daß sie die Bücher, falls diese von den Kartäusern noch nicht mitgenommen wären, dem Kartäuserorden zurückgeben will, da sie sein Eigentum sind.

Welcher Mönch und aus welchem Kloster er nach Lechnitz kam, wohin er die Bücher brachte, wissen wir nicht. Auch ist es uns bis jetzt nicht gelungen festzustellen, ob der Verwalter noch vor dem Erhalt des Briefes von Erzsébet Rákóczi den Krakauer Karmelitern Bücher gab oder nicht. Aufgrund des Briefes kann allerdings festgestellt werden, daß ein Teil der Bücher von der Familie Rákóczi auf ihr Gut Makovicza überführt wurde, das weitere Schicksal dieser Bücher ist unbekannt.

Die auch heute vorhandenen Bände der Lechnitzer Kartäuserbibliothek gerieten durch die Abolition in die Budapester Universitätsbibliothek,

[41] Beide Fragmente sind unter den zur Zeit in Bearbeitung stehenden Fragmenten in der Budapester Universitätsbibliothek zu finden.

[42] Wiegendruck in der Budapester Universitätsbibliothek, unter der Signatur 870. bzw. 126. und 158.

[43] Vielleicht wurde die aus der Sakristei in die Bibliothek führende Tür zugemauert, Bücher und Archive wurden oft so versteckt.

[44] Landesarchiv: Acta Ecclesiastica Ordinum et Monialium. Fasc. 10.; 40. Brief.

die meisten im Jahre 1786 von den Paulinern aus Elefánt und Máriavölgy,[45] einige Bände im Jahre 1782, als der Kamaldulenserorden aufgelöst wurde.[46]

Wir haben keine Angaben darüber, wie die Bücher aus Lechnitz in die Hände der Pauliner kamen. Wahrscheinlich „erbte" der Kamaldulenserorden Anfang des 18. Jahrhunderts die Kartäuserbibliothek. Das erste Kloster der Kamaldulenser in Ungarn befand sich auf dem Berg Zobor unweit von Felsőelefánt. Zwischen den Paulinern und den Kamaldulensern entwickelten sich ernste geistige Kontakte. Emil Kisbán schreibt in der Geschichte des Paulinerordens, daß in der Paulinerbibliothek viele Bücher mit der Aufzeichnung „ex Eremo Zoboriensi Camald." zu finden seien.[47] Die Kamaldulenser hatten im 18. Jahrhundert in Alsó- und Felsőelefánt auch Pfandbesitze.[48] Es ist anzunehmen, daß die Pauliner von Elefánt die Bücher von den Kamaldulensern aus Zobor als Geschenk bekamen oder sie von ihnen kauften.

Die Bücher aus Lechnitz kamen ebenfalls über Zobor nach Máriavölgy. Der Fürstprimas von Ungarn, Christian August Herzog von Sachsen — der große Patron des Konvents in Máriavölgy — erbat im Jahre 1715 Bücher für die Pauliner von Johannes Chrisostomus, dem Prior der Kamaldulenser in Zobor.[49]

Auch im Besitz der Lechnitzer Kamaldulenser blieben einige Bände aus der Kartäuserbibliothek erhalten: ein Exemplar des Decretums von Gratianus[50] sowie mehrere Drucke aus dem 16. Jahrhundert, z. B. Statuten der Kartäuser.[51]

Wir haben hier versucht, die Geschichte des Klosters und seiner Bibliothek skizzenhaft darzustellen. Im weiteren bringen wir die konkreten Angaben, die eine Rekonstruktion des Bücherbestands ermöglichen, ferner gehen wir auf berechtigte Annahmen ein.

Den einstigen Bestand können wir mit direkten oder indirekten Daten bzw. mit Hilfe von Analogien rekonstruieren. Direkte Angaben liefern die erhalten gebliebenen Kodizes, Wiegendrucke und Fragmente der ehemaligen Kartäuserbibliothek. Indirekte Informationen gewinnen wir aus den Urkunden, in denen die dem Kloster geschenkten Bücher aufgezählt sind. Schließlich können wir den erhalten gebliebenen bzw. durch Urkunden und Bücherverzeichnisse bekannten Bestand durch Analogien ergänzen, die sich aus den Bräuchen des Kartäuserordens ergeben.[52]

Dieser Dreiteilung entsprechend versuchen wir, den rekonstruierbaren Bücherbestand der Klosterbibliothek von Lechnitz zu zeigen.

[45] Vértesy Miklós: Az Egyetemi Könyvtár ősnyomtatvány-gyűjteményének története. Az Egyetemi Könyvtár évkönyvei. 2. Budapest 1964.

[46] Siehe unter [50] und [51].

[47] Kisbán, Emil: A magyar pálosrend története (Geschichte des ungarischen Paulinerordens) Bd. 1—2. Budapest 1938. 1. Bd. pp. 282—283.

[48] Magyarország vármegyéi. Nyitra vármegye (Die Komitate Ungarns. Komitat Nyitra). Budapest 1899, p. 663.

[49] Landesarchiv: Acta Ecclesiastica Ordinum et Monialium. Fasc. 10., 69. Brief.

[50] Wiegendruck in der Budapester Universitätsbibliothek unter Signatur 711.

[51] Vetustissima, Signatur 10/1 (Variante „a"), Budapester Universitätsbibliothek.

[52] Siehe unter [4].

Auch heute vorhandene Kodizes und Wiegendrucke

Kodizes

Universitätsbibliothek

Cod. 42.: Henricus de Frimaria: Tractatus de IV instinctibus. — Iohannes Milicius: Postilla „Gratia Dei"dicta. — [Ps.-Augustinus:] De contemptu mundi sermo. — Hubertus de Cesena: Quaestio disputata de sperfluo ornato mulierum. — Sermones. (saec. XIV/XV.)
Poss.: Carthusia Lechnicensis?

Cod. 48.: S. Bonaventura: Itinerarium mentis in Deum. — [Gerardus de Leodio OP.: De doctrina Dei. — Nicolaus de Prachatitz:] Sermones quinque de Corpore Christi. — [Iohannes Milicius: Postilla Gratiae Dei. — Ps.-Augustinus:] De contemptu mundi ad clericos. — Sermones dominicales et festivi. — Tractatus varii. — Quadragesimale. (saec. XIV/XV.)
Poss. f. l. m. s. XVII.: „Sermones Dominicales et festivi Monasterij Lechnitzensis Carthusianorum."

Cod. 50.: [Johannes Milicius: Quadragesimale.] — Defensor locociagensis. — Enchyridion Augustini. — [Hugo a S. Victore:] Soliloquium de arrha animae. — Anselmus: Cur deus homo, De deploratione male amissae virginitatis, Liber de libero arbitrio. — [Eadmer Cantuariensis:] De inimicis diligendis, Liber de similitudinibus. — [Ps.-Isidorus:] De norma vivendi. — [Heinricus Eger de Calcaria O. Carth.: De puritate cordis.] — S. Bonaventura: De Imagine Vitae. — [Guillelmus de S. Theodorico: De interiori domo.] — Honorius Augustodunensis: In Cantica Canticorum expositio. — Hieronymus Alberti de Praga OCam.: Exemplar salutis. — Sermones. — Tractatus varii. — Martyrologium. (saec. XV/1.)
Poss.: Videtur esse in possessione Carthusiae de Lechnitz. (4 colligati parte Johannes plebanus in Leubitz).

Cod. 53.: [Mathias de Janow: Regulae veteris et novi Testamenti liber V.] — S. Augustinus: De doctrina christiana, Sermo de honestate mulierum. — [David ab Augusta O. Min.]: „De formula honeste vite". — [Ps.-Isidorus Hispalensis: De norma vivendi. — Wenceslaus a Kaplicz OPraem.]: „Tractatus de regimine proprie persone". — [S. Albertus Magnus]: Paradisus animae. — Iohannes Gerson: Scientia mortis. (notam de scriptore: 1412—13.)
Poss.: „volumen Vallis s. Anthonii in Lechnicz Carthusiensis ordinis anno domini MCCCCXLV."

Cod. 54.: [Iohannes de Dambach OP.:] De consolatione theologiae. — Conradus de Ebrach OCist.: Summa de confessione.[53] — [Guillelmus Peraldus OP.:] Summa de vitiis. — Tractatus theologici. (ante 1413.)
Poss.: Carthusia Lechnicensis.

Cod. 55.: S. Isidorus: Liber Derivationum, seu Etymologiarum; — Ps. Isidorus: De norma vivendi. — Adelgarus Episcopus Augustanus ad Nonsuindam Reclusam. — Aegidius Columna Romanus OESA: Speculum peccatoris. — Henricus de Langenstein de Hassia OESA: Speculum animae, De quatour instinctibus. — [Matthaeus de Cracovia]: Conflictus conscientiae cum ratione de communione. — [Guillelmus de S. Theodorico OCist.]: De domo interiori. — Ps. Augustinus: De decem cordis, „Liber de dulci ammonicione animae", Manuale, Liber Soliloquiorum. (ante 1417.)
Poss.: Carthusia Lechnitzensis.

Cod. 56.: Iacobus de Voragine OP: Sermones quadragesimales. — [Ps.-] Guillelmus de Alvernia: Postilla epistolarum dominicalium. — [Iohannes Andreae?]: Summa de processu iudicii. (ante 1418.)
Poss.: „Monasterij Lechnitzensis[66] [O Carth.; m. s. XVII.] „Sermones escetici" „Residentiae Lechnicensis" [O Cam.; m. s. XVIII.]

Cod. 57.: Iohannes de Balbis de Ianua OP.: Catholicon A-D. (ante 1418.)
Poss.: „Dictionarium seu vocabularium Grammaticae Monasterij Lechnitzensis Carthusianorum [haec duo verba calamo obducta] Elephantensis[66] [m. s. XVII/XVIII.]

Cod. 58.: Iohannes de Balbis de Ianua OP.: Catholicon E-K. (tempus et possessor ut in cod. 57.)

Cod. 59.: S. Gregorius: De cura pastorali, Dialogorum libri IV. — S. Augustinus [et Ps.-Augustinus] Liber quinquaginta homiliarum. — Innocentius III.: De miseria conditionis humanae. — [Ps.-] Augustinus: Manuale. — [Hugo de S. Victore?:] De imagine mundi. — [Hugo de Fulleio]: Ad amicum volentem nubere. (saec. XV/1.)
Poss.: „Monasterij Lechnitzensis Carthusianorum" (m. s. XVII/XVIII.)

Cod. 60.: [Iohannes Hus]: Commentarium in l. IV. Sententiarum. — [Abbreviatio Commentariorum S. Bonaventurae in IV. l. Sententiarum.] (ante 1424.)
Poss.: f. 162. „Iste liber comparatus est domino Sulislao predicatore tunc temporis in Iaslo predicanti, et taxa ipsius in

[53] Das Titelblatt wurde unter den Fragmenten der Budapester Universitätsbibliothek Fragm. lat. 8 (vorläufige Signatur), (1491/2 J.) gefunden.

summa due marce absque ligacione et continet in se sexternos quindecim. Actus et datus in fryeustat vel quasi in domo sanctifici viri Swanthoslay rectoris scholarum sub anno quo supra."

Cod. 61.: Sermones festivales de tempore et de Sanctis. (saec. XV/1.)
Poss.: f. 171. ,,Andree est liber iste anno domini 1427." ,,Iste liber est domus vallis sancti Anthonii prope Lyechnycz ordinis fratrum Carthusiensium 1427." Ss. XVII–XVIII. Paulini de Elefant et de Pest.

Cod. 62.: S. Gregorius: Dialogorum liber III. et IV.; De cura pastorali. — Pelagius: De viduitate liber. — S. Hieronymi Epistolae. — Iohannes de Palomar: Replica ad duplicam super 4. art. Bohemorum, in S. Concilio Basilensi habita. — S. Thomas Aquinas: Quodlibetum I. (1440.)
Poss.: ,,Hic liber datus est domui vallis sancti Anthonii prope Lechnicz Carthusiensis ordinis ab egregio doctore Mathia de Cobilino[54] anno domini 1490."

Cod. 63.: Iohannes de Balbis de Ianua O. P. Prosodia, Catholicon A-Z. (ante 1444.)
Poss.: Michael Venceslai de Conyn et postea Carthusia Lechnitzensis.

Cod. 64.: [Ps.—Bernardus vel Serlo de Wiltonia?]: Carmen paraeneticum ad Rainaldum, cum commentariis. — [Julianus Pomerius: De vita contemplativa]. — [Ps.]-Ovidius: De vetula cum praefatione Leonis? — [Johannes de Fonte OMin.]: Compendium sententiarum Petri Lombardi. — Marci Bonifilii: Sermo de conceptione B. M. V. — Paulus Piszkowski: Quaestio disputata de conceptione beatae Mariae Virginis, Sequentia de Immaculata Conceptione. — Caelius Sedulius: Carmen Paschale, cum commentario. — Tabulae chronologicae 1444—1519. — Sermones. (saec. XV. med. 1440—47.)
Poss.: Carthusia Lechnicensis?

Cod. 68.: Libri Veteris Testamenti a Genesi ad librum Iob. — Iohannes Gerson: Tres condiciones vere contritionis. (saec. XV/1.)
Poss.: ,,Item istum librum comparavi ego Ladislaus Kaczynbray in anno domini millesimo quadringentesimo sexagesimo etc." m. s. XVII/XVIII: ,,Antiquum Testamentum Monasterii Lechnihzani[!]" deinde Coenobia Paulinorum de Elefant et Pest.

Cod. 70.: [Mathaeus de Cracovia]: Confessionale. — [Godefridus Bathonensis]: Sermones ad Eremitas. — S. Augustinus: Epistola ad Victorianum presbyterum. — Confessionale. — Sermones. (saec. XV. 1433, 1463.)
Poss.: Carthusia Lechnisensis, deinde OESP Elefánt et Pest.

[54] Der Rektor der Krakauer Universität. — Siehe Conclusiones Universitatis Cracoviensis. Kraków 1933.

Cod. 72.: Nicolaus Kempf OCart.: De vera perfecta et spirituali caritate erga proximos, De discretione religiosis necessaria. — De imitatione Christi l. IV. — [Ps.]-Columbanus: De contemptu mundi. — Tractatus ascetici. (saec. XV/2. 1467.)
Poss.: Carthusia de Lövöld, deinde Carthusia de Lechnicz, mox monasterium Paulinorum de Elefánt deinde Pest.

Cod. 77.: Quatuor Evangelia cum Prologis S. Hieronymi. — Calendarium liturgicum Carthusianum. — Nicolaus Kempf OCart.: [De modo tenendi se in capitulo]. (saec. XV/2.)
Poss.: „Hic liber est monastery beati Johannis baptiste de Lapide refugy Ordinis Carthusiensis." (m. s. XVI.)

Cod. 79.: Paulus de Zator: Collecta in epistolas dominicales. — Legenda de Sancta Catherina. (saec. XV/2.)
Poss.: „Carthusiensibus in Lechnicz legatus a magistro Wenceslao altarista in Cra. anno domini 1489." Ss. XVII—XVIII. OSEP. de Elefant et de Pest.

Cod. 80.: Sermones de tempore. — Collationes 10 de Corpore Christi. (saec. XV/2.)
Poss.: Carthusia de Lechnitz.

Cod. 82.: Vocabularium latino-germanicum. (saec. XV/1.)
Poss.: m. s. XVI.: „Ad lechnicz."

Cod. 83.: Paulus [de Zator]: Collecta in epistolas dominicales — [Stanislaus de Scarbimiria: Liber conclusionum evangelicae veritatis], Sermones.
Poss.: f. 1. „Liber maystri Nicolai de Elkus sacrorum canonum doctoris olim cantoris in ecclesia collegiata ad Sanctum Florianum extra muros Cracovie et plebani in Elkus donatus per executores testamenti eiusdem pro fratribus Carthusiensibus in Lechnycza. Oretur pro eo. 1447."

Cod. 84.: Sermones Dominicales cum sermonibus in die Dedicationis et in die Animarum. — Sermo de Passione Domini. (saec. XV/2.)
Poss.: „Sermones latini Carthus. Lechnicens." (m. s. XVIII/XIX.)

Cod. 86.: Humbertus [de Prulliaco OCist.]: In Sententias Petri Lombardi Commentarium. — Sententiae super Marcum. (saec. XV., ante 1437.)
Poss.: „Iste liber comparatus est per Henricum de Radom archidiaconum Sandomiriensem et Wladariensem Cracovie protunc anno domini MCCCCXXX septimo, IIII die mensis Novembris. Manu propria subscripcio est facta." f. 1'.: „Theologia Moralis Incerti Scriptoris Monasterij Lechnitzensis Carthusianorum" [superscriptum:] „Elefantensis Paulinorum". „Iratott 1437. egy lechnici néma barát által utóbb az elefánti pálosoké lett." (m. s. XIX/1.)

Cod. 90.: [Conradus de Soltau?:] Glossa in psalterium. — [David ab Augusta OMin. Instructio Novitiorum. — Iohannes Wallensis et Thomas de Hibernia OMin.]: Manipulus florum. — S. Thomas Aquinas: De duobus praeceptis caritatis et decem legis praeceptis. (saec. XV/1, ante 1439.)
Poss.: ,,Dominus Nicolaus Czipser altarista ecclesie beate virginis in Cracovia legavit librum presentem venerabilibus patribus domuis Carthusiensibus in Lechnicz qui obiit in vigilia corporis Christi alias in die sancti Erasmi tercia mensis Junii anno domini MCCCCXXXnono.“ — deinde Paulini Pestienses possederunt.

Cod. 92.: S. Augustinus: Epistola ad Probam. — [Ps.-Augustinus:] De contemptu mundi ad clericos, De speculo anime, Soliloquium animae ad Deum, Sermo de adventu et natiuitate domini cum questionibus contra judeos. — [Pelagius: Ad viduam liber. — Ps.-Maximus Tauriensis]: Sermo de adventu Domini. — [Pauli diaconi Homiliarium: Homilia XII. — Adalgarius episcopus ad Hrodsuindam Reclusam. — Guillelmus de S. Theodorico OCist.]: De domo conscientiae. — S. Anselmus: Meditatio I. ,,Ad concitandum timorem.“ — [Guillelmus de Alvernia]: Rhetorica divinalis. — [Gerardus de Vliederhoven: Tractatus de novissimis? — S. Bonaventurae: Soliloquium.] — Consuetudinarium Carthusiense. — [Iohannes Wallensis et Thomas Hibernicus: Manipulus florum. — Isidorus Hispalensis: De Summo Bono.] (saec. XV/1.)
Poss.: f. 1. ,,Liber Iohannis Pnyowski[55] decretorum doctoris archidiaconi Cracoviensis legatus per eum testamentaliter fratribus Carthusiensibus anno domini millesimo quadringentesimo septuagesimo sexto.“

Cod. 93.: Nicolaus Wigandi: Postillae dominicales. (saec XV/1.)
Poss.: “Iste liber est domus sancti Anthony in Lechnicz.“ (m.s. XV/XVI.)

Cod. 101.: Consuetudinarium Carthusianum. (saec. XV/1.)
Poss.: Carthusia Lechnitz.

Cod. 103.: Consuetudinarium Carthusianum. (saec. XV/1.)
Poss.: Carthusia quaedam (Lechnic?)

Cod. 108.: [Aegidii de Columna Romani OESA.]: Speculum peccatorum. — [Thomas de Chabham]: Summa de Poenitentia. — [Adalgaris Episcopus ad Nonsuindam reclusam.] — S. Bernardus Claravallensis: De conversione ad clericos. — [Ps.]-Isidorus: De norma vivendi. — Nicolaus Traba: Statuta provincialia archiepiscopatus Gnesnensis. — Adalbertus Episcopus Cracoviensis: Constitutiones Synodales. — Franciscus Creisvitz de

[55] Rector Univ. — Siehe Conclusiones Universitatis Cracoviensis. Kraków, 1933.

Brega: Opus de decem praeceptis. — [Johannes de Novo foro: Epistola S. Eusebii ... de transitu S. Hieronymi. — [Ps.]-Augustinus: De Transitu S. Hieronymi epistola. — [Ps.]-Cyrillus Hierosolimitanus: De miraculis S. Hieronimi epistola. — [Ps.]-Dionysius: De morte apostolorum Petri et Pauli ad Timotheum epistola. — S. Bonaventura: Imago humanae vitae. — [Hieronymus Alberti de Praga OCam.: Linea salutis heremitae. — [Aurelius Prudentius Clemens: Cathemerinon] Hymnus ad Completorium in Quadragesima cum Commentario. (saec. XV/1. 1429—33.)
Poss.: Carthusia de Lechnitz.

Nationalbibliothek

Cod. 186.: Rigor ordinis charthusiensium. — [Hugo de Folieto]: De medicina anime. — [Humbertus de Romanis]: Epistola de tribus votis religionis.
Poss.: f. 1. „Liber Eremi Lechnicz." (ms. XVI.)

Wiegendrucke

ANTONINUS Florentinus: Summa theologica. Pars. 1—4. Nürnberg· Anton Koberger, 1486—1487. Pars. 1.: 261 ff.; Pars. 2.: 287—526 ff.; Pars. 3.: 528—842 ff.; Pars. 4.: 255 ff. (Pars. 1—3.: Univ. Bibl. inc. 217—219.; Pars. 4.: Univ. Bibl. inc. 248.; — Cat. inc.[56] 253.)
Poss.: Inscriptus Bibliothecae Conventus Elephantensis Or: S: Pauli p: Eremitae Anno 1723;
Monastery Lechni: Thomas Augustiny (m. s. 17.)
f[rat]rum Carthusien[sium] in Lechnicza (m. s. 15.)

ANTONINUS Florentinus: Summa theologica. Pars. 2—4. (Basel: Michael Wenssler), 1485. Pars. 2.: 324 ff.; Pars. 3.: 450 ff.; Pars. 4.: 372 ff. (Univ. Bibl. inc. 185—187. — Cat. inc. 252.)
Poss.: Monast: Lechni: Thomas Augustiny (m. s. 17.)
Lapidis refugy (m. s. 15/16.)
Inscriptus Bibliothecae Conventus Elephantensis O. S. Pauli p: Eremitae Anno 1723.
(Handschriftliches Inhaltsverzeichnis ist vorn in alle Bücher gebunden.)

ARISTOTELES: Oeconomica. (Lipsiae: Martinus Lansberg Herbipolensis, circa 1499. (Univ. Bibl. Bratislava[57])
Poss.: Lapidis refugy
Magistri Gregory Grocker cassouien[sis].

[56] Catalogus incunabulorum quae in bibliothecis publicis Hungariae asservantur. Ed. Elizabeth Soltész et Géza Sajó. Budapest 1970.
[57] Kotvan, I.: Inkunabuly Univerzitnej Knižnice v Bratislave. Bratislava 1960, No. 24.

Sum Ex Libris Patris Michaelis Misskay 1682
Post fata eiusdem Possessoris Illm̄ ac Rssm̄ Dn' Dnus̄ Paulus Balassa de Gyarmath attunc S[e]de Vacante Vicarius Generalis obtulit Domo Scto Georgiensi Scholar[um] Piar[um] 1695. [Pozsony]
Exlibris handschriftlich: Stephanus Azmanj

ASTESANUS (= ANTONIUS de Asti): Summa de casibus conscientiae. [Basel: Michael Wenssler et Bernhard Richel, non post 1477.] (Zentralseminar, Budapest: XXI. F. 3.; die neuere Signatur: G. 11.; Cat. inc. 335.)
Poss.: Monasterii Lechnicensis Thomas Augustiny (m. s. 17.)
Inscriptus cathalogo bibliothecae venerabilis conventus Elefantensis. (m. s. 18.)
Ins. cat. Elefant ord. S. Pauli 1729.
Ista Summa data domui vallis S. Antonii ordinis Carthusiensis a doctore Slupczya de etc. 1488.

AUGUSTINUS, Aurelius: Explanatio psalmorum. Pars. 1—3. Basel: Johann Amerbach, 1489. (Univ. Bibl. inc. 351; — Cat. inc. 387.)
Poss.: Monastery S. Joannis Baptiste in Elephath[!] in Hungaria (m. s. 17.)
Hunc librum dono dedit vener. dn̄s Benedictus ochtinen̄ tum parochus in Trubin Andreae Galli de Bzenycze parocho Wiesten̄ an̄[n]o 1573.
Ordinis S. Pauli primi Eremitae M[onaste]ry Elephan' Cathalogo inscriptus 1637.
1667. 13 Marty recuparatus post captum Gyur F. N. K.
Comparatus est hic Tractatus Diui Aurely Augustini ab Adm. Rev. R. Paulo Ivanovits O. S. Pauli Pr. Erem. vicario Elephant 1667.

BALBUS, Johannes: Catholicon. [Strassburg: typogr. R. (= Adolf Rusch), circa 1470.] 313 ff. (Univ. Bibl. inc. 797. — Cat. inc. 462.) (Das Ende des Buches ist unvollständig!)
Poss.: fratrum carthusien̄[sium] in lechnicz (m. s. 15.)
[Monast. Lechni: Thomas Augustiny] (m. s. 17.)
Conventus Elephantensis (m. s. 18.)

BERNARDUS Claravallensis: Sermones de tempore et de sanctis et diversis. Speyer: Peter Drach, post 31. Aug. 1481, non post 1482. 255 ff. (Eger, Kirchenprovinz Bibl. X. IV. 37. — Cat. inc. 571.)
Poss.: Liber iste datus domui Vallis scti Anthony p̄pe [prope] Lechnitz p [per] Reverendum mgrm [magistrum] Nicola predicator[em] ād b[ea]tam v[ir]ginem crac[oviensem][58] 1487.
Capituli Agriensis 1678. [Cassoviae residenti.]

[58] Nicolaus a Nissa, siehe Conclusiones Universitatis Cracoviensis. Kraków 1933.

BIBLIA. Cum postillis Nicolai de Lyra et expositionibus Guillelmi Britonis in omnes prologos S. Hieronymi et additionibus Pauli Burgensis replicisque Matthiae Doering. — NICOLAUS de Lyra: Contra perfidiam Iudaeorum. Venezia: Franz Renner, 1482—1483. Pars. 1—3. (Pars. 1.: Univ. Bibl. inc. 870.; Pars. 2.: Univ. Bibl. inc. 126.; Pars. 3.: Univ. Bibl. inc. 158.; — Cat. inc. 665.)

Poss.:[59] inc. 870: S. Joannis Baptistae in Elephant

Per me Swanthoslau[m] Silentiosum in cracovia aput petrum salomon p[ro]tu[n]c morantem 12 flore[nis] vel citra h[aec] manus mea ppra [propria] h[ae]c per me zibaldū[m] inutilem. Sub an[n]o ̄domini 1486 vlc [videlicet] 1486.

inc. 126.: S. Joannis Baptistae in Elephant inc. 158.: poss. —

BOETHIUS, Anicius Manlius Torquatus Severinus: De consolatione philosophiae. Nürnberg: Anton Koberger, pridie Id. Nov. 1476. 135 ff. (Univ. Bibl. inc. 36.; — Cat. inc. 704.)

Poss.: Liber iste ē[st] carthusiēsium villis[!] sci [sancti] Antony ī[n] Lechnicz 1492; (m. s. 17.:) 1659 — 1492 = 167[a]

Inscriptus Bibliothecae Conventus Elephantensis Or: S: pauli p: Eremitae Anno 1723.

Monast. Lechni: Thomas Augustiny (m. s. 17.)

BONAVENTURA, sanctus: Opuscula. — Octavianus de Martinis: Oratio in vitam et merita Sancti Bonaventurae. Argentinae: Martinus Flack, prid. Kal. Nov. 1489. (im Kapitel der Zips[60])

Poss.: Lapidis refugy frm̄ [fratrum] Carthusi[ensium]

1614 dedi pro isto libro Rectori Lomniceñ[si] postillam Antony Coruinj Valent. Berzeuiczey.

Liber Lapidis refugy Si casu aliquo perditus uel ablatus fuerit intuitu dei et sc̄ti Joh[ann]ïs baptiste restituēt ad locum pretactū p[ro]ptter Deum.

Michaele Eistroffer calocensi Laurentius Kolchvaj canonic[us] Scepusieñ cōparauit hunc libr[um] a predicante Welbacheñ [Feldbach] 1641. 6. Aug.

DECISIONES Rotae Romanae. Pars 1—2. Roma: Ulrich Han et Simon Nicolai Chardella, 20. Nov. 1472. 293 ff. (Univ. Bibl. inc. 7. — Cat. inc. 1148.)

Poss.: Monastery Lechni: Thomas Augustiny (m. s. 17.)

DOMINICUS de Sancto Geminiano: Super sexto Decretalium. Pars. 1. Venezia: Jacobus Rubeus, IV. Id. Sept. 1476. 323 ff. (Univ. Bibl. inc. 39. — Cat. inc. 1197.)

Poss.: Inscriptus Cat. Bib. Mōstr. [Monasterii] S. Joañis Erem. Elephant 1729. Monast: Lechni: Thomas Augustiny (m. s. 17.)

[59] Siehe unter [42].
[60] Kotvan, I.: Inkunabuly v Košiciach, v Jasove a v Spišskej Kapitule. Košice 1967, No. 77.

DURANTI, Guillelmus: Rationale divinorum officiorum. Argentinae: Adolphus Rusch, circa 1470. (Bratislava, Univ. Bibl.[61])
Poss.: domus podoliensis scholarum piarum
hunc librum Rationalis diuinorum Vilhelmi tribus floren[is] emit et donauit Magister Nicolaus de Cracovia[62] . . . venerandis et Religiosis patribus et fratribus carthusieñ[sis] vallis Sancti Antoni [i].

DURANTI, Guillelmus: Speculum iudiciale. Cum additionibus Johannis Andreae et Baldi de Ubaldis. Pars. 2, 3—4. Bologna: Baldassare Azzoguidi, 5. Jan. et 21. Mai. 1474. Pars. 2.: 344 ff.; Pars. 3—4.: 338 ff. (Univ. Bibl. inc. 21—22.; Cat. inc. 1250)
Poss.: inc. 21.: Monast. Lechni. Thomas Augustiny (m. s. 17.)
inc. 22.: Monast. Lechni: Thomas Augustiny (m. s. 17.)
Pro Monasterio Carthusianorum Lechnicensis Vallis S. Anthony (m. s. 15/16.)
Monastery Elephantensis (m. s. 18.)

FERRARIUS, Johannes Petrus de: Practica nova judicialis. Venezia: Wendelin von Speyer et Johannes von Köln, [ante Aug.] 1473. 251 ff. (Univ. Bibl. inc. 12. — Cat. inc. 1309.)
Poss.: Monast: Lechni: Thomas Augustiny (m. s. 17.)

GRATIANUS: Decretum. Cum apparatu Johannis Teutonici et additionibus Bartholomaei Brixiensis. Basel: Michael Wenssler, Kal. Sept. 1486. 406 ff. (Univ. Bibl. inc. 233/a; — Cat. inc. 1453.)
Poss.: Sum mei possesor[!] huius libri Barakonys Dekanowsky Anno domini 1590.[63]

GRATIANUS: Decretum. Cum apparatu Johannis Teutonici et additionibus Bartholomaei Brixiensis. Venezia: Baptista de Tortis, 20. Apr. 1499. 338 ff. (Univ. Bibl. inc. 711. — Cat. inc. 1462.)
Poss.: Reprocuratus pro Eremo Lechnicz. Per P. D. Mattheum in Anno 1720.[64]
Monast: Lechni: Thomas Augustiny (m. s. 17.)
Concordantia Discordantium Canonum Eremi Lechnicz (m. s. 18.)

GREGORIUS, I., papa: Moralia, sive expositio in Job. [Köln: Konrad Winters, ante 20. Sept. 1479?] 325 ff. (Univ. Bibl. inc. 844. — Cat. inc. 1473.)

Poss.: frat[ru]m carthusī[ensium] de lechnicz (m. s. 15.)
Monaste: Lechni: Thomas Augustiny (m. s. 17.)

[61] Kotvan, I.: Inkunabuly Univerzitnej Knižnice v Bratislave. No. 158.
[62] Decanus Univ. — Siehe Muczkowski et Conclusiones.
[63] Siehe unter [41].
[64] Mattheus Kraus, der Kamaldulenser Mönch.

Bibliothecae V. Conv. M[ari]ae Thallen' jam ab olim inscriptus; noviter autem Compactus sub prioratu R. P. Bartholomaei Orlay. A[nn]o 1768.

GREGORIUS, IX. papa: Decretales. Cum apparatu Bernardi Parmensis. Basel: Michael Wenssler, XIV. Kal. Sept. 1478. 302 ff. (Univ. Bibl. inc. 14.; — Cat. inc. 1487.)
(Das Ende des Buches ist unvollständig!)
Poss.: Monast: Lechni: Thomas Augustiny (m. s. 17.)

GUILLELMUS Peraldus: Summa de vitiis. [Basel: Michael Wenssler, non post 1475.] 361 ff. (Univ. Bibl. inc. 896.; — Cat. inc. 1602.)
Poss.: Thomas Augustiny; Monastery Le[chnicen]sis (m. s. 17.)

HENRICUS de Segusio: Summa super titulis Decretalium. [Speyer: Georgius de Spira], 1478. 577 ff. (Univ. Bibl. inc. 66. — Cat. inc. 1633.)
Poss.: f[rat]rum carthusian[orum] in lechnicz (m. s. 15.)
Monast: Lechni: Thomas Augustiny (m. s. 17.)

HIERONYMUS: Epistolae. Pars. 1—2. [coll.] Mainz: Peter Schöffer, 7: Sept. 1470. 408 ff. (Univ. Bibl. 2. — Cat. inc. 1678.)
Poss.: Inscriptus Bibliothecae V. Conv. M[ari]ae Thallensis FF. Ord. S. Pauli Erem. jam ab olim recompactus autem sub Prioratu RP. Bartholomaei Orlay. A[nn]o 1768.
Monast. Lechni. Thomas Augustiny (m. s. 17.)

LANDORA, Berengarius: Lumen animae. Strassburg: typogr. Legendae Aureae, sexta seria post Laetare. 22. Mart. 1482.
(Zentralseminar, Budapest: XX. k. 7. (fragm!) — Cat. inc. 2033.)
Poss.: fratrum carthusiensium de lechnitz (m. s. 15.)

LEONARDUS de Utino: Sermones de sanctis. Argentinae, Martinus Schott; circa 1483. (im Kapitel der Zips[65])
Poss.: Ad lechnicz

MISSALE Carthusiense. Speyer: Peter Drach, non post 1496. (Univ. Bibl. inc. 881. — Cat. inc. 2294.)
Poss.: Missale V. Conv. Elefantensis (m. s. 18.)

MISSALE Gnesnense-Cracoviense, sine nomine dioecesis. Strassburg: Johann Prüss, pro Peter Drach, c. 1490. 296 ff. (Univ. Bibl. inc. 882. — Cat. inc. 2297.)
Poss.: Missale Romanum Eremi Lechnicz. Typo Gotico antiquum 1754.
Ecclesiae Lessnicensis. (m. s. 16.[66])

[65] Siehe unter [60] (No. 182).
[66] Das Meßbuch haben wahrscheinlich die Kartäuser von Lechnitz aus Krakau als Geschenk bekommen. Da jedoch ihr Klostergebiet zum Bereich des Usus Strigo-

MOLLENBECKE, Petrus: Tabula in libros Veteris et Novi Testamenti Nicolai de Lyra. Köln: Johann Koelhoff Sen., non ante 1480. 206 ff. (Univ. Bibl. inc. 77.; Cat. inc. 2336.)
Poss.: Monastery Lechnicensis Thomas Augustiny (m. s. 17.)
Lapidis refugy (m. s. 15/16.)

NICOLAUS de Lyra: Postilla super totam Bibliam. Cum expositionibus Guillelmi Britonis in prologos S. Hieronymi et additionibus Pauli Burgensis et correctoriis editio a Matthia Doering. Pars. 2, 4. Strassburg: typogr. operis Henrici Ariminensis, circa 1475—1478. Pars. 2.; 422 ff.; Pars. 4.: 301 ff. (Univ. Bibl. inc. 873, 873/a; — Cat. inc. 2405.)
Poss.: inc. 873: Monast. Lech. Thomas Augustiny (m. s. 17.)
Hic Liber In Scriptus ē[st] Bibliothecae Eleffantensi die 6 s[ep]tembris Anno 1719.
inc. 873/a.: Recompactus sub Prioratu R. P. Bartholomaei Orlay A[nn]o 1768.
Monast: Lechni: Thomas Augustiny (m. s. 17.)
Bibliothecae Conventus M[ari]ae Thallensis 1766.

NICOLAUS de Lyra: Postilla super totam Bibliam. Cum expositionibus Guillelmi Britonis in prologos S. Hieronymi et additionibus Pauli Burgensis et correctoriis editis a Matthia Doering. Pars. 2. Nürnberg: Anton Koberger, 22. Jan. 1481. 213 ff. (Univ. Bibl. inc. 874/2; — Cat. inc. 2406.)
Poss.: Monast: Lechni: Thomas Augustiny (m. s. 17.)
Bibliothecae Conventus M[ari]ae Thallens. 1766.
Recompactus Sub Prioratu R. P. Bartholomaei Orlay A[nn]o 1768.

THOMAS de Aquino: Summa theologica. Pars. 1—3. Basel: Michael Wenssler, 20. Aug. 1485. Pars. 1—2/1: 176, 163 ff.; Pars. 2/2—3.: 400 ff. (Univ. Bibl. inc. 189—190; — Cat. inc. 3259.)
Poss.: inc. 189.: Lapidis refugy (m. s. 15/16.)
Iste liber s[an]cti Thome de Aq[ui]no duo volumi[n]a ligata in se continens est emptus per me [Swan]thoslawm silentiosum aput petrum salomo[n con]sulem cracoviensem pro tu[n]c morantem p[ro . . .] florenis ungaricalibus v[e]l citra sabbatho in [crasti]no sancti michaelis utrasq[ue] partes Sub a[nno] domi[ni]ce incarnationis millesimo q[ua]dringe[ntesimo] octuagesimo sexto v[i]de[lice]t 1486 p[o]ne[tur] pp̄t

---

niensis gehörte, gaben die Mönche dieses Missale (welches nicht sehr von dem Graner Meßbuch abweicht) ihrer Patronatspfarre in Lessnic weiter, wahrscheinlich wurde die Sequenz an die heilige Dorothea in diesem Dorf ins Missale kopiert.

Im Jahre 1512 kaufte der Konvent die Ortschaft Lessnic von dem Gutsherrn Antal Sváby. Eine der Töchter Svábys hieß Dorothea, so wurde die Hymne höchstwahrscheinlich ihr zu Ehren ins Meßbuch eingeschrieben.

[propter]d[eum] detur ubi placet hec manus mea pro[pria]

175. f.: per me Swanthoslawm in cracovia morantem aput petrum Salomon co[n]sulem cracoviensem pro tu[n]c morantem silentium ubiqu[e] locoru[m] et om[n]i tpe [tempore] tenentem pro decem florenis ungaricalibus vel citra in crastino sancti michaelis sabbatho sub anno dominice incarnationis millesimo quadringentesimo octuagesimo sexto v[i]de[lice]t 1486 ab initio m[un]di an[n]i 6687 p[o]ne[tur] propter deum detur ubi placet hec manus mea propria
Conventus Elephan' ords. S. Pauli P. E. (m. s. 18.)

inc. 190.: Iste liber videlicet S[an]cti Thome de aquino due volumina [. . .] ligata in se co[n]tine[n]s est emptus per me Swanthoslawm silentiu[m] ubiq[ue] locorum et om[n]i tpe [tempore] tenentem aput petrum Salomon co[n]sulem cracoviensem p[ro] tu[n]c morantem utrasq[ue] partes pro decem florenis ungaricalibus vel citra sabbatho in crastino sancti michaelis sub anno dominice incarnationis millesimo quadringentesimo octuagesimo sexto an[n]o d[omi]ni 1486 p[o]ne[tur] pt' [propter] deum detur ubi plac'[et] hec manus mea propria an[n]i m[un]di 6687
Lapidis refugy (m. s. 15/16.)

235. f.: per me swanthoslawm silentiosum aput petru[m] salomon co[n]sulem cracoviensem pro tu[n]c in cracovia morantem utrasque partes p[ro] decem florenis ungaricalibus v[e]l citra in crastino sancti michaelis sabbatho sub anno d[omi]ni[ce] incarnationis 1486 p[o]ne[tur] ppt' [propter] deu[m] detur h[aec] manus mea propria an[n]i ab initio m[un]di usq[ue] ad prese[n]te[m] annu[m] d[omi]ni sunt [. . . .] 6687

THOMAS de Aquino: Summa theologica. Secunda secundae. Strassburg: typogr. operis Henrici Ariminensis, circa 1475. 315 ff. (Univ. Bibl. inc. 776.; — Cat. inc. 3274.)
(Dieses Exemplar ist unvollständig!)
Poss.: Monast: Lechni: Thomas Augustiny (m. s. 17.)

THOMAS a Kempis: Opera. Nürnberg: Kaspar Hochfeder, in vigilia Andreae apostoli 1494. 184 ff. (Eger, Kirchenprovinz Bibl. F. V. 27.; — Cat. inc. 3308.)
Poss.: Lapidis refugy (m. s. 15/16.)
(Ein Exemplar dieser Ausgabe besaßen auch die Kamaldulenser von Lechnitz![67])

[67] Siehe Univ. Bibl. inc. 510.

TURRECREMATA Johannes de: Expositio Psalterii. Strassburg: typogr. operis Legendae Aureae, IX. Kal. Mai. 1482. 123 ff. Univ. Bibl. inc. 133. — Cat. inc. 3392.)
Poss.: fr[atru]m cat̲h̲usi: de lechnicz (m. s. 15.)
Monastery Lechnicensis Thomas Augustiny (m. s. 17.)

Pseudo-VINCENTIUS Bellovacensis: Speculum morale. Pars. 1—2. [coll.] Strassburg: Johann Mentelin, 9. Nov. 1476. 260 ff. (Univ. Bibl. inc. 944. — Cat. inc. 3498.)
Poss.: Monast: Lechni: Thomas Augustiny (m. s. 17.)

*

Der Schenkungsurkunde des Klosters von Menedékszirt können wir entnehmen, daß Mitte des 14. Jahrhunderts folgende Bücher in den Bestand der Bibliothek von Lechnitz aufgenommen wurden:

„. . . Bibel, Manuale, Martyrologium, Graduale, Antiphonale, Passionale, Die Homilien des heiligen Gregor über den Propheten Ezechiel, Die Erklärung Augustinus' zu den Briefen des Johannes, Summa der theologischen Wahrheit."[68]

[68] Siehe unter [3].

IMMANUEL NORSA'S DEFENCE

(A HEBREW MANUSCRIPT FROM BUDAPEST AND ITS BACKGROUND)

SÁNDOR SCHEIBER

THE MANUSCRIPT

The Norsa family of bibliophiles has long been well known.[1]

The *cause célèbre* of one of its members is mentioned in the Italian rabbis' collection of legal cases, *Pesakim*, published by the Venetian rabbinate in 1519. There are two copies extant: an incomplete one in the Bodleian and a complete one of 36 leaves in the library of the Jewish Theological Seminary of America. Professor Alexander Marx's description of the case is based on this copy.[2]

The man in question, Immanuel b. Noah Raphael da Norsa of Ferrara, was reputed to be the second richest Jew in Italy. He was related by marriage to all the prominent families of his city. His wife was a member of the famous de Pisa family. At the time of the litigation with which our volume deals, he was an elderly man, and not in the best of health. Eye trouble had almost deprived him of his sight, and the records claimed that, on the advice of his physicians, he had been confined to his house for several years.

Abraham Raphael b. Jacob da Finzi of Bologna, Norsa's partner in a business venture, probably a bank in Ferrara, had suffered serious business difficulties. Though relations between the two men had been strengthened by marriages between their children, Finzi's friends claimed that his partner was responsible for his troubles. They maintained that Norsa, directly or indirectly, had caused him to lose more than 5000 gold florins, an enormous sum at that time. In addition to sums of money, Norsa had retained an emerald and a ruby which Finzi had sent him for safekeeping and for ultimate sale in Venice, and only later when Norsa had to settle accounts

[1] Enelow, H. G.: HUC Jubilee Volume. Cincinnati, 1925, pp. 333–378; Striedl, H.—Tetzner, L.—Róth, E.: Hebräische Handschriften. II. Wiesbaden, 1965, p. 111, No. 175; Norsa, P.: Una famiglia di banchieri: la famiglia Norsa. Bolletino del l'Archivio storico del Banco di Napoli. XIII, 1959; idem: Una famiglia di banchieri, I Norsa (1350–1950). II. Napoli, 1959, pp. 7–12, 79–85. See Colorni, V.: Rassegna Mensile di Israel. XL, 1973, p. 416.

[2] Marx, A.: A Jewish Cause Célèbre in Sixteenth Century Italy. Abhandlungen zur Erinnerung an H. P. Chajes. Wien, 1933, pp. 149–173; Studies in Jewish History and Booklore. New York, 1944, pp. 107–154; 2nd edition. Farnborough, 1969, pp. 107–154; Poliakov, L.: Les banchieri juifs et le Saint-Siège du XIIIe au XVIIe siècle. Paris, 1965, p. 169. (Affaires et gens d'affaires. XXX.); Rothkoff, A.: Finzi–Norsa Controversy. Enc. Jud. VI. Jerusalem, 1971. col. 1301–1302; Shulvass, M. A.: The Jews in the World of the Renaissance. Leiden, 1973, pp. 48, 325.

with him anew did the former pay a certain amount for these stones. Norsa's partisans pointed to this payment as an indication of his good nature: he had given Finzi sums of money in spite of their quarrels, had tried to satisfy him and to remove every cause of complaint. But this was only a side issue. The main point was that since the partnership with Norsa was Finzi's only asset, he was compelled to dispose of it to satisfy his creditors. For this purpose, he engaged a broker to obtain him a purchaser. It was a desirable business and several rich men were ready to acquire the partnership, among them Samuel da Pisa, the brother-in-law of Immanuel. Finzi was living in Bologna at that time. His representative went to the village el Bondeno in the territory of Ferrara for a conference with Samuel da Norsa, Immanuel's brother, and both proceeded to Ferrara. Immanuel declared his agreement with the sale and asked the other party to come to San Giovanni Bolognese. Accordingly, the broker brought Samuel da Pisa there from Montecchio. They met Samuel da Norsa, but waited in vain for Immanuel; they therefore had to proceed to Ferrara. Samuel de Pisa had previously agreed to pay 400 gold ducats for the sale and 150 florins for the *hazakah* (right of partnership in a bank). After a private conversation between Samuel da Pisa and Immanuel, the former declared he would withdraw from the transaction which had almost led to a quarrel between him and his brother-in-law, who did not want him to buy the partnership. Da Pisa's brother, Abraham, then offered to pay the broker for his troubles, and in the interest of the peace of their family, requested that he do no more in this matter. According to agreement, Finzi, too, paid 10 florins to the broker, who at the very outset had expressed his doubts about Norsa's giving his consent to the transaction.

As the creditors pressed Finzi and he realized that Norsa would spoil every chance of an advantageous sale, nothing was left to him but to accede to the latter's demand to buy all the partnership rights at his own price. It is claimed that Norsa paid him only one-sixth of his share's actual value. But before he went to Ravenna to effect the transfer, Finzi made a *modaah* or declaration of duress at Bologna before two witnesses, declaring that he was going to sell to Norsa under duress, and that therefore all the statements he was going to make to Norsa as to the sale being made in good will and without compulsion were null and void, and that he would retain all his rights to sue his former partner in court at a more opportune time. These depositions were made before two witnesses, on Sunday Adar 16 = February 28, 1507.

This is the matter as far as it is of interest from our point of view; it caused a considerable stir at the time, and is mentioned in R. Azriel Dayyena's responsa.[3] We shall not pursue the renewal of the case in 1518 and its consequences; these are not of immediate interest and have in any case been described in detail in Professor Marx's study.

We have mentioned the beginnings of the case because Immanuel Norsa's *Defence* (i. e. his reply to the declaration) has now been discovered in the library of the Jewish Theological Seminary of Hungary. Forming part of

[3] Assaf, S.: Kirjath Sepher. XIV, 1938, p. 543.

the Manuscript no. 144, it consists of five pages, the paper 15.8×22.8 cm, square script tending towards the cursive. The manuscript is lined.

Here Norsa tells that a year and a half has passed since the declaration; he thus wrote his *Defence* in 1508. His *Defence* is something less than powerful:

1. It was his partner who offered his share to him;
2. He attacks the witnesses to the declaration, saying that they are not aware of the laws relating to the latter;
3. It was not he (Norsa) who forced the sale of his partner's share, but his creditors;
4. Not a single similar case can be cited against him, neither in the town, nor outside it;
5. The declaration is structurally faulty in that it was made without summonsing him (Norsa).

Finally, he tries to gain sympathy by referring to his own ill health: "And in addition to this . . . my eyes have weakened and I can hardly see, and my body bears other ills too. I have been sitting in silence between the four walls of my house for six or seven years. I hardly take a step outside. How can you all then stand by and see the wasting away of my body and of my wealth?"

THE COPYIST: ABRAHAM FARISSOL

The colophon reads as follows: "Thus speaks your humble servant, Immanuel b. Noah Raphael Norsa, who had this written . . . by Abraham Farissol, cantor to the holy community of Ferrara."

Abraham Farissol (1451 – after 1526) arrived in Ferrara in 1473 and worked there as cantor. He made a name for himself as polemicist and exegete as well as geographer.[4]

In addition to the manuscript under discussion, there are two of his works in the Kaufmann Collection of the Hungarian Academy of Sciences,[5] and one in the library of the Jewish Theological Seminary of Hungary, It is worth noting that he mentions Hungary once: in Chapter XLI of his work *Magen Abraham* (MS of the Jewish Theological Seminary of Hungary No. 131, p. 59b): "In our time, too, there may be found Jewish princes in Spain and Hungary who are placed above them (i. e. above other Jews)." This is a reference to the Mendel family of prefects.[6]

[4] Lőwinger, S.: Hazofeh. XII, 1928, pp. 277–297; REJ. CV, 1940, pp. 23–52. See Loewinger, D. S. and Weinryb, B. D.: Catalogue of the Hebrew Manuscripts in the Library of the Juedisch-Theologisches Seminar in Breslau. Wiesbaden, 1965, p. 170, No. 243.

[5] Weisz, M.: Katalog der hebräischen Handschriften und Bücher in der Bibliothek des Professors Dr. David Kaufmann . . . Frankfurt /Main, 1906, p. 107, No. 310; p. 111, No. 333.

[6] Posnanski, A.: Schiloh. Leipzig, 1904, p. 264; Scheiber, S.: Tanulmányok Budapest múltjából (Studies on the Past of Budapest). XIX, 1972, p. 85; idem: Journal of Jewish Studies. XXIII, 1972, p. 195; Dán, R.: Humanizmus, reformáció, antitrinitarizmus és a héber nyelv Magyarországon (Humanism, Reformation, Anti-Trinitarianism and the Hebrew Language in Hungary). Budapest, 1973, pp. 130–131.

More than one list has been compiled of the handwritings of Farissol.[7] Apart from the manuscript in question (which has not yet been discussed in the literature), Farissol copied three other works for Immanuel Norsa:[8]

1. Maḥzor. 1494. Once kept in the library of the Tlomaczkie synagogeu in Warsaw.
2. Illustrated Pentateuch and Five Megillot. 1496. MS Adler, No. 370.[9]
3. Part of Hagiographa. 1502. MS Parma, No. 3503.[10]

Clearly, Farissol must have been the rich man's scribe; his copying of the *Defence* also testifies to this. He took on a lot of similar work in order to make a living; the errors in the manuscript under discussion may also be attributed to this fact.

There follows the text of the *Defence* together with a facsimile.

[7] Silberstein, A.: Farissol Abraham. Budapest, 1930, pp. 29—30; Bamberger, S.: Kobez al Jad. II (XII). Jerusalem, 1937, p. 9; Freimann, A.: Jewish Scribes in Medieval Italy. Alexander Marx Jubilee Volume. New York, 1950, pp. 244—246, No. 33; Allony, N. and Loewinger, D. S.: The Institute of Hebrew Manuscripts. List of Photocopies of the Institute. III. Jerusalem, 1968, p. 84, No. 717; Landman, L.: JQR. LXII, 1972, p. 170; Freimann, A.: Union Catalog of Hebrew Manuscripts and Their Location. Volume One: Index by M. H. Schmelzer. New York, 1973, p. 81; Beit-Arié, M.: Kirjath Sepher. XLIX, 1973/74, p. 634, Note 21; Ruderman, D. B.: Abraham Farissol. Jerusalem, 1974. See Kirjath Sepher. L, 1974/75, p. 532, No. 4087.

[8] Freimann, A.: ZfHB. XIII, 1909, pp. 30—31; Adler, E. N.: ibid., p. 63.

[9] Catalogue of Hebrew Manuscripts in the Collection of Elkan Nathan Adler. Cambridge, 1921, p. 3, No. 370.

[10] Ruderman, D. B.: Op. cit., pp. 166, 409, Note 29.

כתב התנצלות דברי הר׳ עמנואל [1a]

מנורצי יצ׳׳ו לאמתות דרושו

הדור אתם כהני יי׳ זרע קדש מחזיקי בדק תורת ה׳ שלמים וכן רבים אשר לכם המשפט להציל עשוק מיד חזק ממנו · שמעו ותחי נפשכם וישמע אליכם אלקי׳ והייתם ברכה בקרב הארץ · הלא ידעתם אם לא שמעתם כ זה קרוב לשנה ומחצה בקרוב עלי מרעים לאכול את ממוני ולאבדו בידים על לא חמס בכפי גם כבודי לכלימה יאהבון לריק ותוהו והבל להבאיש את ריחי בעיני יושבי הארץ הקרובים והרחוקים לכנות אותי בשם אלם יראוי ומאויים[2] ופושע אשר לא צוה ה׳ ולא עלתה על לבו להונות איש את עמיתו באונאת דברים · והזהירנו לא אחת ולא שתים ממנה ומכיוצא בה יותר מאונאת ממון · ויהי הנקל בעיניהם לברוא חדשה בארץ ומלבם יוציאו מלין כמסתר פנים ומי ישורנה כאלו מסר מודעא על מכירה נעשת ביום מכר ליום אשר עשינו סגולה אני עבדכם עמנואל מנורצי יצו הבא על החותמת והנשיא כמ׳ אברהם דפינצי יצו מבולונייא ובאנו בברית בדעת שוה נכונה ומיושבת ובפני קרובו מוהר׳ שמואל מפיסא זלהה׳ אשר בימים ההם ובעת ההיא היה גיסו של מ׳ אברה׳ הנ״ל ולי היה רחוק עם שנתקרב ונתחתננו יחד אחרי כן ימים ושנים אשר המכר ההוא נעשה מרצונו וחפצו והוא בקשני על זה על יד הנורא כמ׳ שמואל גיסו הנ״ל עם (!) כי לא עלתה מתחלה כזאת על לבי וכעת לא השמעתיהו כזאת · כי כמו שנה אחת קודם הזם לקיים אלי חלקו מהחנות אשר היינו אז שותפים בו · הוא קיימו אלי בשכירות בינינו כימים קדמוניות · גם אנכי עבדכם חזרתי וקיימתיהו ביד האיש אשר היה נהוג לקחתו מידי בשכירות · ראו נא אני נתן להאמן ההיתה כזאת עם לבבי כי אחשוב לקנות חלקו זולת כי כאשר אמרתי נתעוררתי על זה מאיש

---

[1] רש״י שמות כ, יז.

[2] תהל׳ קמ, ט. אחריו „ ובו ״ ומחוק.

הבינים אשר בעמק שולח ברגליו[3] ממנו אלי לקנות חלקו ממנו וכן נעשה ונכתב בספר והעד עדים ובכל אשר נשארנו יחד בהסכמה כן עשיתי לא עברתי תורת הפשרה לא חלפתי חוק הזמנים המוגבלים בינינו וביום הפרעון האחרון אשר הגיע זמנו אחר זמן מסירת המודעא חזר וקיים כל דבר המכר
[1b] לא גרע הקו · ועתה קם עלי לשטן לי מכה מודעא // נראת נמסרה מן היום הראשון ביום המכר · אשר חי ה׳ יחי נפשכם לפי קוצר השגתי והעולה על רוחי מעולם פיו לא צותה ולא עלתה על לבו למסרה כי בלב שלם ובכל מאדו ורוחו וכחו גמר והקנה רצה ומכר לא באונס ולא בהכרח · ולמען תדעו רבותי מורי וגאוני כמה רעועיז מליה דההיא מודעא הנה הנה לפניכם פה תחזו תשובו וגם תראו ·

תחלת כל כמה נפישין הילייהו דסהדי דחתימין תהא · אי ידעי בטיב דיני מסירת מודעא אי לא · נניח כי עדיו בחתומיו אשר זכין לו לא ידעו לא במקרא וכו · כי גם הם אנשים ריקים ופוחזים קומפאנ̃ייוני בלעז[4]. או תאמרו גז̃לי בלשון אשכנז[5] · ואינם יודעים בין ימינם לשמאלם אפי׳ בדין חתום שטרות · וכי צריכי׳ לקרות לפני החתמם ויכתבו בידם או לפחות שיקראו לפניהם ויבינו כונת השטר · ודינים אחרים יצטרכו לעדים הבאים לחתום · כש׳ כי לא ידעו ולא יבינו דיני המודעא · וכי צריכים הם לדעת ושיכירו באונס המוסר מודעא אשר מכח האונס ההוא יקיפהו האנס למסור המודעא · ודעו נא וראו רבותי וגאוני כי זה ימים אחד מן העדים העיר לי אוזן ע׳ שנים או שלשה אנשים נאמני רוח אשר ליום פקודה יעידו על דבר אמת כי מעולם לא יצאת כזאת מלפניו לחתום על שום מודעא נגדי · אם לא הדריכוהו בני שחץ על זה בארחות עקלקלות ונתיב לא ידעו על דבר אמת·

---

[3] שופטים ה, טו.

[4] ז. א. compagnoni.

[5] ז. א. Geselle.

זאת ועוד אחרת עמדו נא וראו והתבוננו על דברי המודעא אם יספיק
דבריה על מסירתה כי ז֗ל והאונס הוא כי יקפצו עלי רוב הנושים אשר יש
לי וידחיקוני והדוחק יביאני אליו למכור חלקי ולתת לו פחות משוויים הרבה
מאד וכאשר הוא ירצה ולמחול לו כל אונאה וכו · עתה שפטו נא מורי וגאוני
הן לו יהי כדברי המודעא שכמ׳ אברהם יצו מסרה אז כפי הדברים האלה
ושזה היה האונס אשר הכירו העדים שבעבורו התמוה כנראה מתוך
דבריהם במודעא אה֗כ ז֗ל ואנחנו עדים ה֗מ ידענו בזה האונס הכתו למעלה
של כמ׳ אברהם הנ״ל כי כן הוא עכ״ל ·

אשאלה מכם רבותי וגאוני הנמצא אונס כזה בשום פוסק · תו · הי׳
ראוי למסור בעבורו מודעא ולחתום אותה · האנכי הריתי עמל וכעס או אם
[2a] אנכי ילדתי דבר בליעל עשה שטים להדיה // עליו רעה בגופו לאנוס אותו
במכות וביסורין אשר יסרתי חזקתי מוסרותיו להכותו עד שתצא נפשו או עד
יקבל עליו למכור הלקו אלי ·

האנכי לאדם שיחי אל המלך או אל שר הצבא להלשין עליו או בפועל
או על ידי גזום פערתי פי לבלי חוק באופן כי בשתים אלה קורותיו מידי
היתה לו זאת כי בצוארו ילין עוז אימתי עד שאמר רוצה אני · או שטר
משכנת׳ היה בידי וכבשתיו למען הכריחו הנה עדי המודעא אינם מעידי׳
לפי הנכתב במודעא רק שיהיה אנוס לפרוע הובותיו ואם כן לא אנסתיו אני
רק הנושים בו דחקוהו לפרוע היינו שיפרע להם מה שנתחייב להם ומפני
הנושים שבאו לקחת את כל יש לו בביתו הוכרח למכור אלי כדי לפרעם ·
הלזה יקרא אונס שנאנס מאתי אני עבדכם · כל המוכר הלא מחמת אי זה
דוחק הוא מוכר · או למצוא פרנסתו כדי חייו או לפרוע אקפותיו · או הנושים
בו · ואפי׳ לדברי כמ׳ אברהם שקובל לפני עדי המודעא שמצא למכור
לאחרי׳ זולתי ואני בגזומי עשיתי שלא קנו הנמצא כזה בשום ספר שהמאנס
חברו שלא לקנות שלא יקרא אנוס הלא לא נמצא אנוס · רק האנוס למכור
אבל האנוס שלא למכור לאחרי׳ וממיל יהיה מוכרח כאשר ירצה למכרו
למכור לפלוני מנין שלזה יקרא אנוס · ואפי׳ בנזיקין יקרא רק גרמא בנזיקין

לדעתי · גם לא נמצא לדעתי שהמגזם לחבריו שימכור שיקרא אונס אם לא
שיש ממש בגזומיות לא שהעדים ידעו שגזם אלא שידעו שהיה לאל ידו׳
לעשות רעה ואכ׳ אף לדברי כמ׳ אברהם לא גזמתי לו אלא לאחרים שרצו
לקנות ואין לו עדים שהיה בידי להרע להם רק שגזמתי · גם מי יוכל לידע
אם בעבור גזומי הניחו מלקנות · ואכ׳ לדעתי שאף לדבריו אין שייך מסירת
מודעא על זה וכ״ש ששקר הוא שמעולם גזמתי לשום אדם כי היה אמת
שגזמתי למה לא הביא כמר׳ אברהם לעדות אותם שגזמתי להם או לפחות
היה לעדי המודעא להזכיר שמם של אותם שגזמתי להם · כי איך אפשר
שהעדים ידעו שגזמתי לשום אדם וכי הייתי מגזם לפניהם · ובהיות שהם
עמי הארץ ואינם בקיאין בדיני עדות ראוי לשאול להם איך יודעים שגזמתי
באולי כך שמעו מאחרים דרך שמועה · ובהיות כי לדעתי שאין במודעא
שום // ממשות והוא פשוט כב⟨י⟩ע״ת׳ בכותה׳ אכ׳ למה יכריחוני הרבנים לדון [2b]
על המודעא שאין בה ממש אפי׳ בעירי · וכל שכן חוץ לעירי · עוד הוסיפו
סרה העדים החתומים על המודעא בהעידם על׳ הספר המודעא והתמו שלא
בפני · וזל׳ ואנחנו מכירים את האיש כמ׳ עמנואל מנורצי ואת שיחו כי זה
דרכו עם הנושאים ונותנים עמו לבא עמהם בעקיפין לקחת את ממונם שלא
כדין ולכן כתבנו לכמ׳ אברהם רפאל דפינצי הנ״ל שטר מודעא זו והתמנו
אותה ונתננו אותה בידו לעדות וזכות וראיה ברורה למען לא יועילו לכמ׳
עמנואל מנורצי הנ״ל מעשיו הרעים · וכמ׳ אברהם רפאל הנ״ל לא יאבד
זכותו אשר לו עם כמ׳ עמנואל הנ״ל הבא עליו בעקיפין עכ״ל · בכאן טעה
המיסד המודעא הזאת ולא מצא ידיו ורגליו בבית המדרש · או כי עוונותיו
הטו אלה · כי עולה לא מצלחת · הנה עיניכם רואות כי העדים הללו
מעידים שלא בפני בע״ד דבר אשר הוא חוץ ממסירת המודעא · כי אפי׳
אם נאמ׳ כי מסירת המודעא נתנה להמסר ולהכתב שלא בפני בע״ד כי
באופן אחר לא תהיה לה מקום ושלא כדברי האומרים שכל המעידים
שראובן אנס שמעון למכור באונס ממון שלא באונס הלשנות או רציחה או
כיוצא בו רק אונס ממון אין להעיד שלא בפני בע״ד אלא ימסור מודעא

שלא בפניו והם לא יכתבו עד אחר המכירה ואז יכתבו לפני בעֹד · ואף
אתֹל שדין זה שקר מֹמֹ מי התיר להם לאלה העדים לעבור על דין והלכה
פסוקה אין מעידים שלא בפני בעֹד · ואיך הם מעידים עלי אני עבדכם כי
זה דרכי לקחת ממון שלא כדין ולהוציא עלי שם גזלן או חמסן ועביד דינא
לנפשיה בלא דינא · ואם היו מעידים כדברים על פני · הייתי אז מכחיש
אותם על פניהם ומוכיח לרשע מומו וכי שקר כל דבריהם · והנה עיניכם
רואות מורי ורבותי כי על זה בנו פנת יסודם האלופי אשר קמו עלי היו לי
לאויבים · ולאיש מתנגדי לעזרה באמרם כי על אלמותי תגיד המודעא·
תמה אני איך פסקו דינם על קו תוהו ואבני בוהו עדות הנגבה שלא בפני
הבעֹד מלבד מסירת המודעא וכל זה גרם לבן רשע כסל וסכלות הוללות
העדים כי לא מצאו ידיהם ורגליהם במקום[6] אנשי אמת ובמספר אנשים לא
יבואו · על כן אלופי וגאוני // לכל קורא אגרתי זאת בשם אקרא· אנא גאוני [3a]
הושיעו נא והצליחו נא אל עבדכם זה אשר בברכים כורעות פורש ידיו אליכם
יושבי כסאות למשפט· ואם קצת מכם גזרתם עלי לצאת ממחיצתי ומעירי
לכתת רגלי ללכת אנה ואנה לדון עם איש ריבי · שובו נא אל תהי עולה
כזאת יוצאת מתחת יד תפארתכם· כי הנה עיניכם רואות בעדיות המובאים
לפני כֹתֹ בעדות ברורה כמה אנשי׳ שלמים וכן רבים מעידים עלי הויתי צייתי
דינא ולא נמצא מעולם הויתי סרבן וממרה דברי חכמי׳ והידותם כאשר עיני
כבו׳ תורתכ׳ תחזינה מישרים ·

ומצורף אחרי שמעכם באמת ובתמים כי כהו עיני מראות ושאר
הולשת גופי וזה לי כשש או שבע שנים בביתי ובחומותי אדום לא אצא
פתח· ואיככה תוכלו וראיתם באבדן גופי וממוני הֹוֹ נגד הדין כאשר הגדתי
לפניכם באמת ובתמים ועיניכם הרואות הואילו נא לברך את בית עבדכם
מברכות פיכם טהורות מזוקקות שבעתים ולבטל מעלי כל נחש שרף ועקרב

[6] אחריו שנית „במקום".

הנגזר עלי בשביל הדבר הזה · כי חמס ושוד הרבו עלי הנגזרים[7] על לא חמס בכפי · אך את הדבר הזה תעשו ומאת ה׳ תבורכו לגזור בכח גזרתכם על כל איש ואשה רב מבין עם תלמיד היודע בדבר הזה דבר מרומה או שוא ודבר כזב· הן במסירת המודעא הן בהעד את העדים הן בכל דבר אחר הנעשת משעת המכירה עד היום הזה סביב הדרוש הזה הן לעזרתי הן לנגדי כי בכח גזרתכם יגלהו לחברו במקהלות למען תגלה רעת עושה הרעה בקהל ולעיני השמש יראה אל עבדי יי׳ פעליו ושבתם וראיתם בין צדיק לרשע בין רודף אמת וצדק לכף מעול וחומס[8] · ובגלל הדבר הזה תבורכו מפי יי׳ והייתם לרוב אונים ואמיצי כח וברכה בקרב הארץ ·

נאם עבדכם עמנואל יצו׳ בכמה׳ נח רפאל זלהה׳ מנורצי המכתיב ע״י הצעיר אברהם פריצול · חזן ק״ק פירארא יצו׳ ·

---

7 בכ״י „הנגזרים״ (בטעות).

8 תהל׳ עא ד: וחומץ.

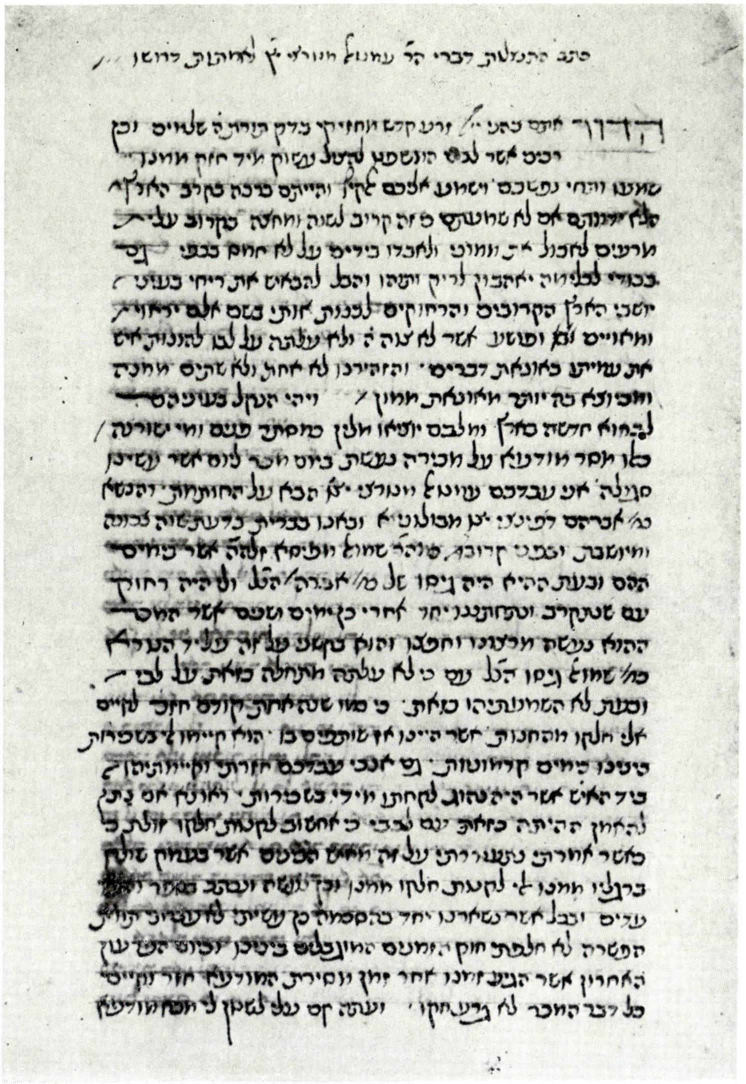

MS. Budapest, No. 144, p. 1a

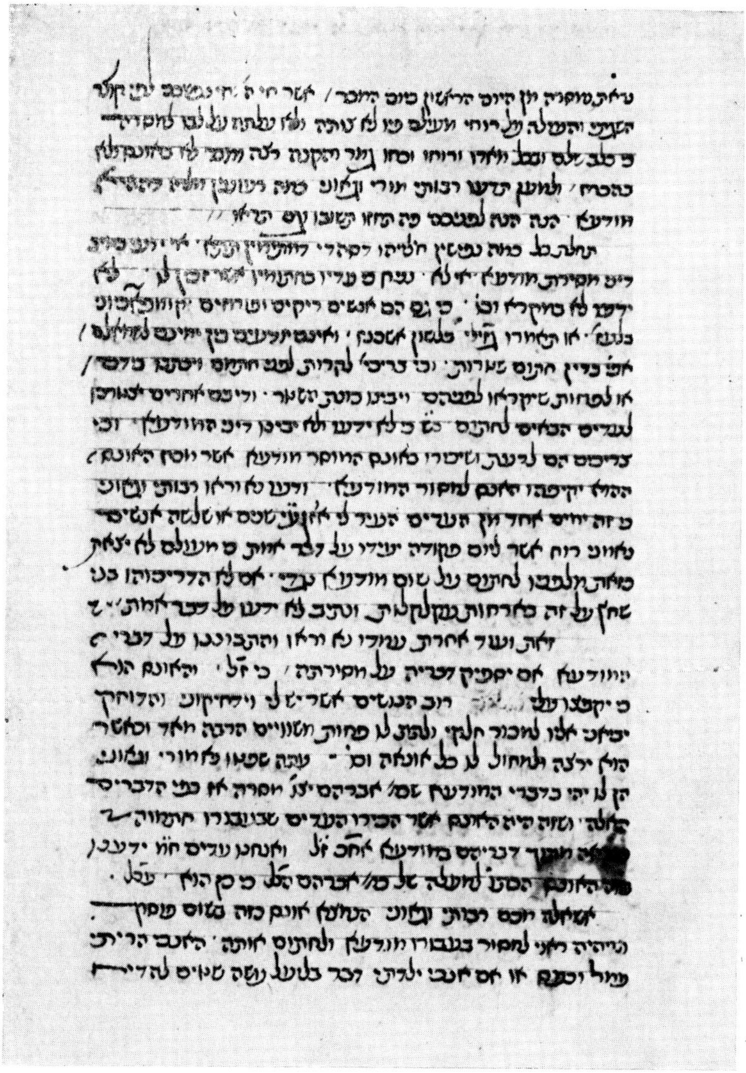

MS. Budapest, No. 144, p. 1b

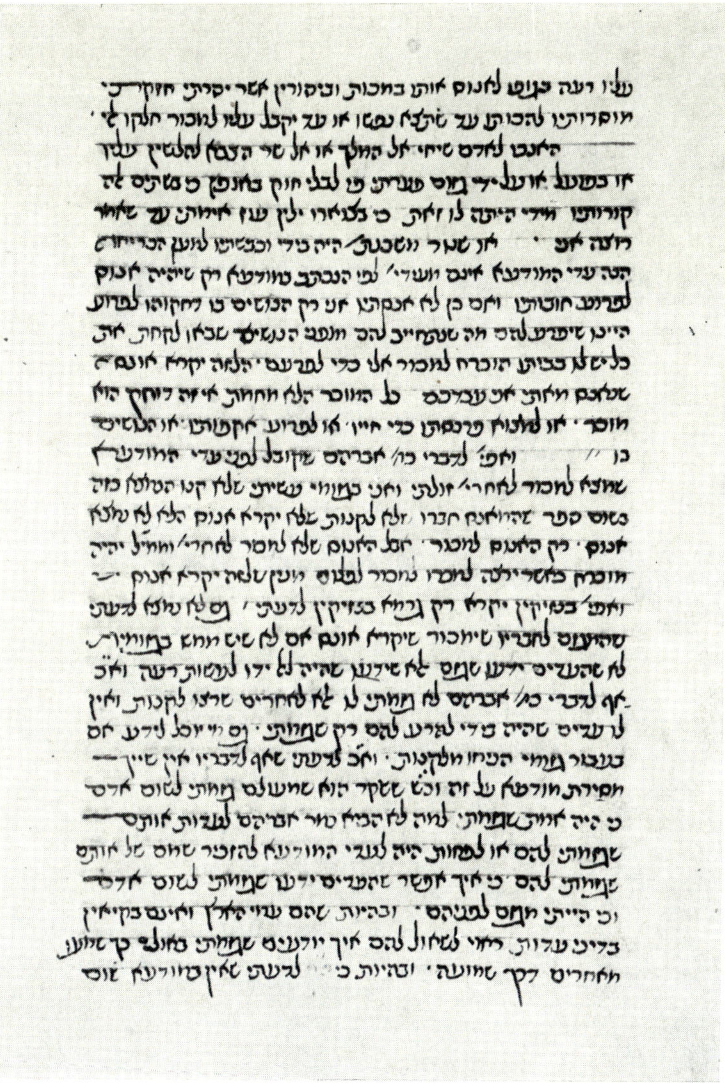

MS. Budapest, No. 144, p. 2a

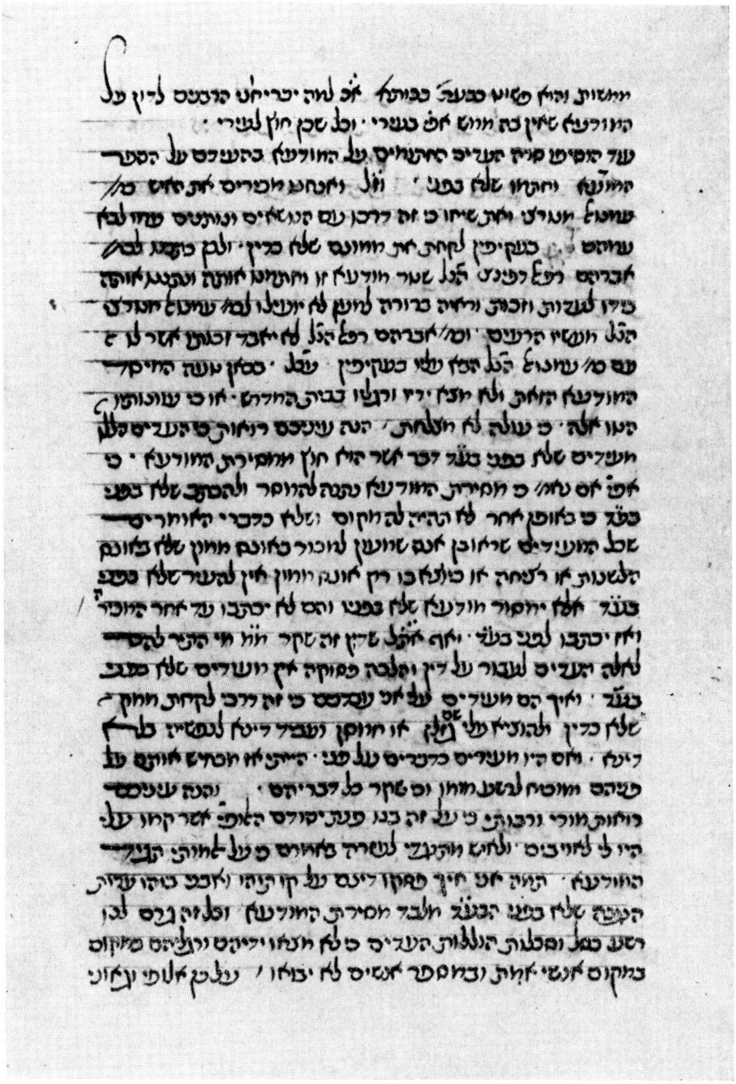

MS. Budapest, No. 144, p. 2b

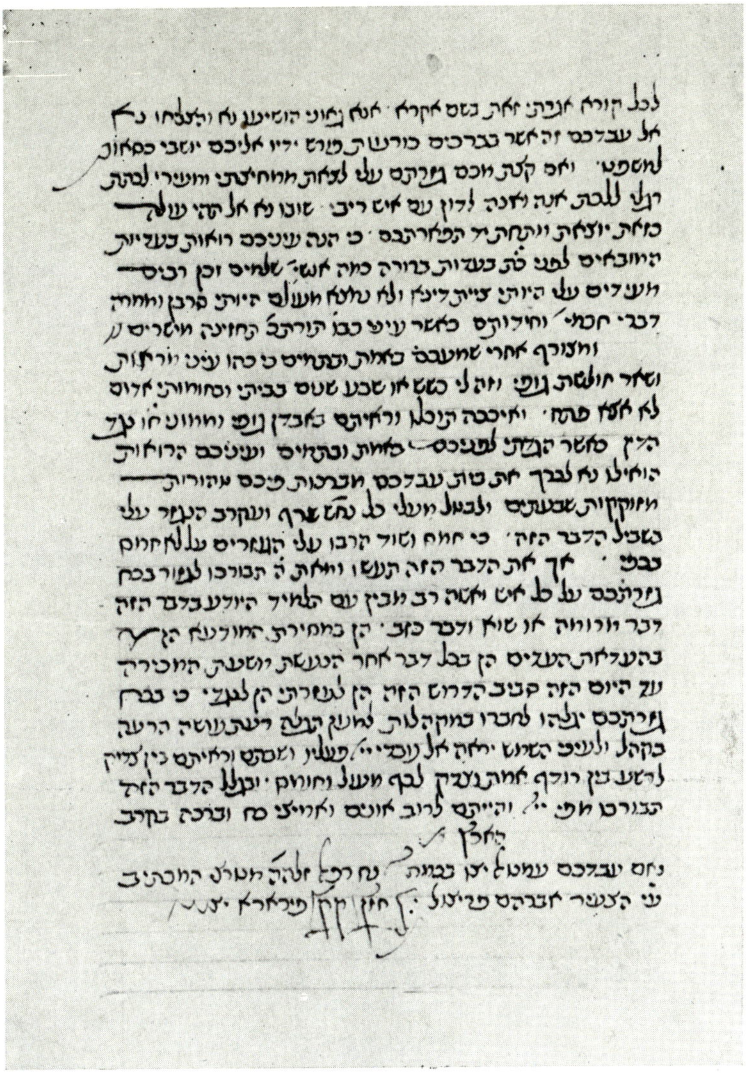

MS. Budapest, No. 144, p. 3a

THE WORKS OF VEHE-GLIRIUS AND EARLY SABBATARIAN IDEOLOGY IN TRANSYLVANIA*

RÓBERT DÁN

There is a protocol in the city archives of Aurich dated July 1, 1590 (Acta Consistor nr. 28. Coetus Praefecturae Greathanae de anno 1583—1592, fol. 60), in which the town council acting for the prosecution enumerates the blasphemies found in a work entitled *Mattanjah*, written by Matthias Vehe, formerly a minister in Pfalz.[1] Matthias Vehe, together with Adam Neuser and Johannes Sylvanus, held anti-Trinitarian views for which he had to flee from Heidelberg in the autumn of 1572. He reappeared first in Cologne in 1576, and later, in the end of the 1570's, in Transylvania using the pseudonym Matthias Glirius. Lessing first proved the identity of Vehe and Glirius, and recently Antal Pirnát has shown his true place in the development of anti-Trinitarian ideology in Transylvania.[2] Béla Varjas has called attention to the effects of his literary activity in Transylvania: one of the Sabbatarian polemical essays, published in the notes of Volume V of RMKT (Collection of Old Hungarian Poetry), attributes to "Glerius Matthias" the thesis that "freedom" from the observance of the Biblical laws was granted only to the generation of the apostles.[3] Consequently, for those who follow the right path — the Sabbatarians — these laws are still valid. A similar line of thought, also traceable to Vehe-Glirius, was mentioned by Antonio Possevino, who was travelling in Transylvania in 1583—84. In the report prepared for the leaders of the Jesuit Order, he gave a detailed account of the heresies spread throughout Kolozsvár (today Cluj, Romania). He emphasized that the people follow Jewish customs and deny the Holy Trinity, do not eat strangled animals, abstain from blood, and observe the Saturday instead of the Sunday.

* In 1975, after this study had gone to press, I found in Holland Vehe-Glirius' *Mattanjah*. The book, which bears the colophon "Datum Dansenbrugk Anno 78. im Septemb.", confirmed the conclusion of this study. Thus I regard the present article as the preliminary to my *Matthias Vehe-Glirius and the Radical Reformation* (to be published by the Publishing House of the Hungarian Academy of Sciences, Budapest).

[1] Rott, Hans: Neue Quellen für eine Aktenrevision des Prozesses gegen Sylvan und seine Genossen. = Neues Archiv der Stadt Heidelberg. VIII. 1910, pp. 240—241.

[2] Pirnát, Antal: Die Ideologie der Siebenbürger Antitrinitarier in den 1570er Jahren. Budapest 1961. Vehe in Cologne: Simons, E.: Kölnische Konsistorielbeschlüsse 1572—1596. Bonn 1905, p. 113.

[3] Régi Magyar Költők Tára (Collection of Old Hungarian Poetry, hereafter cited as RMKT), vol. V. Szombatos énekek (Sabbatarian Hymns). Edited by Béla Varjas. Budapest 1970, pp. 6, 517.

Possevino paid special attention to their views concerning Jesus. He found that according to the people of Kolozsvár Jesus should not be worshipped because he was a man, born of a woman. Furthermore, his Messianic destiny was not fulfilled: God had promised an earthly kingdom to the Messiah, while Jesus himself was so uncertain of his vocation that he started to preach his being the Messiah only later in his life. They also held that there is no salvation without following the Jewish faith.[4] When Possevino's informators asked the people about the source of their beliefs, they referred to "Glirio Giudaizante", who ". . . . . tutto dato al Giudaismo . . ." The name of Glirius appears in Possevino's story even earlier. As far as he could ascertain Glirius arrived from Poland at the invitation of Ferenc Dávid. His task was to translate the Hebrew text of the Old Testament for the new Unitarian Bible. He must have been well qualified, for he was characterized by Possevino as ". . . il quale dagli Ariani era tenuto perdotto nelle lettere hebree . . .".[5]

There are also other sources of evidence that Glirius was a recognized authority in Hebrew, so important to the philological foundations of anti-Trinitarian ideology. He was known as such all through the 17th and 18th centuries. His first "biographer", B. Elsenius, summarized his career (on December 21, 1590): ". . . . Matthias Vehe, ein grouwlicker Arrianer unnd Servetianer, welcke de Rabinos wol gestuderet unnd de Latinische, Greckische und Hebraische spracke ad Unguem gewost hesst. Dieser Matthias hesst vernenet de hillige dressoldicheit, hesst Christum geholden vor einen slichten minschen, hesst geleret, dat Christi Toth war ein *μαρτύρυον* und nene offer vor unse sunde, hesst gelovet, dat Christus wer gekomen, dat he ein weltlicke rieche muchte anfangen, und dat he sulckes vom wegen der Joden nicht hebbe bekonnen könen, he hesst geholden de besnidunge, hesst nene Swindflesche eten willen, Is in velen anderen stücken den Joden gelick gewest . . ."[6] M. Ruarius knows of his other pseudonyms: ". . . Dietrichus Dorschius, qui idem Natanael Matthania, atquem etiam Matthias Glirius de regno Christi plane Judaizat . . .". Ch. Sand gives further information on one of his books: ". . . Opus istud Nathanaeli Aeliani Matthania, lingua Germanica editum esse dicitur a. 1578, a semijudaizante contra religionem Christianam."[7] J. F. Bertram even knows the title of this work: *Mathaniac*, published in Cologne in 1578. Bock calls it "Matthania" and says that it is strongly Judaistic and denies the Holy Trinity.[8]

[4] Possevino, Antonio: Transilvania (1584), ed. A. Veress. Kolozsvár 1913, pp. 135–145.

[5] Possevino, op. cit. pp. 104, 136, 139. Pirnát, op. cit. p. 126.

[6] Aurich. Stadtsarchiv. Handschrift des Nordener Predigers. B. E. "Der XXI. Tag Decembris anno 1590". Published in Rott, op. cit. p. 247. The entry was made on the day of Glirius' death.

[7] Ruari, M.: Epistolarum . . . ad Calovio. Amstelodami, p. 217. Sand, Ch.: Bibliotheca Antitrinitariorum. Amstelodami 1684, p. 60. Sand, Ch.: Nucleus Historiae Ecclesiasticae. Colonae 1676, p. 430.

[8] Bertramus, J. F.: Parerga Ostfrisica. Bramae 1735, pp. 199–201. His data were used in Jöcher. Allg. Gelehrt. Lex. Leipzig 1751, p. 1496. Bock, F. S.: Historia Antitrinitariorum. I. Lipsiae 1774, p. 403. "Suam quinque Symbolam contulit libro, cui titulus Tractatus Aliquot Christianae religionis Ingolstadt 1583, cui Teodosius Schimbergius praemisit praefationem" says Bock and assumes that Glirius was the co-

The above-mentioned Sabbatarian polemical treatise and the remarks of Possevino suggest that the significance of the views of Glirius cannot be restricted to the emergence of Ferenc Dávid's *non adorandus* thesis. Although so far I have been unable to find his *Mattanjah*,[9] one can detect the presence of the theses of Glirius in the polemical works of the Sabbatarians of Transylvania on the basis of the charges levelled against him in the protocol of Aurich. According to the findings of Béla Varjas, the polemic marked I is the work of András Eőssi, while polemic II is by Benedek Óvári.[10] Both authors had contacts with the Heidelberg refugees: the former was the founder of Sabbatarianism in Transylvania and the author of their religious hymns; the latter was a direct associate of Ferenc Dávid, the propagator of some sort of chiliasm, who held radical anti-Trinitarian views.[11] Glirius attacked first of all the inspiration of the New Testament. Eőssi agrees, arguing that the letters of the apostles cannot be called a New Testament: they do not convey eternal truths, only reflect the needs of the age of the apostles. Consequently, their interpretation of freedom and of the Pentateuch (which have been claimed eternal validity) cannot be accepted.[12] Furthermore, the basic principle of Sabbatarian ideology is that God is consubstantial and unipersonal. Both in his prose polemic and in verse, Eőssi spoke in that spirit. He and his followers regarded the worship of Jesus as idolatry. Possevino, too, noticed that in Kolozsvár.[13] Along with Glirius, the Sabbatarians interpreted the expression of the Bible "the son of God" to mean a member of God's people; Jesus was but the son of Joseph and Mary.[14] Eőssi denies that the mere embracement of the

---

author. This supposition goes back to Smalcius, V.: Refutatio Thesium D. Wolfgangi Frantzini . . . Racoviae 1614. "Tractatus quos a Glirio, Neusero, Sommero editos esse . . ." Based on the above Bibl. Polska. (Kraków 1938, vol. XXXII, p. 315.) knows of two works by Glirius: "De regno Christi. Köln 1578, ,,which is most probably identical with *Mattanjah* and "Tractatus aliquot. Ingolstadt 1583."

[9] Rott remarks in a note that he was unable to trace it (op. cit. p. 240). To my inquiries all the large European libraries as well as the theological collections at Cologne, Heidelberg, and Emden answered in the negative.

[10] RMKT V, pp, 57, 485.

[11] RMKT V, pp. 504—513.

[12] "1) erstlich, dass die bücher, die man nennet das neue testament, nit aus befehl gottes oder aus ingebung des heiligen geistes, als alle propheten haben gethan, sondern von denjenigen, die sich selbst erweckt haben, geschrieben sein"; "2) Dass man nach der evangelisten und aposteln schreiben Mosen und die propheten nicht soll erklären"; "3) Dass die schreiben der evangelisten und aposteln nit sein das neue testament"; To the thesis of Vehe-Glirius's book, see Rott, op. cit. pp. 240—241. Comp. RMKT V, pp. 487—491, 498, and Sámuel Kohn, A szombatosok (The Sabbatarians). Budapest 1889, p. 113.

[13] Possevino, op. cit. p. 137. Vehe-Glirius: "Dass der wahre gott sei einig am wesen und an der person." "Dass der gott so einig am wesen und drei faltig an personen, ein falscher und von den menschen der sünde, davon Paulus 2. Tess. 2. schreibt, erdichteter gott und allein ein gott mit dem namen, mit der that aber ein göts sei;" Rott, op. cit. p. 241. RMKT V, pp. 163 ff.

[14] Vehe-Glirius: "Dass der Messias nicht sei wahrer gott, sondern ein wahrer mensch, geboren von vater und mutter." "Dass das wort Sohn gottes in heiliger geschrift nicht heisse ein wahrer gott, sondern allein ein mensch, der da im volk gottes sei;" Rott, op. cit. p. 241. Comp. RMKT V, pp. 188—189. Possevino, op. cit. pp. 139—140, Also see Kohn, op. cit. p. 61.

faith is sufficient for salvation: that was valid only for the age of the apostles.[15] Óvári may very well be alluding to Glirius at the outset, for he tells the reader already in the title that he has assembled his material from the books of wise doctors, well versed in the Scriptures. When he sets out in detail the requirements the Messiah must meet, he follows the views of Glirius almost verbatim. In his opinion, Jesus was not sent to earth by God to be killed; thus his death can by no means have opened the way to salvation. Jesus started to preach that doctrine only when he learned from Moses and Elijah on Mount Tabor that he was to die.[16] Both Eőssi and Óvári but repeat the argument set forth by Glirius that the declaration in St. John, Chapter 1 — "Behold the Lamb of God" — has been distorted.[17] Similarly they both repeat as a commonplace the idea that since the first mission of Jesus was thwarted by the disbelief of the Jews, he will realize his earthly kingdom at his second coming. According to Óvári, Jesus, too, spoke in that sense before Pilate, and Possevino found the same view shared by the population of Kolozsvár.[18] Polemic II denies Jesus' rule in the present (i. e. in its author's time) and definitely repudiates the worship of Jesus.[19] There is a third (No. III) polemic published in volume V of RMKT, in the first part of which the Sabbatarian author refuses to accept the doctrine of original sin. This, like the previous views, can be found in Glirius's *Mattanjah*.[20]

On the basis of these coincidences, it can be established that the early Sabbatarian ideology of the 1580's was not the invention of András Eőssi.

[15] Vehe-Glirius: "Dass die zurechnung der gerechtigkeit aus dem glauben nach der ersten aufnehmung nicht mehr gelte, sondern auf die zeit allein zu restringiren, in welcher den juden und heiden verkündigt worden das evangelium." Comp. RMKT V, 492.

[16] Vehe-Glirius: "Dass der Messias nicht darzu von gott gesandt dass er soll getödtet werden, und dass der todt des messiae eigentlich zu reden, nit kan oder möge sein ein rantzonung oder opfer für die sünde der menschen;" "Dass die sündt nit vergeben werden durch den todt Christi, und dass er nicht zuvor etwas geviss gewusst habe von seinem todt, ehe dann Moses und Elias bei ihm auf dem berg Tabor sein gewesen;" Comp. RMKT V, pp. 505—506. Béla Varjas quotes in a note from the margin of the original: "Obiectio de regno Christi" and ibid.: "Obiectio quod Regnum Christi dicitur Regnum coeli." Could these mean the chapters of *Mattanjah*?

[17] Vehe-Glirius: "Dass die wort Johannis des Täufers Joh. 1. Siehe das lamm gottes, das da trägt die sünde der welt, falsch erkläret worden, dass Christus darum von Johanne dem Täufer sei ein lamm genennet worden, dieweil er solt für unsere sünde getödtet werden und sie mit seinem tod vertilgen." Comp. RMKT V, 496. Rott, op. cit. pp. 241—242.

[18] Possevino, p. 141. Vehe-Glirius: "Dass Christi reich sei ein irdisch reich, welches er in seiner ersten zukunft wegen der juden gottlosigkeit nicht hat können oder mögen besitzen, und derhalven das in der andern zukunft soll anfangen und dann ausrichten, was er in seiner ersten zukunft hat thun und ausrichten wollen, im himmel, sonder warte noch in ihm aufs reich. " Rott, op. cit. p. 242. Comp. RMKT V, 505—507, 510—511. Also see Kohn, op. cit. p. 66.

[19] Vehe-Glirius: "Dass der Messias soll im gebät nicht angerufen werden, und dass im namen Messiae Gott anrufen, nit ist von der substanz einer angenehmen anrufung." Rott, op. cit. p. 242. Comp. RMKT V, 508—511. Possevino, op. cit. 137. Also Elek Jakab, Dávid Ferenc emlékezete (In Memory of Ferenc Dávid). Budapest 1879, p. 195, 226.

[20] Vehe-Glirius: "Dass die lehre von der erbsünde und verdorbeinheit menschlicher natur falsch sei . . ." Rott, op. cit. p. 242. Comp. RMKT V, 514—516.

It was the adaptation and expansion of the ideas held by the former Heidelberg fugitive, who was invited into Transylvania from Poland.

Another work by Glirius may throw light upon the philological background of his theology, and at the same time give some cues to the interpretations of the Unitarian translation of the Bible planned by Ferenc Dávid. We have already mentioned that Dávid asked Glirius and Palaeologus to translate the Bible, and that according to Possevino, Glirius was an expert in Hebrew.[21] These facts and conclusions are further supported by a contemporary, Christian Gerson, who supplies further details about Glirius's translations from the Bible in the preface of his work entitled *Chelek*: "... eines gelehrten Christen mit Nahmen Matthias Vehe, der im Jahr Christi 1581 zu Cöllen am Rhein in Teutscher Sprach hat drucken lassen das jenige das R. Dauid Kimchi in Ebraischer Sprach über den Propheten Amos geschrieben hatte und darneben in seiner Vorrede verheissen das gantze alte Testament mit Rabinischen glössen in kurtzer Zeit auch in Teutscher Sprach in Druck zu geben."[22] The book mentioned by Gerson still lies hidden, like *Mattanjah*, but one can form some ideas about its contents and spirit. The Christological importance of the Book of Amos is minimal: according to traditional Christian interpretation only 2,6 and some sentences in Chapters 8 and 9 are of some interest. It is certain that Glirius's aim in translating the book was not merely to polemize on these points. What is more likely is that his interest was roused by its historical approach and by the international nature of the prophecies. These, too, speak about Israel and Judah as the chosen people, but more in the sense of a burden than as a privilege. Anti-Trinitarianism focused on this motif as the explanation for the dispersion of the Jews, and used it also to find references to itself in the prophecies of the Old Testament. This idea found its way into the instructing songs of the Sabbatarians.[23]

The translation of the commentaries of David Kimchi from the Hebrew original enables us to draw some further conclusions. The fact that Glirius knew the works of Kimchi testifies to the depth of his philological knowledge and to the breadth of his reading in polemical literature. In 1566, G. Genebradus brought the charge against the Polish anti-Trinitarians that they derived their doctrines from the blasphemies of Kimchi, among others. Based on this the champion of the Hungarian Reformation, Péter Méliusz Juhász, wrote a whole book to show the ideological connection between Kimchi, Albo, and other rabbis on the one hand, and the Transylvanian anti-Trinitarians on the other.[24] The technique followed by Kimchi in his polemical writings was indeed very near to the methods used by the anti-

[21] Possevino, op. cit. p. 104. Pirnát, op. cit. p. 130. A magyar irodalom története (The History of Hungarian Literature). Vol. 1. Budapest 1964, p. 486.

[22] Gerson, Christian, חלק oder talmudischer Judenschatz. Helmstadt 1610. Sheet b. Also see Wolf, Ch.: Bibliotheca Hebraeae. I. 302, II. 190. ZfHB V. 1901, no. 50. p. 396.

[23] RMKT V, 197. ff. Kohn, op. cit. p. 87.

[24] R. Josephi Albonis, R. Dauid Kimchii ... argumenta quibus non-nullos fidei christianae articulos oppugnant G. Genebrardus. Parisiis 1566. Róbert Dán, "Méliusz héber tanulmányai és forrásai" (Hebrew Studies and Sources of Meliusz). Filológiai Közlöny, 1970, pp. 163—170.

Trinitarians. He does not follow the theological arguments of the rabbinical tradition, but approaches the material through a simple, rational reading of the text. Accordingly, he lays emphasis on Hebrew grammar, especially on the role of vowels, in his exegesis. In his contextual explanations, he builds on historical and literary parallels and derives the primary meaning of the text from the background, thus excluding conjectures and other combinations.[25] For the time being, however, the sources of Glirius's rabbinistic knowledge can be traced only in their broad outlines.

At Heidelberg, Vehe-Glirius was the student of Tremellius, who also made use of some of the elements of rabbinistic literature in his translation of the Bible.[26] If the supposition that Glirius is identical with Theodorus Schimberg (who in 1582 published one of the works of Sommer) is not without foundation, then his masters also include Johannes Isak, a Hebraist of Cologne.[27] But there is some doubt as to his familiarity with Hebrew during his younger years, as in 1590, he says — true, only in self-defence —: "... dann ich dazumohl gar wenig in der hebraischen sprach konte."[28] But this statement also implies that later on he did know Hebrew. One thing is certain: as testified by Possevino, he was already regarded as an authority in Hebrew when he came to Transylvania, which was in 1578 at the earliest, since he left Heidelberg in the middle of 1572 and reappeared in Cologne in 1576. It is therefore, probable that he learned Hebrew and studied the postbiblical Jewish sources during the years. His converted Jewish teachers and his association with Neuser and Sylvanus also indicate his linguistic culture. And his knowledge of rabbinical literature presumably originated in his personal connections with the Jews. Possevino also tells us that he arrived in Transylvania from Poland, in the company of Palaeologus. Consequently, he had to be aware of the enlightened, critical views and theology of Palaeologus concerning the Bible. But it seems probable that he started out from other sources to finish with "answering" Sommer on the question of "freedom".[29] Thanks to Béla Varjas we know that this answer was written after the death of Sommer (August 4, 1574). The above cited document from Cologne proves that Vehe-Glirius was active in that town in 1576 so one cannot exclude the possibility that he added

[25] Dán, Róbert: A hazai antitrinitarius irányzatok hátteréhez (On the Background of the Antitrinitarian Movements in Hungary). Irodalomtörténeti Közlemények, 1970, pp. 163—170.

[26] Toepke, G.: Die Matrikel der Universität Heidelberg von 1386—1662. II. Heidelberg 1886, no. 77. Comp. with Glirius's account of the views of Tremellius. Rott, op.cit. p. 219.

[27] See Irodalomtörténeti Közlemények, 1970, p. 200.

[28] Rott, op. cit. p. 214. So far, no Hebrew text has been found by him, but his pseudonyms also show that he knew Hebrew: Aelianus-, אליה, the Latinized version of Elijah in the Bible; Natanael- נתנאל Esr. 10, 22., Nahum 12, 21; the title of his book, *Mattanjah*- מתניה as a personal name in II. Kings, 24., 17., Ezr. 10/26 st. The latter may be a pun, too: מתן יה — the granting of Jah, i.e. the revelation of the biblical God. Theodosius is a Greek version of Natanel; Schimberg perhaps שם בוז = wrung-name.

[29] Monatshefte f. Rheinische Kirchengeschichte, I, 1907, 144. Cf. the remarks of Elsenius. On Palaeologus and his views: Pirnát, op. cit.

something to the material of *Mattanjah* in Transylvania, or that the final formulation of the book took place there.

Glirius's independence of Palaeologus may be seen in the question of the rituals that must be observed by Christians, as the latter considered them to be unnecessary even for the Jews. But in Kolozsvár, Possevino found the consumption of pork, blood, and the meat of strangled animals prohibited. Eőssi, too, held such views, and all Glirius's contemporaries agree that he observed these and other rules as the Jews did.[30] The first appearance of such ideas, supported by special anti-Trinitarian arguments is in the commentaries of Szimon Budny. The early "judaizing" Russian and Bohemian (Czech) sects at the end of the 15th and at the beginning of the 16th centuries still derived these doctrines directly from the Mosaic laws.[31] Budny considers the basic food prohibitions to be valid for all peoples and refers to *Zaccharias* 9, 7 and 8, 23. In like manner Eőssi (in the lines after the reference to Glirius) tries to prove that a part of the laws has universal force, and refers to Chapter 56 of Isaiah, which speaks of the universal significance of the Sabbath. From these texts, we can see that with regard to the rituals, Budny, Glirius, and, in their wake, Eőssi did not preach the direct validity of the Mosaic laws — themselves following the termination of "freedom" — but — at least in the beginning — they tried to follow the orders of the prophecies of the Old Testament, which, either directly or indirectly, could be regarded as valid for all peoples.

In conclusion, it can be established that the theses of the early Sabbatarian polemical writings and the "heresies" recorded by Possevino can be traced back to the principles of Glirius as expressed in his books, and to his approach based on the Old Testament. These "heretical" theses were not the individual efforts of a "judaizer" but were built on the earlier achievements of the radical anti-Trinitarian stream. Their line of reasoning was by no means taken over from rabbinistic literature as it was supposed by contemporaries.[32] It is true that the philological and theological criticism set forth in the works of Palaeologus, Budny, Sommer, and Glirius went much further than anti-Trinitarian, to say nothing of Unitarian thinking, but its approximation to the rabbinistic approach was only rela-

[30] Possevino, op. cit. pp. 143—144. Comp. RMKT V, p. 492. Also see Elsenius, op. cit.

[31] On Budny see Kot, S.: Szymon Budny, der größte Häeretiker Litauens im 16. Jahrh. Studien zur älteren Geschichte Osteuropas. II. Graz—Köln 1956, pp. 64—118. On these parallels see: Ettinger, S.: Jewish Influence on the Religious Ferment in Eastern Europe of the End of the Fifteenth Century, Jizzhak F. Baer Jubilee Volume. Jerusalem 1960. Also Herman, J.: The Conflict between Jewish and non-Jewish population in Bohemia before the 1541 banishment. Judaica Bohemiae, VI, 1970, pp. 41—45. I should like to express my gratitude to Sándor Scheiber for drawing my attention to these essays.

[32] The epithet "judaizer" *(judaizáns)* was used by contemporaries generally for those who abandoned the doctrine of the trinity. In the case of Glirius, this was further aggravated by the adoption of certain rituals having a Jewish character, although these were simply based on some theses from the Old Testament. With regard to the Messiah-conception, the distance between the Jews and the anti-Trinitarians is even more marked. See Sarachek, J.: The Doctrine of the Messiah in Medieval Jewish Literature. New York 1932. Molther, J.: Der Irrglaubigen Juden Wegweiser. 1601. 17.

tive. In the works mentioned above, Glirius did not want to follow the Jewish faith but wanted to lay the foundations of a peculiar Christian religion which would be based on the texts of the Old Testament. Jesus had a place in that faith as a Messiah who had a limited role. It also included both chiliasm and a theology based on a philologically authentic Old Testament exegesis. For the radical elements of the Transylvanian anti-Trinitarian ideology, this synthesis gave an answer to the questions of faith raised by Dávid's *non adorandus*. The person and works of Vehe-Glirius had a decisive influence on Eőssi and his associates by conveying and extending this solution. At the same time, Glirius prepared the way for the next chapter of Transylvanian Sabbatarianism which, dominated by the figure of Simon Péchi, was to become one of the great adventures of the history of ideas.

OUVRAGES IMPRIMÉS EN CARACTÈRES CYRILLIQUES EN TRANSYLVANIE AU XVIe SIÈCLE ET CONSERVÉS DANS LES BIBLIOTHÈQUES ET MUSÉES DE MOSCOU ET DE LENINGRAD

LAJOS DEMÉNY

Ces dernières années les recherches portant sur les livres anciens et l'imprimerie montrent partout dans le monde un grand essor. En dehors d'un travail minutieux dépensé dans l'étude et dans la mise en catalogue des incunables conservés dans les différents pays, travail coordonné à l'échelle mondiale, une attention particulière est accordée aux éditions parues au XVIe siècle. Il s'agit d'un nombre prodigieux d'ouvrages dont on a commencé à dresser l'inventaire et à entreprendre le travail d'investigation. Les éditions en caractères cyrilliques ne restent évidemment pas en dehors du cadre des études. On constate même qu'elles suscitent un vif intérêt aussi bien dans les pays à l'imprimerie en slavon qu'ailleurs. Des études sur des ouvrages ignorés jusqu'à présent par la bibliographie cyrillique paraissent en un nombre grandissant. En même temps, les travaux se poursuivent afin d'identifier et de faire la datation des ouvrages en caractères slavons du XVIe siècle dont la date de parution est encore incertaine. L'activité accrue qui se manifeste dans la recherche pousse les spécialistes à envisager l'élaboration d'un catalogue cumulatif de l'ensemble des éditions cyrilliques d'origine du XVIe siècle, se trouvant en Europe. Un collège international, appelé à accomplir cette tâche, est en train de s'organiser; pour réaliser ce travail, le collège disposera des différents catalogues nationaux déjà publiés ou étant actuellement sous presse.

En Roumanie aussi, on a constaté ces dernières années un accroissement d'attention à l'égard de l'histoire du livre et de l'imprimerie au XVIe siècle. Parallèlement au travail entrepris en vue de déceler et d'identifier des ouvrages appartenant à cette époque, les spécialistes ont réussi à établir de nouvelles datations qui modifient radicalement certains aspects de la recherche concernant les débuts de l'imprimerie en langue roumaine et en général des premiers textes roumains, ce qui est une contribution essentielle à l'étude de ce problème ayant une importance particulière pour l'histoire de la culture en Roumanie. Par rapport aux courants de la circulation des livres en Europe, les phénomènes culturels roumains du milieu du XVIe siècle ont une plus grande importance.

Il va sans dire qu'une étude systématique dans le domaine de l'histoire du livre roumain du XVIe siècle sera entreprise sur plusieurs plans. A part l'établissement d'un inventaire complet du fond de livres roumains du XVIe siècle, se trouvant à l'intérieur du pays (dans de différentes bibliothèques, musées et d'autres centres culturels), il était de première nécessité de procéder à un travail soigneusement organisé pour dépister les éditions roumaines en caractères cyrilliques dans les bibliothèques et les institutions des autres pays. Ainsi, le chercheur bulgare, Pierre Atanasov a établi, à l'issue d'un travail digne d'estime, une grande étude de présentation des ouvrages roumains du XVIe siècle se trouvant dans les bibliothèques, musées, monastères et autres lieux de Bulgarie. Les éditions roumaines conservées en Hongrie ont été identifiées avec compétence par le chercheur hongrois Ferenc Hervay et on s'attend à ce qu'une liste complète des pièces en question paraisse incessamment dans le cadre du catalogue du livre de Hongrie au XVIe siècle: ce catalogue est actuellement en cours d'impression. Des investigations similaires ont eu lieu aussi en Union Soviétique et en Autriche. Ainsi, de l'initiative de la Section des Sciences Historiques de l'Académie Roumaine, des études systématiques ont été effectuées à Moscou et à Leningrad; on a commencé en même temps à examiner les catalogues des livres anciens à la *Österreichische Nationalbibliothek* de Vienne. Bien que des sources précises témoignent de l'existence d'éditions roumaines datant du XVIe siècle dans les bibliothèques de Yougoslavie, de Grèce et de Turquie, aucune recherche n'a été encore entreprise dans ces pays. Restent également à être examinées de près les institutions de culture de nombreuses localités de l'URSS, y compris Lvov, Kiev, Kharkov, Mukačevo, etc. où l'on a déjà trouvé d'indices précis pour l'existence d'anciens ouvrages roumains. La présentation des livres roumains datant du XVIe siècle et conservés à Moscou et à Leningrad soulignera encore davantage l'importance de ce travail d'investigation prévu à entreprendre prochainement.

*

Vingt ouvrages imprimés roumains du XVIe siècle ont été identifiés jusqu'à présent, parmi lesquels certains existent en deux ou en plusieurs exemplaires, dont nous exposons l'ordre chronologique dans le tableau ci-dessous.

L'objectif manifeste qui a guidé nos recherches était de compléter et parfois de corriger les déficiences constatées dans la bibliographie du livre roumain du XVIe siècle; nous nous sommes donc occupés en premier lieu de retrouver les imprimés ignorés encore aujourd'hui par la littérature spéciale de notre pays, et aussi par la *Bibliografia românească veche* (Bibliographie roumaine ancienne que nous désignerons par la suite des initiales B.R.V.), pour examiner ensuite les livres dont la description a été donnée, d'après les bibliographies étrangères, par la B.R.V. et pour vérifier enfin leur datation. Nous présenterons ensuite d'une façon plus précise, en plus de détails, les pièces dont la Roumanie ne possède aucun exemplaire, et finirons par donner de diverses informations concernant les livres roumains du XVIe siècle, déjà analysés en détail dans la littérature spéciale.

Précisons tout d'abord que tous les livres imprimés en caractères cyrilliques au XVIe siècle en Transylvanie et se trouvant actuellement dans les deux centres soviétiques indiqués, sont rédigés en slavon ancien, à l'exception de *Četvoroblagovestie* (Évangéliaire) de 1551—1553 et de *Apostol* de 1567—1568. Ils proviennent, en leur majeure partie, de collections privées

TABLEAU CHRONOLOGIQUE DES OUVRAGES IMPRIMÉS EN CARACTÈRES CYRILLIQUES EN TRANSYLVANIE AU XVIe SIÈCLE, CONSERVÉS DANS LES DIFFÉRENTES BIBLIOTHÈQUES ET MUSÉES DE MOSCOU ET DE LENINGRAD

N°	Titre de l'ouvrage	Imprimeur	Lieu et date de l'impression	
1	*Liturgia*	Macarie	(Tîrgoviște)	1508
2	*Četvoroblagovestie*	Macarie	(Tîrgoviște)	1512
3	*Molitvenic*	D. Liubavič	(Tîrgoviște)	1545
4	*Četvoroblagovestie*	Philip Moldavenin	(Sibiu)	1546
5	*Apostol*	D. Liubavič	Tîrgoviște	1547
6	*Apostol*	D. Liubavič	Tîrgoviște	1547
7	*Tetraevanghelul* (en slavon et en roumain)	Philip Moldavenin	(Sibiu)	(1551—1553)
8	*Triod-penticostar*	Coresi	Tîrgoviște	1558
9	*Četvoroblagovestie*	Coresi	Brașov	1562
10	*Četvoroblagovestie*	Călin	Brașov	1565
11	*Apostol* (en roumain)	Coresi	?	(1567—1568)
12	*Psaltir*	(Coresi)	(Brașov)	(1568—1570)
13	*Octoih*	Coresi	?	1575
14	*Triod*	Coresi	?	1578
15	*Četvoroblagovestie*	Coresi	?	1579
16	*Sbornik*	Coresi	Sebeș	1580
17	*Četvoroblagovestie*	Lavrentie	?	1582
18	*Četvoroblagovestie*	Coresi	?	1583
19	*Psaltir*	Șerban Coresi	?	1593
20	*Četvoroblagovestie*	Lavrentie	?	(1580—82?)

et avaient été acquis au cours du XIXe siècle par les bibliothèques et les musées de Moscou et de Leningrad; un nombre très réduit des livres est entré dans le patrimoine de ces institutions après la Première Guerre mondiale. Rappelons également que plusieurs de ces ouvrages comportent des annotations intéressantes qui permettent de suivre la circulation de ces exemplaires; cela nous a amené à constater qu'à une époque plus éloignée, la plupart d'entre eux se trouvaient en Moldavie et en Valachie, et quelques-uns seulement dans de différents autres pays slaves du Sud.

Avant de passer à la présentation détaillée de ces ouvrages, une brève mise au point nous semble nécessaire. Il s'agit d'un fragment de 4 feuilles qui se trouve à la bibliothèque publique « M. E. Saltykov—Chtchédrine » de Leningrad sous la cote VI—3, n° 13, portant le nom de *Minei* (Missel). En réalité, ce fragment[1] représente la feuille 8 du cahier 39, les feuilles 1, 2 et 7 du cahier 40 de l'*Apostol*, ouvrage imprimé par Coresi, en roumain, à Brașov, en 1567—1568, comme c'est prouvé par les recherches les plus

[1] Бычков, А. Ф.: *Отчеты Императорской публичной библиотеки за 1883. год*, Saint-Pétersbourg, 1883, pp. 240—241; Яцимирский, А. И.: Новый труд по старой славянской библиографии, dans *Известия Отделения русского языка и словесности ИАН*. V (1900), vol. pp. 2, 682.

Enregistré B.R.V. N°	Karataev N°	Nombre des exemplaires				Total
		Musée historique, Moscou	Bibliothèque V. I. Lénine, Moscou	Bibliothèque publique, Leningrad	Bibliothèque de l'Académie, Leningrad	
I—1	—	2	2	—	—	4
I—3	12	1	3	2	—	6
I—6	25	1	—	—	—	1
IV—2	—	—	—	1	—	1
I—7	39	1	1	1	—	3
I—8	39	1	—	1	—	2
I—25	98	—	—	1	—	1
I—9	—	—	—	2	—	2
I—11	10	1	1	—	—	2
IV—5	—	—	—	2	—	2
I—12	—	—	—	1	—	1
I—34	97	—	1	—	—	1
I—18	85	—	—	1	—	1
I—21	95	—	2	—	1	3
I—23	93	—	2	2	—	4
I—28	99	1	—	—	—	1
IV—11	37	—	—	1	—	1
I—31	—	1	—	1	—	2
I—26	96	—	—	1	—	1
—	38	—	1	—	—	1
		9	13	17	1	40

récentes,[2] et comme l'atteste aussi le filigrane du papier sur lequel a été imprimé le fragment à une date qui n'est certainement pas antérieure aux années 1567—1568. Or, dans la B.R.V.,[3] cet ouvrage est enregistré sous le n° 11 pour l'année 1563 — date qui fut acceptée par J. Bianu dans son édition en fac-similé parue en 1930.[4] Les feuilles en question font partie du guide en slavon pour la lecture de l'*Apostol* en roumain. Elles sont reproduites aux pages 617—624 et 631—632 de l'édition de J. Bianu.

OUVRAGES IMPRIMÉS, ENCORE IGNORÉS PAR LA BIBLIOGRAPHIE ROUMAINE ANCIENNE

Le *Četvoroblagovestie*, c'est-à-dire évangéliaire slavon, sous le nom de hiéromonaque Lavrentie (peut-être en Transylvanie?), considéré comme un des ouvrages cyrilliques de Transylvanie parus au XVIe siècle, était longtemps

[2] Blücher, G.: Filigranele brașovene și tipăriturile chirilice din secolŭl al XVI-lea, dans *Revista bibliotecilor*, XX (1967), n° 7, pp. 421—426.

[3] Bianu, J. et Hodoș, N.: *Bibliografia românească veche*, București, 1903, vol. I, n° 11.

[4] *Texte de limbă din secolul XVI, reproduse în facsimile îngrijite de J. Bianu*, vol. IV. *Lucrul apostolesc. Apostolul tipărit de diaconului Coresi în Brașov la anul 1563*, București, 1930.

ignoré par la littérature roumaine. Au cours du siècle dernier, il avait été enregistré dans différentes études bibliographiques russes qui en donnaient même une brève description. Or, la bibliographie du livre roumain du XVIe siècle avait depuis longtemps connaissance d'un *évangéliaire en slavon* imprimé par Lavrentie,[5] qui a été daté récemment à l'aide de l'exemplaire découvert par nous à la Bibliothèque publique de Leningrad et dont il ne restait que l'Épilogue.[6] Le savant russe, I. Karataev a fait remarquer qu'il existe en réalité deux tétraévangiles en slavon, imprimés par Lavrentie: un premier, qu'il avait enregistré dans sa bibliographie sous le n° 37, après l'avoir découvert — selon ses affirmations — « chez un particulier à Saint-Pétersbourg »,[7] acquis ensuite par la Bibliothèque publique de Leningrad et dont nous avons déjà donné ailleurs une description détaillée, et un second, sous le n° 38 — qui se trouve au Musée public et au Musée nommé « Roumiantzev » de Moscou. Ce dernier exemplaire est mentionné pour la première fois dans le « Rapport du Musée public et du Musée 'Roumiantzev' de Moscou pour les années 1873—1875». I. Karataev souligne sa ressemblance à l'évangéliaire en slavon de Lavrentie trouvé à Saint-Pétersbourg, « mais — déclare-t-il — il y a quelques différences aussi bien dans la signature des cahiers que dans la composition d'une des évangiles »,[8] et ce fait l'a déterminé à enregistrer ces deux tétraévangiles en tant qu'ouvrages distincts, tout en considérant que « les deux éditions ont été imprimées, vraisemblablement, en Hongro-Valachie dans la première moitié du XVIe siècle ».[9] En fait, le *Četvoroblagovestie* de Lavrentie qui se trouvait vers l'a fin du XIXe siècle au Musée public « Roumiantzev » de Moscou, et aujourd'hui à la Bibliothèque « V. I. Lénine » — à la Section des livres rares — est enregistré là comme une édition antérieure à l'année 1560. C'est le second ouvrage, imprimé par Lavrentie, dont la littérature roumaine n'avait aucune connaissance. Nous sommes persuadés que ce *Četvoroblagovestie* constitue un ouvrage à part, édité séparément, ce qui est prouvé par les considérations suivantes: la composition du texte est différente; le système de la numérotation des cahiers n'est pas le même; le papier employé ne ressemble guère à celui dont on s'était servi pour le *Četvoroblagovestie* connu par les exemplaires

[5] *B.R.V.*, vol. I, pp. 528—529, n° 34/1; c'est un fragment du même ouvrage qui a été décrit par la B.R.V., vol. IV, pp. 13—15, n° 11 d'après l'exemplaire acquis par la Bibliothèque Universitaire de Cluj, à la fin de la Première Guerre mondiale (il s'agit, en fait, de deux exemplaires). Le fragment enregistré à la Bibliothèque de l'Académie roumaine sous la cote CRV-31, comme celui appartenant au *Četvoroblagovestie* de 1583 imprimé par Coresi et Mănăilă, est donc en réalité un fragment du *Tetraevanghelul* en slavon de 1582 de Lavrentie contenant une partie de l'évangile de saint Luc, à partir du milieu du verset 8, jusqu'au 112e (avec des interruptions): les 5 feuilles originales du cahier 16, le cahier 20 étant complet, le cahier 21, complet lui aussi, et en plus les feuilles 1 et 2 du cahier 22. Cf. également Hervay, F. dans *Magyar Könyvszemle* 81 (1965), pp. 210—211.

[6] Demény, L.: Noi contribuții la activitatea tipografică a lui Lavrentie, dans *Revista bibliotecilor*, année XXII (1969), n° 4, pp. 219—227.

[7] Каратаев, И.: *Описание славяно-русских книг, напечатанных кирилловскими буквами,* vol. I. depuis 1491 jusqu'en 1652, Saint-Pétersbourg, 1883, pp. 109—111.

[8] Ibid. p. 111, n° 38.

[9] Ibid.

qui se trouvent en Roumanie et à Leningrad.[10] En effet, s'il est bien établi que ces derniers ont été imprimés sur du papier en provenance de Brașov, fabriqué entre les années 1574—1578, le papier employé pour l'exemplaire de Moscou reste toujours à identifier. Le filigrane que nous reproduisons

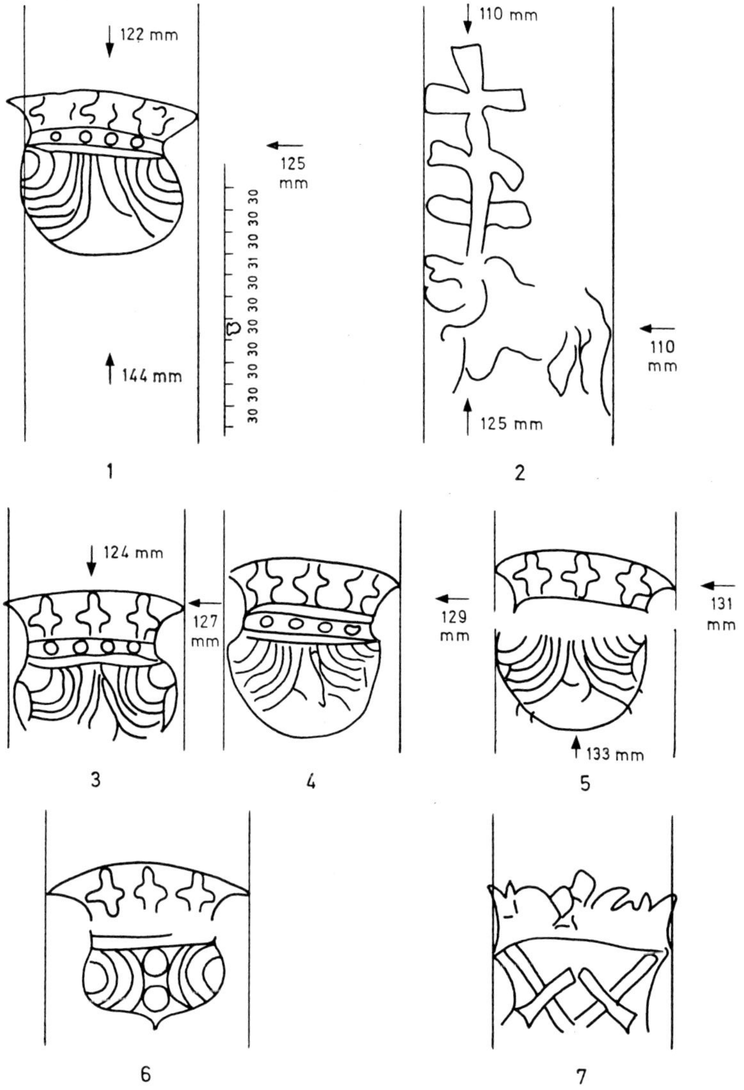

I–Filigranes de l'*Apostol* en roumain (Fig. 1); *Tetraevanghelul* de Lavrentie qui se trouve à Moscou (Fig. 2); *Psaltir* en slavon de Coresi, datant de 1568—1570 (Fig. 3—5); *Psaltir* en slavon de 1593, imprimée par Șerban Coresi (Fig. 6—7)

[10] Le chercheur bulgare, Peter Atanasov nous a fait savoir qu'un exemplaire du *Četvoroblagovestie* de Lavrentie se trouvait à Plovdiv, mais nous ne saurions nous prononcer à ce sujet avant d'avoir la possibilité de l'examiner de plus près.

ci-dessous (Planche I, fig. 2) représente un animal (peut-être un bélier), dont la tête porte une double croix. Dans le *Četvoroblagovestie* de 1582, n° 37 chez Karataev, les grandes feuilles servant à l'impression (dont on obtient 8 feuilles de livre) sont numérotées au commencement et à la fin, comme dans presque tous les ouvrages cyrilliques de Transylvanie datant du XVIe siècle. Par contre, dans le *Četvoroblagovestie*, n° 38 chez Karataev, que nous ne connaissons que par le fragment se trouvant à Moscou, on se servait, pour numéroter les feuilles, du système employé dans les éditions cyrilliques vénitiennes, c'est-à-dire nous retrouvons la signature cyrillique du cahier et le numérotage en chiffres romains des premières quatre feuilles du cahier (par exemple B, B II, B III, B IIII). Les quatre feuilles suivantes n'ont pas de numéro, mais la signature du numéro du cahier apparaît au verso de la dernière feuille.

Les dissemblances de la composition sont encore plus évidentes. Soulignons tout d'abord, qu'entre les deux tétraévangiles il y a d'abord une différence pour les lettres B et P. La manière dont est composé le titre des principaux chapitres n'est pas la même non plus. Ainsi, dans le *Četvoroblagovestie* de 1582, les chapitres précédant les évangiles de saint Marc et de saint Luc rendent les noms des deux Évangélistes intégralement tandis que dans l'ouvrage de Moscou, les deux Évangélistes sont marqués par des abréviations. De plus, la composition du texte de chaque page est strictement la même dans les deux impressions, jusqu'à l'évangile de saint Luc, mais à partir de celui-ci, des différences apparaissent d'une page à l'autre, notamment p. ex. le texte est placé d'une manière différente dans la composition et parfois, une rangée entière sinon quelques mots seulement, dépassant le cadre, doivent être portés sur la page suivante. Cette particularité est à remarquer surtout au commencement de l'évangile de saint Luc (voir de ce point de vue le cahier 20, feuille 3^r). On trouve également des différences dans l'ortographe et dans la manière dont les frontispices sont placés au centre de la xylogravure, portant le nom gravé de Lavrentie, ou bien dépourvu de tout texte (voir le commencement de l'évangile de saint Jean). Indiquons également que, si dans le *Četvoroblagovestie* de 1582 les mots Прѣдисловїе ёже ѡт лоукы стого евангелїе sont ajoutés à la main, dans celui découvert à Moscou, ces mêmes mots sont imprimés en caractères typographiques à l'encre rouge. Les aspects variés que nous venons de signaler, prouvent de toute évidence que nous avons à faire à deux *Četvoroblagovesties* de Lavrentie, à composition différente du texte, dont l'un se trouve à Moscou et l'autre à Leningrad.

Les deux évangéliaires en slavon de Lavrentie — celui de Moscou dont nous ne connaissons que l'exemplaire incomplet et celui daté de 1582 — sont imprimés en mêmes caractères; les frontispices (de provenance vénitienne), les vignettes et les initiales sont également pareils. Ces caractères se distinguent de tous ceux que l'on trouve dans les autres ouvrages imprimés roumains du XVIe siècle, et, à l'exception des frontispices, différent aussi de ceux employés dans les éditions cyrilliques du même siècle.[11] Le fait que cet

[11] Pour des détails plus précis concernant le type des lettres et initiales employées par Lavrentie, cf. Hervay, F., loc, cit., p. 209; Demény, *Noi contribuţii* . . ., pp. 224—226.

évangéliaire de 1582 ait circulé en Moldavie et en Transylvanie et qu'il nous soit parvenu en plusieurs exemplaires conservés aujourd'hui dans de différents fonds culturels transcarpatiques, de même que le type du papier ayant servi à l'impression et provenant de Brașov, sont pour l'instant les seuls arguments qui nous permettent d'attribuer ces deux ouvrages de Lavrentie (y compris donc le *Četvoroblagovestie* de Moscou) aux presses cyrilliques fonctionnant au XVIe siècle en Transylvanie. Nous nous rangeons donc

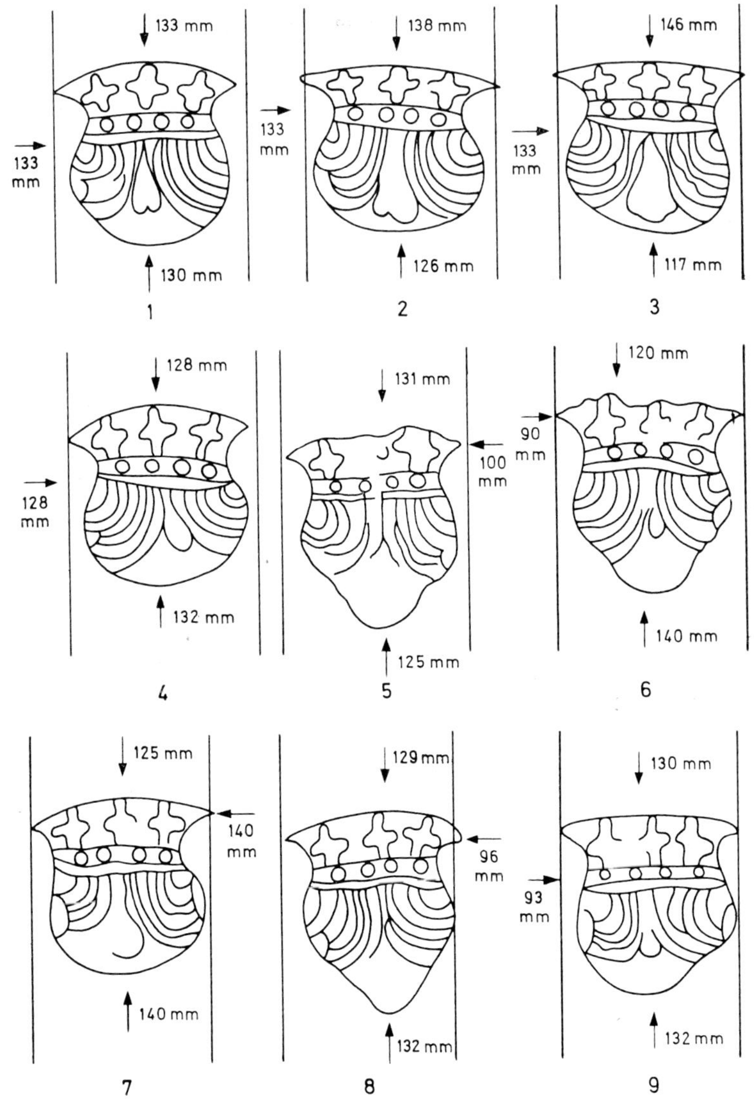

II– Filigranes du *Četvoroblagovestie* de Călin, datant de 1565 (Fig. 1—4); *Četvoroblagovestie* de Coresi de 1583 (Fig. 5—9)

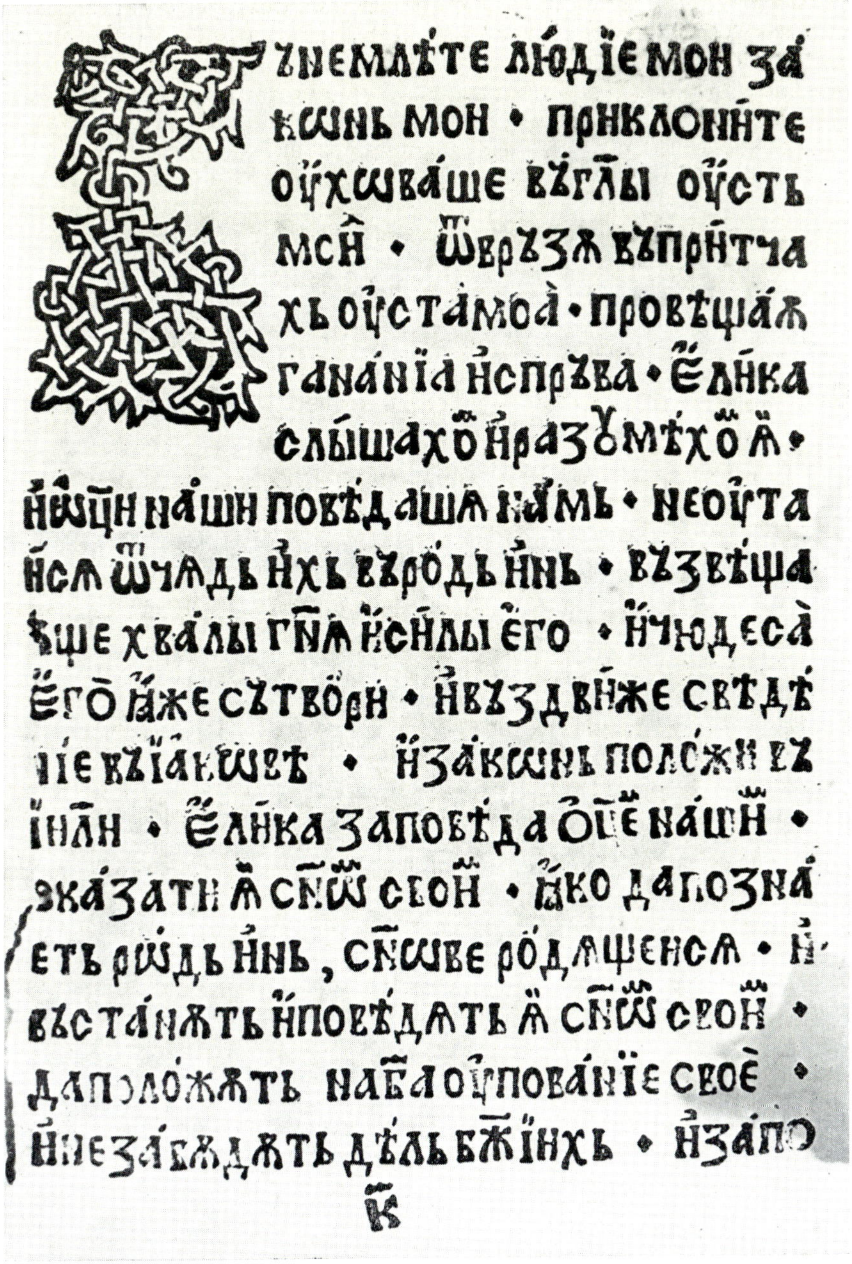
въ немлѣте людїе мои за
конꙋ мои · приклоните
оухо ваше въ глаголы оустъ
моихъ · ѿверзѫ въ притча
хъ оуста моа · провѣщаѫ
ганані́а испръва · Елика
слышахомъ и разꙋмѣхомъ а ·
и оци наши повѣдашѫ намъ · не оута
ишѧ ѿ чѧдъ ихъ въ родѣ инъ · възвѣща
ѭще хвалы гнѧ и силы его · и чюдеса
его иже сътвори · и въздвиже свѣдѣ
ніе въ іаковѣ · и законъ положи въ
ізли · елика заповѣда оцемъ нашимъ
сказати а снвомъ своимъ · ꙗко да позна
етъ родъ инъ, снове родѧщеисѧ · и
въстанѫтъ и повѣдѧтъ а снвомъ своим ·
да положѧтъ на ба оупованіе свое ·
и не забѫдѫтъ дѣлъ бжіихъ · и запо
К

III – Feuille 1 du cahier 20 du *Psaltir* en slavon de 1568—1570 aux côtés de I. Karataev qui estime que les deux ouvrages en question sont issus des presses cyrilliques roumaines, et il affirme même qu'ils ont été imprimés en Transylvanie. Quant à la personne de l'imprimeur, nous manque la certitude absolue. Dans les exemplaires que nous connaissons, le nom de Lavrentie n'est pas nettement indiqué comme leur imprimeur. On le trouve seulement sur les frontispices sans aucune précision, ce qui pourrait signifier qu'il n'est l'auteur que des gravures sur bois. Cela n'exclut toutefois pas la possibilité que le graveur ait été en même temps le maître typographe et l'éditeur. En attendant que cette question puisse être élucidée grâce, peut-être, à un exemplaire à découvrir encore, convenons à attribuer le travail d'impression des deux évangéliaires au hiéromonaque Lavrentie. Au stade actuel de nos connaissances, nous ne pouvons pas en tirer des conclusions de caractère absolu; admettons donc, sous cette réserve, que ces évangéliaires doivent être considérés comme appartenant à la série d'ouvrages imprimés en caractères cyrilliques en Transylvanie au cours du XVIe siècle, aux environs des années 1576—1582.

OUVRAGES IMPRIMÉS SANS INDICATION DE DATE, CONNUS DANS LA BIBLIOGRAPHIE ROUMAINE ANCIENNE DES DESCRIPTIONS DONNÉES PAR LES BIBLIOGRAPHIES ÉTRANGÈRES QUI DISPOSENT DES EXEMPLAIRES INCOMPLETS

La B.R.V. signale deux psautiers du XVIe siècle, d'après la description très succincte donnée par I. Karataev sous les n°s 97 et 96. Quant au premier, *Psautier en slavon,* découvert par nous à la Bibliothèque « V. I. Lénine » de Moscou, on a précisé qu'il avait été décrit par I. Karataev d'après un rapport provenant du Musée public « Roumiantzev » de Moscou pour les années 1876—1878, le rapport l'aurait identifié comme une impression roumaine des environs de l'année 1580.[12] Nous avons procédé à une analyse très attentive de cet exemplaire dans une étude[13] dont les conclusions sont les suivantes: Comme l'indiquent les filigranes (reproduits pour la première fois à la Planche I, fig. 3—5), le psautier en slavon de Moscou, ouvrage en 4° (dont il ne reste que 41 cahiers auxquels aussi manquent des feuilles) est un imprimé corésien des années 1568—1570 (Planche III); il en ressort la nécessité d'une rectification dans la datation indiquée dans la B.R.V. d'après les estimations de I. Karataev.[14]

Le second psautier en slavon qui se trouve à Leningrad est encore très peu connu. « Karataev en a eu connaissance par un exemplaire incomplet dont les caractères ressemblaient à ceux de l'Évangéliaire de Belgrade de

[12] *B.R.V.* I, p. 102, n° 34; Hervay, loc. cit., p. 211, n° 33.

[13] Demény, L.: O tipăritură coresiană puțin cunoscută, dans *Studia bibliologica,* vol. III, București, 1969.

[14] Signalons qu'il n'y a pas longtemps, le chercheur hongrois Ferenc Hervay a attribué cet ouvrage à Șerban Coresi qui l'aurait réalisé entre les années 1583 et 1588. Cf. L'imprimerie cyrillique de Transylvanie au XVIe siècle, dans *Magyar Könyvszemle,* année 81 (1965), p. 211.

1552 et de celui de Coresi de 1579, et qui, selon lui, aurait été imprimé en Hongro-Valachie vers 1580. Ce psautier est formé d'un volume en 4° de quelque 144 feuilles, divisé en 36 cahiers, de 4 feuilles chacun, portant la signature cyrillique habituelle. Chaque page, imprimée en noir et rouge comporte 16 rangées. »[15] Les informations publiées jusqu'à ce jour dans la littérature roumaine sur le psautier conservé à Leningrad s'arrêtent là. Pendant toute la période écoulée depuis le début du siècle, cet ouvrage est resté en dehors des préoccupations des chercheurs qu'ils soient étrangers ou roumains. On en avait parlé pour la première fois dans le « Rapport de la Bibliothèque publique de Saint-Pétersbourg pour l'année 1858 », en langue russe qui disait entre autres, que l'impression avait été réalisée « quelque part en Hongro-Valachie », vers l'année 1580.[16] Le psautier en question a été acquis par V. Litov, bibliothécaire-antiquaire de la Bibliothèque publique de Saint-Pétersbourg, au cours d'un voyage entrepris en 1857 en Moldavie et en Valachie. Avec 16 autres ouvrages imprimés roumains des XVIe et XVIIe siècles, il ramena à son retour un exemplaire du psautier en slavon. L'identification initiale proposée par V. Litov dans son rapport a été acceptée par les bibliographes russes V. M. Oundolski et I. Karataev. La description qu'en donne le premier[17] est fort sommaire, tandis que I. Karataev fournit quelques informations plus détaillées quoique comportant certaines inexactitudes. Ainsi, par exemple, il soutient que dans le fragment conservé, le dernier cahier porte le numéro 36. A part l'hypothèse que le psautier ait été « probablement imprimé en Hongro-Valachie », le bibliographe russe signale la manière dont les cahiers ont été numérotés. Il indique en même temps quelques particularités dans l'ortographe, déclarant entre autres, que la lettre ѫ était employée fréquemment à la place des lettres О, Д, У, Ю et il relève encore quelques autres traits spécifiques de la même nature.[18] L'unique exemplaire découvert se trouve à la Bibliothèque publique de l'État de U.R.S.S. « M. E. Saltykov-Chtchédrine » de Leningrad, dans la Section des livres rares, sous la cote I 7. 21. Il figure dans le catalogue de cette institution sous le titre: *Psautier non-daté (imprimé) probablement en Hongro-Valachie dans la seconde moitié du XVIe siècle, fragment.* Il s'agit en effet d'une partie de l'ouvrage composée de 115 feuilles (et non pas de 144 comme l'indique la B.R.V.), dépourvue de couverture qui manquait déjà à l'époque de son acquisition. A l'origine, l'ouvrage complet devait avoir 50 — 52 cahiers de 4 feuilles chacun, dont il n'est resté qu'une part dans le fragment en question. Les 9 premiers cahiers manquent, ceux numérotés de 10 à 34 et de 36 à 38 sont complets; le cahier 39 ne comporte que 3 feuilles, celui portant le numéro 35 manque totalement. Tous les cahiers portent la signature cyrillique de numérotation depuis le premier jusqu'au dernier, à l'exception du numéro 34. A partir du cahier 31, les feuilles présentent un aspect des plus dégradés, avec de nombreuses déchirures et dans un état de décomposition très avancé. Il est question que ce document fasse incessamment l'objet d'un travail de restauration.

[15] *B.R.V.*, I, p. 81 n° 26.
[16] *Отчеты Публичной библиотеки за 1859 год*, Saint-Pétersbourg, 1859, pp. 54—55.
[17] Ундолский, В. М.: *Очерк славяно-русской библиографии*, Moscou, 1871, n° 83.
[18] Каратаев, op. cit., Saint-Pétersbourg, 1883, n° 96, p. 204.

Le volume est imprimé en 4°; les dimensions des feuilles sont de 195× 145 mm, le cadre de la composition est de 159×120 mm, et chaque page comporte 16 rangées. La lettre courante mesure entre 4 et 7 mm; dix rangées imprimées représentent 98—99 mm (Planche IV). La lettre est du type corésien, c'est-à-dire du genre des lettres que l'imprimeur avait créées après s'être établi définitivement à Brașov, celles qui avaient servi à l'impression de *Întrebarea creștinească*, *Tetraevanghelul* en roumain de 1558—1560, des évangéliaires en slavon de 1562, 1565, 1579, de l'*Apostol* en roumain, et de toute une série d'autres ouvrages du diacre Coresi ainsi que du *Liturgia* de 1588 et de quelques autres livres issus des presses de l'érudit Șerban Coresi.[19] Vu les traits spécifiques de ces imprimés par rapport au caractère général de l'imprimerie cyrillique du XVIe siècle, c'est avec raison que les bibliographes russes ont considéré ce psautier en slavon comme un produit de l'imprimerie cyrillique roumaine. En effet, si les autres types de lettres corésiennes et particulièrement celui dont Coresi s'est servi pour imprimer le *Octoih* en slavon de 1557 et le *Triod-penticostar* de 1558 peuvent aisément être confondus avec les caractères de certaines presses sud-slaves (dans notre cas avec celle de Goražde), les lettres du *Psaltir slavon* n'ont rien de commun avec celles des impressions sud-slaves, et se distinguent nettement des autres ouvrages cyrilliques européens.

Les investigations qui ont porté sur le très important fond qui se trouve à Leningrad, nous ont renforcés dans la conviction que nous avions à faire avec un ouvrage édité en Transylvanie, ce qui est d'ailleurs prouvé également par le type de papier employé.

Le papier utilisé à l'impression du psautier en slavon se trouvant à la Bibliothèque publique de Leningrad a été fabriqué à Brașov et à Sibiu (Planche I, fig. 6—7). Cette donnée affirmée permet de placer sans hésitation cet ouvrage dans son cadre chronologique, c'est-à-dire au dernier quart du siècle, puisque nous savons que l'industrie du papier ne commence à Sibiu qu'en 1574.[20] Un examen attentif des filigranes nous amène à une datation encore plus précise. Les spécialistes qui ont étudié les filigranes de Brașov du XVIe siècle ont remarqué que *l'écu ovale avec la partie inférieure en pointe et surmonté de la couronne* n'avait apparu sur le papier de Brașov qu'à partir de l'année 1589.[21] Or, c'est justement ce genre de filigrane que l'on trouve dans ce psautier, ce qui signifie que l'ouvrage ne peut être antérieur à cette date, et de plus, qu'il ne serait pas l'œuvre du diacre Coresi, mais de son fils Șerban Coresi. Ce modèle de filigrane propre au papier de Brașov, utilisé à l'impression du psautier en question, apparaît le plus fréquemment

[19] Le type de caractère a été déjà déterminé par F. Hervay, *Magyar Könyvszemle*, 1965, n° 32, p. 211.

[20] Goldenberg, S.: Moara de hîrtie dĭn Sibiu în secolul al XVI-lea, dans *Studii*, année XIII (1960), n° 1, pp. 113—118; Jakó, Zs.: Az erdélyi papírmalmok feudalizmuskori történetének vázlata, XVI—XVII. század (La brève histoire des moulins à papier de Transylvanie de l'époque féodale, XVIe—XVIIe siècles), dans *Studia Universitatis Babeș—Bolyai, Series Historica*, VII (1962), n° 2, pp. 59—81.

[21] Blücher, G.: Filigranele brașovene și tipăriturile chirilice dĭn secolul al XVI-lea dans *Revista bibliotecilor*, 1968, n° 1, p. 12. fig. 38; Mareș, Al.: Un Octoih românesc dĭn secolul al XVI-lea, dans *Limba română*, année XVIII (1969), n° 3, p. 242.

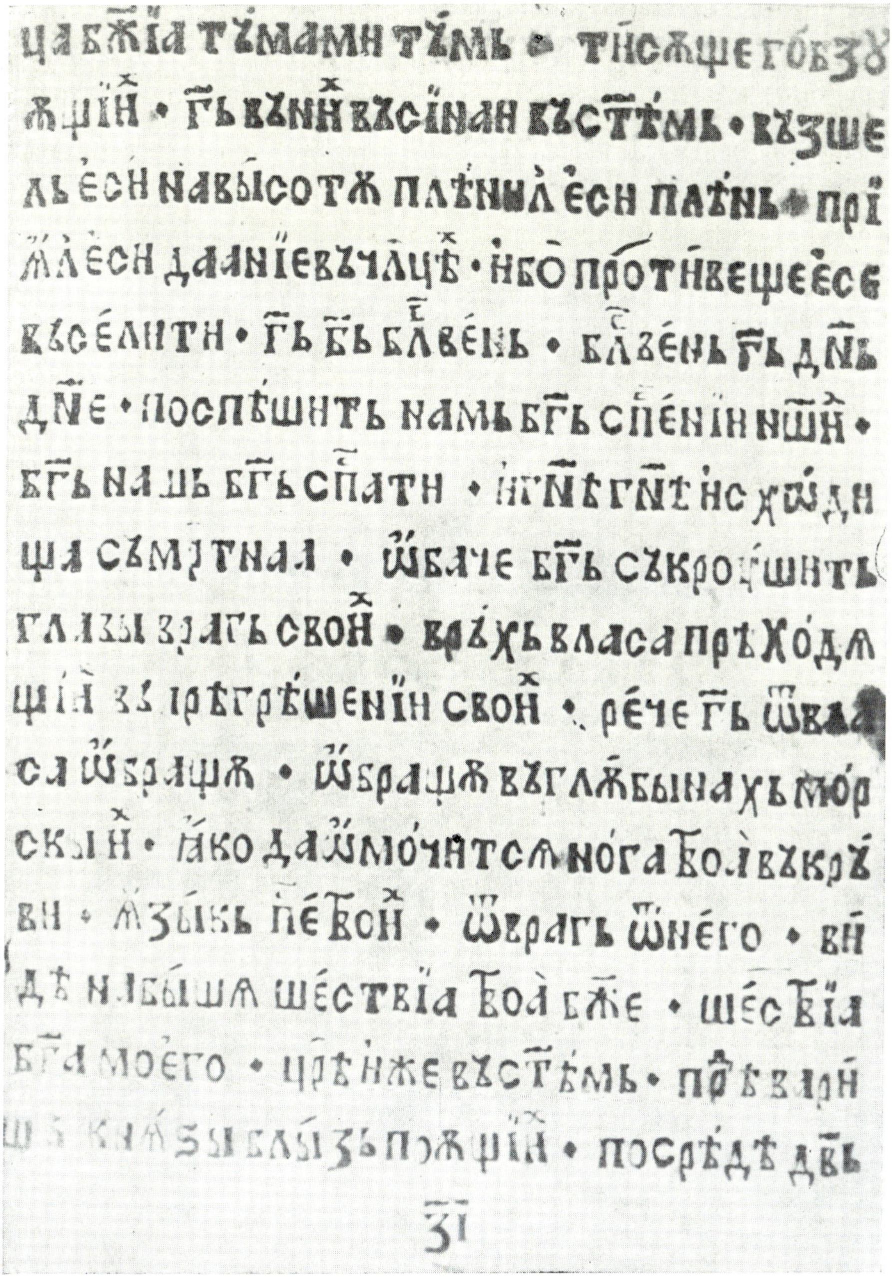
ца бжїа тѣмами тѣмь • тысѫще гобзѹ
ющїи • гь въ нихь въ сїнаи въ стѣмь • възше
лъ еси на высотѫ плѣнилъ еси плѣнь • прї
ѧлъ еси данїе въ чл҃цѣхь • ибо противѧщеесе
въселити • гь бгь блвень • блвень гь днь
дне • поспѣшить намь бгь спасенїи нашихь •
бгь нашь бгь спасати • и гнѣ гнѣ исходи
ща съмртнаа • обаче бгь съкрѹшить
главы врагь своих • връхь власа прѣходѧ
щих въ прегрѣшенїи своих • рече гь ѿ васа
са ѡбращѫ • ѡбращѫ въ глѫбынахь мор
ских • ꙗко да омочитсѧ нога твоа въ кръ
ви • ѧзыкь пѣсь твоих • ѿ врагь ѿ него • ви
дѣнꙗ быша шествїа твоа бже • шествїа
бга моего • цра иже въ стѣмь • прѣвари
шѧ кнѧѕи въслѣдь пѣющих • посредѣ двь
ЗІ

IV – Feuille 1 du cahier 17 du *Psaltir* en slavon de 1593

dans les documents datant de l'année 1593, nous pouvons donc désigner cette date comme celle de sa parution.[22]

Quant à la présentation graphique du livre, indiquons dès le début la pénurie des éléments ornementaux et décoratifs dudit fragment, qui ne comporte ni frontispices ni vignettes et encore moins de grandes initiales enjolivées de motifs entrelacés. On y trouve par contre un assez grand nombre d'initiales qui sont caractéristiques à l'époque tardive de l'imprimerie corésienne et à l'imprimerie de son fils, Şerban.

Nous indiquerons par la suite leurs dimensions et les pages où on trouve leurs reproductions en grandeur naturelle et nous donnerons la couleur des encres utilisées à l'impression.[23]

Afin de permettre l'éventuelle découverte d'autres fragments qui pourraient être identifiés à l'avenir, nous avons jugé utile de publier une reproduction, également en grandeur naturelle, d'une page du *Psaltir slavon* conservée à la Bibliothèque de Leningrad (Planche IV).

Б — 30×15 mm (V-1) — 12r — 1^rr; 15 — 2^rr; 17 — 4^rr; 21 — 4^rr; 22 — 2^rr, 3^vr; 23 — 4^rr; 24 — 2^rr; 26 — 2^vr; 29 — 1^rr; 30 — 4^rr; 33 — 4^rr; 36 — 3^vn.

Б — 26×11 mm (V-2) — 10 — 4^rr; 11 — 2^vr; 12 — 4^vr; 13 — 4^vn; 15 — 4^rr; 16 — 3^vr; 18 — 2^rr; 21 — 1^rn, 4^rr; 24 — 3^vr; 26 — 3^vr.

В — 32×10 mm (V-3) — 10 13 1^vr; 13 — 4^rr; 21 — 3^rr.

В — 21×11 mm (V-4) — 12 — 2^rr; 19 — 1^rr; 30 — 2^rr; 33 — 2^vr.

В — 28×11 mm (V-5) — 12 — 2^vr; 14 — 1^rr; 16 — 2^rr; 19 — 3^rr; 25 — 1^rr; 29 — 4^vr.

В — 18×7 mm (V-6) 37 — 3^vr.

В — 26×12 mm (V-7) 19 — 4^vn; 25 — 4^rr; 30 — 2^vr; 33 — 1^vr; 36 — 4^rn; 38 — 2^vn.

Г — 29×12 mm (V-8) 19 — 3^vr; 21 — 1^rn; 22 — 4^rr; 23 — 4^vr; 24 — 3^rr; 26 — 1^rr; 28 — 4^vn; 36 — 1^vr.

Г — 28×12 mm (V-9) 25 — 2^rr; 36 — 2^rr.

Ж — 26×14 mm (V-10) — 24 — 1^rr.

Д — 26×12 mm (V-11) — 16 — 3^vr.

Е — 29×13 mm (V-12) — 33 — 3^vn.

Й — 28×9 mm (V—13) — 11 — 1^rn; 14 — 4^vr; 19 — 2^vn; 27 — 1^vr, 3^vn; 28 — 2^rr; 29 — 3^rr; 30 — 3^rr; 34 — 3^rr.

[22] Nous exprimons nos remerciements à Gernot Nussbächer, qui, en sa qualité d'archiviste à Braşov, nous a secondé dans nos efforts d'établir cette datation.

[23] Les chiffres entre paranthèses indiquent les numéros des cahiers, les chiffres suivants — le numéro de la feuille (r — recto, v — verso) et enfin, la couleur des encres employées pour l'impression (r — rouge, n — noire).

V – Initiales dans le *Psaltir* en slavon de 1593

К — 28 × 9 mm (V-14) — 18 — 3^vr; 33 — 1^rr, 2^vn; 34 — 2^vn.

М — 27 × 15 mm (V-15) — 23 — 1^rr; 25 — 4^rr; 33 — 4^vr; 37 — 4^vn.

Н — 27 × 10 mm (V-16) — 15 — 3^rr; 17 — 4^vr; 33 — 3^rr.

ω — 22 × 13 mm (V-17) — 11 — 4^rr.

ω — 25 × 19 mm (V-18) — 22 — 3^rr.

ОУ — 30 × 14 mm (V-19) — 12 — 3^rr; 15 — 2^vr, 4^vn; 39 — 1^vn.

П — 28 × 13 mm (V-20) — 13 — 2^rr; 14 — 2^vn, 3^rr; 21 — 2^rr; 22 — 2^vr; 24 — 4^vr; 32 — 4^rn; 37 — 2^rn; 38 — 1^rn.

С — 23 × 12 mm (V-21) — 11 — 2^rr; 34 — 2^rn.

С — 25×12 mm (V-22) — 17 — 2^{r}r; 34 — 1^{v}r.

Т — 26×15 mm (V-23) — 10 — 2^{v}r; 16 — 1^{r}r; 32 — 1^{r}r.

Х — 25×11 mm (V-24) — 29 — 4^{v}r; 30 — 2^{v}r; 37 — 1^{r}n, 3^{r}n, 4^{r}r.

Х — 24×14 mm (V-25) — 34 — 2^{r}r; 37 — 1^{v}r.

Ч — 25×11 mm (V—26) — 13 — 3^{r}r.

Я — 28×10 mm (V-27) — 14 — 4^{r}r; 33 — 2^{v}r, 4^{r}r.

IMPRIMÉS CONNUS A LA BIBLIOGRAPHIE ROUMAINE ANCIENNE A L'AIDE DES DESCRIPTIONS DONNÉES PAR DES AUTEURS ÉTRANGERS D'APRÈS DES EXEMPLAIRES COMPLETS PERDUS DEPUIS

La bibliographie du livre ancien roumain a pris connaissance de deux ouvrages imprimés du XVIe siècle, par les descriptions données par des spécialistes étrangers d'après des exemplaires découverts au cours du XIXe siècle ou dans la période écoulée entre les deux guerres mondiales. Il s'agit du *Četvoroblagovestie* de 1565 et de celui de 1583. C'est avec un soin attentif que nous entreprenons la description des exemplaires incomplets, découverts à Moscou et à Leningrad, dans l'intention de mettre à la disposition des spécialistes des informations bibliographiques aussi détaillées que possible, en vue de pouvoir identifier d'autres fragments qui se trouveraient soit à l'intérieur du pays, soit à l'étranger.

L'exemplaire du *Četvoroblagovestie* imprimé en 1565 (7073) contenant l'épilogue complet, a été signalé en premier par M. Korneeva-Petfoulan[14] qui a réussi à l'identifier en 1923, lors des investigations effectuées sur les fonds des livres anciens et des manuscrits du Musée d'art de Kharkov. Le musée l'avait enregistré avec l'ensemble des livres anciens de la Collection de Volinsk. L'auteur précise que l'exemplaire contient l'épilogue complet, qui commence au verso de la seconde feuille succédant au cahier 30 et s'achève sur la feuille suivante; c'est justement à cet endroit que l'on trouve les informations les plus importantes concernant la date de la parution et l'identité du typographe; on en apprend que le livre a été imprimé à Brașov par le scribe Călin et ses quatre apprentis, sur la commande du juge Hans Benckner, en 1565 (7073). L'impression a commencé le 19 décembre 1564 et a été terminé le 2 septembre 1565. Le livre possède 30 cahiers de 8 feuilles chacun et trois feuilles en plus. M. Korneeva-Petfoulan fait remarquer que les frontispices et les vignettes décorés de motifs entrelacés sont placés dans cet exemplaire de la même manière que dans le *Četvoroblagovestie* imprimé par Coresi à Brașov en 1562, et que la mise en page du texte est également analogue. « Les épilogues des deux *Četvoroblagovesties* — écrit l'auteur — sont

24 Корнеева-Петфулан, М.: Заметки к истории старопечатных славянских книг, dans *Slavia*, année V (1926—1927), pp. 190—194; voir encore la *B.R.V.*, vol. IV. art. de Dan Simonescu, nº 5, pp. 7—8.

pareils en tous points. Il n'y a que les années de l'impression et le nom du maître-imprimeur qui sont différents. En comparant l'épilogue du *Četvoroblagovestie* de 1562 avec celui de notre livre, il ressort clairement que ce dernier est une simple réimpression du premier. »[25] M. Korneeva-Petfoulan signale en plus une autre dissemblance, notamment que trois initiales étaient imprimées à l'encre rouge dans le *Tetraevanghelul* de 1562, et à l'encre noire dans celui de 1565, sans préciser de quelles initiales il s'agit. La signature à la fin du cahier 13 est par erreur ÏĪ au lieu de ΓĪ. Les observations de M. Korneeva-Petfoulan concernant le filigrane du papier de l'impression, sont eux aussi, d'une grande importance. L'auteur fait remarquer que « le filigrane du papier du volume représente une des variantes des armoiries de la ville de Brașov », se référant justement à l'écu rond surmonté de la couronne reproduit dans l'ouvrage de N. P. Likhatchev[26] d'après l'étude d'I. Kemény.[27]

Les exemplaires incomplets du *Četvoroblagovestie* se trouvent à la Bibliothèque publique de l'État « M. E. Saltykov-Chtchédrine » de Leningrad, à la Section des livres rares et figurent sous la cote I. 1. 6ª, inventaire 14 et I. 1. 6ˢ. Ils ont été identifiés comme des exemplaires imprimés à Brașov en 1562 par Coresi.

Le second exemplaire (cote I. 1. 6ˢ) en très mauvais état de conservation provient du monastère Saint Paul du Mont-Athos, comme l'indique une annotation en langue russe datant de la troisième décennie du XIXᵉ siècle. Les feuilles sont fort endommagées et exigent une restauration complète. Elles ne sont d'ailleurs même pas placées et reliées dans leur succession normale. Au commencement il y a deux feuilles appartenant au cahier 18, ensuite nous trouvons les cahiers 19—22 avec 8 feuilles chacun et le cahier 23 avec 7 feuilles seulement, contenant un fragment de l'évangile de saint Luc et le début de l'évangile de saint Jean. Dans l'ordre actuel du reliure de l'ouvrage se trouvent la dernière page du cahier 4, puis les cahiers 5—8 avec 8 feuilles chacun et enfin le cahier 9 auquel les 3 feuilles finales manquent.

Les dimensions des feuilles sont de 183×293 mm, celles du cadre de la composition comportant 24 rangées, de 125×235 mm. La hauteur des lettres courantes varie entre 4 et 7 mm; il y a par conséquent environ 98 cm pour chaques 10 lignes. L'impression a été faite en noir et rouge.

Le premier des exemplaires est également incomplet. Suivant l'ordre des cahiers, voilà l'état de l'ouvrage: 7 feuilles manquent au premier, les cahiers de 2 à 8, de 10 à 22 et de 24 à 30 ont chacun 8 feuilles. La dernière feuille des cahiers 9 et 23 manque, elle devait être sans doute restée blanche (tout comme dans l'exemplaire décrit par M. Korneeva-Petfoulan). A l'exception du cahier 15, tous les autres portent au commencement et à la fin la signature de numérotation, et à la fin du cahier 13 la signature indique

[25] Ibid. p. 193.

[26] Лихачев, Н. П.: *Бумаги с древнейших времен*, Saint-Pétersbourg, 1891, tableau 110, fig. 747.

[27] Kemény, I.: Die ältesten Papiermühlen des Auslandes, Ungarns und Siebenbürgens, dans *Magazin für Geschichte, Literatur und alle Denk- und Merkwürdigkeiten Siebenbürgens*, éd. A. Kurz, vol. I, nº 2 (1844), pp. 132—162.

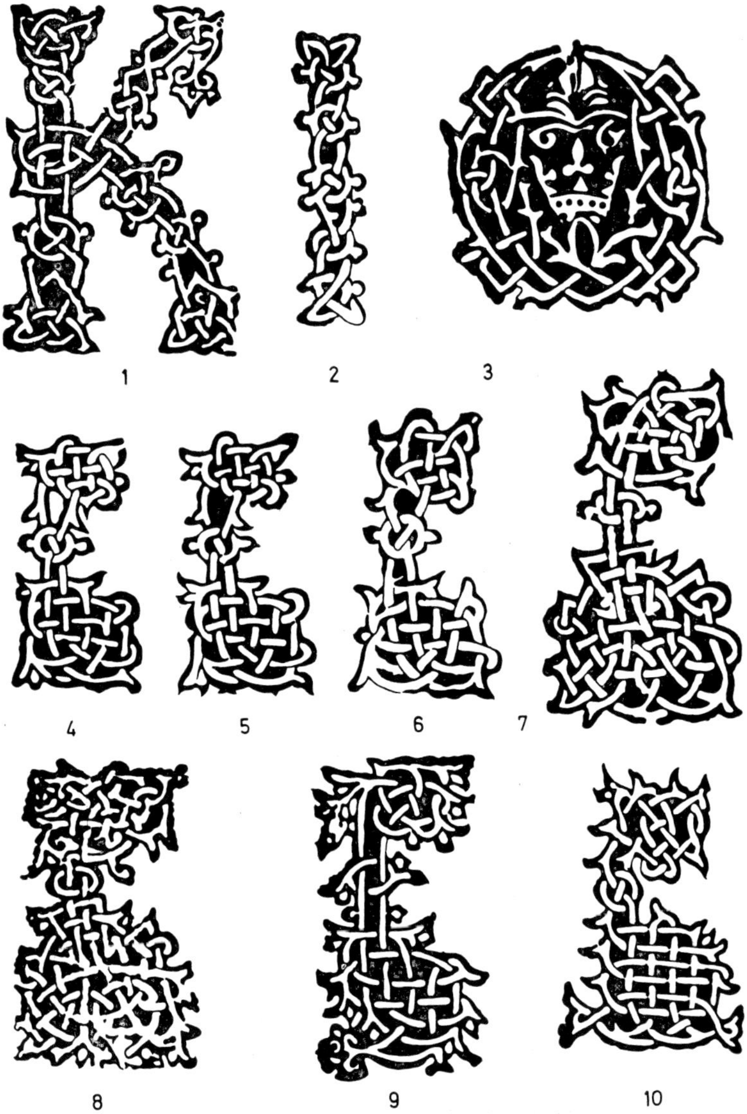

VI – Initiales dans le *Četvoroblagovestie* en slavon de Călin, datant de 1565

par erreur ~II au lieu de $\widetilde{\Gamma}$Ï (pareillement à l'exemplaire qui se trouvait à Kharkov). Il y a deux feuilles sans numérotation après le cahier 30; l'épilogue commence au bas de la seconde.

En ce qui concerne la mise en place du texte, nous constatons: l'évangile de saint Matthieu s'achève au verso de la feuille 6, cahier 9 où commence également, au milieu de la page, le préambule à l'évangile de saint Marc qui va jusqu'à la feuille 7^v. A la feuille 1^r du cahier 10 commence l'évangile de

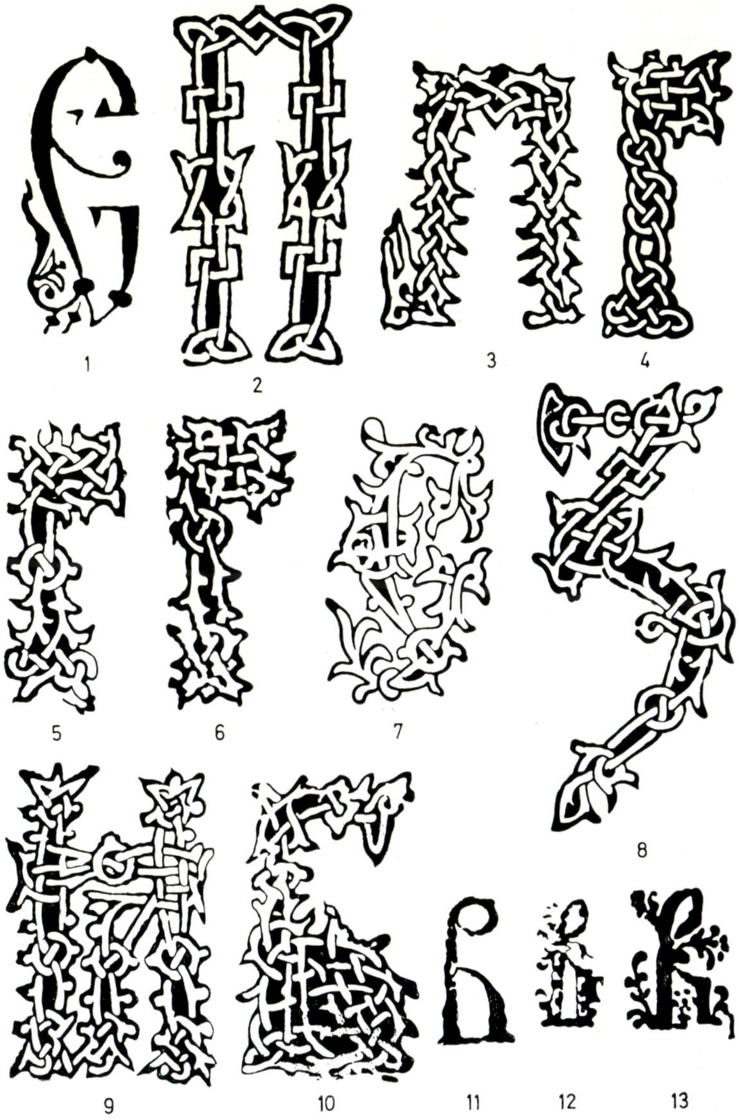

VII – Initiales du *Četvoroblagovestie* en slavon de Coresi et Mănăilă de 1583

saint Marc, jusqu'à la feuille 8ʳ du cahier 14, et à 8ᵛ se trouve le préambule à l'évangile de saint Luc qui s'étend de la feuille 1ʳ du cahier 15 jusqu'à la feuille 2ʳ du cahier 23. Le milieu de cette feuille marque le début du préambule à l'évangile de saint Jean, qui s'arrête à la feuille 3ᵛ. L'évangile de saint Jean est imprimé ensuite, à partir de la feuille 4ʳ du cahier 23.

Les frontispices (3 clichés et 4 images):

1. représentent au centre les armoiries de la Valachie, l'aigle de grande taille portant une grande croix dans son bec: 10 — 1ʳn; 23 — 5ʳn;

1 2 3 4 5 6 7

8 9 10 11 12

13

14

VIII–Frontispice, vignette et ornement final du *Četvoroblagovestie* de 1583

2. au centre, les armoiries de la Valachie, l'aigle aux dimensions réduites, portant une petite croix dans son bec: 15 — 1^{r}n.

3. frontispice dépourvu d'armoiries: 29 — 4^{r}n.

Vignette, 1 cliché, 5 images: 14 — 6^{v}n; 23 — 1^{v}r, 2^{r}n; 29 — 5^{r}n et 30 — 2^{v}n.

Initiales ornées de motifs entrelacés: 19 clichés.

I — 48×13 mm (VI-2): 2 — 1^{r}n, 1^{v}r.

O — 45×45 mm (VI—3): 2 — 2^{r}n; 14 — 6^{v}n; 23 — 1^{v}n.

B — 41×21 mm (VI-4): 2 — 2^{v}n, 4^{v}r; 3 — 5^{v}r, 7^{r}r, 7^{v}r; 4 — 5^{r}r, 6^{v}r; 5 — 2^{r}r, 4^{v}r, 5^{r}n; 6 — 6^{v}r, 7^{v}r, 8^{v}r; 7 — 3^{r}r, 4^{r}r; 9 — 1^{v}r; 10 — 2^{r}n, 4^{r}n, 6^{r}r; 11 — 3^{r}r, 5^{v}r, 6^{r}r, 7^{r}r; 12 — 2^{r}r, 2^{v}r, 7^{v}r; 14 — 6^{r}n; 15 — 6^{r}r; 16 — 3^{r}r, 5^{v}n, 6^{r}r, 7^{v}r, 8^{r}r; 17 — 3^{r}n, 5^{r}n, 6^{v}r; 18 — 1^{r}n, 1^{v}n, 2^{r}n, 2^{v}r, 6^{r}r; 20 — 1^{r}r; 27 — 3^{v}n.

B — 42×23 mm (VI-5): 3 — 8^{r}r; 5 — 5^{v}n; 20 — 6^{v}r; 21 — 1^{v}n, 2^{r}r, 6^{r}n, 7^{r}r; 22 — 3^{v}r; 23 — 5^{v}r, 7^{r}r; 24 — 8^{v}n; 25 — 4^{r}r; 27 — 3^{r}r; 28 — 3^{r}r, 4^{v}n, 5^{v}n, 7^{r}r, 8^{r}n.

B — 56×32 mm (VI-7): 2 — 3^{v}r, 4^{v}n; 3 — 5^{r}n, 6^{v}r; 4 — 2^{v}r, 6^{r}n; 5 — 1^{r}n, 3^{r}n, 4^{r}r, 7^{r}r; 6 — 1^{r}r, 1^{v}n; 7 — 1^{r}n; 8 — 7^{r}n; 9 — 3^{r}n; 10 — 7^{r}n; 11 — 3^{v}n, 8^{r}n; 12 — 1^{r}r; 13 — 1^{r}r, 2^{r}n, 3^{r}r; 15 — 7^{r}n, 8^{r}r, 8^{v}r; 18 — 4^{v}n, 8^{v}n; 19 — 7^{v}n; 20 — 3^{r}r, 8^{v}n; 21 — 1^{v}n, 4^{r}r; 22 — 5^{v}n; 23 — 4^{r}n; 24 — 2^{r}r; 25 — 5^{v}r; 29 — 4^{v}n.

B — 50×31 mm (VI-8): 2 — 4^{r}r, 4^{v}r; 3 — 4^{r}r, 4^{v}r, 7^{r}n; 4 — 3^{v}n, 5^{r}n, 6^{v}r, 7^{v}n, 8^{r}r; 6 — 5^{r}n, 8^{v}n; 7 — 7^{r}n; 8 — 8^{r}n; 9 — 1^{v}n, 5^{v}r; 11 — 1^{r}n; 12 — 5^{v}n; 13 — 5^{r}r; 15 — 1^{v}n; 17 — 8^{v}r; 18 — 7^{r}r; 19 — 5^{v}r; 21 — 5^{v}n; 22 — 7^{r}n; 24 — 1^{r}n; 25 — 3^{v}n.

Б — 50×30 mm (VII-10): 23 — 5^{v}r.

B — 52×27 mm (VI-9): 2 — 5^{r}r; 3 — 6^{r}n; 4 — 4^{r}n, 7^{v}r; 5 — 3^{v}n, 8^{v}r; 6 — 7^{v}n; 7 — 4^{v}n; 8 — 4^{v}n; 9 — 4^{v}n; 10 — 1^{v}n, 3^{v}r, 7^{v}r; 11 — 2^{r}n, 2^{v}n, 5^{r}r, 8^{v}r; 12 — 5^{v}r, 8^{r}n; 13 — 4^{r}r, 7^{v}r; 14 — 4^{r}r; 15 — 2^{v}n, 3^{v}n, 7^{v}r; 16 — 2^{v}n, 4^{r}r; 18 — 3^{v}n, 6^{v}r; 19 — 8^{r}n; 21 — 3^{v}n, 4^{v}n, 8^{v}n; 22 — 4^{r}r, 7^{v}r; 23 — 6^{r}n; 24 — 3^{r}n, 5^{v}n; 26 — 1^{v}n, 6^{r}n; 28 — 2^{r}n, 8^{v}n; 29 — 2^{r}n.

C — 45×28 mm (VII-7): 24 — 1^{r}r, 3^{v}r.

P — 48×22 mm (VII-6): 2 — 6^{r}r, 7^{r}n, 8^{r}r; 3 — 1^{r}r, 1^{v}r, 2^{r}r, 3^{r}r, 3^{v}r; 4 — 2^{r}r, 5^{v}r; 5 — 7^{v}r; 6 — 3^{r}r; 7 — 1^{v}n, 2^{v}r, 5^{r}r; 8 — 4^{r}n; 11 — 1^{r}r; 12 — 6^{r}r; 13 — 2^{v}r, 5^{v}r; 16 — 8^{v}r; 17 — 1^{r}n, 1^{v}r, 5^{v}n, 8^{r}r; 19 — 2^{r}n, 3^{r}n, 8^{v}r; 20 — 2^{v}n, 4^{r}n, 7^{v}r, 8^{r}r; 21 — 6^{v}r; 24 — 1^{v}r, 6^{v}r, 7^{r}r; 25 — 7^{r}n, 8^{r}n, 8^{v}r; 26 — 1^{r}r, 3^{v}r; 27 — 5^{v}n, 6^{r}r; 28 — 1^{r}r.

П — 44×33 mm (VII-3): 26 — 8^{v}r; 30 — 1^{r}n.

P — 48×20 mm (VII-5): 2 — 6^{r}n, 6^{v}r, 7^{r}r; 3 — 2^{r}r, 2^{v}n; 4 — 4^{r}r, 8^{v}r; 5 — 1^{r}r; 6 — 2^{v}r, 6^{r}n; 7 — 6^{r}r, 7^{v}n, 8^{r}r; 8 — 1^{r}r, 1^{v}r; 10 — 8^{r}r; 12 — 2^{v}n; 13 — 1^{v}r, 4^{v}r, 6^{v}r; 17 — 4^{r}r; 18 — 5^{r}r, 5^{v}r, 7^{v}r; 19 —

1^rr, 2^vr, 5^rr; 20 — 5^rr, 6^rn, 7^rr; 21 — 2^vr; 24 — 1^vn, 6^rr; 25 — 1^rr, 1^vr, 2^vr, 7^vr; 26 — 4^rr; 27 — 2^vr, 5^rr, 6^vn, 7^vr, 8^vr; 28 — 1^vr.

P — 47×20 mm (VII-4): 3 — 2^vr, 3^rr; 3 — 8^vn;4 — 1^rr et n, 1^vr, 3^rr, 7^rr; 5 — 1^vr, 6^vn; 6 — 3^vr; 7 — 1^vr, 2^vn, 6^vr; 8 — 1^rn, 2^rr, 3^rr; 10 — 6^vr; 12 — 5^rr, 6^vr; 13 — 6^rr, 7^rn; 17 — 2^rr, 6^rr; 18 — 2^rr, 3^rr; 19 — 1^vn, 2^vn, 4^rr, 4^vn, 6^vr; 20 — 3^vr, 4^vn; 21 — 4^vr, 7^rr, 7^vr; 8^rr; 25 — 2^rn, 3^rr; 26 — 3^vn, 4^vn, 5^rr; 27 — 1^vr, 2^rr, 4^vn, 6^vr, 7^rn.

P — 46×31 mm (VI-10): 3 — 5^vr; 5 — 6^rr; 6 — 4^rr; 7 — 3^vn, 8^vr; 10 — 3^rn, 5^vn; 11 — 4^rn; 12 — 2^rn, 3^vr, 8^vn; 13 — 3^vn, 8^rr; 16 — 3^vn, 5^rr, 8^rn; 17 — 2^vn, 3^rr; 18 — 1^rr; 19 — 8^vn, 21 — 2^rn; 22 — 2^vr; 23 — 2^vr; 25 — 6^vr; 26 — 8^rr; 27 — 1^vn.

B — 47×26 mm (VI-6): 4 — 4^vr; 5 — 2^vn, 5^vn; 6 — 2^rr; 7 — 7^rr; 8 — 8^rr; 10 — 2^vn et r, 4^vr, 6^rr; 11 — 6^vn, 7^vr; 12 — 1^vr, 3^rr, 6^vn; 14 — 1^vr, 3^rr, 3^vn, 5^rr; 15 — 3^rr, 4^rr, 6^vr; 16 — 1^vr, 2^rr, 4^vr, 6^vn, 7^rr; 17 — 4^vr, 6^vn, 7^vr; 18 — 3^vr, 4^rr, 7^vr; 19 — 3^rr, 6^rn; 20 — 6^vr, 8^vr; 22 — 8^vr; 23 — 5^vr; 24 — 5^rr; 25 — 4^rr; 26 — 5^rr, 5^vr; 28 — 3^vn, 7^vn; 29 — 2^vr.

З — 70×30 mm (VII-8): 10 — 1^rn.

П — 60×31 mm (VII-2): 15 — 1^rn.

Н — 51×34 mm (VII-9): 23 — 2^rn.

Initiales simples: 3 clichés, 9 images

E — 47×20 mm (VII-1): 9 — 6^vn.

M — 38×13 mm (VIII-4): 14 — 5^vn.

M — 19×12 mm (VIII-2): 30 — 2^vn, 3^vn, 4^rn, 4^vn, 6^vn, 7^vn, 8^vn.

Tous les exemplaires du *Četvoroblagovestie* de 1562 examinés jusqu'à ce jour, sont imprimés, de même que l'*Întrebarea creștinească* et le *Tetraevanghelul roumain* de 1560—1561 sur du papier provenant de Brașov. Ce qui nous a tout de suite frappé, au cours de l'étude que nous avons faite de l'exemplaire du *Četvoroblagovestie* de la Bibliothèque publique de Leningrad, c'était le filigrane du papier sur lequel était imprimé cet ouvrage et qui représentait l'écu rond surmonté de la couronne, caractéristique aux armoiries de la ville de Brașov, ce fait a été d'ailleurs signalé par M. Korneeva-Petfoulan aussi. Rappelons également qu'entre les années 1559 et 1562, le papier fabriqué à Brașov n'avait pas de filigrane. Le travail pour l'impression du *Četvoroblagovestie* de Coresi avait été commencé au mois de mars 1562 et terminé en octobre,[28] nous pouvons donc conclure par le raisonnement le plus élémentaire que l'exemplaire de Leningrad ne peut, en aucune

[28] *B.R.V.*, I, pp. 46—49.

façon, être identifié avec cet ouvrage et représente certainement une édition ultérieure, d'autant plus, que c'était juste vers la fin de cette même année que l'on avait commencé à fabriquer à Brașov du papier à filigrane avec l'écu rond surmonté de la couronne. En examinant les quatre variantes du filigrane du papier de Brașov, utilisé à l'impression du *Četvoroblagovestie* de Leningrad, nous constatons qu'elles sont identiques à celles qui se trouvent sur de différents documents conservés aux Archives d'État de Brașov, documents datés des années 1562—1564 (pour les deux premières variantes) et à partir de 1564 (pour les deux autres; voir de ce point de vue la Planche II, ou les figures 1, 4 et 2—3). En conséquence, si l'on considère les filigranes, on doit convenir que les deux exemplaires du *Četvoroblagovestie* conservés à Leningrad sont les œuvres de Călin et de ses apprentis qui les avaient imprimés en 1565 à Brașov.

C'est avec raison que M. Korneeva-Petfoulan a affirmé que ce *Četvoroblagovestie* de Călin représentait une réédition intégrale du *Četvoroblagovestie* de 1562, tout en signalant quelques différences insignifiantes. En réalité, ces dernières sont assez nombreuses et parfois même, d'une certaine importance. En confrontant les deux ouvrages, page par page, nous devons nous rendre compte que la réédition n'a pas été exécutée avec les mêmes matrices. Les différences entre les divers types d'initiales et les mises en page du texte, indiquent que l'imprimeur a procédé à une nouvelle composition. Il serait long d'énumérer toutes les dissemblances que nous avons constatées, mais la confrontation de quelques cahiers choisis nous semble être fort instructive:

Tétraévangile de 1562	Tétraévangile de 1565
Cahier 3, feuille 2^v: P type 2, rouge (haut)	Cahier 3, feuille 2^v: P type 3, rouge
P type 1, rouge (bas)	P type 2, noir
f. 3^r: P type 2, rouge (haut)	f. 3^r: P type 1, rouge, (haut)
P type 1, rouge (bas)	P type 3, rouge (bas)
f. 3^v: P type, 2 rouge	f. 3^v: P type 1, rouge
f. 4^v: B type II, rouge	f. 4^v: B type 1, rouge
f. 5^r: B type I, rouge	f. 5^r: B type II, noir
f. 5^v: B type II, rouge (haut)	f. 5^v: B type III, rouge (haut)
B type IV, rouge (bas)	B type V, rouge (bas)
f. 6^r: B type I, rouge	f. 6^r: B type 6, noir
f. 7^r: B type I, rouge	f. 7^r: B type I, noir
B type V, rouge	B type IV, rouge
f. 7^v: B type II, rouge	f. 7^v: B type V, rouge
f. 8^v: P type, 1 rouge	f. 8^v: P type 3, noir
Cahier 4, f. 1^r: P type 1 et 2, en rouge	Cahier 4, f. 1^r: P type 3, en rouge et noir
f. 2^r: P type 2, rouge	f. 2^r: P type 1, rouge
f. 2^v: B type 1, rouge	f. 2^v: B type II, rouge
f. 3^r: P type 3, rouge	f. 3^r: P type 1, rouge
f. 4^r: B type 1, rouge	f. 4^r: B type VI, noir
f. 4^v: B type I, rouge	f. 4^v: B type VI, rouge
f. 5^r: B type V, noir	f. 5^r: B type V, rouge
B type II, rouge	B type I, noir
f. 7^v: B type II, rouge	f. 7^v: B type VI, rouge
f. 8^v: P type 3, rouge	f. 8^v: P type 2, rouge

Tétraévangile de 1562	Tétraévangile de 1565
Cahier 10, f. 1ᵛ: B type II, rouge	Cahier 10, f. 1ᵛ: B type VI, noir
f. 2ʳ: B type V, rouge	f. 2ʳ: B type V, noir
f. 3ʳ: B type VI, rouge	f. 3ʳ: B type VI, noir
f. 4ʳ: B type V, rouge	f. 4ʳ: B type V, noir
f. 4ᵛ: B type IV, rouge	f. 4ᵛ: B type IV, noir
f. 5ᵛ: B type II, rouge	f. 5ᵛ: B type III, noir
f. 6ᵛ: B type I, rouge	f. 6ᵛ: P type 3, rouge
f. 7ʳ: B type II, rouge	f. 7ʳ: B type II, noir

Ces exemples sont propres à démontrer qu'il s'agit bien de deux imprimés distincts, et que le maître-imprimeur Călin, assisté de ses apprentis, a procédé à une seconde composition du texte du *Četvoroblagovestie*, se servant des mêmes caractères et clichés (pour les initiales, vignettes, frontispices), en réalisant ainsi ce qui, au point de vue de la bibliographie ancienne, s'avère être un ouvrage différent.

Sur le *Četvoroblagovestie* imprimé par Coresi et Mănăilă en 1583 (7091) se trouve une brève description qui a été empruntée à une étude due à Sava Chilandarec[29] ayant la possibilité de consulter un exemplaire presque complet conservé autrefois au monastère Chilandar du Mont-Athos. La B. R. V.[30] reproduit des extraits de l'épilogue du livre publié par Sava Chilandarec, en ajoutant que « le bibliographe russe Karataev avait découvert, chez des particuliers à Saint-Pétersbourg un exemplaire incomplet d'un évangéliaire en slavon, qui, selon Karataev, s'apparentait à celui de l'évangéliaire de Coresi de 1579. La description détaillée du savant russe laisse supposer que l'exemplaire en question serait justement la troisième édition de l'évangéliaire de Coresi ». Nous trouvons ensuite, dans la B. R. V., la description abrégée de Karataev sur l'exemplaire qu'il avait découvert à Saint-Pétersbourg, avec la remarque, entre autres, qu'il s'agit d'un volume in folio d'environ 205 feuilles, séparé en cahiers de 8 feuilles, portant l'habituelle signature cyrillique et chaque page comporte 22 ou 25 rangées.

Deux exemplaires de ce *Tetraevanghelul slavon* de 1583 furent récemment identifiés; l'un se trouve au Musée historique de l'État de Moscou et l'autre à la Bibliothèque publique de l'État « M. E. Saltykov-Chtchédrine » de Leningrad. Bien qu'aucun de ces exemplaires ne soit complet, ils sont pourtant d'un certain intérêt, compte tenu du fait que l'on ignore le sort de celui de Chilandarec et qu'en Roumanie, on n'a pas encore réussi à en découvrir d'autre. Par conséquent, les pièces de Moscou et de Leningrad peuvent être considérées comme uniques. Les descriptions lapidaires qu'en donne la littérature rendent aléatoire l'identification des autres exemplaires incomplets ou des fragments de cette composition corésienne qui pourraient encore être éventuellement retrouvés dans quelque bibliothèque à l'inté-

[29] Chilandarec, S.: Rukopisy a starostisky Chilandarské, dans *Věstník královské české společnosti náuk* (Sitzungsberichte der königlichen Böhmischen Gesellschaft der Wissenschaften. Classe für Philosophie, Geschichte und Philologie), 1896, nº VI, p. 85.

[30] *B.R.V.*, I, nº 31, p. 99.

rieur du pays ou ailleurs. C'est donc pour offrir notre concours aux spécialistes désireux d'entreprendre encore à l'avenir de nouvelles recherches dans cette direction, que nous nous sommes proposé de donner une description plus détaillée des deux exemplaires en question. Nous sommes fermement convaincu que cet ouvrage, qui avait connu une large circulation parmi les Roumains et particulièrement, dans les populations slaves du Sud, ait encore de nombreux exemplaires enfouis dans les rayons de qui sait quelles bibliothèques ignorées ou collections de manuscrits et de livres rares. De même, il est utile de souligner l'importance que représentent les deux exemplaires découverts à Moscou et à Leningrad,[31] importance due avant tout aux annotations particulièrement intéressantes qu'ils contiennent.

L'exemplaire qui se trouve au Musée historique de l'État de Moscou, à la Section des manuscrits et des livres rares, provenant du Fond Tsarskoï (actuellement sous la cote Царский Б-2) a été considéré par erreur comme le *Tetraevanghelul slavon* de 1579, imprimé par Coresi et Mănăilă, alors qu'en réalité il s'agit du *Tetraevanghelul slavon* de 1583. L'ouvrage se compose de 26 cahiers, et tous sont pourvus, à l'exception des cahiers numéros 12 et 14, de la signature cyrillique de numérotation à la première et à la dernière page. Le cahier 1 manque en entier, les cahiers 2—6, 8—9 et 11—25 ont 8 feuilles, le cahier 7 : 6 feuilles seulement et les cahiers 10 et 26 : 7 feuilles. L'évangile de saint Matthieu prend fin à la feuille 4^v du cahier 8; la feuille 5^r du même cahier marque le début du préambule à l'évangile de saint Marc, qui commence à la feuille 7^v pour s'achever à la feuille 1^v du cahier 13, où suit, à la feuille 2^r, le préambule à l'évangile de saint Luc. Cette évangile commence à la feuille 3^r du même cahier et finit à la feuille 1^r du cahier 20. Ensuite, à la feuille 1^v du cahier 20, se trouve le préambule à l'évangile de saint Jean, suivi par l'évangile même, à partir de la feuille 3^r.

L'exemplaire conservé à la Bibliothèque publique de l'État « M. E. Saltykov-Chtchédrine » de Leningrad, à la Section des livres rares, cote IV.7.10, inventaire n° 1435, porte l'indication bibliographique suivante: *Tetraevanghelul*. Le volume est également incomplet. Le cahier 1 n'a que 3 feuilles originales; les cahiers 2—17 et 20—24 sont complets, ayant chacun 8 feuilles; la dernière feuille du cahier 18, la première du cahier 19, les feuilles 3—7 du cahier 25 (remplacées par 11 pages manuscrites) manquent, et du cahier 26 il ne reste que 6 feuilles. Tous les cahiers portent, sur la première et la dernière feuille, la signature de numérotation, à l'exception du cahier 14 où cette signature fait défaut sur les deux côtés. Sur une feuille séparée, à la fin de l'ouvrage, on trouve une annotation intéressante de la plume de G. Rakovski, datant du siècle dernier.

L'exemplaire de Leningrad étant plus complet que celui de Moscou, nous l'avons choisi pour base de la description que nous nous proposons

[31] Nous adressons, ici nos vifs remerciements aux collaborateurs du Musée historique de l'État de Moscou et de la Bibliothèque publique de l'État « M. E. Saltykov-Chtchédrine » de nous avoir rendu possible, dans des conditions les plus favorables, l'examen des pièces désirées, et d'avoir mis à notre disposition des microfilms et des photocopies sollicités.

de donner ci-dessous. L'ouvrage est imprimé in folio, les dimensions du cadre de la composition sont de 235×143 mm, avec 24 rangées de lettres par page. Les lettres courantes ont 4—7 mm de hauteur et 10 rangées de texte représentent 99 mm. L'impression a été faite en noir et rouge.

Ornementation de l'ouvrage: Initiales ornées de motifs entrelacés: 12 clichés et 228 images.

К — 56×40 mm (VI-1) 2 — 1^rn

I — 48×13 mm (VI-2) 2 — 1^vn, 2^rr

О — 45×45 mm (VI-3) 2 — 2^vn

В — 52×27 mm (VI-9) 2 — 3^vr, 5^rr; 3—4^rn, 4^vn, 6^rn; 4 — 3^rr, 8^rn; 5 — 2^rr, 4^vr; 6 — 5^vr, 6^vr, 8^vr; 8 — 2^vr, 4^rr, 8^rr, 8^vr; 9 — 2^vr, 3^vn, 4^rr, 5^rr, 7^vr, 8^vr; 10 — 1^rr, 2^rr, 3^rr, 3^vr; 11 — 2^vr, 7^vr; 12 — 2^vr, 5^vr, 8^rr; 13 — 6^rr; 14 — 4, 3^vr, 4^vr, 8^vr; 15 — 2^rr, 4^rr, 6^rr, 6^vr, 8^vr; 16 — 3^rn; 17 — 3^vr, 4^vr, 8^vr; 18 — 2^rr, 4^vr; 19 — 7^rr; 20 — 4^rr, 4^vr, 6^vr; 21 — 5^rr; 24 — 5^vr, 8^rr.

В — 50×31 mm (VI-8) 2 — 4^rr, 5^rr; 3 — 3^vn; 5 — 1^vr.

В — 46×31 mm (VI-10) 2 — 4^vr; 3 — 4^vn, 5^vr, 6^vr; 4 — 1^vr, 2^vn, 8^vn; 5 — 2^rn, 2^vr, 3^rr; 6 — 1^rr, 2^rr, 3^rr; 8 — 1^rr; 9 — 1^rr, 6^vn; 10 — 6^vr, 7^rr, 8^vn; 11 — 1^vn, 4^vr, 7^rr; 12 — 6^rr; 14 — 1^rr, 5^vn; 15 — 1^rr, 6^rr, 7^vn; 16 — 1^rr, 2^vr; 17 — 1^rr, 2^vr, 4^rr; 18 — 3^rr, 5^rr, 7^vn; 19 — 4^rr; 20 — 5^rr, 7^vn; 22 — 2^rr; 23 — 5^rr; 24 — 3^rr, 4^rr, 7^vr.

В — 56×32 mm (VI-7) 2 — 5^vr; 3 — 6^rn; 4 — 1^rr; 5 — 1^rr, 3^vn, 7^vr; 6 — 1^vr, 2^vr, 5^rr, 6^rr; 7 — 5^vr, 8^rr; 8 — 2^rr, 3^vr, 4^vr; 9 — 1^vn, 2^rr, 3^rn, 3^vn, 4^vn; 10 — 4^rr, 7^rr, 8^rn; 11 — 5^rr, 8^vr; 12 — 4^rr, 6^vr; 13 — 8^rr; 14 — 1^vr, 3^rr, 5^rr; 15 — 4^rr, 5^rr; 16 — 2^vr, 4^rr, 5^rr; 17 — 1^vr, 3^rr; 18 — 2^vr, 3^vr; 19 — 3^rr, 5^vr, 8^vr; 20 — 3^rr, 5^vr, 8^rr; 21 — 2^rn, 4^vr; 22 — 1^vn, 5^rr, 8^vr; 24 — 6^vn, 8^vn.

П — 60×31 mm (VII-2) 13 — 3^rn; 21 — 8^vn.

Р — 48×22 mm (VII-6) 2 — 6^rr, 6^vr, 7^vr; 3 — 2^rn, 2^vn, 3^rn, 8^rn, 8^vn; 4 — 1^vr, 2^rr, 3^vr, 5 — 6^rr, 8^vr; 7 — 5^vr; 10 — 7^vn; 14 — 7^vr; 15 — 3^rr; 16 — 4^rr, 7^vr; 21 — 3^vn, 5^vr, 6^vr; 22 — 3^rr, 3^rn, 4^vn.

Р — 48×20 mm (VII-5) 2 — 7^rr, 7^vr, 8^rr, 8^vn; 3 — 1^rr, 1^vr, 2^vn, 7^rn, 7^vr; 4 — 5^vr, 6^vn; 5 — 3^vn; 6 — 3^vr, 4^vr, 7^rr; 7 — 1^vr, 2^rr, 4^rr; 9 — 4^vn; 11 — 8^rr; 14 — 7^rr; 15 — 7^rr; 16 — 4^vr, 5^vr, 7^rr; 17 — 3^vr, 7^rr, 7^vr; 18 — 1^vr, 4^rr; 21 — 3^rr, 3^vn, 7^rr; 22 — 2^vr, 4^rn, 6^vr; 23 — 4^rn, 6^vn, 7^rr, 7^vn; 24 — 2^vr.

Б — 50×30 mm (VII-10) 20 — 3^vr.

С — 45×28 mm (VII-7) 25 — 1^rr.

Initiales à ornements plus simples: 13 clichés, 143 images.

B — 25×13 mm (VII-11) 3 — 5^rn, 6^vr; 4 — 4^rn, 4^vn, 6^rr, 7^rn et r, 7^vr; 5 — 7^rn.

B — 25×18 mm (VII-13) 5 — 4^rr, 5^rr; 6 — 3^rr; 8 — 1^rr, 8^rr; 9 — 1^rr, 7^vr; 10 — 4^vr, 5^rr, 5^vr, 6^rn, 7^rr, 8^vn; 11 — 4^vr, 6^rr, 7^rr; 12 — 2^vr, 7^rr; 13 — 3^rr, 4^rr, 4^vr, 6^vn, 7^rn; 14 — 2^vn, 4^rn, 4^vr, 5^vn, 6^vn; 15 — 1^rn, 2^vr, 6^vr, 8^vr; 16 — 1^rr, 7^rr; 18 — 1^rr, 3^rr, 6^rr; 19 — 4^vr, 7^rr; 20 — 4^vn; 21 — 8^rr; 22 — 7^vr, 8^vr; 23 — 2^rr, 3^vr, 5^vr; 24 — 3^vr, 8^vr; 25 — 2^rr, 2^vr.

B — 20×10 mm (VII-12) 5 — 5^rr; 9 — 8^vr; 10 — 5^rr; 11 — 3^rr, 3^vr, 7^vr; 14 — 2^rr; 15 — 7^vr; 21 — 2^rr.

E — 47×20 mm (VII-1) 8 — 6^rr.

M — 23×19 mm (VIII-3) 12 — 7^vr.

P — 23×15 mm (VIII-6) 5 — 5^vr; 6 — 3^vr, 4^rr, 7^vr; 7 — 2^rr, 2^vr; 9 — 6^rn; 11 — 2^rr, 2^vr, 6^vr; 12 — 1^rr, 2^rr; 14 — 8^rr; 15 — 1^rr; 16 — 2^rr, 6^vr, 8^rn; 17 — 6^vn; 18 — 1^rr, 5^vr; 20 — 7^rr; 22 — 7^rr; 23 — 3^vr, 4^vn, 6^vr; 8^rr; 24 — 1^rr.

P — 24×8 mm (VIII-9) 5 — 6^rn; 17 — 6^vn.

P — 26×15 mm (VIII-5) 6 — 8^rn; 9 — 5^vr; 11 — 3^rr, 5^vn; 12 — 1^rr, 1^vr; 14 — 7^rr; 15 — 3^vr, 8^rr; 16 — 2^rr et n, 5^rr, 6^vr, 8^vr; 17 — 2^rr, 5^rn, 8^rr; 18 — 2^rr, 6^rr, 6^vr, 7^rr, 7^vr; 20 — 7^rr; 21 — 6^rr, 6^vr; 22 — 6^vr, 7^vr, 8^rr; 23 — 4^vr, 8^rr, 8^vr; 24 — 1^vr, 2^rr.

P — 25×10 mm (VIII-8) 3 — 2^vn, 8^rr; 4 — 4^vr, 5^vr; 5 — 2^vr.

P — 25×15 mm (VIII-7) 7 — 1^rr, 2^rr, 3^rr; 16 — 6^rr; 17 — 7^rr.

З — 32×13 mm (VIII-10) 8 — 7^vn.

Н — 22×18 mm (VIII-11) 20 — 1^vr.

Frontispices, vignettes et autres éléments ornementaux: 3 clichés, 10 images;

1. Frontispice 50×140 mm (VIII-13) 2 — 1^rn; 8 — 7^vn (imprimé à l'envers); 13 — 3^rn; 20 — 3^rn.
2. Vignette 16×137 mm (VIII-14) 8 — 6^rn; 13 — 2^rn; 20 — 1^rr (imprimé à l'envers); 25 — 8^vn.
3. Ornement final 25×50 mm (VIII-12) 8 — 7^rn; 13 — 2^vn.

Nous reproduisons (Planche X) un fragment d'une feuille du volume pour offrir aux spécialistes plus de possibilités d'identification et aussi de pouvoir écarter certaines constatations inexactes, comme celle de la B. R. V. qui soutenait que le frontispice du *Tetraevanghelul* de 1583 serait pareil à celui du *Triod-penticostar* de 1558. Or, nous retrouvons ce même frontispice dans *Evanghelie cu învăţătură* imprimée par Coresi à Braşov en 1581. Par rapport aux tétraévangiles en slavon des années 1562,

1565 et 1579, celui de 1583 est donc orné de frontispices et vignettes totalement différents. Quant aux initiales, les différences sont également assez frappantes, c'est-à-dire, à la place de nombreuses initiales richement ornées de motifs entrelacés, pareilles à celles des tétraévangiles en slavon antérieurs,

ѤЖЕ ѾМАѲЕА СТГО ЄѴЛЇА ГЛА
въ недѣлю прѣдъ рождьством хвмъ
Книга родьства ісхва. снадвда.
снаавраамлѣ. авраамь роди іса
ака. ісаакже роди іакѡва. іакѡ
вже роди іоуда и братїю его. іоу
даже роди фареса и зара ѿ ѳама
ры. фаресьже роди єзрома. є
зромже роди арама. арамже роди аминада
ва. аминадавже роди наассона. наассонь
же роди салмона. салмонже роди вооза ѿ
рахавы. воозже роди ѡвида ѿ роуѳи. ѡви
дже роди ієсеа. ієсеиже роди двда цр҃ѣ.
двдьже цр҃ь роди соломона ѿ оуріины. соло
монже роди ровоама. ровоамже роди авїа.
авїаже роди асса. ассаже роди іѡсафата.
іѡсафатьже роди іѡрама. іѡрамже ро
ди озїа. озїаже роди іѡафама. іѡафамь
в

IX – Feuille 1 du cahier 2 du *Četvoroblagovestie* de 1583 (en réduction)

on trouve dans le *Tetraevanghelul* de 1583 un grand nombre d'initiales à ornementation beaucoup plus simple. La composition du texte est aussi différente. A la place des 31 cahiers dont se composent les tétraévangiles de 1562 et 1565, dans l'ouvrage que nous examinons, le nombre des cahiers ne devait dépasser le chiffre de 26 que de quelques feuilles au maximum.

La reliure du livre est formée de deux planches en bois recouvertes de velours vert. Au centre de la couverture une croix d'argent est placée, ornée de quatre figures aux extrémités des branches. Les dimensions de la croix sont de 162 × 90 mm, et celles des figures de 29 × 20 mm. La couverture originale, en cuir brun, se trouve en-dessous.

Le papier de l'impression du *Tetraevanghelul* en slavon de 1583 provient de Brașov. Il porte le filigrane spécial de fabrication, donc l'écu ovale ds forme alongée, surmonté de la couronne. Les cinq variantes qui apparaie-

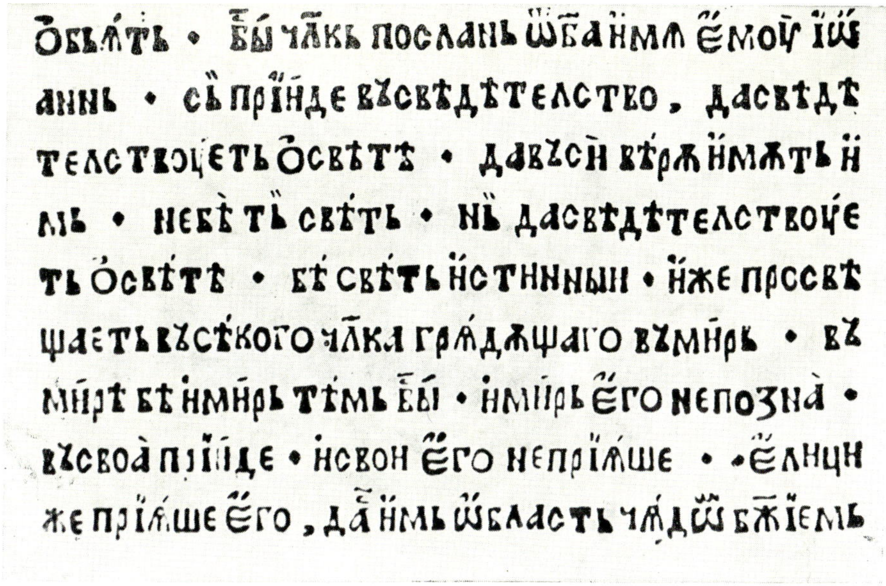
Обѣѧтъ • Бы члкъ посланъ ѿ Ба имѧ ему іѡ
аннъ • сь прїиде въсвѣдѣтелство, дасвѣдѣ
телствоуетъ о свѣтѣ • давьси вѣрѫ имѫтъ и
мь • небѣ тъ свѣтъ • нъ дасвѣдѣтелствоуе
тъ о свѣтѣ • бѣ свѣтъ истинныи • иже просвѣ
щаетъ въсѣкого члка грѧдѫщаго въмиръ • въ
мирѣ бѣ и миръ тѣмь бы • и миръ его непозна •
въсвоѧ прїиде • исвои его непрїѧше • елици
же прїѧше его, да имь ѡбласть чѧдѡ бжїемь

X — Fragment d'une feuille du *Četvoroblagovestie* de 1583

sent dans l'ouvrage se retrouvent dans les documents d'époque de la période 1577—1583. La première qui appartient encore au type de filigrane à écu rond surgit dans des pièces datant des années 1577—1579 (Planche II, figure 7), suivie par l'écu ovale alongé, dans les quatre autres: la première, en 1579 (Planche II, fig. 8), la seconde dans les années 1580—1581 (Planche II, fig. 9), et enfin la troisième et la quatrième (Planche II, fig. 5 et 6) dans la période de 1582—1583.

Après l'examen de ces divers éléments graphiques et des filigranes nous n'hésiterons pas à affirmer que les fragments étudiés appartiennent au *Četvoroblagovestie* en slavon de 1583, imprimé par Coresi et Mănăilă sur la commande de Pierre Boucle d'Oreille, prince régnant de Valachie, fils de Patrașco le Bon. Ainsi, à partir de cet ouvrage dont on ne connaissait qu'une description faite autrefois d'après un exemplaire aujourd'hui introuvable, il est maintenant possible d'identifier deux autres exemplaires qui, bien qu'incomplets, nous sont infiniment précieux.[32]

[32] Le cadre restreint de la présente étude exclut l'analyse plus détaillée des annotations qui se trouvent sur les deux exemplaires, nous allons donc nous en occuper à une prochaine occasion.

IMPRIMÉS ROUMAINS DU XVIe SIÈCLE DONT LA ROUMANIE NE POSSÈDE AUCUN EXEMPLAIRE ORIGINAL

Au cours de nos investigations antérieures à Leningrad (1964—1967), nous avons eu l'occasion de découvrir deux imprimés roumains, datant du XVIe siècle, dont nous ne possédons aucun exemplaire. Ce sont le *Četvoroblagovestie* en slavon de 1546, réalisé à Sibiu par Philip Moldavenin et le *Tetraevanghelul* slavo-roumain, considéré comme le premier texte imprimé en langue roumaine, qui soit connu jusqu'à ce jour. Ces deux ouvrages qui jettent un nouveau jour sur l'imprimerie cyrillique de Transylvanie, révélant l'existence d'un atelier de typographie à Sibiu vers le milieu du XVIe siècle, ont fait l'objet, au cours des 4 dernières années, de bon nombre d'études;[33] nous n'ajouterons rien de plus à leur sujet.

AUTRES IMPRIMÉS ROUMAINS DU XVIe SIÈCLE

On est surpris du grand nombre d'ouvrages imprimés par Macaire, conservés actuellement à Moscou et à Leningrad. On y trouve ainsi 4 exemplaires du *Liturgia* de 1508, dont trois maintiennent l'épilogue indiquant la date de l'impression. Deux de ces 4 exemplaires sont particulièrement intéres-

[33] Jakó, Zs.: Könyvtörténet-művelődéstörténet (Histoire de livre, de civilisation) dans *Korunk*, 23 (1964), n° 11. pp. 1530—1536; idem, Tipografia de la Sibiu și locul ei în istoria tiparului românesc din secolul al XVI-lea, dans *Anuarul Institutului de istorie dĭn Cluj*, 7 (1964), pp. 97—115; Demény, L.— Simonescu, D.: Un capitol important dĭn vechea cultură românească. Tetraevanghel, Sibiu, 1546. Supplément au n° 1 de 1965 *Studii și cercetări de documentare și bibliologie;* Hervay, F.: L'imprimerie du maître Philippe de Nagyszeben et les premiers livres en langue roumaine, dans *Magyar Könyvszemle*, 81 (1965), n° 2, pp. 119—127; Demény, L.: Le premier texte roumain imprimé, dans *Revue Roumaine d'Histoire*, 4 (1965), n° 3, pp. 385—412; idem, O tipăritură slavo-română precoresiană, dans *Studii*, 18 (1965), n° 5, pp. 1001—1038; Hervay, F.: L'imprimerie cyrillique de Transylvanie au XVIe siècle, dans *Magyar Könyvszemle*, 81 (1965), n° 3, pp. 201—215; Demény, L.: A szebeni szláv—román Evangheliár, dans *Korunk*, 24 (1965), n° 12, pp. 1738—1743; Hervay, F.: Die erste kyrillische Buchdruckpresse in Hermannstadt, dans *Bibliothek und Wissenschaft*, III, Wiesbaden, 1966, pp. 145—155; idem, Magister Philippus von Hermannstadt, Drucker der ersten Bücher in rumänischer Sprache, dans *Gutenberg Jahrbuch*, 1966; Demény, L.: Stema Moldovei în prima tipăritură românească dĭn Transilvanie, dans *Revista Muzeelor*, 1966, n° 4, pp. 346—348; Jakó, Zs.: Die hermannstädter Druckerei im 16. Jahrhundert und ihre Bedeutung für die rumänische Kulturgeschichte, dans *Forschungen zur Volks- und Landeskunde*, 9 (1966), n° 1, pp. 31—58; Gheție, Ion: Considerații filologice și lingvistice asupra evangheliarului dĭn Petersburg, dans *Studii și cercetări lingvistice*, 17 (1966), n° 1, pp. 47—80; Mareș, A.: Observații cu privire la evangheliarul dĭn Petersburg, dans *Limbă română*, 16 (1967), n° 1, pp. 65—76; Demény, L.: Papiergeschichte des XVI. Jahrhunderts in den Forschungen der rumänischen Historiker, dans *Revue Roumaine d'Histoire*, 7 (1968), n° 1, pp. 29—38; Huttman, A.— Binder, P.: *Contribuții la biografia lui Filip Moldoveanul, primul tipograf român. Limbă și literatură*, vol. 16, București, 1968, pp. 145—175; Demény, L.: Typographische Kennzeichen der kyrillischen Druckerpresse in Hermannstadt im 16. Jahrhundert, dans *Forschungen zur Volks- und Landeskunde*, 19 (1969), n° 1, pp. 25—36; Demény, L.: A. Xilogravurile lui Filip Moldoveanul, dans *Studii și cercetări de istoria artei*, Série *Artă plastică*, 16 (1969), n° 2, pp. 229—241.

sants du fait qu'ils contiennent, cahier nº 2, une première composition typographique où les erreurs sont fréquentes; cela laisse à supposer que cette édition à défauts avait été mise longtemps en circulation avant d'être remplacée par une autre, corrigée.

Le *Četvoroblagovestie* de 1512 de Macarie existe en 6 exemplaires et le grand intérêt qu'il représente est dû à ce que l'examen de ceux qui se trouvent à la Bibliothèque « V. I. Lénine » de Moscou, a permis de constater deux variantes de la composition, avec de légères différences, étant néanmoins significatives. Nous signalons encore l'importance des annotations: on peut lire, dans une note qui figure sur le second exemplaire appartenant à la Bibliothèque « V. I. Lénine » de Moscou, que le livre avait été vendu par la communauté villageoise de Ciobîrciu, pour une somme de 7 thalers à un nommé Lefter qui l'aurait offert à l'église du village de Malcăuti. Il ressort clairement des autres annotations ultérieures, qu'au XVIIe siècle nombreuses églises moldaves s'étaient servies de ce même livre; on peut donc constater la grande valeur qu'avait un ouvrage imprimé en Moldavie, vers le milieu du siècle.

Aux quatre exemplaires du *Molitvenic* en slavon, issus des presses de D. Liubavič à Tîrgoviște en 1545, retrouvés à la Bibliothèque de l'Académie roumaine, il convient d'ajouter un cinquième, identifié au Musée historique de l'État de Moscou, où celui-ci figurait jusqu'à ces derniers temps sous une désignation et une datation inexactes, établies d'après la description donnée par I. Karataev.

Les exemplaires d'*Apostolul* en slavon de 1547, imprimé également par Liubavič à Tîrgoviște, présente également un intérêt particulier. Jusqu'à une date récente, aucun exemplaire de cette impression n'avait été signalé en Roumanie. Cinq exemplaires en ont été seulement découverts à Moscou et à Leningrad, dont deux représentent l'édition exécutée sur la commande de Iliaș II Rares, prince régnant de Moldavie, et les trois autres furent commandés par Mircea le Pâtre, hospodar de Valachie.

Mentionnons encore deux exemplaires du *Triod–penticostar* en slavon, imprimé par Coresi à Tîrgoviște, qu'on peut étudier avec les quatre autres se trouvant à la Bibliothèque de l'Académie roumaine. L'un des deux contient 11 xylogravures qui ont suscité de vives discussions dans la littérature spéciale. Ces deux exemplaires, étant dans la propriété de la Bibliothèque publique de Leningrad, portent de précieuses annotations. Le fonds littéraire du livre roumain ancien comporte en plus, les exemplaires de l'*Octoih* en slavon, datant de 1575, le *Triod* en slavon de 1578, l'*Evangheliar* de 1579 imprimé par Coresi et le *Sbornik* de 1580. Les deux exemplaires du *Tetraevanghelul* en slavon, exécutés par Coresi en 1562, sont particulièrement intéressants pour les spécialistes roumains.

Pour terminer, nous pouvons constater que le travail d'investigation effectué à Moscou et à Leningrad, portant sur les fonds des livres rares en caractères cyrilliques, a contribué de beaucoup aux recherches de la bibliographie roumaine ancienne, concernant l'histoire du livre et de l'imprimerie cyrillique en Transylvanie au XVIe siècle, et la circulation des ouvrages à cette époque.

ZUR GESCHICHTE DES UNGARISCHEN EXLIBRIS IM 16. JAHRHUNDERT

SÁNDOR DÖRNYEI

Die Geschichte des Exlibris gehört zu den ziemlich vernachlässigten Gebieten unserer Buch- und Bibliotheksgeschichte. Was in dieser Hinsicht geschah, ist ein Verdienst einer anderen daran interessierten Wissenschaft, der Kunstgeschichte. Die Exlibris weisen allerdings immer — wenigstens bis zu den letzten Zeiten — auf eine Bibliothek hin, oder deuten auf einen Buchsammler. Die alten Privatbibliotheken sind häufig zerstreut, ihr Bestand wird lediglich durch die erhaltenen Exlibris bewiesen. Ein Exlibris kann nur eine bedeutende Bibliothek kennzeichnen, denn für eine kleine Sammlung hätte sich die Verfertigung eines solchen nicht gelohnt.

Der Aufschwung der modernen, von ihrer ursprünglichen Bestimmung unabhängig gewordenen kleingraphischen Kunstgattung hat allerdings auch das Interesse für das Vorausgegangene, für die alten Exlibris erweckt. Die Nationalbibliothek Széchényi hat diesen Teil ihrer Sammlung mit bedeutenden Erwerbungen vermehrt. Anläßlich des XIII. Internationalen Exlibris-Kongresses hat die Bibliothek im November 1970 einen beträchtlichen Teil des ungarischen Exlibris in einer schönen Ausstellung zur Schau gestellt. Hoffentlich wird dieser Anregung bald die Bearbeitung der Geschichte der einheimischen Exlibris, und gleichzeitig die bibliotheksgeschichtliche Verwertung dieser Angaben folgen.

Sowohl die Ausstellung als auch der im Zusammenhang mit ihr erschienene Katalog[1] bzw. die als Quelle dienenden Sammlungen haben der Forschung bereits mehrere Aufgaben geliefert. Die erste ist, die echten Exlibris von den ihnen häufig sehr ähnlichen, ein Wappen darstellenden Blättern abzusondern. Auf dieses Problem lenkte schon Elemér Varjú, anläßlich der ersten Exlibris-Ausstellung im Jahre 1903, die Aufmerksamkeit.[2] Dabei wurden als Exlibris mehrere, Wappen darstellende Blätter aus dem 17. und 18. Jahrhundert ausgestellt. Diese Auseinanderhaltung wurde immerhin bis jetzt nicht vorgenommen, denn auch in der erwähnten Ausstellung der Nationalbibliothek Széchényi figurierte das gedruckte Wappen des Bischofs von Siebenbürgen, András Illyés,[3] das kein Exlibris, sondern

[1] Régi magyar exlibrisek 1521—1900 (Alte ungarische Exlibris). Beschreibender Katalog. Zusammengestellt von István Nyireő. Budapest 1970.

[2] Varjú, Elemér: Az Iparművészeti Múzeum ex-libris kiállítása (Exlibris-Ausstellung des Kunstgewerbemuseums). Magyar Könyvszemle, 1903, p. 241.

[3] Régi magyar exlibrisek . . . p. 14, Abbildung p. 15.

eine mehrere Illyés-Werke schmückende Beilage war.[4] Eine andere Aufgabe wird sein, die bisherige Literatur des Exlibris mit einer angemessenen Kritik zu verwenden, und die irrigen Feststellungen auszumerzen.

Eine ständige Aufgabe schließlich ist es, die baldige Erschließung jener alten, einheimischen Exlibris, die weder ausgestellt, noch veröffentlicht wurden, zu beschleunigen, um die bereits vorhandenen Sammlungen noch bedeutender und vollständiger zu gestalten.

In diesen letzteren zwei Beziehungen möchte ich zur weiteren Forschung mit je einer Angabe beitragen.

Das Exlibris des Hans Teilnkes. Die Überschrift dieses lange Zeit hindurch für das erste Bibliothekszeichen gehaltenen Blattes bezeugt, daß es für ,,Hans Teilnkes von Prespurg" verfertigt wurde. Dieses Blatt hat zuerst Elemér Varjú 1895 veröffentlicht,[5] dann wurde es auf der Ausstellung des Kunstgewerbemuseums im Jahre 1903 zur Schau gestellt, als ein Stück seiner Sammlung.[6] Der Ausstellungskatalog beschreibt es nur ganz kurz, Elemér Varjú selbst sagt in seinem, die Ausstellung besprechenden Artikel folgendes über das Blatt: ,,Die reiche Folge echter Bibliothekszeichen eröffnet das bisher als ältestes einheimisches Exlibris bekannte Blatt des János Teilnkes (12). Dieses hübsche Blatt beweist, daß die Mode der Bibliothekszeichen in unserem Vaterland sich zuerst im Kreise der städtischen Bürgerschaft verbreitet hatte. Das hübsche Holzschnittkunstblatt wurde vermutlich um die Mitte des 16. Jahrhunderts hergestellt."[7]

Außer dem Exemplar von Elemér Varjú tauchte 1908 ein zweites Teilnkes-Exlibris auf, und zwar auf der Versteigerung der Firma J. Rosenthal.[8] Der Auktionskatalog bezeichnet es, verglichen mit den zeitgenössischen Exlibris, Nürnberger Ursprungs und verlegt den Zeitpunkt seiner Herstellung auf das Jahr 1525. Aufgrund seiner Stilzeichen will der Verfasser des Katalogs in dem Holzschneider des Blattes ein Mitglied der Dürerschen Schule erkennen.

Kurz nachher veröffentlichte als erster, László Siklóssy eine größere Übersicht der Entwicklung des ungarischen Exlibris.[9] Den für ihn vollständig unbekannten Namen Teilnkes betrachtet er als einen Fehler des Holzschneiders, und verbessert ihn in die Form Telinkes. Doch vom Besitzer des Exlibris weiß er auch so nichts zu sagen, und behauptet, das Exlibris stünde dem wohlbekannten Bibliothekszeichen der städtischen Bücherei

[4] Keresztyeni Joságos Cselekedetnek . . . Gyakorlatossága (Ausübung christlicher Wohltaten). Nagyszombat 1701; Jóra intő énekecskek (Zum Guten mahnende Liederchen). Nagyszombat 1702; Brevis Norma. Nagyszombat 1708 etc.

[5] Varjú, Elemér: Magyar könyvgyűjtők exlibrisei (Exlibris ungarischer Büchersammler). Magyar Könyvszemle, 1895, p. 203.

[6] Az Orsz. Magyar Iparművészeti Múzeum ex libris kiállításának katalógusa (Katalog der Exlibris-Ausstellung des Ung. Kunstgewerbemuseums). Zusammengestellt von Elemér Czakó. Budapest 1903, p. 13.

[7] Varjú, Elemér: Az Iparművészeti Múzeum ex-libris kiállítása (Exlibris-Ausstellung des Kunstgewerbemuseums). Magyar Könyvszemle, 1903, p. 240.

[8] 45. Katalog.

[9] Gyűjtő. Exlibris különszám. 1913 (Der Sammler. Exlibris-Sondernummer), pp. 15—18, Abbildung p. 5.

von Bártfa nahe *(presque contemporain)*. Vom Exlibris von Bártfa wußte man aber auch damals schon, daß es in der Druckerei des Dávid Gutgesell, Ende des 16. Jahrhunderts verfertigt wurde.[10]

Die von Siklóssy „verbesserte" Namensform vererbte sich in unserer Exlibris-Literatur weiter, niemand hat sie einer Kritik unterzogen, lediglich die Zeitbestimmung wurde richtiggestellt, man nahm nämlich die Datierung von Varjú, also Mitte des 16. Jahrhunderts an.

In der Ausstellung der Nationalbibliothek Széchényi war dieses — vermutlich der Sammlung von Elemér Varjú entstammende — Bibliothekszeichen das erste, das früheste Originalstück, das zur Schau gestellt wurde. Im Ausstellungskatalog schrieb István Nyireő, nachdem er das Blatt behandelte und dessen Ursprung, entsprechend den Feststellungen des Rosenthal-Katalogs, bestimmte, folgendes: „Den Namen des Bestellers mag der — das Ungarische nicht beherrschende — Holzschneider ebenso verfehlt haben, wie es in dieser Zeit auch in anderen Fällen nicht selten vorkam. Der Besteller war vermutlich ein Mitglied jener transdanubischen Telekessi-Familie, deren Mehrere, mit dem Prädikat von Telekes und Debréte, sich in dieser Epoche rühmlich hervortaten. (Siehe Nagy, Iván: XI: 77—78.)"[11]

Iván Nagy[12] beschreibt in der Tat die Familie Telekessy, sie war aber im Komitat Vas beheimatet, deshalb wirkt die Bezeichnung am Exlibris „von Prespurg" unverständlich. Iván Nagy stellte die Biographie des Imre Telekessy, des bekanntesten Mitgliedes der Familie im 16. Jahrhundert, zusammen. Imre Telekessy nahm an der Schlacht bei Mohács teil, dann wurde er General Ferdinands I., 1549 Burghauptmann von Veszprém, 1555 von Léva. 1557—1558 kämpfte er in Oberungarn als Parteigänger des Königs János, zuletzt wurde er Landeshauptmann in Kassa. Er starb 1560 und wurde in Kassa bestattet. Über die Geistesbildung, die Buchliebhaberei des Imre Telekessy wissen wir nichts, über einen János Telekessy weiß dagegen Iván Nagy nichts zu sagen. Überdies müssen wir die Annahme der Namensform „Telekessy" auch schon deshalb endgültig verwerfen, weil das Wappen des Exlibris einen zweiköpfigen Löwen darstellt, hingegen befinden sich auf dem Grabstein des Imre Telekessy in Kassa im Familienwappen ein Löwe und ein Adler.

Nachdem wir die Kombination mit der Familie Telekessy fallen ließen, müssen wir doch zur Telinkes-Variante zurückkehren. Solchen Familiennamen finden wir aber im 16. Jahrhundert nicht. Es bleibt uns also als Ausgangspunkt die Originalnamensform Teilnkes, und die Preßburger Herkunft (Bratislava). Auf dieser Fährte können wir endlich auch zur Lösung gelangen.

Der Schöffe der Stadt Preßburg war im Jahre 1503 „Wolfgang tailnkas", zwischen 1503—1505 der Richter daselbst „Wolfgangus Thailenkas".[13] Der Familienname und die Preßburger Zuständigkeit weisen ohne Zweifel

[10] Régi magyarországi nyomtatványok 1473—1600 (Alte ungarische Drucke 1473—1600). Budapest 1970, pp. 643—644. Posten 772.

[11] Régi magyar exlibrisek . . . p. 12.

[12] Nagy, Iván: Magyarország családai (Die Familien Ungarns), Pest 1865, Bd. 11. pp. 77—78.

[13] Ortvay, Tivadar: Pozsony város története (Geschichte der Stadt Pozsony). Pozsony 1894, Bd. 3, p. 385.

darauf hin, daß Hans Teilnkes einer Preßburger Bürgerfamilie entstammte, und ein Verwandter, wenn nicht gerade der Sohn des Wolfgang Tailnkas (Thailenkas) sein konnte. (Über Wolfgang wissen wir übrigens noch, daß er 1474 von der Stadt 10 Goldmünzen ausgeliehen hatte.)[14]

Wir finden jedoch Angaben auch über Hans Teilnkes selbst. Laut der Matrikel der Universität Wien ließ sich ,,Joannes Tailenkhes de Posonio" am 14. April 1513 inskribieren.[15] Die schriftlichen Urkunden der Universität Wien haben auch weitere diesbezügliche Angaben und Namensformen aufbewahrt. 1514 erscheint er unter dem Namen ,,Joannes Taylemkews (de Posonio)", 1517 ist er bereits Bakkalaureat, 1518 erlangt er den Grad eines Magisters, und sein Name kommt dann, der humanistischen Art gemäß, latinisiert vor: ,,Mag. Joannes Talicaseus Posoniensis dedit kr. 12."[16]

Die oben angeführten Namensänderungen bezeichnen zweifellos und ausschließlich ein und dieselbe Person, denn in diesen Zeiten war die Orthographie der Namen noch nicht genau festgelegt. Nach Diktat schrieb ein jeder den Namen nach seinem Sprachgefühl nieder.

In der Person des Hans Teilnkes, der den Magistergrad an der Universität Wien erhielt, finden wir einen Mann, von dem anzunehmen ist, daß er möglicherweise schon während seiner Wiener Studien, dann im Laufe seines späteren Lebens, entprechend seinen humanistischen Ansprüchen, eine Bibliothek besaß und es deshalb für ihn angebracht schien, sich ein Exlibris anfertigen zu lassen. Über den weiteren Lebenslauf des Hans Teilnkes und über seine Bibliothek haben wir bisher leider keine Angaben gefunden.

Das Exlibris des János Dernschwam. Unsere Literatur, die sich mit den Exlibris des 16. Jahrhunderts beschäftigt, ist bisher noch nicht darauf aufmerksam geworden, daß auch János Dernschwam ein Exlibris besaß, und zwar in vier Varianten. Sie wurden in der Literatur bereits besprochen, sogar eine inländische Zeitschrift hat eines derselben publiziert.

Die Bibliothek des János Dernschwam ist ziemlich bekannt, in den letzteren Jahren hat Jenő Berlász die Zusammensetzung ihres Bestandes eingehend analysiert und das Schicksal der Bücherei geschildert;[17] später untersuchte Zsuzsanna Hermann die eigenhändigen Eintragungen des Dernschwam.[18]

Berlász hat festgestellt, daß diese Bibliothek, sowohl ihrem Umfang (etwa 2100 Werke) nach, wie auch in ihrer Zusammensetzung — sie enthielt die humanistische Literatur in großer Breite und Tiefe — eine der bedeutendsten ungarländischen Sammlungen des 16. Jahrhunderts war, und man sie wohl mit der Bibliothek des Johannes Sambucus vergleichen kann. Es

[14] Archiv der Stadt Bratislava. Ladula 33. Nr. 4816. Für diese Angabe bin ich meinem Freund Frigyes Perényi (Bratislava) zu Dank verpflichtet.

[15] Die Matrikel der Universität Wien. Bd. 2. 1451—1518. Graz—Wien—Köln 1967, p. 400.

[16] Ortvay, op. cit. Bd. 2, 4. T. p. 333.

[17] Berlász, Jenő: Dernschwam János könyvtára (Die Bibliothek János Dernschwams) Magyar Könyvszemle, 1963, pp. 303—316; 1964, pp. 1—32.

[18] Hermann, Zsuzsanna: Hans Dernschwam könyvei között. Az Egyetemi Könyvtár évkönyvei (Unter den Büchern Hans Dernschwams. Jahrbücher der Universitätsqibliothek). Budapest 1968, pp. 167—177.

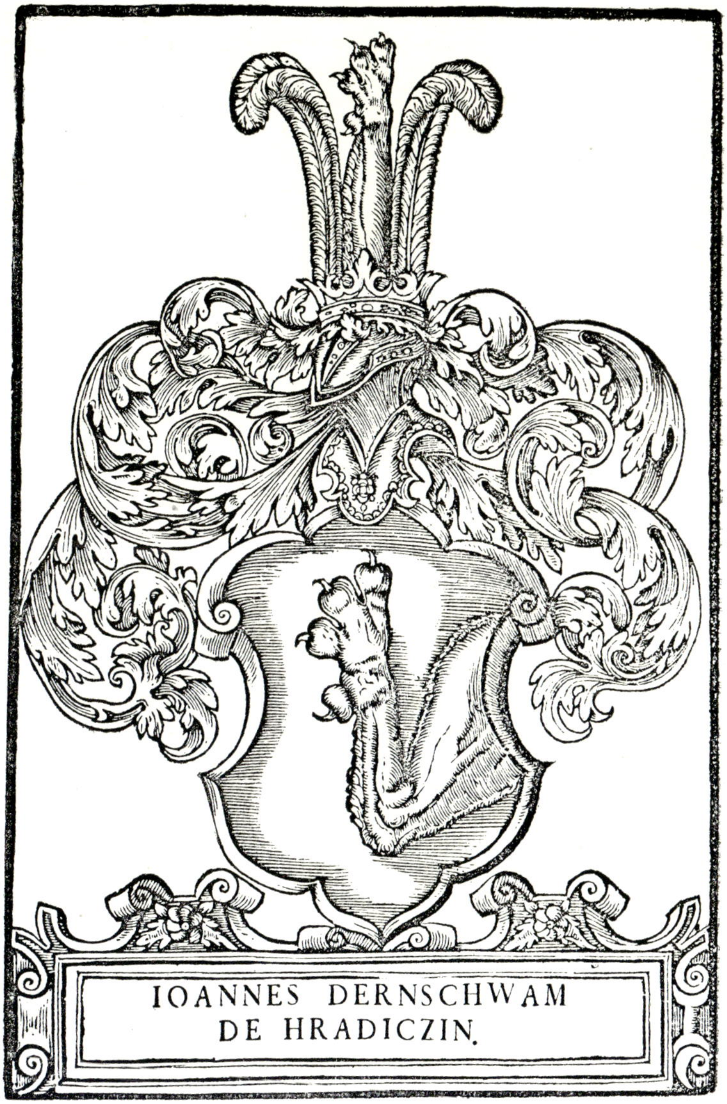

ist allerdings bedauerlich, daß nach dem Tod Dernschwams seine Erben die Sammlung in ihrer Gesamtheit im Jahre 1570 der Wiener kaiserlichen Bibliothek verkauften. So kam sie von ihrem ursprünglichen Ort Besztercebánya fort, und wurde dem kulturellen Leben Ungarns entrissen. Eben dieser Veräußerung ist jedoch zu verdanken, daß der Bestand der Bibliothek nur innerhalb einer größeren Sammlung verstreut wurde.

Berlász führte seine Analyse aufgrund einer Fotokopie des zeitgenössischen Inventars durch, er sah die Bücher selbst nicht, deshalb erwähnt er auch die Exlibris nicht. Zsuzsanna Hermann bemerkt aber, daß „die Identifizierung jener Bücher, die ihren ursprünglichen Einband und Dernschwams Exlibris behielten, auf keine Schwierigkeit stieß." Die Österreichische Nationalbibliothek verfertigte von den Dernschwamiana eine Liste, sie enthält 61 Werke (75 Bände).

Berlász stellt fest, daß die aus irgendeinem Grund fehlenden Bücher, — im von Dernschwam eigenhändig zusammengestellten Inventar, — bei der Übergabe angemerkt wurden. Aufgrund seiner Analyse kamen im Jahre 1570 42 Bände nicht in die Wiener kaiserliche Bibliothek. Es darf angenommen werden, daß diese in Ungarn blieben. Wahrscheinlich von einem solchen verborgen gebliebenem Exemplar stammt dieses Dernschwam-Exlibris, das ich vor einigen Jahren durch Tausch für meine bescheidene Sammlung erwarb. Dies veranlaßte mich, die Spuren der Dernschwam-Exlibris in der Literatur zu verfolgen.

K. E. Leiningen-Westerburg hat in seinem die deutschen und österreichischen Bibliothekszeichen zusammenstellenden Handbuch[19] nicht nur dieses Exlibris mitgeteilt, sondern auch vier verschiedene Bibliothekszeichen Dernschwams beschrieben (siehe Abbildung). Unter ihnen unterscheiden sich zwei nur durch die Zeichnung der Wappeneinrahmung. Alle vier stellen Wappen dar. Nach Leiningen-Westerburg kann die Arbeit dreier Hände festgestellt werden, zwei von ihnen weisen auf den Einfluß Dürers hin, er bringt sogar für den Namen des Stechers des einen Blattes, den Nürnberger Hans Springinklee oder Peter Floetner in Vorschlag.

Franz Babinger, der sich mit Lebenslauf und Tätigkeit Dernschwams beschäftigte, unterzog die Feststellungen von Leiningen-Westerburg einer Revision.[20] Er hält die Verfasserschaft von Springinklee oder Floetner für nicht möglich, da der erste 1546, der andere um 1540 starb. Die mit dem Wappen auf den Adel hinweisenden Exlibris konnten nicht vor 1560 verfertigt worden sein. Er hält nicht die Nürnberger, sondern die Wiener Herkunft der Exlibris für wahrscheinlich.

Dernschwam hat die Konstantinopler Denkmäler in ungarischer Runenschrift verewigt. Mit ihm befaßte sich Gyula Sebestyén, seine Aufmerksamkeit wurde von Babinger auf die Exlibris Dernschwams gelenkt.[21] Sebestyén nimmt an, daß Dernschwam seine Freude darüber, daß er 1535 in den Adelstand erhoben wurde, in der Inschrift der Exlibris (Joannes Dernschwam de Hradiczin) zum Ausdruck bringen wollte. Sebestyén publizierte in seiner, in der Zeitschrift Ethnographia erschienenen Abhandlung das Bild eines der Exlibris von Dernschwam.

Wir können nicht entscheiden, ob Babinger oder Gyula Sebestyén hinsichtlich des Zeitpunktes der Adelung Dernschwams recht hat. Berlász

[19] Leiningen-Westerburg, K. E. Graf zu: Deutsche und oesterreichische Bibliothekzeichen Exlibris. Stuttgart 1901, pp. 76—77.

[20] Babinger, Franz: Zur Lebensgeschichte H. Dernschwams, eines Kleinasienforschers des XVI. Jahrhunderts. Dtsch. Rdsch. Geogr. 1914, pp. 133—135.

[21] Sebestyén, Gyula: Újabb glosszák a konstantinápolyi rovásírásos magyar nyelvemlékhez (Neuere Glossen zu den Konstantinopler ungarischen Sprachdenkmälern in Runenschrift). Ethnographia 1917, p. 7 und ders.: A magyar rovásírás hiteles emlékei (Authentische Denkmäler ungarischer Runenschrift). Budapest 1915, p. 27.

liefert aber den Nachweis, daß die Hauptmasse der Sammlung, wie das im Jahre 1552 verfertigte Inventar beweist, bereits in diesem Jahre beisammen war. Von 1563 bis zu seinem Tod (an der Wende der Jahre 1567/68) hatte sich Dernschwam keine neuen Werke mehr angeschafft. Laut der Erscheinungsangaben seiner Bücher, begann er mit dem eifrigeren Sammeln in den 1530er Jahren, und dies erreichte seinen Höhepunkt in den 1540er Jahren. Die Zusammenstellung des Inventars als die Festlegung des Ergebnisses seiner Sammlertätigkeit bringt den Gedanken nahe, daß Dernschwam sich gleichzeitig entschlossen hat, mit dem Exlibris die Zugehörigkeit der Bücher zum Ausdruck zu bringen. Dank den Forschungen von Zsuzsanna Hermann wissen wir, daß manche Bücher Dernschwams nur seine handschriftlichen Eigentumseintragungen aufweisen, wahrscheinlich aus der Zeit, als die Exlibris noch nicht verfertigt wurden. Im Verhältnis zur Größe der Bibliothek sind nur wenig Exemplare mit Exlibris versehen, auch dieser Umstand deutet darauf hin, daß Dernschwam die Exlibris erst gegen Ende seines Lebens schneiden ließ.

DIE ZEITUNG IN DER TSCHECHISCHEN LITERATUR DES 16. JAHRHUNDERTS

JAROSLAV KOLÁR

Die traditionelle tschechische Literaturgeschichte bezeichnete bis unlängst, dem ersten umfassenden Werk über die Geschichte des tschechischen Zeitungswesens von Josef Volf[1] folgend, die handschriftliche sog. Neuhauser Zeitung vom Jahre 1495 als das älteste Denkmal dieser Gattung. Erst im Zusammenhang mit der Vorbereitung einer Auswahl der tschechischen Literatur der Hussitenzeit wies der vorzügliche Kenner dieser Zeit, der seitdem verstorbene Historiker Rudolf Urbánek darauf hin, daß ähnliche, handschriftlich verbreitete Zeitungen schon im 15. Jahrhundert, zur Zeit des Konstanzer Konzils erschienen sind. Urbáneks Charakteristik dieser literarischen Denkmäler, der ,,Zeitungen" aus Konstanz u.a.m.[2] weist jedoch unwillkürlich darauf hin, daß der Begriff ,,Zeitung" im Hinblick auf das 15. und 16. Jahrhundert nicht genügend bestimmt war. Der Mangel einer genauen Definition des Begriffes bietet weitere Möglichkeiten zu einer anachronistischen Übertragung der mit den späteren Etappen der gesellschaftlichen und kulturellen Entwicklung zusammenhängenden Begriffe auf ältere Zeiten bzw. zur Entstehung willkürlicher Vermutungen über die Form solcher aktuell informativer literarischer Gebilde in der älteren Zeit. Urbáneks Feststellung, vom historischen Standpunkt aus sehr interessant und anregend, ist für die Literaturgeschichte nur Anregung zur Formulierung der Frage von eigenem Standpunkt aus.

Es besteht kein Zweifel, daß die dominante Funktion der Zeitung, nämlich eine möglichst authentische Information über gewisse aktuelle oder kurz zuvor geschehene Ereignisse, auch von anderen literarischen Gebilden erfüllt werden konnte, z. B. der Chronik, dem Lied, dem Brief usw., welche auch in der Entwicklungsreihe der eigenen Gattung mitbeteiligt waren. Alle diese Denkmäler existierten übrigens wirklich in der tschechischen Literatur des 15. Jahrhundertes im Zusammenhang mit dem Informations-

[1] Josef Volf, Dějiny novin v Čechách do 1848, Praha 1930, S. 8 (Geschichte der Zeitung in Böhmen bis 1848); siehe auch Vladimír Klimeš, Počátky českého a slovenského novinářství, Praha 1955, S. 17 f, (Beginn der tschechischen und slowakischen Journalistik).

[2] Výbor z české literatury doby husitské I. (Auswahl aus der tschechischen Literatur der Hussitenzeit I.), bearbeitet von B. Havránek, J. Hrabák und J. Daňhelka, Praha 1963, S. 472. Bei der Bearbeitung der Kommentare wurde das Manuskriptmaterial von R. Urbánek benutzt.

wesen.[3] Sie wurden aber nicht als Zeitungen bezeichnet, obwohl sie zweifellos eine informative Funktion erfüllten, da ihre Gebundenheit an traditionelle, sich nur langsam ändernde literarische Gattungen weit über ihrer informativen Funktion dominierte.

Erst in der ersten Hälfte des 16. Jahrhunderts finden wir in der tschechischen Literatur eine Art von kleineren gedruckten Texten, welche ohne obigen Vorbehalt als „Zeitung" bezeichnet werden können. Von der Zeitung als einer speziellen literarischen Gattung kann man erst dann sprechen, wenn die gesellschaftlichen und kulturellen Voraussetzungen zu ihrem Massenverbrauch entstanden sind und wenn das objektiv gegebene gesellschaftliche Bedürfnis in breiten Schichten nach solchen informativen Texten zur Herausbildung einer speziellen Produktion dieser Art führte. Ein derartiges Bedürfnis wird im Böhmen der ersten Hälfte des 16. Jahrhunderts durch zahlreiche Abdrucke von Briefen, kleineren aktuellen Traktaten, amtlichen Berichten, Vertragstexten, Pamphleten usw. bekundet, welche eine Kristallisation auslösten, die durch einen geeigneten publizistischen Typ erst später abgeschlossen wurde. Dieser Typ war der Druck im Umfange eines Druckbogens in Quartformat, der die Schilderung irgendeines außerordentlichen Ereignisses, insbesondere aus entfernten Ländern, darlegte und schon im Titel als eine „sichere und wahrhafte Neuigkeit", „fürchterliche und entsetzliche Nachricht", „unerhörte Meldung" usw. bezeichnet wurde. Auf dem Titelblatt waren diese Druckschriften meistens mit einem primitiven Holzschnitt illustriert, evtl. mit einem Abdruck von Klischees aus älteren, typographisch wertvolleren Werken.[4] Die äußere typographische Form der tschechischen Zeitung wurde vom benachbarten Deutschland übernommen, wo Druckschriften dieser Art schon eine um etliche Jahrzehnte ältere Tradition hatten.[5] Zum Thema der Zeitung wählte man gewöhnlich Berichte über Naturkatastrophen, Kriegsgeschehen, Mordtaten, Wunder, über politische Ereignisse im Auslande, über Himmelserscheinungen im Zusammenhang mit kriegerischen und politischen Ereignissen.

Diese Aufzählung stellt zweifellos auch das Repertoire jener Fragen dar, für welche sich der Leserkreis der damaligen Zeit interessierte und bezeugt mit ihrem inneren Widerspruch (Interesse am realen Geschehen einerseits, Glaube an Wunder andererseits) interessanterweise die Kompliziertheit der ideologischen Problematik dieser Zeit, mit der bei der Interpretation dieser

[3] Zum Beispiel die Chronik des Vavřinec z Březové, der Bericht des Petr z Mladoňovic über den Tod von Jan Hus, das Lied über Zikmund Korybut, die eigenen Briefe von Jan Hus aus Konstanz nach Böhmen geschrieben usw. Vgl.: Josef Hrabák: Poznámky o zanikání a vznikání žánrů v literatuře doby husitské, in: Ze starší české literatury, Praha 1964, S. 131–151 (Anmerkungen über das Entstehen und Vergehen der Gattungen in der Literatur der Hussitenzeit, in: Aus der älteren tschechischen Literatur).

[4] Vgl. E. Weller, Die ersten deutschen Zeitungen, Tübingen 1872.

[5] Vl. Klimeš prägte für Drucke dieser Art (a.a.O. S. 23) den Ausdruck „Zeitungsflugblatt", um sie von den periodisch erscheinenden Zeitungen zu unterscheiden. Dies ist aber nicht richtig, weil neben dem üblichen Einbogendruck in dieser Zeit gelegentlich auch wirkliche Flugblätter (auf einem Blatt) erschienen sind, welche manchmal auch aktuelle Berichte brachten; von der Zeitung unterscheiden sie sich jedoch sowohl inhaltlich als auch typographisch.

anscheinend primitiven schriftlichen Denkmäler gerechnet werden muß. Bei der Verfassung der Zeitung dominiert die informative Funktion, allerdings nicht als einzige Funktion, sondern daneben kommt vor allem die ideologische Funktion zur Geltung, manchmal in Form einer verborgenen Agitation, sodann als religiöse Bewertung der geschilderten Ereignisse. Den ersten Typ der ideologischen Funktion — die politische Agitation, stellenweise gegen die regierende Macht (konkret gegen Ferdinand I.) zugespitzt — finden wir häufig in den Zeitungen, die zeitlich mit dem Schmalkaldischen Krieg und dem ersten Aufstand der tschechischen Stände zusammenfällt; einige dieser Zeitungen wurden in den Ländern des Schmalkaldischen Bundes gedruckt und heimlich nach Böhmen eingeführt.[6] Der zweite Typ, die religiöse und religiös-moralisierende Bewertung der Ereignisse, überwiegt in den Drucken aus der zweiten Hälfte des 16. Jahrhunderts.

Die Bibliographie der tschechischen und slowakischen Druckschriften bis 1800[7] weist bis 1618 rund 150 in tschechischer Sprache geschriebene Zeitungsdrucke auf, davon blieben ungefähr 130 erhalten, wovon 6% aus den dreißiger und vierziger Jahren des 16. Jahrhunderts und 4% aus der Zeit zwischen 1600—1618 stammen. Nicht weniger als 90% entstammen also der 2. Hälfte des 16. Jahrhunderts, und auch sie wurden hauptsächlich im letzten Jahrzehnt des Jahrhunderts herausgegeben. Dieses erhaltene und in Evidenz genommene Material ergibt allerdings nur eine unvollkommene Vorstellung über die Zahl der wirklich erschienenen Produkte. Die Zeitung gehörte verständlicherweise zu den „niederen" Druckprodukten, bildete den Gegenstand eines kurzfristigen Interesses und sobald ihre Aktualität vorbei war, hatte sie für den Leser keine Bedeutung mehr. Ein wirkliches Unikum stellt daher das Konvolut der Lobkowitzer Bibliothek in Roudnice[8] dar, bestehend ausschließlich aus Zeitungsdrucken aus den Jahren 1579—1599, das seinen Ursprung gewiß der besonderen Liebhaberei eines Privatsammlers verdankt (ähnlich wie der aus derselben Zeit stammende sog. Kodex Dobřenského, eine alleinstehende Sammlung kleinerer Gelegenheitsdrucke, Gratulations-, Feiertagswünsche usw.).[9] Allein das Roudnicer Konvolut enthält mehr als ein Drittel der gesamten heute bekannten Zeitungsproduktion aus dem 16. Jahrhundert. Da aber eine ganze Reihe vereinzelt erhaltener weiterer Drucke aus derselben Zeit stammt, ist es klar, daß auch in dieser Zeit mehr Zeitungen erschienen sind, als im Roudnicer Konvolut enthalten sind. Analogerweise ist anzunehmen, daß auch in den übrigen Jahren der 2. Hälfte des 16. Jahrhunderts mehr als nur die erhaltenen Zeitungen erschienen sind. Die genannten Prozentzahlen dienen also nur

[6] Vgl. Jos. Jireček, České pamflety za války šmalkaldské, Časopis Českého muzea 1875, str. 95 n. (Tschechische Pamphlete zur Zeit des Schmalkalder Krieges, Zeitschrift des Böhmischen Museums 1875, S. 95 f.).

[7] Knihopis českých a slovenských tisků od doby nejstarší až do konce 18, století. Redigiert von Zd. Tobolka, später von Fr. Horák, Praha, ab 1925.

[8] Jetzt in der Státní knihovna ČSSR — Univerzitní knihovna v Praze (Prager Universitätsbibliothek), sign. III Ib 12.

[9] Vgl. Čeněk Zíbrt, Strahovský sborník vzácných tisků příležitostních Václava Dobřenského z 2. polovice 16. století, Časopis Českého muzea 1909, S. 68 f. (Strahower Sammlung wertvoller Gelegenheitsdrucke des Václav Dobřenský aus der 2. Hälfte des 16. Jahrhunderts.)

der groben Orientierung über die in der ersten und zweiten Hälfte des 16. Jahrhunderts sowie in den ersten zwei Jahrzehnten des 17. Jahrhunderts erschienenen Zeitungen. Die Zeitungsproduktion — welche vor allem mit der Tätigkeit kleinerer, dem Interesse anspruchsloseren Publikums[10] dienenden Druckereien verbunden war — wurde schon im 16. Jahrhundert so unübersichtlich, daß sie der Wachsamkeit der Zensur entging; das führte zu Versuchen, die Herausgabe der Zeitungen nur auf gewisse Druckereien zu beschränken und ihre Kontrolle auch durch Ausgabe monatlicher Pressezusammenfassungen zu erleichtern. Diese Bestrebung der erzbischöflichen Zensur, die die Periodizität der Zeitungspublikation zum Ziele hatte, verlief jedoch ohne Erfolg.[11] Obendrein bildete sie einen bezeichnenden Ausdruck des Angriffes eines ,,höheren" kulturellen Zentrums gegen eine publizistische Gattung, die an die mittleren und niederen gesellschaftlichen Schichten gerichtet war: in den periodischen monatlichen Berichten über die Ereignisse hätte sich auf einer Ebene der Bedeutung und der Glaubwürdigkeit nie eine so bunte Palette der Nachrichtenthemen verwirklichen können, wie es bei den einzeln herausgegebenen Zeitungen möglich war. Innerhalb der behandelten Zeit blieb daher die Zeitung im Grunde genommen eine nichtperiodische publizistische Erscheinung.

Hinsichtlich des Inhaltes ist zum gesamten behandelten Zeitabschnitt zu sagen, daß sich die Zeitungen überwiegend mit den Ereignissen der Türkenkriege befaßten. Da sich diese Kriege, insofern es um Europa geht, im 16. Jahrhundert hauptsächlich auf dem Gebiet Ungarns abspielten, bildet die im 16. Jahrhundert gedruckte Zeitung eigentlich das bedeutendste Hungaricum in der tschechischen Literatur dieser Zeit.[12]

Die bisher erhaltenen Zeitungsdrucke aus dem 16. Jahrhundert bilden eine ausreichende Basis zum Versuch einer Charakteristik der Zeitung als literarisch-publizistischen Genres. Wenn wir von der Zeitung als einem zeitgenössischen literarischen Genre sprechen, d.h. von einem Gebilde, das seine informative Funktion mit relativ festgelegten Mitteln und im Zusammenhang mit der übrigen zeitgenössischen literarischen Produktion erfüllt, müssen zuvor drei Fragen geklärt werden: (1) Was waren die charakteristischen literarischen Mittel und die bezeichnende Struktur der Zeitung? (2) Welche Beziehungen kann man zwischen der Zeitung und der übrigen Literatur feststellen? (3) Wurde nach zeitgenössischer Auffassung die Zeitung wirklich als ein selbständiges Genre-Gebilde betrachtet?

Vorangehend sei bemerkt, daß unsere Betrachtungen von der breiten Auffassung des Begriffes ,,Literatur" ausgehen, weil unserer Ansicht nach im behandelten Zeitabschnitt neben dem eng begrenzten ,,Literarischen", wie es in den zeitgemäßen normativen Poetiken bestimmt wurde, auch

[10] Keine einzige Zeitung blieb von jenen erhalten, die in den großen repräsentativen Druckereien von Melantrich und Veleslavín gedruckt wurden, obwohl der Herausgeber in den Zeitungen angegeben wurde.

[11] Vgl. J. Volf, a.a.O. S. 30.

[12] Zwei von diesen habe ich publiziert im Artikel: Dvě české noviny o tureckých válkách z přelomu 16. a 17. století, Časopis Matice moravské 73, 1954, S. 308 f. (Zwei tschechische Zeitungen über die Türkenkriege um die Wende des 16. zum 17. Jahrhundert).

noch viele andere, den Bedürfnissen des praktischen Lebens entsprechende Schriften sich durchsetzten.

Wenn auch diese Erscheinungen seitens der zeitgenössischen (vor allem scholären) Norm als periphere bzw. außer dem Bereich der Literatur stehende Erscheinungen betrachtet wurden, kann die Literaturgeschichte das Studium dieser Gattungen keineswegs ausklammern, weil sie an der Gestaltung der literarischen Kultur ihrer Zeit mitwirkten, und weil sich die für die weitere literarische Entwicklung bezeichnenden Tendenzen eben in ihnen oft kristallisierten.

Die tschechische Zeitung des 16. Jahrhunderts wird gewöhnlich mit einem umfangreichen Titel eingeleitet, der die Genrebestimmung verbindlich enthält (Nachricht, Meldung, evtl. methonymische Ersatzausdrücke dieser, wie z. B. Wunder, Voraussage usw.), weiterhin den Kern der publizierten Nachricht sowie das Ausgabejahr, das automatisch auf die Nachricht selbst übertragen wird.[13] Der auf diese Art verfaßte Titel hatte unzweifelhaft eine werbende Funktion, es wird daher mit Superlativen und überschwenglichen Ausdrücken nicht gespart, sofern es sich um die Andeutung der Außerordentlichkeit, Bedeutsamkeit und Attraktivität der verkündeten Nachricht handelt; gerade deshalb kam es dann oft zum Widerspruch zwischen dem Titel und dem Inhalt der Nachricht selbst.

Der eigentliche Text der Mitteilung hängt in seiner Form meistens davon ab, aus welcher Quelle die Nachricht stammt. Als besonders ausdrucksvoll und wirksam bewährte sich die Briefform, die die Herkunft der Nachricht aus einer privaten Korrespondenz suggeriert und somit ihre Authentizität bekräftigt. Häufiger als die Briefform ist jedoch die Form eines offiziellen oder militärischen Berichtes (Kurierdepeschen) sowie auch Berichte von Augenzeugen. Hinsichtlich des Inhaltes ist die Zeitung bestrebt, eine ausführliche Berichterstattung zu geben, wobei auf die Anschaulichkeit des Vortrages, Lokalisation, Zeitangabe, zahlenmäßige Angaben und Details besonderer Wert gelegt wird. Die leitende Funktion dieser Angaben ist abermals das Suggerieren der Authentizität der mitgeteilten Nachricht. Wenn möglich, deutete man in der Zeitung immer auf die Provenienz der

[13] Als Beispiel führe ich in extenso drei solche Titel an:
„Ein sicherer und wahrhafter Bericht davon, auf welche Weise Mehemet (so genannt), ein großer und höchster türkischer Wesir Pascha, welcher unter der Herrschaft dreier türkischen Kaiser höchster Regent war und in der ganzen Türkei in allerhöchster Würde stand, von einem einfachen und albernen Mann in der Stadt Konstantinopel am 14. Tage des Monates Oktober rasch und plötzlich niedergestochen und ermordet wurde. Im Jahre 1579." — „Ein schrecklicher und fürchterlicher Bericht über einen niederträchtigen Mörder namens Kristman, der in dreizehn Jahren neunhundertundvierundsechzig Mordtaten verübte und die Absicht hatte, daß er nach dem tausendsten Mord damit aufhören wird. Auf welche Weise er dann gefangengenommen wurde und mit welchem Tode hingerichtet und in welcher Stadt, das alles wird aus diesem Schreiben genau und verständlich hervorkommen. Dieser Bericht wurde zuerst in deutscher Sprache in der Reichsstadt Mainz abgedruckt, und jetzt zur Warnung aller guten Menschen und zur Verbesserung aller schlechten in die tschechische Sprache übersetzt. Im Jahre 1582." — „Ein wahrhaftiger Bericht und Beschreibung, aus welchem Grunde Jan Schatele, ein bürgerlicher Sohn aus Paris, den König von Navarria niederstechen und ermorden wollte und wie es ihm erging und was sich dadurch bei den Jesuiten ereignete. Gedruckt im Jahre 1595."

Nachricht hin, was ihre Glaubwürdigkeit bezeugen sollte, auch in dem Falle, wenn man sich diesbezüglich nur auf die Feststellung beschränkt, daß die Nachricht (meistens aus deutscher Quelle) übernommen wurde.

Für sensationelle Nachrichten über Mißgeburten, übernatürliche Erscheinungen usw., die schon ihrem Wesen nach anders sind als die relativ glaubwürdigeren Berichte aus dem politischen oder militärischen Geschehen, ist es charakteristisch, daß das Maß ihres Phantasiereichtums und ihrer Sensationalität im Verhältnis mit der Entfernung des angegebenen Schauplatzes zunimmt.[14] Als allernächster Schauplatz eines „unglaublichen" Ereignisses wird das „tschechische Grenzland in Meißen" angegeben, wo im Jahre 1551 fünf Betrunkene vom Teufel bestialisch ermordet wurden, sowie das „Schlesische Fürstentum", wo 1571 ein Getreideregen beobachtet wurde. Den am entferntesten gelegenen Orten konnten ohne Risiko die unerhörtesten Ereignisse und Vorstellungen zugeschrieben werden. Im Jahre 1596 erschienen so in Form eines Berichtes (allerdings unter dem Titel „Geschichten zwei...") zwei Auszüge aus Mandevilles Reisebeschreibung.[15] Von den „sensationellen" Geschehnissen in Böhmen selbst wurde im Jahre 1570 die wunderliche Vision einer Wöchnerin zum Thema der Zeitung, 1594 eine riesige Menge von weißen Schmetterlingen in Leitmeritz (Litoměřice), 1598 eine riesige Schar von Eulen in Sedlec bei Prag usw. Das Bestreben nach Sensationsberichten hatte ein natürliches Korrektiv zumindest darin, daß die Kontrolle der allzu phantastischen Nachrichten möglichst verhindert werden mußte. Klassisches thematisches Gebiet für die tschechischen Zeitungen aller Art im 16. Jahrhundert blieb also das Ausland. Interessant ist die Tatsache, daß die verhältnismäßig reichen innenpolitischen Ereignisse gegen Ende des 16. und in den ersten Jahrzehnten des 17. Jahrhunderts, welche zweifellos die breiten Schichten der Einwohnerschaft erregten, ihren Widerhall nicht in Zeitungen, sondern in anderen publizistischen Formen fanden. Das erklärt auch den beträchtlichen Rückgang der Zeitungsproduktion zu Beginn des 17. Jahrhunderts.

Der Kern der sachlichen Mitteilung wird in der Zeitung von einem verschiedenermaßen entfalteten Kommentar begleitet. Im Grunde genommen gilt von der tschechischen Zeitung des 16. Jahrhunderts die Feststellung, daß je reicher und ausführlicher der sachliche Teil des Berichtes ist, um so kürzer ist der Kommentar und umgekehrt: der erweiterte Kommentar ersetzt die Ungewißheit, den ungenügenden Umfang, evtl, auch die Bedeutsamkeit des Berichtes.[16] Solche moralistische und religiöse Erläuterungskommentare kommen besonders bei Berichten über Elementarkatastrophen, Mordtaten, überirdische Erscheinungen usw. vor. Bei diesen leitet der erklärende und auswertende Kommentar den mitgeteilten Bericht in dem Maße

[14] In den ausländischen Zeitungen war es natürlich ähnlich. Eine in Nürnberg herausgegebene Zeitung aus dem Jahre 1505 enthielt einen Bericht über ein Wunder, dessen Schauplatz Pilsen war. Vgl. Josef Volf, Ein wunderliches Gespräch mit einer Seele in Pilsen im Jahre 1503 und 1504, Plzeňsko 11, 1929, S. 25–27 (Podivuhodný rozhovor s duší v Plzni r. 1503 a 1504).

[15] Der Druck blieb als 47. Teil des genannten Roudnicer Konvoluts erhalten.

[16] Der standardisierte Umfang eines Druckbogens, d.h. vier Quartblätter, war dafür das bestimmende Maß.

ein, daß die Nachricht selbst eigentlich nur zu einem Exempel im Rahmen der kurzgefaßten religiös-moralistischen Meditation wird. Auf diese Art wurde dem einzelnen (ob nun tatsächlichem oder erdachtem) Ereignis seine Stelle in dem zeitgemäßen System der Werte zugeschrieben, dessen Propagierung auch die Literatur diente. Durch diese exemplarische Auffassung wurde so die Zeitung an die utilitaristisch konzipierte zeitgenössische Literatur angenähert. Das ideologische Bewertungsprinzip setzte sich in gewissem Sinne auch bei der Bearbeitung der auf offiziellen Meldungen und Berichten basierenden Zeitungen sowie auch in den ,,Briefzeitungen" durch.

Gegen Ende des 16. Jahrhunderts kam es bei den summarisch charakterisierten Eigenschaften der Zeitung als eines literarisch-publizistischen Gebildes jedoch zu gewissen Änderungen, namentlich im Zusammenhang mit den Türkenkriegen. In den 90er Jahren des 16. Jahrhunderts fassen schon zahlreiche Zeitungen mehrere kurze Kurierdepeschen zusammen (ansonsten ist die Mehrzahl der Zeitungen grundsätzlich immer einem Bericht gewidmet) und der religiös-politische Kommentar, die moralistisch-erzieherische Erläuterung des Ereignisses beschränkt sich auf kurze, in einige Worte gefaßte stereotype Formeln oder bleibt überhaupt weg. Als Inhalt der Zeitung bleiben dann nur einige sachliche Kurierberichte über entscheidende Wendungen in den Türkenkriegen (eine gewisse ideologische Stellungnahme impliziert allerdings schon die Auswahl der Nachrichten selbst, da diese verständlicherweise nur auf die Berichte über die kriegerischen Erfolge im Kampf gegen die Türken beschränkt sind). Dies erschüttert jedoch stark die Verbundenheit der Zeitung mit den literarischen Traditionen. Die Kristallisierung der literarischen Gattung der Zeitung wächst so unter dem Drucke gesellschaftlicher Zusammenhänge in eine qualitativ neue Erscheinung — in ein typographisches Gebilde — hinüber, das man als unmittelbaren Vorläufer der späteren Journalistik betrachten kann.

Eine interessante Möglichkeit zur Kontrolle der festgestellten Eigenschaften der Zeitung als einer literarischen Gattung bietet uns das Beispiel der satirischen Zeitung. Aus dem Jahre 1587 erhalten blieb eine ,,Zum Glauben unmögliche und übernatürlich besondere Zeitung von einem großen Riesen, der von einem Fürsten auf einer wilden Insel gefangengenommen wurde, und dessen Gestalt und Tätigkeiten hier kurz abgeschrieben sind. Einem guten Freund in narrower Sprache geschriebener und nun in tschechische Sprache übersetzter und herausgegebener Bericht."[17] Dieses Schriftwerk bildet einerseits eine Satire über die phantastische Berichterstattung einiger Zeitungen, andererseits ist es eine Parodie der Zeitung als literarischen Gebildes und aller ihrer oben genannten charakteristischen Eigenschaften und Kennzeichen. In der ältesten Ausgabe entspricht ihre äußere Form, was Format und Ausstattung betrifft, den anderen Zeitungen.[18] Ihr Inhalt verspottet vor allem jenen Typ der Zeitungen, die die Glaubwürdigkeit ihres Berichtes auf die Herkunft aus einer privaten Korrespondenz gründen

[17] Siehe in meiner Auswahl: Frantové a grobiáni, Praha 1959, S. 77 f., Anmerkung S. 202.

[18] Ihre Zugehörigkeit zur humoristischen Produktion führte aber dahin, daß einige jüngere Ausgaben im 18. Jahrhundert im Oktav-Format erschienen, das für die volkstümlichen unterhaltenden Bücher gebräuchlich war.

wollen. Die Zeitung vom Riesen übernimmt die übliche Briefform. Den Inhalt des Berichtes bildet die Rabelais-artige Beschreibung eines riesig großen Menschen,[19] der auf einer Insel „im Narrower Lande" entdeckt wurde. Die charakteristische Bestrebung der Zeitung nach Anschaulichkeit des übermittelten Berichtes wird hier dadurch parodiert, daß die körperlichen Ausmaße des Riesen in reichlicher Enumeration zur Größe verschiedener bekannter Bauten in den tschechischen Städten, zur Entfernung zwischen verschiedenen Städten usw. verglichen werden. Im Text finden wir aber auch den Widerhall des Typs der Zeitung, der im Rahmen eines dem Bericht beigefügten Kommentars moralistische oder aktuelle politische Ziele verfolgte. Im ersten Absatz lesen wir: „so manche glauben, daß (der Riese)... zum Bestrafen der bösen Welt gekommen ist", und zum Schluß spricht der Verfasser die Hoffnung aus, daß der Ehe des Riesen mit einer später woanders entdeckten Riesenfrau „große Riesen und vorzügliche Recken ... entstammen werden..., denn gegen die Türken müssen sie mächtig und stark sein". Die Voraussetzung für die Wirksamkeit solcher Satire war allerdings die allgemeine Verbreitung und das Bekanntsein der Zeitung als literarischer Gattung.[20] Gerade die Existenz der genannten Satire beweist indirekt eine solche Verbreitung.

Die Verbreitung und Popularität der Zeitung wird andererseits auch durch die Tatsache belegt, daß für ihre Urheber bzw. Verbreiter auf lateinische Art eine eigene Benennung gebildet wurde, die auf terminologische Gültigkeit aspirierte. Der Historiker Bartoloměj Paprocký z Hlohol, der einen Teil seines genealogischen Schriftwerkes über den tschechischen Adel, Diadochus[21] (1602), ausdrücklich auf Zeitungsberichte gründete, prägte für ihre Urheber den Ausdruck *neoretici* als Gegensatz zum traditionellen Begriff *historici*. Die Tatsache, daß Paprocký die Zeitungen auch für ein solches Schriftwerk, das im Rahmen der zeitgenössischen Normen hohe wissenschaftliche Ziele verfolgte, als Quelle verwendete, ist ein Beweis dafür, daß die Zeitung auch seitens der damaligen hohen Literatur als eine neue Erscheinung unter den literarischen Möglichkeiten betrachtet wurde. Mit seiner Einstellung zur Zeitung stand Paprocký übrigens nicht allein. Ein bekannter Professor an der Prager Universität, Marek Bydžovský z Florentina, stellte seine handschriftlichen Chroniken über Ereignisse aus der Zeit der Kaiser Ferdinand I., Maximilian II. und Rudolf II. meist aus Zeitungsberichten zusammen. Zeitungsausgaben über merkwürdige Ereignisse vermerkte in seinen Memoiren auch Mikuláš Dačický z Heslova.

[19] Das Wesen und den Sinn der Rabelaisischen Syntax könnte man konkret durch eine gründliche Analyse demonstrieren, ausgehend von der Methode, welche M. M. Bachtin zur Prüfung der lustigen Volksliteratur ausgearbeitet hat in seinem Werk: Twortschestwo François Rabelais i narodnaja kultura srednewekowia i renessansa, Moskau 1965.

[20] Für das tschechische satirische Schaffen des 16. Jahrhunderts ist charakteristisch, daß es — was die Form anbelangt — aus den markantesten Formen des zeitgenössischen literarischen Schaffens sowie der Schriftwerke nichtliterarischen Charakters erwachsen ist. Vgl. die zit. Auswahl: Frantové a grobiáni, úvod (Einleitung), Seite 9 f.

[21] Vgl. Karel Krejčí, Bartoloměj Paprocki z Hlohol a Paprocké Vůle, Praha 1946, S. 167—174.

Auf einen interessanten Aspekt in der Literaturfähigkeit einiger tschechischer Zeitungen verwies unlängst der sowjetische Forscher A. M. Pantschenko,[22] und zwar am Beispiele einer allein in den sowjetischen Sammlungen erhaltenen tschechischen Zeitung über den Liwoner Krieg. In der Zeitung zitiert man augenscheinlich fingierte Texte von Dokumenten, die Iwan der Schreckliche mit dem polnischen König Siegmund August austauschte. Diese Dokumente sind als ritterliche Forderungen stilisiert, die Gegner teilen einander den Ort des künftigen Kampfes usw. mit. In der Zeitung spricht man von einer ritterlichen Art der Kampfführung, die zu der Zeit schon anachronistisch war und scheinbar den belletristischen Chronistenwerken entnommen wurde. Auch die stilistischen Ausdrucksmittel wurden diesen angepaßt.

Eine spezifische Stellungnahme, welche insbesondere die an religiösen Konzeptionen und Wertungen orientierten Schriftsteller zur literarischen Zeitung als einer weltlichen Erscheinung einnahmen, repräsentiert der spätere Standpunkt J. A. Komenskýs. Im 22. Kapitel des „Labyrinth der Welt und Paradies des Herzens" unter dem Titel „Der Wanderer traf unter die Zeitungsschreiber" wird die zwecklose Hetze nach sensationellen Nachrichten durch das religiös-moralische Prisma des Verfassers filtriert und verspottet, weil diese den Sinn der Menschen für die Unterscheidung der für das Leben wesentlichen Dinge von den unwesentlichen abstumpft. Unter dem Begriff „Zeitung" meint hier der Autor die auf verschiedenste Weise verbreiteten Nachrichten, unter ihnen jedoch — nach gewissen Anspielungen zu urteilen — ganz gewiß auch die Zeitung als festgelegte literarisch-publizistische Gattung.

Mit Hinsicht auf die Situation der benachbarten deutschen Literatur, wo die gedruckte prosaische Zeitung schon im 16. Jahrhundert und auch später in enger Symbiose mit dem Bänkellied existierte, ist die Frage gerechtfertigt, in welchem Verhältnis diese zwei Gattungsformen in der tschechischen Literatur standen. Die bisherigen Studien führten zur Feststellung, daß das deutsche Bänkellied oft als Reklame zum Verkauf der gedruckten prosaischen Zeitung diente.[23] Ein solcher Zusammenhang ist in der tschechischen Literatur nicht belegt, bzw. die wechselseitige Beziehung des Verses zur Prosa ist in der tschechischen Zeitung — und scheinbar auch noch in anderen funktionellen Beziehungen — nur episodisch,[24] im Grunde genommen kamen diese funktionell verwandten publizistischen Arten historisch nacheinander zur Geltung. Das 16. Jahrhundert bildet überwiegend die Epoche der prosaischen Zeitung. Das Zeitungslied beherrscht das Feld erst

[22] A. M. Pantschenko, Tschesko-russkije literaturnije swjazi XVII weka, Leningrad 1969, S. 26.

[23] Vgl. B. Václavek—R. Smetana, České písně kramářské (Tschechische Bänkellieder), 2. Ausg., Praha 1949, S. 15.

[24] Zum Beispiel: Noviny jisté o dobytí města Bytče . . . (Sicherer Bericht über die Einnahme der Stadt Bytča), 1595 (Roudnicer Konvolut Nr. 39), bringt als Nachtrag zwei banale Absätze in Versen von den Tugenden des christlichen Soldaten; Noviny z Uher a o zázraku božském v české zemi (Berichte aus Ungarn und von einem göttlichen Wunder im Böhmerland), 1594 (ebenda Nr. 19), sie werden auf dem Titelblatt mit einem kurzen moralisierenden Gedicht über die türkische Gefahr eingeleitet.

seit der 2. Hälfte des 17. Jahrhunderts.[25] So wie im 16. Jahrhundert wirkliche gedruckte Zeitungslieder nur sporadisch vorkommen (z.B. im Jahre 1526 das Lied über die Schlacht bei Mohács),[26] so blieb aus der Zeit nach dem Dreißigjährigen Krieg nur eine unbedeutende Anzahl gelegentlicher prosaischer Zeitungen erhalten.

Mit dem Bänkellied, das in der bisherigen Fachliteratur schon eine verhältnismäßig reichliche Bearbeitung fand,[27] verbinden die Zeitungen des 16. Jahrhunderts bedeutende funktionelle und charakteristische Züge: das Bestreben nach möglichst genauen Daten, Orts- und Namensangaben der mitgeteilten Ereignisse, nach Erfassen der Details, ja auch nach Reihenfolge der Ereignisse, das Bestreben, die Nachricht mit einer allgemeinen ideologischen Problematik — meist als positives oder negatives Exempel — in Zusammenhang zu bringen. Die alte literarische Praxis der warnenden Beispiele bekam hiermit in der Zeitung wie auch im Zeitungslied eine bemerkenswerte Modifikation und neue Anwendung.

Die prosaische Zeitung unterscheidet sich vom späteren Zeitungslied in ihrem überwiegenden Interesse für Ereignisse, welche in entfernten Ländern vorgekommen sind oder — bei ausgesprochen fantastischen Berichten — wenigstens dorthin lokalisiert wurden. Das Zeitungslied kennt diese Beschränkung auf ,,ausländischen Stoff" nicht. Der wichtigste Unterschied zwischen den zwei Gattungsformen besteht jedoch darin, daß das Zeitungslied schon mit seiner Versform viel fester an die literarische Sphäre gebunden war, als die prosaische Zeitung, mit allen Folgen, die sich daraus im Laufe der weiteren historischen Entwicklung für beide Gattungen ergaben.

Die erwähnten Eigenschaften, Beziehungen und Zusammenhänge deuten darauf hin, daß das Gebilde der Zeitung in der zweiten Hälfte des 16. Jahrhunderts für eine gewisse Zeit zu einer der Gattungsformen der tschechischen literarischen Publizistik wurde. Die Zeitung repräsentierte ein kräftiges Mittel zur Gestaltung der öffentlichen Meinung und blieb auch auf die traditionellen literarischen Gattungen nicht ohne Einfluß, wie das in Paprocký zu sehen war. Selbst der Begriff ,,novina", der in der gegebenen Zeit, genauso wie früher und auch später, zur Bezeichnung des literarisch-publizistischen Genres sowie auch zur Benennung der auf welche Art immer verbreiteten Nachricht[28] im breiteren Sinne diente, weist auf einen engen

[25] Vgl. B. Beneš, Světská kramářská píseň (Das weltliche Bänkellied), Brno 1970, S. 36.

[26] Siehe Č. Zíbrt, Dvě písně o bitvě u Moháče 1526 (Zwei Lieder von der Schlacht bei Mohács 1526), Časopis Českého muzea (Zeitschrift des tschechischen Museums) 1905, S. 370.

[27] Vgl. zit. Auswahl von B. Václavek und R. Smetana, České písně kramářské (Tschechische Bänkellieder), weiterhin die Auswahl von M. Novotný, Špalíček písniček jarmarečních (Bücherl der Jahrmarktslieder), Praha 1940; P. Bogatyrev, La chanson populaire du point de vue fonctionnel, Travaux du Cercle Linguistique de Prague 6, Praha 1936; B. Václavek, O české písni lidové a zlidovělé (Vom tschechischen Volkslied und vervölkischtem Lied), Praha 1950, Sborník Václavkova Olomouc 1961, Praha 1963, und die zitierte Schrift von B. Beneš, Světská píseň kramářská (Das weltliche Bänkellied).

[28] Die Bedeutungen des Wortes ,,novina" in der älteren Sprache erläutert J. Jungmann, Slovník česko-německý (Tschechisch-Deutsches Wörterbuch), II. Teil, Praha 1836, S. 735 f.

Zusammenhang der Zeitungsgattung mit der außerliterarischen Sphäre hin. Trotzdem müssen wir in einer gewissen Periode (etwa in der 2. Hälfte des 16. Jahrhunderts) mit der Zeitung als einer festgelegten literarisch-publizistischen Gattung rechnen, welche zeitlich bedingt und durch ihre inneren und äußeren Eigenschaften abgegrenzt war, so wie das übrigens auch bei anderen literarischen Gattungen der Fall ist. Darum ist auch die Zeitung als ein Bestandteil des zeitgemäßen literarischen Gattungssystems zu betrachten. Die verhältnismäßig kurze Lebensdauer der Zeitung bietet im Hinblick auf die tschechischen literarischen Traditionen ein anregendes Material zu Erwägungen über Entstehen und Vergehen literarischer Gattungen, wie sie beim heutigen Studium der historischen Poetik erscheinen. Das Beispiel der Zeitung führt so konkret zur Stellung der Frage, welche Bedeutung der Buchdruck bei der Entwicklung der literarischen Gattungen hatte.

THE FIRST SCHOLARLY MEDICAL BOOK IN HUNGARIAN *ARS MEDICA* OF GYÖRGY LENCSÉS

JÓZSEF SPIELMANN, ZSOLT TRÓCSÁNYI
and KAROLA L. SZINI

It is hardly possible to overestimate the importance of a recent achievement of literary scholarship which has expanded and deepened the concept of the Hungarian Renaissance.[1] In the wake of modern analytical research we can see that for all their contradictions the Renaissance and the Reformation constituted a coherent process which culminated in the second half of the sixteenth century. The relationships between the Reformation, on the one hand, and vernacular culture, literature and religious movements, on the other, thus now appear in a new light.

The new results cannot be overlooked by science-historians either, particularly because the period of the Renaissance coincides with the emergence of the first significant scientific and medical books in Hungary. Contemporary scholarly works marked by highly varied interest, philological endeavours and humanistic tone are part and parcel of the intellectual façade of the Hungarian Renaissance. Consequently, it would be desirable that linguists and scientists should have devoted special attention to the study of works which are outstanding when looked at from the angle of the history of civilization. However, this has not been the case so far.

Nothing could explain this point better than the adverse fate of the manuscript known as "A Hungarian Medical Book from the 16th Century". This work, containing some 1000 folios, is a prominent product of vernacular science in Transylvania. Disregarding the Hungarian *Chirurgia* — known merely from hearsay — of János Balsaráti Vitus, we can state that the former manuscript was the first systematic-scientific medical work to extend to the entire human body and impart comprehensive information in Hungarian. Its first reviewer, Béla Varjas, described it — not without justification — as an unparalleled achievement in contemporary science.[2] The manuscript itself had neither antecedents nor successors for at least a century — up to *Pax corporis* by Ferenc Pápai Páriz.

[1] Klaniczay, Tibor: Reneszánsz és barokk (Renaissance and Baroque). Szépirodalmi Kiadó, Budapest, 1961; Kardos, Tibor: Reneszánsz és barokk kutatások (Renaissance and Baroque researches). Irod. Tört. Közlemények. 1969, No. 4; Szigeti, József: A mű és kora (The work and its age). Kriterion Könyvkiadó, Bucureşti, 1970.

[2] XVI. századi magyar orvosi könyv. Bevezetéssel ellátva közzéteszi Varjas Béla (A Hungarian medical book from the 16th century. Edited, with an introduction, by Béla Varjas). Erdélyi Tud. Int., Kolozsvár, 1943.

Nor is it accidental that we have mentioned this manuscript as an ill-fated one. It was more than sixty years ago, in 1913, that Károly Gulyás, the erudite custodian of the Teleki Library at Marosvásárhely, called the attention of Hungarian scientific circles to this rare manuscript in a short review interspersed with a few selections.[3]

The manuscript itself was by then some 350 years old and had been lying latent in the library of the Teleki family for a century and a half. However, Gulyás's review also remained unheeded for at least a quarter of a century. Neither linguists nor science-historians seemed to show any interest in it. It was only Gyula Magyary-Kossa, a prominent expert on medical literature, who referred to the manuscript on the basis of Gulyás's review. But even he failed to recognize its real importance.[4]

It remains the undying merit of Béla Varjas to have turned the attention of both linguists and science-historians towards the manuscript. He reviewed it in 1940[5] and in 1943 produced an exact edition of the manuscript with a scholarly introduction, although without a title-page, prefatory note, short of 25 folios. The title ,,A Hungarian Medical Book from the Sixteenth Century'' is also due to Varjas.

With the single exception of Rezső Alföldi, Varjas's edition escaped the notice of scholars. László Jakab may be right when he explains this unconcern by the war-situation.[6]

The medical world neglected almost completely this certainly creditable achievement of Varjas.

What notice it received was critical. An outstanding medical expert, Professor Zoltán Vámossy, commented shortly[7] as follows: the manuscript must have an undoubted lingustic merit if Varjas "had thought it worthwhile to print and publish . . . the entire voluminous codex, on behalf of a distinguished scientific society, in this brilliant guise. We are sorry and think the effort superfluous, especially today when even outstanding scholarly books and textbooks can be published only by special licence on paper provided by the minister's order. To be quite frank, medical science could easily have done without it, since in the sixteenth century it was nothing else but popular quakery !"

However, history plays funny tricks. Owing to the unprecedented advance of medical science, the majority "of works of a high scientific level" written some 25 years ago are by now out of date. On the other hand, the manuscript

[3] Gulyás, Károly: Orvosságos könyv a XVI. századból (A book of drugs from the 16th century). Magyar Nyelv, IX, 1913, pp. 373—377.

[4] Magyary-Kossa, Gyula: Magyar Orvosi Emlékek (Medical documents from Hungary). Vol. III. Budapest, 1931, p. 283.

[5] Varjas, Béla: Egy XVI. századi magyar nyelvű orvosi kompendium (A medical abstract in Hungarian from the 16th century). Magyar Nyelv, XXXVI, 1940, No. 3, pp. 159—167; see also in Lencsés's medical book, ibid. No. 4, pp. 264—9.

[6] Jakab, László: Lencsés György ,,Ars Medica"-jának ö-zése (The "ö" sound in György Lencsés's Ars Medica). Magyar Nyelvjárások, VIII, Budapest, 1962, pp. 29—59. See also Note 11.

[7] Vámossy, Zoltán: XVI. századi magyar orvosi könyv (A hungarian medical book from the 16th century). Orvosi Hetilap, 1943, No. 38, p. 466.

published by Varjas as the first example of medical science in Hungarian, rose in prominence, side by side with the pioneering works of János Apáczai Csere and Ferenc Pápai Páriz.

Varjas was not yet familiar with the fact that the Teleki Library at Marosvásárhely also contained an eighteenth-century copy of this sixteenth-century medical book. Elek Farczády and Attila T. Szabó[8] are entirely justified in being amazed that Károly Gulyás did not inform Varjas that the library had possessed since the late eighteenth century a copy made at Erdőszentgyörgy in 1757 — as borne out by the manuscript catalogue. True, Gulyás did not mention this copy in his review of 1913, but it is evident that Gulyás must have known of its existence when Varjas visited the library some thirty years later, for in a manuscript catalogue that Gulyás himself edited in 1939 he mentions this second manuscript — i.e., this copy. It is true that Varjas spent but a short time at Vásárhely in studying the manuscript to be published, producing his edition from photographic copies.

It was Rezső Alföldi who in 1944[9] first described the Erdőszentgyörgy copy and in 1956 — independently of him — Imre Kónya[10] did the same. Finally, in 1961, Elek Farczády and Attila T. Szabó dealt at length with the original manuscript and copy. The latter two scholars were the first after Varjas to pay due consideration to this medical book written in the sixteenth century. They also provided trustworthy evidence to prove the authorship of György Lencsés. Comparing the Varjas edition with the Erdőszentgyörgy copy, they also proved that the latter one has considerable surplus wording, although the former is at times longer. Even the texts of the two manuscripts differ occasionally.

On the ground of data relating to contemporary authors quoted in the manuscript and of the watermarks on the paper, Varjas attributed the work's emergence to the last quarter of the century, or rather to the seventies. Farczády and Szabó, confronting the original manuscript of *Ars Medica* with a letter dated March 28th 1577, written by Lencsés, and addresed to the judge of Beszterce, came to the conclusion that both were written by the same hand. This makes them consider the years around 1577 to be the time when the clear copy of the original work was produced.

Neither Elek Farczády nor Attila T. Szabó was familiar with another manuscript written by Lencsés to be discussed below, a receipt dated September 23rd, 1583, of a mortgage of Felsődiód deposited by Chancellor Farkas Kovacsóczy (Chapter Archive of Gyulafehérvár: Lymbus 1. cs. b. pallium). A comparison of the manuscript and the letter written by Lencsés as reprinted in the supplement to the Farczády–Szabó article proves the evident identity of the two hands. It is an expertly running hand with ample spaces between the lines and very clear characters — the shapes of the

[8] Farczády, Elek and Szabó T., Attila: Újabb adalékok a XVI. századi orvosi könyv kérdéseihez (New contributions to the questions of a medical book from the 16th century.) Magyar Nyelv, 1961, LVII, No. 2, pp. 173—183.

[9] Alföldi, Rezső: Ars Medica . . . Irodalomtörténeti Közlemények, 1944, LIV, pp. 62—68.

[10] Kónya, Imre: XVI. századi magyar orvosi könyv (A hungarian medical book from the 16th century). Orvosi Szemle, 1956, II, No. 4, pp. 85—86.

letters showing marked resemblance, including an inconsistency of the writer that proves the identity: Lencsés pulls down the ending line of letter *h* deep under the row, or else finishes it at the bottom of the same.

Nonetheless, interest in *Ars Medica* did not increase even after the discovery of the copy and in spite of renewed studies, although — as we have said above — Hungarian Renaissance studies have been put on a new footing. To the best of our knowledge, it was only László Jakab[11] who studied the manuscript from the aspect of language, trying to discover its dialectal features. There was little interest on the part of historians of science. Imre Bartók[12] in his writings on the history of Hungarian ophthalmology and György Huszár[13] in his on dentistry only refer to the respective chapters of *Ars Medica,* particularly to pharmacopoeia. Ferenc Kovács in his papers on the history of medicine seems to give the best consideration of this work.[14] Speaking of the earliest literature of tuberculosis in Hungary, Kovács analyses the chapters of *Ars Medica* dealing with phthisis: he tries to discover its sources and quotes interesting data on the medical learning of the period.

In this article we intend to submit new data on György Lencsés, author of the manuscript, trying at the same time to pose questions concerning the history of science and civilization as raised in *Ars Medica.* We rely on many years of research in archives in Transylvania and Budapest and in the Medical and Pharmacological chairs of the university of Marosvásárhely.

When we started this work we hardly had anything to rely on. As far as the person of György Lencsés was concerned, there were scanty facts available but there were no historical sources for the work itself. Péter Bod, an inspired student of ancient Transylvanian and Hungarian literacy,[15] does not seem to have known anything about Lencsés and the manuscript of *Ars Medica.* István Weszprémi, the father of medical history, who in his four-volume medical history,[16] a source-book indispensable even today, provides ample information on all "sons of Aesculapius" he had ever heard of, supplying also data on long lost medical writings, does not hint at the existence of this 1000-page manuscript. The contemporaries of Lencsés, medical men of humanist culture, scholars and scientists with whom he served together in the court of the Báthorys — with the exception of István

[11] Jakab, László, Megjegyzések a XVI. századi magyar orvosi könyv kérdéséhez (Contributions to the question of a 16th-century Hungarian medical book). Magyar Nyelv 1962, LVIII, pp. 76—77. See also Note 6.

[12] Bartók, Imre: A magyar szemészet története (History of Hungarian ophthalmology). Budapest, 1965, pp. 19—26.

[13] Huszár, György: A magyar fogászat története (History of Hungarian dentistry). Budapest, 1965, pp. 21—24.

[14] Kovács, Ferenc: A XVI. századbeli magyar orvosi könyvről (On a 16th-century Hungarian medical book). Orvosi Hetilap, 1955, XCVII, No. 35, pp. 977—979; Kovács, Ferenc: Fernel hatása a gümőkór magyarországi korai irodalmára (Fernel's influence on early Hungarian literature on tuberculosis). Communicationes ex Bibl. Hist. Med. Hung. 1960, No. 19, pp. 13—40.

[15] Bod, Péter: Magyar Athenas avagy az Erdélyben és Magyarországon élt tudós embereknek . . . Historiájuk (Hungarian History . . . of Athenas or the learned men who lived in Transylvania and Hungary). 1766.

[16] Weszprémi, István: Succincta Medicorum Hungariae et Transylvaniae Biographia, I—IV, Lipsiae—Viennae, 1774—87.

Szamosközi and Marcellus Squartialupus of whom we shall speak below — do not mention his name in their writings nor in their correspondence. We can surmise that some data relating to him may have gone astray, or that they may still be undiscovered.

All that we know about Lencsés and his work is due to Béla Varjas, Elek Farczády and Attila T. Szabó. We continued our research following in their footsteps.

Before submitting our recent findings, we believe that the Erdőszentgyörgy title-page should be first described, for we shall be referring to it several times below.

The full text of the title-page is the following:

"*ARS MEDICA (az az:) Olly Könyv, melljben minde(n), /féle nyavallyák ellen, (:mellyek szok/tanak történni az emberi testben:) sok hasznos és gyakorta meg pro / bált ORVOSSÁGOK találtatnak./*[8] *Mellyet először öszve szedegetett Tudos emberek, / nek Observatiojokbol LENTSÉS GYÖRGY / Waradon 1610 Esztend: 26 Maii / Most pediglen ujjalag(!), szent es Istenes szán / dékából, hogj mind maga Uri Házában eshető (:mellytől Isten őrőzze:) mind pedig más ügje / fogjottakon történhető mérges és meg emésztő / nyavallyák ellen tudjon használni. Mlsgs és Groff / Rhedei Rhedei Sigmond Ur kedves élete / Párjával B. Weseleny Kata Asz(sz)onnyal / le irattatott. Erdő Sz. Györgjon 1757 Januario) Z. J. S. által.*" ("ARS MEDICA or such a book as contains many useful and time-tested MEDICAMENTS against all kinds of maladies which attack the human body. First compiled from Observations of Wise men by GYÖRGY LENCSÉS at Várad on May 26th, 1610. And now written down anew with the pious and godly intention that it should be of use in keeping away from her Lordly House (:may God save it from such:) the noxious and consuming diseases, as well as from other distressed people. On order of the Baroness Kata Weseleny, dear spouse to my Honourable Count Sigmond Rhedei Rhedei. At Erdőszentgyörgy, in January 1757, by Z. J. S.")

GYÖRGY LENCSÉS — BIOGRAPHICAL AND FAMILY HISTORY DATA

In the original abridged manuscript of *Ars Medica* we can read on page 77 of Book I: "I György Lencsés have tried this medicine and found it good". On the basis of this remark, even without knowing of the eighteenth-century copy containing the title-page, Béla Varjas gave prominence to the person of Lencsés, although still as a copyist and not as author of the work.[17] It was Varjas again who, quoting from a popular biography of István Báthory written by Endre Veress,[18] confirmed that György Lencsés served in the court of the Báthorys as inspector of the kitchen staff. In May, 1583, he was member of a group of noblemen and courtiers who accompanied Griseldis Báthory, daughter of Kristóf and sister of Zsigmond, to Cracow,

[17] Varjas, Béla: XVI. századi magyar orvosi könyv (A Hungarian medical book from the 16th century — see Note 2), p. XIV.

[18] Veress, Endre: Báthory István király (King Stephen Báthory). Terror hostium. Budapest. 1937, p. 212.

where she was to be married to the Polish chancellor, John Zamojski. We find new data on the connections of Lencsés with the Báthorys in the study of Elek Farczády and Attila T. Szabó. When György Lencsés addressed his above-mentioned letter dated 1577 to the judge of Beszterce, he signed himself as "the faithful Master of Ceremonies of her Grace", i.e. the wife of Kristóf Báthory.[19]

In 1577 he was the master of ceremonies of the princess, in 1583 "only" inspector of the kitchen staff? The latter position may prove that Lencsés was a doctor by profession, since this office depended much on therapeutical knowledge: however, it may also indicate that after the death of Kristóf Báthory he lost favour — so the researchers surmised, with full justification. But in the light of more recently discovered data, this surmise did not prove true.

We read in the work of Endre Veress, as quoted by Varjas, that among the members of the aristocratic retinue we find the names of Miklós Orbay and György Linczicz, M. C. side by side with the name of Lencsés. This Transylvanian retinue is mentioned also in an earlier handbook written by Veress.[20] However, here we find only the names of "Nicolaus Orbay and Georgius Linczicz, magister curiae", listed among noblemen and higher dignitaries. Since this may mean that György Lencsés was identical with Georgius Linczicz, who had filled the office of master of ceremonies for the past six years too, therefore it seems that during the minority of Prince Zsigmond Báthory he was not out of favour. As proof of this fact we refer to a document issued on September 2nd, 1583, in the year of the Cracow journey, by the prince himself. Here Zsigmond Báthory speaks of many years of useful service rendered by György Lencsés to the country, to Kristóf Báthory and his wife, and *to his own self*.[21]

How did the name of Linczicz get into Veress's book? The name of Lencsés was written according to the contemporary spelling as *Lenczies*, and this, since it was a sixteenth-century manuscript, could easily be read as *Linczicz*. However, it may also be a misprint is Veress's handbook: yet in a popular writing it seems unnecessary to mention both names.

So much by way of introduction, to demonstrate critically the ambiguity of earlier data. Our more recent data derive from the archive of the one-time Saxon Universitas and the archives of the Chapter of Gyulafehérvár and the Convent of Kolozsmonostor.[22] All these prove conclusively that György Lencsés filled in the last decades of the sixteenth century — right up to his death — important offices in the court of the Báthory princes.

[19] Farczády, Elek and Szabó, T. Attila: op. cit., p. 177.

[20] Veress, Endre: Báthory István király lengyel számadáskönyveinek magyar- és erdélyországi adalékai. 1576—1586 (Hungarian and Transylvanian data in the Polish account-books of King Stephen Báthory. 1576—86). Fontes Rerum Hungaricarum, Tom. III, Budapest 1918, p. 207.

[21] Magyar Országos Levéltár (Hungarian National Archives, to be referred to as MOL): Gyulafehérvári Káptalan Országos Levéltára (Arch. of Gyulafehérvár Chapter): Libri Regii F 1 —: L. R. Sig. Báthory I., pp. 110—111.

[22] Spielmann, J. and Szini, L. Karola: Adalékok Lencsés György Ars Medica c. műve kérdéséhez (Contributions to the question of Lencsés's *Ars Medica*). Újabb adatok Lencsés Györgyről (New facts on Gy. L.). Orvosi Szemle, 1970, XVI, No. 1, pp. 109—114.

(a) *Official Career*

Our first evidence can be traced back to the period before 1581. A "*mandatum statutorium*" issued at Gyulafehérvár on March 25th, 1581, by Kristóf Báthory testifies that György Lencsés had been the Master of Ceremonies of the Princess, Erzsébet Bocskay, and continued to offer faithful service to the Prince himself.[23] When this mandate was issued the princess was no longer alive, and in May of the same year Prince Kristóf Báthory also died. Beside the above-mentioned 1583 data, the following evidence can be mentioned: in an *attestatum*[24] dated March, 1587, György Lencsés figures as treasury comptroller — *exactor rationum principis*. Some four years later, in a deed of donation, dated March 15th, 1591, Zsigmond Báthory, in return for services to the members of the princely family, and to the Prince himself, rewarded the said comptroller, *praefectus rationum nostrarum*, György Lencsés.[25]

Between 1589 and 1593 the receipt of the payment of certain taxes levied on the Saxons had been first signed by the ruling prince[26] and then countersigned, first by György Lencsés and as a second hand by Gergely Gyarmathy. The latter was called on a receipt as *cubicularius noster*,[27] meaning a regular clerk working in the prince's treasury. It emerges from the documents, although Lencsés's rank is not mentioned, that he probably kept until his death the office of comptroller.

Another important piece of information relates to the time of Lencsés's death. According to a fragmentary record kept by the historian István Szamosközi to commemorate the events of the prince's court in 1593: "6. Mai Georgius Lenthyes obiit".[28] This date is further authenticated by the fact that after 1593 the name of Lencsés occurs only in deeds to allot his estate and house to his successiors.

(b) *György Lencsés's Social Status*

There seems to be no doubt that Lencsés came from the stock of the nobility, although the letter patent to prove it has never been recovered. The above-mentioned letter of inauguration speaks of him as *spectabilis et*

[23] MOL: Gyulafehérvári Káptalan Országos Levéltára (Arch. of Gyulafehérvár Chapter): Protocolla — F 2 —: Protocollum Adam primus homo, pp. 102—103.

[24] MOL: Gyulafehérvári Káptalan Országos Levéltára (Arch. of Gyulafehérvár Chapter): Protocolla — F 2 —: Protocollum Adam primus homo, 259/v—260/v.

[25] MOL: Kolozsmonostori Konvent Országos Levéltára (Arch. of Kolozsmonostor Convent): Protocolla Libri Regii et stylionaria — F 15 —: 11. k. 20:/v.

[26] Szebeni Állami Levéltár: Szász Universitas Levéltára (State Arch. of Szeben: Arch. of Saxon Un.) Urkunden, IV, pp. 1322, 1324, 1326, 1338—40, 1360—1, 1366, 1371—2.

[27] Szebeni Állami Levéltár: Szász Universitas Levéltára (State Arch. of Szeben: Arch. of Saxon, Un.). Urkunden, IV. p. 1366.

[28] Scriptores Rerum Hungaricarum minores hactenus inediti . . . Edited by M. Gy. Kovachich, 1798, Buda, p. 209. Szamosközi, István történeti maradványai (1542—1608) (The historical remains of István Szamosközi). Ed. by S. Szilágyi, Vol. IV. (Tisc. Notes). Budapest, 1880, pp. 460—461.

egregius. In other documents he is always referred to as *egregius*. This title was due only to a nobleman. He obtained estates at Gyulafehérvár and possessed a sumptuous country house. (This will be discussed below at greater length.)

However, it may cause some confusion that on November 2nd, 1654, György Rákóczi II awarded the title of a nobleman to an infantryman of Várad called Mátyás Lenczes, who had already served as an officer.[29] György Lencsés also used the title of nobility *de Várad*. There is a good reason to suppose that the two men were related, the more so since the text of the patent of nobility described Mátyás Lencsés as "alias etiam haud obscuro genere et ignobilibus Parentibus oriendus esset". The question is justified: if Mátyás Lencsés did not come from a non-noble family, why was it necessary to award a new nobility to him? Why was it not enough to confirm his old nobility? However, it is also likely that Mátyás Lencsés came from another branch of the Lencsés family of Várad and that the *parentes* expression refers to the rank of those. Moreover, it is not unlikely that the descendants of György Lencsés became impoverished and that Mátyás Lencsés, a distant offspring, had made a career starting as a brave soldier fighting in the border fortifications. Under the circumstances his former nobility was as good as lost, since no documents existed to prove it, and so he thought it better to obtain a new one.

(c) *György Lencsés and his Estate*

Lencsés had been in the service of princes for a long time, and during it he purchased various properties, as the divisions of the archives, particularly of the Chapter of Gyulafehérvár, bear witness. Let us note here that the copies of records of possessory rights issued by 'authentic offices' are not fully at our disposal from the decades under discussion. So it is very likely that Lencsés possessed far more than the not insignificant estate emerging from our data. The property that he purchased was very characteristic for a man of Lencsés' status, not only regarding the mode of acquisition but also its (presumable) proportions. In type the acquisitions belong to one of the main forms of accumulation of property in the 16th—17th centuries: acquisition in return for service rendered to princes (lords); their probable proportions point to the fact that a more important princely clerk (who however does not reach the top rank in the princely administration) was on the level of the wealthier "county nobility".

Our new data are the following:

In the above-mentioned mandate of Kristóf Báthory, dated March 25th, 1581, the Chapter of Gyulafehérvár was ordered to register Lencsés as owner of a property at a place called Salygó, on a hill near Gyulafehérvár. It had belonged to Máté Nagy of Szentfalva (Zenthfalva), who neglected to statute himself on it so that with the latter's death it reverted to *fiscus*.

[29] MOL: Gyulafehérvári Káptalan Országos Levéltára (Arch. of Gyulafehérvár Chapter): Libri Regii — F 1 —: XXVI. k. pp. 417—19.

It was similarly during the reign of Kristóf Báthory that the property affairs of Lencsés began at Felsődiód (County Fehér). First he received the village from Kristóf Báthory as security against the loan of 2000 florins. However, after the prince's death he was forced to withdraw by somebody who was more powerful than himself. Chancellor Farkas Kovacsóczy also coveted Felsődiód and obtained permission from István Báthory to pay back the loan to Lencsés. In 1583 (according to the receipt made out on payment on September 3rd) the property was in due course handed over to this potentate.[30] To compensate him for his loss, Zsigmond Báthory reassured Lencsés on September 2nd, 1583 (with István Báthory's consent), that, recognizing his many years of service to Kristóf Báthory and his wife, he was willing to donate to him some 16—20 serfs as soon as properties fell back to *fiscus* on the plea of *defectus seminis or otherwise.*[31] However, the property affairs of Felsődiód had not even then come to a close. It is not at all clear which part of Felsődiód had belonged to Máté Nagy of Szentfalva. Was it the same that had been given to Lencsés, and later to Kovacsóczy? Did Lencsés again enter the scene for one reason or another? Or was it the other portion of the village he had received? However, it is a fact that on May 28th, 1584, the widow of István Sipos, née Zsófia Gyulay, prevented Lencsés, as well as Mihály and István Nagy, by *contradictio et inhibitio* made before the requisitor of the Chapter of Gyulafehérvár, from obtaining the properties (due to her).[32]

Nevertheless, the royal promise made on September 2nd, 1583 was not without its consequences.[33] In the following year, on May 1st 1584, Lencsés obtained from the Prince an estate at Kabláspataka (County Bihar). It had originally belonged to Mihály Thelegdi, but owing to his involvement in a conspiracy against István Báthory, it was confiscated and given to Farkas Komáromy. Since he had died without issue, it went first to the treasury, then became the property of György Lencsés. Zsigmond Báthory also gave to him and to his descendants of both sexes, according to a letter of donation dated March 15th, 1591, a portion of the royal estate of Karácsonyfalva (Udvarhelyszék), with the exception of land and rights held in the village by Székely freemen (descendants of chieftains and members of para-military communities).

The social status of the Lencsés family is brought out also by the further lot of the Udvarhelyszék estate. Almost immediately after the death of Lencsés, Farkas Kornis, government official of the Udvarhelyszék District, began to seize the plowland belonging to the estate. There was nothing else for Lencsés's children to do but appeal to the Prince, who subsequently, on

[30] MOL: Gyulafehérvári Káptalan Országos Levéltára (Arch. of Gyulafehérvár Chapter): Lymbus — F 12 — l. cs. 5. pallium. Mentioned by Szádeczky, Lajos: Kovacsóczy Farkas. Magyar Tört. Társ. kiadása (Ed. of Hung. Hist. Soc.). Budapest 1891, p. 71.

[31] MOL: Gyulafehérvári Káptalan Országos Levéltára (Arch. of Gyulafehérvár Chapter): Protocolla — F 2 — Protocollum Adam primus homo, p. 110.

[32] MOL: Gyulafehérvári Káptalan Országos Levéltára (Arch. of Gyulafehérvár Chapter): Protocolla — F 2 —: Prot. Adam primus homo, p. 110.

[33] MOL: Gyulafehérvári Káptalan Országos Levéltára (Arch. of Gyulafehérvár Chapter): Libri Regii F 1 — L. R. Sig. Báthory I. 268/v—269/r.

July 3rd, 1593, ordered Kornis to return what had been taken away from them by seizure; or to seek his right to what he pretends to have just claim in the usual legal course.[34] But the end of the affair is not known, and it is questionable how long Lencsés's heirs enjoyed princely protection against an adversary more powerful than they (the Kornis family was just approaching the peak of its flourish, belonging to the top layer of Transylvanian aristocracy).

(d) *The House of György Lencsés at Gyulafehérvár*

In the series of acquisitions, the case of the Gyulafehérvár house requires special consideration.

According to available data, György Lencsés owned in Szász (Saxon) Road of Gyulafehérvár a nobleman's mansion. An attest of September 1614 confirms that Lencsés bought the house from János Borbély, barber to the Prince.[35] According to a piece of evidence the house used to belong to a certain Mrs. Péter Kocsis, widow of a coachman of the Prince or that of some other aristocrat. There is other evidence to prove that first János Ghychy's coachman, Balázs Makay, had bought it from János Borbély, from whom then it was purchased by Lencsés. Thus, originally, the Lencsés house must have been a dwelling bought and resold by court servants. In all appearance, it was György Lencsés who extended a nobleman's right on to the house and site. It is a fact that when his descendants sold it, they spoke of it as a nobleman's mansion. In all likelihood it was during the life-time of Lencsés that certain changes had taken place in the status of the Gyulafehérvár property which also raised the rank of the Lencsés house. It is clear from other papers[36] that at the time when the Lencsés house was sold — in May, 1597 — the immediate neighbours on both sides were Farkas Bethlen (father of Gábor Bethlen) and Pongrác Sennyey, the councillor and master of ceremonies, one of the most respectable aristocrats in Transylvania. The house in Szász Road must have been considerably improved by Lencsés who also turned the garden into a vineyard. His sons, Mihály and Gábor, sold it in 1597 at the high price of 700 Hungarian florins to the city of Brassó.

We can form a fairly correct estimate of the architecture and value of Transylvanian houses in the late sixteenth and early seventeenth century from our knowledge of conditions in Kolozsvár. Zsigmond Jakó tells us[37]

[34] MOL: Múzeumi Törzsgyűjtemény — R 224—: 1909: 63.

[35] MOL: Gyulafehérvári Káptalan Országos Levéltára (Arch. of Gyulafehérvár Chapter): Centuriae — F 3 — V. 43.

[36] MOL: Gyulafehérvári Káptalan Országos Levéltára (Arch. of Gyulafehérvár Chapter): Cista Comitatuum — F. 4 —: C. Albensis Cista V. Fasc. I. Nr. 39.

[37] Jakó, Zsigmond: Az otthon és művészete a XVI—XVII. századi Kolozsváron (The home and its arts in 16th—17th-century Kolozsvár). (Szempontok reneszánszkori művelődésünk kutatásához (Aspects to study our Renaissance culture). Kelemen Lajos Emlékkönyv (Vol. devoted to L. Kelemen). Tud. Könyvk. București 1957, pp. 367—368.

that the majority of houses within the walls of the city were built of stone, but there were many others built wholly or partly of wood. In the outskirts, most of the houses were made of wattles and clay (daub), that is, they were simple village houses. However, in 1627 the appraising judges set the price of Máté Viczey's elegant house at the corner of Szén Road in Kolozsvár at 4000 florins. In 1611 a well-to-do citizen's house in Magyar Road was estimated to be worth 1400 florins. More modest houses, on the other hand, were not worth more than 200—300 florins. The research of Géza Entz[38] illustrates the influence of *Cinquecento* on private house architecture of Gyulafehérvár in the early sixteenth century. Here, too, the rich houses were built of stone. The house of Dénes Gyalni, Bishop of Argyás and canon of Transylvania, was sold at 100 gold florins in 1520. (Note: in estimating the value of a house we naturally have to take into consideration an inflation of the Hungarian florin between 1520 and 1597 and again between 1597 and 1620, the amount of which is not yet exactly known.)

Nonetheless, we can form an idea of the houses of office-bearing court aristocrats from a description of the mansion of Farkas Kovacsóczy at Gyulafehérvár.[39] The cosy, spacious house had a library, a dining room and other tastily furnished premises.

We can well suppose that his contemporary Lencsés, another court official, must have had an exquisitely furnished house in Szász Road, Gyulafehérvár — if not quite as fine as that of Kovacsóczy. Nor would the wealthy city of Brassó have bought a pauper's wooden house for its delegates to the assembly and other official persons trusted to settle affairs with the Prince.

The deed of purchase of the Lencsés house[40] was witnessed by Johannes Muralthus, a court physician of Swiss origin, and his farm manager called Johannes Baptista de Leverotis (Bononiensis). Muralthus, besides his office as court physician, rented the gold and silver mines in Transylvania, therefore he could have had in both capacities contact comptroller Lencsés, also acting as witness when the latter's sons sold their house.

(e) *György Lencsés and his Family*

The archives of the *loca credibilia* are our main sources of data referring to the Lencsés family, which corroborate the main features of the picture we have just painted, that of an official taking part in the princely administration, of a man who as member of the top-level "county nobility" enjoyed the material and class privileges of an office-bearing nobleman.

However, the name of his wife has remained unknown. We know from the records of Szamosközi that she survived her husband by only a few days, herself dying on May 20th, 1593.

[38] Entz, Géza: A gyulafehérvári székesegyház (The cathedral of Gyulafehérvár). Budapest 1958, pp. 120, 158—159.

[39] Szádeczky, Lajos: op. cit., pp. 65—66.

[40] Állami Levéltár, Brassó, Kiváltságlevelek 614 sz. (State Archives, Brassó, Letters patent, No. 614) and doc. referred to in No. 36 (here I express my thanks to Dr. Arnold Huttman for calling attention to this fact).

His son Gábor was mentioned in the *attestatum* of 1587. In 1597 Gábor was among those who sold the house. He may be identical with a Gábor Lencsés who figures in Iván Nagy's Family Encyclopaedia[41] as treasurer of nobility subsidies appointed to that office by the national assembly in 1602. However, an event connected with his youth seems to be more authentic. The above-mentioned statute of March 10th, 1587, ordered the hearing of witnesses at the express demand of György Lencsés, endorsed by the Prince, in order to clarify an affair in which Gábor was involved. The latter was charged with having illegally sold some marten hides. However, the case at hand did not seem to interfere with György Lencsés's career.

In the deed of sale of the Gyulafehérvár house the name of Mihály Lencsés also occurs, side by side with that of Gábor Lencsés: in all probability he was György's son. Voivode Mihai of Havasalföld (Wallachia) mentions in a latter dated June 4th, 1601,[42] a certain Mihály Lencsés who had been sent on a mission to Grand Vizier Ibrahim. It is very likely that he was identical with the son of György Lencsés.

In a protocol of the convent of Kolozsmonostor, dated September 26th, 1596, a receipt by Mrs. David Karkai, née Zsuzsanna Lencsés, was found.[43] It emerges from the same that she had entrusted the sale of certain goods (animals, wheat, carpets) belonging to her husband, Dávid Karkai, a scribe then staying in Poland with his brother-in-law, to Gábor Lencsés. The latter sold 26 oxen for 104 florins, other animals for 102, wheat for 128, and certain carpets for 63, the whole totalling 397 florins. He gave the money to his sister with other objects in his possession belonging to the said Karkai, with the exception of certain carpets, leopard-skins pawned to him, that Lencsés also intended to sell. Mrs. Karkai's goods mentioned above and sold by her brother were worth some 400 florins. Considering that in these days the price of an ox amounted to 4 florins, a silver pot to some 115, a gold goblet to 140, the above-mentioned sum constituted a significant fortune.

It seems worth-while to drop a few words about Dávid Karkai. With him, the fate of a remarkable Transylvanian at the turn of the sixteenth century is getting involved with the Lencsés family. The bearer of this name began as a serf and rose in position to be accepted by the aristocracy — owing to his learning, his services rendered to the Báthory dynasty, and finally, also to his independent political career. He began to study, still as a serf-boy (David Kristóf Karkai, also known as Kristóf Veres) in the service of Gábor Csáky, nephew to the Chancellor Mihály Csáky. Dávid Karkai must have entered the service of Boldizsár Báthory around 1580. His achievements were such that in 1587 Gábor Csáky (with regard to Boldizsár Báthory and some others) exempted from serfdom, on July 29th, his father, mother, himself and three brothers and their descendants. He, nevertheless, remained in the

[41] Nagy, Iván: Magyarország családai címerekkel és nemzedéktáblákkal (Coats of arms and genealogical tables of Hungarian families). Pest 1860, Vol. VII, p. 88.

[42] Szádeczky, Lajos: Erdély és Mihály vajda története (1595—1601) (Transylvania and the history of Voivode Mihály). Temesvár 1893, p. 419.

[43] MOL: Kolozsmonostori Konvent Országos Levéltára (Arch. of Kolozsmonostor Convent), Protocolla, Libri Regii et stylionaria — F 15 — Vol. 10, 356/v.

service of Boldizsár Báthory, obtaining around 1590 the nobility (in that year their house at Cracow is already spoken of as a nobleman's mansion). By then he was the *cubicularius* of Boldizsár Báthory (we have already mentioned that this title was applied in the *Prince's administration* to regular treasury officials; as the *cubicularius* of Boldizsár Báthory, Karkai was probably managing the financial affairs of his princely master). In all probability he married Zsuzsanna Lencsés in the early 1590s; as far as his fortune was concerned (judging from the 1596 receipt) he must have been on the level of one of the heirs (to be or effective) of György Lencsés. His career must have halted, at least temporarily, with the fall of Boldizsár Báthory in 1594. It is more than likely that Dávid Karkai fled with Boldizsár's brother, István, to Poland, to the equally proscribed Cardinal András Báthory, who enjoyed full security in the bishopric of Varmia. Up to the present day only one other member of the family is known: János, clerk of the prince's chancery between 1607 and 1619.[44]

On the later history of the Lencsés family only the nobility patent of Mátyás Lencsés can throw some light. It was merely the memory of their former status that survived, nothing else. Mátyás Lencsés was given his coat of arms as late as 1654, after prolonged service in the fortified frontier stations. Later the family disappeared forever — evidently after the fall of the castle of Várad and the dispersion of its inhabitants.

(f) *György Lencsés in Rome*

Our data enumerated above tellingly illustrate the intimate ties of György Lencsés with the Báthory dynasty. Another fact emerges from a letter addressed by the family physician of Kristóf Báthory and the tutor of his son, M. Squartialupus, dated May 6th, 1581, to his master from Rome. The Italian doctor praised very highly the noble qualities of young Zsigmond Báthory then elected ruling prince. At the end of the letter — as a quasi-postscript — he speaks of the physical condition of "D. Lenczius". "Dominus Lenczius nondum a calculo liberatus. Dies placidior. Nox gravior. Non decumbit,"[45] he writes. We suppose that the person who was in Italy together with the court doctor was no other than our Lencsés. The name "Lenczius" can be regarded as the Latinized version of the Hungarian. We have an indirect reference in his work to prove that Lencsés had spent some time in Italy by what he writes on the cure of kidney and bladder troubles. There are, as compared with other chapters, more frequent and more personal remarks: "There is no doubt that this helps to relieve kidney pains", "This has been tried out", "Certain drugs", "This is a miraculous cure to destroy the stone", etc. All this naturally proves that the disease was very common in the period.

[44] Karkai Veres, Dávid, see: Lázár, Miklós: Erdély főispánjai (Lord Lieutenants of Transylvania). Századok, 1887, pp. 405—406. — Karkai, János, see: Kolozsvári Állami Levéltár. Kemény Levéltár (Kolozsvár State Arch. Kemény Arch.), II, 97, IV, 82, 95, V. 338—339, 342; ibid. Récsei Levéltár (Récsei Arch.), I, 10.

[45] Veress, Endre: Documente privitoare la istoria Ardealului, Moldovei și Țării Românești, Vol. II, București 1930, p. 197.

Let us sum up our data: György Lencsés, whose date of birth is unknown, had served from 1577 or even earlier in the court of the Báthorys, first as master of ceremonies to the Princess, later as a treasury official right up to his death in 1593. In Gyulafehérvár he possessed a sumptuous mansion. His sons, Gábor and Mihály, and his son-in-law, too, had fulfilled important functions. Among the well-known medical men and writers of the period he had contact with Squartialupus, Muralthus, Kovacsóczy, and in all probability with others, too, of whom we shall speak later. We also have information of his stay at Cracow and Rome.

*

Are the above data sufficient to bring us nearer to the understanding of Lencsés's work? This is certainly so in one relation: according to the title-page of the eighteenth-century copy of *Ars Medica,* the original work of Lencsés dates from 1610. Béla Varjas, Farczády and T. Szabó, on the other hand, have produced evidence to prove that the original manuscript dates from the 1570s—80s. To explain the contradiction, Farczády and Szabó maintain that between 1570 and 1610 several manuscript versions existed of *Ars Medica*: "As far as we are concerned... we consider the Varjas manuscript to be the first original and clear copy of Lencsés's medical work; the 1610 manuscript must also be attributed to Lencsés, including his emandations, with certain passages left out or rewritten."[46]

However, available documents prove conclusively that Lencsés died in 1593, so 1610 can by no means mark either the beginning or ending of any manuscript version written in his own hand. Varjas, as we have said above, only considered Lencsés as the copyist of the work. However, in possession of the data on the title-page of the eighteenth-century copy, we can today have no doubts as to the authorship of Lencsés, Farczády and Szabó have also proved that the manuscript published by Varjas and the letter addressed to the judge of Beszterce were written by the same hand. We have also found in the recently recovered archive material certain papers written by Lencsés — receipts issued in his capacity as treasury official — and we believe them to be in a hand identical with the hand which wrote *Ars Medica.* Thus we must regard as authentic the text of the title-page as preserved in the eighteenth-century copy to the effect that the material of the original manuscript was "Compiled by György Lencsés from observations of wise men" and also a statement which can be read in the Prefatory Note of the eighteenth-century copy: "... I am writing shortly of diseases and their causes following the observation of wise men." A remark, already quoted as noticed by Varjas, which can be read on p. 77 of Book I of the original manuscript: "This medicine, was tried out by me, György Lencsés," is equally authentic.

We can, however, have doubts with regard to the last statement. This does not affect Lencsés's authorship but rather calls into question whether

[46] Farczády, Elek and Szabó, T. Attila: op. cit., p. 180.

he was a doctor. In the whole work this is the only statement where he is endorsing with his name the efficiency of a drug. Would he have done the same if he had been a doctor? — we can pose the question.

We also have to consider that after the description of a drug in *Ars Medica* the following remark can be read: "A tested remedy", "This has proved efficacious on several persons", etc. All these can be taken as personal remarks and views. In the light of this consideration the former doubt loses much of its weight.

An item on the title-page of the Erdőszentgyörgy copy needs, however, more consideration: "1610 Maii 26." Since we know the exact date when Lencsés died, we cannot regard this to be in any way connected with the date when the original manuscript was written. Nor can we overlook the fact that the date, "26 Maii 1610 Wáradini" occurs not merely on the title-page of the eighteenth-century copy but it is repeated at the end of Book I. In the latter instance it sounds as follows: „Recenter E. Szentgyörgyini 10 Januariis. 1757". Also, in the original edited by Varjas we can read under the table of contents of Book V the date of 1612, written by another hand than Lencsés's. It is hardly credible that the repeated reference to the 1610s in both manuscripts should be due to error. With the date accepted as authentic, and starting from the above-described view of Farczády and Attila T. Szabó, but in the light of recent data, we have come to conclusions somewhat different from theirs.

We also believe that the manuscript edited by Varjas is a clear copy done by Lencsés. On the other hand, we consider the lost or not yet recovered 1610 manuscript to be the work of an unknown copyist who was using the name of Lencsés for reasons of his own. This conjecture is corroborated by the fact that on the title-page of the eighteenth-century copy — as well as at the end of Book I — only the time and place of the copy are indicated and merely initials of the copyist. Our view can, nevertheless, be contested, since Lencsés, who had been some 17 years dead, could neither begin nor end his manuscript version in 1610.

*

All our investigations concerning the university studies of Lencsés have proved so far futile. However, György Lencsés, who for some two decades had fulfilled — according to our data — important court functions, must have been a scholarly man of considerable learning, implying university training. We have come to this conclusion not only because of the numerous Latin sources he made use of in compiling his work, nor because of the frequent use of words of Greek origin. Zsigmond Jakó[47] enumerates convincing data to prove that men in key-positions in the Transylvanian administration in the mid-sixteenth century — from the chancery to various organs engaged in economic affairs — were men of learning who had chiefly studied

[47] Jakó, Zsigmond: Az egyházi és világi értelmiség szétválása a feudális Erdélyben (Separation of ecclesiastical and secular intelligentsia in feudal Transylvania). Korunk, 1967, No. 2, pp. 216–224.

in Italy and were well versed in many foreign languages. It was during that period that learning became a precondition for social advancement. It would be hard to believe that in a turbulent age like that, when so many gifted men of learning were emerging, Lencsés could have held his important court functions for such a long time without schooling higher than the ordinary chapter-school training.

Nevertheless, we have no hint in any of our archive sources to prove that Lencsés had studied in any university, or that he had a medical degree: we do not know whether he ever attended lectures in any medical faculty or university. Going through the university registers of Vienna, Germany (Wittenberg, Heidelberg, Frankfurt), Italy (Padua, Bologna, Rome), and Poland (Cracow), one encounters the name of *Georgius Transilvanus* several times in the first two-thirds of the century.[48] Does any of them refer to György Lencsés? It is very likely. It is also noteworthy that in the registers of foreign universities, in the protocols of the graduation of doctors, and in bursars' registers, the names of all students had not been entered. This can be most conclusively proved by the case of István Báthory, who had studied at numerous European universities.[49]

The more we study the text of *Ars Medica*, the more convinced we become that the author of this compilation edited with so much expert knowledge and erudition must have been a physician or university graduate and not a self-trained educated man. In this belief we endorse the views of Varjas, Farczády, and Attila T. Szabó, insisting on that the author of this seventeenth-century manuscript was a doctor, or a writer with a good medical education. The objection of Ferenc Kovács,[50] who does not believe that Lencsés was a doctor because he did not extol the merits of contemporary medical writers, cannot be accepted, because most of the text of *Ars Medica* was taken from western medical sources, translated either literally or rendered in a shortened version.

So we repeatedly emphasize that the author of *Ars Medica* was no other than György Lencsés. In the light of recent data we can accept this as a corroborated fact. The evidence of the title-page of the Erdőszentgyörgy copy must be taken as conclusive. As compared with the latter, our doubts seem insignificant (that neither contemporary nor later literature speaks of Lencsés as a scholar, that documents are not available to prove either his university training or his medical degree). We repeat, if the title-page of the Erdőszentgyörgy copy — disregarding the date of 1610 — were not so evident, we would have reason to look for the author of *Ars Medica* among other learned humanist doctors (Ferenc Hunyadi, Farkas Kovacsóczy, Pál Gyulai). However, we cannot doubt existing evidence.

We can also pose another question: is the function of Lencsés as master of ceremonies and treasury official not contradictory to his medical profes-

[48] Ádám Dankanits collected these data, placing them kindly at our disposal.

[49] Veres, Endre: A páduai egyetem magyarországi tanulóinak anyakönyve és iratai (Register and other documents of Hungarian students studying at University of Padua). 1264—1864. Fontes Rerum Hungaricarum I., Budapest, 1915, p. 42.

[50] Kovács, Ferenc: op. cit., p. 24.

sion? In the aspect of contemporary practice, these two activities cannot be regarded as conflicting.

Doctors engaged in the court of Queen Izabella and János Zsigmond — Tectander, Struhius, Evangelista — were also entrusted with the tasks of secretary and tutor.[51] Many of the contemporaries of Lencsés (Pál Gyulai, Ferenc Hunyadi, Farkas Kovacsóczy) had held important diplomatic posts in the court of the Báthorys. Although in the period the medical profession was regarded with esteem, András Kubinyi[52] proves the fact that in the first half of the sixteenth century there had been numerous doctors in royal or aristocratic service at Buda — e.g. János Heydenstrich, Jakab Mota, János Weymann — who were engaged in an equal measure in commerce and medicine, or at least in the management of estates. Similar parallels emerge at random. Some decades later one of György Lencsés's successors, the clerk Pál of Gyulafehérvár (Paulus Albaiulius), made great achievements in another profession: he is now regarded, following the researches of Jolán Balogh, as one of the greatest Transylvanian masters of illumination in the early seventeenth century.[53]

We have little information concerning the salaries that court doctors received in Transylvania in the mid-sixteenth century. However, we know that Lestár Gyulafi received an annual payment of 350 florins (in 1597) as secretary and kitchen chief.[54] Marcellus Squartialupus, as court doctor of the Báthorys, was payed the annual sum of 400, later 500 florins.[55] However, this is not a figure to go by, since the Italian doctor was at the same time tutor of Zsigmond Báthory. The office of an accountant treasurer was an important one, most probably better paid than a doctor's, involving also the grant of landed property.

György Lencsés lived at a time when society neither needed nor wanted to support many doctors. (Especially not on the level of a treasury official.) So it is not at all surprising that the author of one of the most prominent medical books should have been engaged in a profession which was far removed from medicine. However, his job did not prevent him, judging from the results, from engaging in scholarly activities.

The court functions of György Lencsés do not conflict with the possibility of his having been a doctor, nor do they prove that he was.

[51] Magyary-Kossa, Gyula: Magyar Orvosi Emlékek (Medical documents). Budapest 1931, Vol. III, pp. 143, 147, 157, 164, 169, 177, 181.

[52] Kubinyi, András: Az egészségügyi foglalkozásúak társadalmi és gazdasági helyzete Budán a XV.—XVI. század fordulóján (The social and economic situation of persons employed in health services at Buda at the turn of the 16th the century). Orvostörténeti Közlemények, Budapest 1970, No. 54, pp. 63—81.

[53] Let us express our thanks to Jolán Balogh for verbally transmitted information.

[54] Gyulafi Lestár feljegyzései (Notes of Lestár Gyulafi), 1565—1605. Edited by Károly Szabó: Magyar Történelmi emlékek, II. oszt. Vol. XXXI, Budapest 1881, pp. 113—114.

[55] Magyary-Kossa, Gyula: op. cit., Vol. III, p. 242.

THE MEDICAL WORLD IN TRANSYLVANIA IN THE PERIOD OF *ARS MEDICA*

Whether we accept the idea that Lencsés was a doctor, or only an erudite intellectual who had studied at universities abroad, his work, *Ars Medica* is an unprecedented achievement, raising many questions: what instigations did the author receive to write it? Who helped him to accomplish his task? With whom was he in direct contact among his humanist contemporaries? To what extent did his work express the medical needs of his own age? Attempting to answer these questions, we must start from facts already mentioned.

Approximately 20 years from the life and activity of Lencsés were involved with the Gyulafehérvár court of the Báthorys, one of the main centres of late Transylvanian humanism. Tibor Klaniczay states[56] that it was in the second half of the sixteenth century that Transylvania had its closest contacts with Italian culture. Young Transylvanians who studied at Padua became the propagators of the ideas of Italian Renaissance upon their return. At the same time, under the impact of the Reformation the claim of vernacular culture had also many proponents in the circles of the court. We must add to all this that not only the humanistic ideas of the Renaissance but the scientific ones, too, had a strong influence in that part of Europe.

The Báthorys themselves were not only the propagators of Renaissance endeavours but they also had a profound humanist education. István Báthory was regarded throughout Europe by his contemporaries as one of the greatest patrons of the arts and sciences. *Viridarium*, a volume of verse published at Venice in 1583, contains several poems celebrating his merits.[57] Kristóf Báthory himself, in whose service Lencsés spent a long time, was a man who knew Europe well. He was sent by Queen Izabella as her deputy to the king of France: he spoke French, Italian, and Spanish too. Was it a learned member of the Báthory family, perhaps Erzsébet Bocskay herself, who had encouraged Lencsés to write his work? We have nothing to support our theory. If there had been such antecedents, the author, as usual in the period, would have dedicated his work to his patron and would have addressed "prefatory note" to him. Lencsés, on the other hand, dedicated his work in his introduction "to the poor ignorant".

As everywhere throughout Europe, many scholarly humanists in the Renaissance court of the Báthorys were discussing medical questions. Renaissance man, inspired by the idea of "uomo universale", strove to achieve polymathy, to be philosopher, historian, physicist all in one person. The boundaries between humanist and science subjects often overlapped in the activity of the writers of the day. Among the great number of men keenly interested in anatomy, in discovering the structure of the human body, there were not only doctors but artists and the representatives of the humanities

[56] Klaniczay, Tibor: op. cit., p. 195.

[57] Szabó, György and Spielmann, József: Orvosi vonatkozások Hunyadi Ferenc költeményeiben (Medical references in poems of Ferenc Hunyadi). Orvosi Szemle, 1966, XII, No. 2.

as well. The doctors themselves were not merely keen investigators of nature, as for example the Polish Copernicus and the French Jean Fernel, but prominent poets too, like the Italian Girolamo Fracastoro, philologists and printers like the German Leonhard Fuchs or the French Charles Estienne (Stephanus). Both on a European and Transylvanian scale, doctors had been in the first ranks of religious reformers. The anti-Trinitarian thinker burnt at the stake for his religious ideas was also a doctor who first described in Europe the lesser circulation of the blood. The court physician of János Zápolya, Adorján, was in 1538 a leading personality in the religious controversies under the auspices of the king. The role of György Blandrata in the Transylvanian anti-Trinitarian movements is so well known that it does not seem important to mention it here.

During the late-Renaissance period in Transylvania, in the courts of János Zsigmond and the Báthorys, many Italian, Polish, and Swiss humanist doctors who were engaged in momentous scientific activities professed to adhere to the ideas of the Reformation. Among statesmen of humanist culture who had fulfilled, together with Lencsés, high offices in the court at Gyulafehérvár, there were many who had been sent by the Báthorys themselves to study in foreign universities. They naturally attended also medical lectures. Side by side with such doctors as Ferenc Hunyadi, Pál Gyulai, and Farkas Kovacsóczy, who had studied in Italy, for example, there is Cardinal András Báthory, the later prince of Transylvania, who was also interested in the questions of medicine. In a letter written at Braunsberg, on February 27th, 1591, he urged his brother Boldizsár Báthory to send him "crude gold ore",[58] insisting that he would inform him if the cure was efficacious or not. (In sixteenth-century medical books gold is often suggested as a cure for circulation and pulmonary diseases. By the way, András Báthory is mentioned by Lencsés in his *Ars Medica*, with his suggested bath to kill the helminth.)

Interest in medical questions was also fostered at the Court of Gyulafehérvár by H. Mercurialis, the Italian Renaissance scientist, with his famous work entitled *De compositione medicamentorum*, published at Frankfort in 1591, a folio copy of which has been preserved in the library of Székelyudvarhely.[59] One of its owners, as is marked in the book, was "Eustachius Ghiulaffi", i.e., the above-mentioned Lestár Gyulafi. He was the secretary and emissary of Kristóf and Zsigmond Báthory and a contemporary of Lencsés in the court of Gyulafehérvár.

The short-lived German humanist, Johannes Sommer (1542–1574), during his stay in Transylvania wrote a satirical verse "play" with a medical subject entitled *Colicae et podagrae Tyrannis*, dedicating it to Blandrata (Dated January 1st, 1570).[60]

[58] Román Akadémia Kolozsvári Fiókja Történeti Intézetének Levéltára (Arch. of Hist. Institute of Kolozsvár, Section of Romanian Academy): Bethlen levéltár (Bethlen Arch.). We express thanks to János Dani for his kind information.

[59] Survey number: 45. (Thanks to J. Dani for information).

[60] Szabó, György and Spielmann, József: Johannes Sommer és az orvostudomány (J. S. and medicine). Orvosi Szemle, 1970 XVI, No. 2, pp. 28–34.

However, among the scientists and doctors who lived in Transylvania in the second half of the sixteenth century, we are chiefly interested in those who had supposedly or to all probability contact with Lencsés, and particularly those who had encouraged him to write and compile his work.

Again the starting point in our investigations is a fact already discovered by Béla Varjas, Farczády, and T. Szabó, namely that the clear copy of *Ars Medica* which also appeared in print must have been written in the 1570s and 1580s, although several versions of it must have existed. Rezső Alföldi also believes that Lencsés began to collect his material as a young man, to finish it in his advanced age. This is why we are not restricting Lencsés's contacts with his humanist contemporaries to the seventies of the sixteenth century.

The author of the Transylvanian manuscript, György Lencsés, suggests (on page 114, a, b) against "Backache" (pleuritis) the unfailing prescription of "Doctor Francis", that is, of Ferenc Hunyadi. Literary history remembers Hunyadi[61] (?—1600) particularly for his epic poem on the story of Troy. However, his contemporary Szamosközi speaks of him as the court physician of István Báthory and, after the death of the latter, of Zsigmond. He was a man who had studied in Italian universities and was a recognized doctor-scientist. During his studentship, Hunyadi was the disciple of H. Mercurialis. Weszprémi tells us that Hunyadi made eulogies (Votivum, Epigrammation)[62] as prefatory verses to medical books on poisons and children diseases written by outstanding Italian Renaissance doctors and edited by Polish students. So Hunyadi showed interest not only in Renaissance literary ideas but in medical ones too. Before his journey to Italy (1577), but in all probability also after his return to Transylvania György Lencsés was in personal contact with him.

However, we cannot read the name of Farkas Kovacsóczy (after 1540—1594) in *Ars Medica*. He graduated as a doctor at Padua in 1575, and from 1578 onward he fulfilled important functions in affairs of the state, so that he must have had frequent official contact with the author of our medical manuscript. It was also Kovacsóczy who carried on official correspondence with the king of Poland in the matters of the wedding of Griseldis Báthory.[63] And in the retinue which accompanied the bride to Cracow, as we have said, György Lencsés was present.

Kovacsóczy was a highly educated and open-minded man, himself a distinguished writer. His biographer, Lajos Szádeczky, tells us that besides his work entitled *De administratione Transylvaniae*, which deals with legal history, many other of his writings survive in the form of manuscripts. We learn from him as well that in 1577, in Poland, Tidemannus Dessius informed Kovacsóczy that through a young Polish doctor Mercurialis had sent books and letters to Kovacsóczy, calling him "an old friend and distinguished doctor". Italian universities too had spoken well of the knowledge and talent

[61] A magyar irodalom története (History of Hungarian literature). Ed. by István Sőtér, Budapest 1964, pp. 354, 398, 527, 528.

[62] Weszprémi, István: op. cit., Vol. II, pp. 191—203.

[63] Veress, Endre: Báthory István király (King Stephen Báthory — see Note 18), p. 85.

of Kovacsóczy, while Polish doctors and scientists also recognized his judgement. In Transylvania he was — insists Szádeczky[64] — the patron of scholars and writers, the critic of their works, the supporter of literary life. It may not be too bold to suppose that between Mercurialis and his former pupil friendship had continued to be fostered by means of the gift and exchange of books as well. Some of these books may even have been lent to Lencsés.

However, we know but very little of the medical practice of Kovacsóczy. Due to the courtesy of János Dani, a researcher in Kolozsvár, we are able to submit the following valuable information: in a letter dated March 17th, 1584, and written at Gyulafehérvár, Kovacsóczy suggests a prescription against pangs in the side, offering also practical advice, blood-letting, opening of the veins, to the widow of György Bethlen, Klára Károlyi.[65]

The author of *Ars Medica* speaks of a certain "Doctor Józsa" as the local applier of two cures. Neither the early nor the more recent medical literature knows of a sixteenth-century doctor of that name. For a long time we were at a loss, not knowing to whom this name may apply. At long last literary research came to our rescue.[66] In two well-known plays of the sixteenth century, in *Comedia Balassi Menyhárt árultatásáról* (Comedy about the Treason of Menyhárt Balassi) and in Péter Bornemisza's *Ördögi kísértetek* (Temptations of the Devil) there occurs a scribe called Józsa. Research proves[67] that—like other figures of the play—Józsa was a living person, being no other than the humanist Józsa Bódog, a familiar of Menyhárt Balassi. Since together with his master he defected to the emperor, Zsigmond János ordered at Gyulafehérvár on July 19th, 1563, the confiscation of his goods. (We note here that Lencsés mentions Menyhárt Balassi several times throughout his manuscript.) Along with objects for everyday use and clothing, the library of Józsa Bódog, amounting to 140 volumes, was also seized. Judging by the list detailing his possessions, we can say that in wealth and versatility his library surpassed many other contemporary ones. For us it is particularly noteworthy that side by side with scientific books (those of G. Pliny, C. Gestner, Aristotle's *De natura animalium*) there were works dealing with medicine and pharmacology (Avicenna, Galenus, L. Fuchs's *De sanandis morbis*, *Humiliarius doctorum*, etc.). What is even more remarkable, there were medicinal articles far surpassing individual needs (surgical plaster, blood-clotting agents — bolus armenica and terra sigillata, cassia fistula); there was even a mortar listed with his possessions.

All this seems to prove that Józsa Bódog may have been engaged in the medical profession and could be identical with Doctor Józsa of *Ars Medica*.

[64] Szádeczky, Lajos: op. cit. pp. 81—87.

[65] Román Akadémia Kolozsvári Történeti Intézetének Levéltára: Bethlen család levéltára (Arch. of Kolozsvár section of Rom. Acad.: Arch. of Bethlen family). (We thank János Dani for information).

[66] Szigeti, József: op. cit. pp. 45—46.

[67] Sabin, Belu: Bódog Józsa. Nyelv és Irodalomtudományi Közlemények. 1960, IV. Nos 1—2, pp. 143—145, Appendix (list of possessions). Nemeskürty, István: Bornemisza Péter, az ember és az író (Péter Bornemisza, the man and the writer). Budapest, 1959, p. 416. — Szigeti, József: op. cit. p. 45.

The above-mentioned literary researchers consider Józsa to have been a humanist of great culture, well-versed in Greek and Latin. He is also identified by Imre Révész[68] with a Dominican friar by the name of Józsa (Frater Józsa), student in the early 1550s of the university of Padua. In Italy, Józsa got acquainted with anti-Trinitarian teachings, and on his return to Transylvania he continued to propagate them. It is also certain that he played an important role in the popular reformation movement led by György Karácsony in 1569—1570. We have unfortunately nothing to prove that Lencsés and Józsa Bódog had known each other. Lencsés must have been much younger than Józsa.

We have said that Lencsés (Dominus Lenczius) had visited Rome, supposedly in the company of Doctor Marcellus Squartialupus. This man of Italian descent, who worked in Transylvania and in the court of István Báthory in Poland, is regarded by recent Polish literary research together with Copernicus and Tycho de Brahe as a pioneer of modern science. Due to his extreme rationalist views he had to leave Italy, and became known in Poland as an adherent of the radical anti-Trinitarian teachings of Socinus. He carried on correspondence with the great Hungarian humanist, András Dudich, even visiting the latter. During his short stay in Transylvania (1580—1585) Squartialupus produced two books printed at Szeben and Kolozsvár, one dealing with astronomy, *De coeli ardore* (1580), and one with geography, *De fontium et fluviorum origine* (1585). The latter is considered by Béla Holl[69] to be the oldest book in Transylvania containing technical figures which reached the highest contemporary level of geology. It was equally Squartialupus who published in Heltai's printing press at Kolozsvár Kovacsóczy's *De administratione Transsylvaniae* (1584), a dialogue on the government of Transylvania.[70] After leaving Transylvania, the Italian doctor wrote a book on the plague, and corresponded with Pál Gyulai, among others, on the teachings of Paracelsus.[71] Without any doubt, Squartialupus was a person who could have supplied Lencsés with good advice when he wrote his book.

As far as György Blandrata is concerned, he was for some four decades, with interruptions, active in the court of Queen Izabella and János Zsigmond and in the court of the Báthorys. However, recent research has demonstrated that his supposed gynaecological work, *Gynaecoorum*, never existed.[72] We do not know about other medical writings by him, even less of his medical education. However, Lencsés must have known him, although

[68] Révész, Imre: Debrecen lelki válsága (Spiritual crisis in Debrecen). Századok, 1936, pp. 38—75, 163—203.

[69] Holl, Béla: Az újkori természettudományos világszemlélet kialakításának erdélyi történetéhez (On the emergence of a scientific outlook in Transylvania). Korunk, 1969, No. 5, pp. 774—780.

[70] Szádeczky, Lajos: op., cit., p. 40.

[71] Szabó, Károly: XVI. századi magyar tudósok levelei (Letters of 16th-century Hungarian Scientists). 1881, p. 490. See also, Magyary-Kossa, Gy.: Magyar Orvosi Emlékek, op. cit., Vol. II., p. 228.

[72] Raffy, Ádám: Blandrata György olasz orvos és a XVI. századbeli Erdély közegészségügye (György Blandrata Italian physician and public health in 16th-century Transylvania). Communicationes ex Bibl. Hist. Med. Hung. 1962, Vol. 26, pp. 51—65.

their contact could by no means have been intimate. Nor can we find the name of Blandrata among the forty contemporary Transylvanian and Hungarian persons mentioned in *Ars Medica*.

Nor have we any data to prove that Pál Gyulai de Abafája would have obtained a medical degree at Padua: he was secretary and councillor of István Báthory (?—1592) and his relationship with György Lencsés is doubtful. His name does not occur in *Ars Medica*. It is evident that Gyulai, who was a highly accomplished humanist and doctor,[73] could have supplied the author of this sixteenth-century medical manuscript with any amount of useful information.

Johann Muralthus (1563—1602), the adventurous Swiss doctor, also worked in the court of István Báthory at Cracow and after the death of the Polish king went to Transylvania, was active from 1588 on as court doctor to Zsigmond Báthory, and became, as we have seen, the tenant of the gold and silver mines of Transylvania. In the last years of his life he acted in the diplomatic service of Mihai Voivode of Wallachia.[74] When Muralthus sojourned in Transylvania, Lencsés's work had already been done. Besides, Muralthus was more interested in increasing his fortune and in double-dealing than in the practice of Aesculapian art. His activity as medical writer was confined to a controversy over the death of István Báthory.

Summing up the above, we can state that in the Gyulafehérvár court of the Báthorys there were contemporaneously with György Lencsés several learned men who, saturated with the ideals of the Renaissance, also woıked as doctors, any of whom could have supplied assistance to György Lencsés in writing the first comprehensive medical book in Hungarian.

We cannot suppose a similar relationship with the doctors working in the court of Queen Izabella and János Zsigmond. On the one hand, we have no information that Lencsés would have been at Gyulafehérvár before the principality of Kristóf Báthory. On the other hand, in the sixties he was a young man. It is a fact that he only mentions by name in *Ars Medica* a man called Adorján, the court doctor of János Zápolya, much older than himself.

To the best of our knowledge, the first office that Lencsés bore was master of ceremonies to the wife of Kristóf Báthory. It is well known too that between 1571—76 Kristóf Báthory was captain of Nagyvárad and Lord Lieutenant of County Bihar, and as János Gálfi tells us in his reminiscences. "His Lordship lived at Várad".[75] Even the eighteenth-century copy designates Várad as the place where *Ars Medica* was written. His connections with Várad Lencsés must have recalled several times, although already stationed at Gyulafehérvár, to St. László's city (i.e. Várad). Attila T. Szabó expressed to us verbally his opinion that in the account-books of Kolozsvár there are several indications that György Lencsés frequently went to Nagyvárad from Gyulafehérvár.

[73] Weszprémi, István: op. cit., Vol. III, pp. 326—344.

[74] Magyary-Kossa, Gy.: op. cit., Vol. III, pp. 19, 31, 255, 299; Vol. V, p. 238.

[75] Gálfi Jánosnak rabságban készített öneletleírása (Autobiography of János Gálfi made in capitivity). Erdélyország Tört. Tára, Kolozsvár, 1837, Vol. III, p. 78.

Nagyvárad was one of the most important centres of the early Transylvanian and Hungarian Renaissance. Its flourishing period in the fifteenth century was connected with the Scolari family, particularly at the time of the bishopric of János Vitéz, but its emanation was to be felt even in the first half of the sixteenth century. The bishopric's library was rich in manuscripts, Italian Renaissance works on scientific subjects.[76] Nevertheless, we have no idea whether during the activity of Lencsés in the second half of the sixteenth century the collection was still intact or on the way to being dispersed.

There is no doubt that at that time Nagyvárad — together with Kolozsvár, Brassó, Beszterce, Marosvásárhely and Szeben — emerged as one of the most important late-Renaissance urban centres in Transylvania. In the second half of the sixteenth century, under the impact of the Reformation, Renaissance ideas were divesting themselves of their aristocratic isolation, penetrating even the masses living in country towns and villages. The transitional economic boom of the period tended to produce such living conditions for the city-layers on the way towards bourgeois development which earlier had been available only for the nobility.[77] Thus it was no longer the new aristocracy alone which emerged from the middle-nobility and, in its efforts to become rich, conformed by adopting the bourgeois forms of economic development and thus became the bearer of Renaissance ideas; this development occurred as well within the new bourgeois and intellectual layers that ultimately rose from the population of cities and market towns. For their intellectual endeavours and their love of the written word, the vernacular Protestant colleges of Kolozsvár, Nagyvárad, Gyulafehérvár and Marosvásárhely had been mainly responsible. By means of a wider and particularly vernacular dissemination of culture, the Reformation gave a decisive stimulus for the appearance of national literature.

The process may be traced back in each of the nationalities of Transylvania. The products of the printing presses of Brassó and Szeben provided vernacular culture to the Saxon city and country masses. The Romanian religious publications in Transylvania played practically the same role.

The generation of Gábor Pesti and János Sylvester, by fostering works in Hungarian, saw the first fruits in the fifties in the Hungarian plays of Péter Bornemisza. In the second half of the century the intellectual horizon was widened by means of historical books, memoirs, and scientific works in Hungarian (such as the *Herbarium* of Péter Méliusz Juhász and *Ars Medica* of György Lencsés).

It was the new intelligentsia from both city and country that, anxious to produce a vernacular culture, became the instigator of the most important spiritual movements in the second half of the sixteenth century. The most prominent writings of the period were aimed at imparting comprehensive notions and ideas — in Hungarian. Balassi's preface to *Szép magyar comoedia* (A Beautiful Hungarian Comedy) expressed at the same time the

[76] Jakó, Zsigmond: Országunk legrégibb ismert könyvtárosáról (Várad helye középkori könyvtártörténetünkben) (The first known librarian in Hungary. The place of Várad in the history of our medieval libraries). Könyvtári Szemle, București 1969, No. 1, pp. 35—38.

[77] Klaniczay, Tibor: op. cit., pp. 64—70.

efforts of his generation: "Ha én is azért az magyar nyelvet ezzel akartam meggazdagitani, hogy megösmerjék mindenek, hogy magyar nyelven is meglehetne ez az mi egyéb nyelven meg lehet, ez jóakaratért nem irdemlem, hogy botránokozónak hijanak az emberek."[78] ("And if by this I have attempted to enrich the Hungarian language, so that one can see that anything might be achieved in Hungarian which can be done in other languages, I do not deserve for my well-intentioned effort to be regarded as a scandal-maker.")

This is a definite stand in favour of vernacular culture, and attack against those who are afraid of science, and a warning that, besides martial virtues, in the future only learning and the sciences can provide good name and fame to men; that is, realization of the country's backward state. The recognition that urged the generation of Apáczai in the next century to passionate protestation against the nation's backwardness had already begun to take shape. However, this promising development in Transylvania came to a halt by the end of the sixteenth century.

The intellectual movement of the late sixteenth century in Transylvania had undoubtedly widened general European and local contacts, producing at the same time firm foundations for a specific national literature and science too.[79]

György Lencsés was a son of his age. In writing a medical book in Hungarian he was obviously led by an educational intention. In a forthcoming paper we shall analyse in detail how carefully he had selected his sources — the French J. Fernel, the German Leonhard Fuchs, the Italian P. A. Matthiolus and P. Bayrius[80] — and when borrowing from their medical books to convey for the first time medical facts in Hungarian, he used as a measure the level of general information in Hungary. For Lencsés intended his book to serve as a whole the cause of public health in his country and to improve the level of curing and healing methods. The deepest roots in the emergence of György Lencsés's *Ars Medica* can be traced back in his discovery of a necessity, and the stimulus to write it came from a demand suggested by local reality.

The introduction of Renaissance learning had inevitably made people conscious of the backwardness of public health in the rising layers of the new nobility and bourgeoisie. Renaissance taste had not only fostered the presence of books in the bourgeois homes of Transylvania but also solicited a susceptibility to a more comfortable and healthy mode of life. In the sixteenth-century bourgeois homes of Kolozsvár under Italian influence, there was an ever-growing number of "bathing rooms", "bathing boxes", "privy-chests".[81]

[78] As quoted by T. Klaniczay, op. cit., p. 263.

[79] Jakó, Zsigmond: Az erdélyi értelmiség kialakulása (Emergence of Transylvanian intelligentsia). Korunk, 1967, No. 1, pp. 20–28.

[80] Lázár Szini, Karola and Spielmann, J.: Adalékok Lencsés György Ars Medica c. műve kérdéséhez (Contributions to the question of György Lencsés's *Ars Medica*). II. Az Ars Medica forrásairól (On the sources of *Ars Medica*). Orvosi Szemle, 1970, XVI, Nos 3–4, pp. 449–454.

[81] Jakó, Zsigmond: Az otthon és művészete, op. cit., p. 389.

It was by no means accidental that during the sixteenth century princely courts and aristocratic houses had employed almost regularly fully trained physicians. As early as the late fifteenth century both Brassó and Szeben had salaried municipal "physicians". At Nagyvárad the bishopric had engaged expert doctors since the fourteenth century.[82]

However, health employees were few, and their numbers could by no means offer medical attention to all the inhabitants of the country. We learn from contemporary correspondence that as a result of the scarcity of medical and pharmacological service, good prescriptions were exchanged from court to court. By the end of the century four Transylvanian cities (Szeben, Brassó, Beszterce, Kolozsvár) had their own chemist shops,but it was far from enough for the existing needs. Epidemics still took a heavy toll of the population. Between 1349 and 1526, 26 visitations of the plague destroyed some ten per cent of the population of Hungary and Transylvania. Black death had frequently visited that area during the sixteenth century. At the turn of the fifteenth to the sixteenth century there occurred a periodic outbreak of syphilis, and by the middle of the century typhoid fever, *morbus hungaricus*, emerged as the inevitable concomitant of wars and backward conditions.[83]

As early as the fourteenth century in Western Europe the passages of the sea had been controlled to enforce quarantine and to safeguard the lives of the inhabitants; likewise official doctors were engaged and public baths opened. However, in Hungary backwardness hindered such measures. The Austrian doctor, Johann Salius (Saltzmann), succeeded in 1510 by means of quarantine in protecting Szeben from the plague, but his example did not find followers until much later.[84]

In Kolozsvár, Nagyvárad, Brassó, and Lippa, as well as in some other cities, there were infirmaries but they could neither take in a sufficient number of patients, nor was the medical skill of their clerical staff satisfactory. The same was true as far as the ravages of leprosy and syphilis were concerned: outside the city walls of Szeben, Brassó, Kolozsvár, so-called *leprosoria*, i.e. "French houses", were established.

Under the impact of Renaissance ideas in the more highly developed cities of Transylvania, barber-surgeon guilds emerged throughout the second half of the sixteenth century. On January 13th, 1550, Queen Izabella, to comply with the request of the barbers and surgeons of Szeben, Brassó, Beszterce, Segesvár, and Medgyes, issued patents for the establishment of guilds, granting them privileges as well. It was confirmed by the Saxon *universitas* (Community) (1580) and by Zsigmond Báthory too (1583).

[82] Wallaszky, P.: Conceptus Reipublicae Litterariae in Hungaria, Posonii et Lipsiae. 1785. Bunyitay, Vincze: A váradi püspökség története (History of the bishopric of Várad). I–III, Nagyvárad 1883.

[83] Teutsch, G. D.: Geschichte der Siebenbürger Sachsen für das sächsiche Volk. Linzbauer, Xaver: Codex sanitariomedicinalis Hungariae. Tom. I. Buda 1852–56. Quoted by Huttmann, Arnold: Date privitoare la istoria medicinii feudale în Transylvania (înainte de 1848). — MS.

[84] Bologa, Valeriu: Adalékok a Román Népköztársaság orvostudománya történetéhez . . . (Contribution to the medical history of the Romanian People's Republic . . .). Orvosi Könyvkiadó, București 1955, p. 132.

Previous to this measure, in 1562, the Saxon *universitas* had issued statutes for the first surgeon-guild in Transylvania. This example was followed by Brassó in 1567, Kolozsvár in 1568, Medgyes and Segesvár in 1582, and Marosvásárhely in 1593.[85] The members of surgeon-guilds received four-years' training, but they moved on an empirical plane, lacking theoretical knowledge. Owing to a tremendous scarcity of doctors, surgeons attended to internal cases as well. In Szeben, Brassó, Beszterce, and Kolozsvár there were also municipal baths.

As soon as our backwardness in health conditions became evident, Renaissance ideas fostered a desire for a more cultivated life, and the first popular scientific medical books followed in their wake in both Transylvania and Hungary.

The Saxon Sebastian Pauschner may be regarded as a pioneer. This one-time student of Cracow had already compiled books on mathematics during his apprenticeship, and while municipal doctor of Brassó and Szeben he wrote a popular book on the symptoms of the plague, providing for prevention and cure (1530, 1550, Szeben).[86] Pál Kyr, who in the 1580s was often present in the court of Gyulafehérvár, was in sequence the third official doctor of the city of Brassó — and as such set himself a more exacting task. He compiled a book in Latin discussing dietetics and the rules of individual health, entitled *Sanitatis studium ad imitationem aphorismorum compositum, item alimentorum Vires breviter et ordine alphabetico positae* (Brassó, 1551). Similar writings were very frequent in the scholarly literature of the Middle Ages. The educational purpose of this work of Pál Kyr was evident. As a master in the Saxon College of Brassó, he gave systematic training in health to his students in their final year, in order to shorten the time for those who were intending to set out on peregrination.[87] This was an example which solicited many followers both in Transylvania and in Hungary, neither country having a medical university of its own. In the centuries to come, Ferenc Pápai Páriz established a similar private medical school at Enyed and Károly Ottó Moller one in the Hungarian Highlands.

By mentioning the activity of Pauschner and Kyr we have more or less exhausted Latin and German medical literature in Transylvania previous to Lencsés's vernacular treatise. Among works in Hungarian a significant one was compiled by the Debrecen preacher and later Presbyterian bishop, Péter Méliusz Juhász, entitled *Herbarium* (Kolozsvár, 1578.) This first attempt at a systematic botany and therapy in Hungarian is nevertheless a popular book. Péter Méliusz Juhász might have been encouraged to write such a book by the medical practice he conducted during his clerical work, for after many prescriptions compiled from Italian and German sources we can read, as in *Ars Medica*, "A well-proven thing".

Imre Bán tells us[88] that we can find the equal of Péter Méliusz Juhász's

[85] Huttmann, Arnold: op. cit.

[86] Spielmann, J. and Huttmann, A.: Blätter aus der Medizingeschichte der Siebenbürger Sachsen. Grünenthalwaage, VII, 1968, No. 2, pp. 61–69.

[87] Bologa, V.: op. cit., p. 136.

[88] Bán, Imre: Melius Juhász, Péter: Communicationes ex Bibl. Hist. Med. Hung. 1962, No. 23, pp. 258–280.

botany only at the end of the century, in a Latin-German vocabulary made in 1574 and published in 1590 by Balázs Szikszai Fabricius. However, we have no indication that Méliusz and Lencsés knew each other. Nevertheless, it is not out of the question. This preacher of Debrecen keen on controversy had often visited Nagyvárad; Méliusz had an undisputed role in strengthening the Transylvanian sacramental (Calvinist) church; and on the basis of some remarks in *Ars Medica* Varjas believes that Lencsés was also a Calvinist.[89]

Nevertheless, there is very little similarity to be found in the works of Méliusz and Lencsés. There is, however, an endeavour in common: to supply useful guidance to simple individuals, both in town and country, who could not count on medical treatment.

This effort brings this work of Lencsés side by side with that of János Balsaráti Vitus (1529—1575), whose "Hungarian Chirurgy of four books on the healing of wounds" is only known from hearsay. Balsaráti was a medical man who studied in Italian universities and returned home to become master in the College of Sárospatak. He had an intense role in the religious controversies of the time. From his medical writings only one has survived, *De remediis pestis prophylacticis,* written in 1564 and dealing with drugs to be used for prevention of the plague.[90] His Hungarian Chirurgy — if it was ever finished — was undoubtedly written to supply useful information to barber-chirurgists who acted as doctors.

It was equally the lack of physicians that motivated András Beythe, court cleric of the Batthyány family, to write his *Fives könyv* (Book of herbs), published in 1591, followed in 1588 by a popular writing by Gergely Frankovith, *Hasznos és fölötte szükséges könyv...* (Useful and indispensable book...).[91] Both books were written for a laudable purpose, but numerous errors betray the hand of a dilettante. These books bear no similarity to the serious medical works of the time; they are not even humanistic achievements, especially if compared with *Ars Medica.*

However, the *De homine* of Péter Laskói Csókás (Monedulatus), the one-time headmaster of the Vásárhely school (1581), published at Wittenberg in 1585, is more similar in conception if not in content. Weszprémi has noticed that in Book II Laskói "described human body with his usual systematic approach".[92] Recent scholarship seems to discover the influence of Pico della Mirandole in the chapters dealing with the beauty of the human body.[93] This Transylvanian humanist considered the structure of the human body

[89] XVI. századi orvosi könyv (Hungarian medical book from the 16th century), p. XIV.

[90] Weszprémi, István: op. cit., Vol. I, pp. 20—24. Réti, Endre: Nagy magyar orvosok (Great Hungarian physicians). Budapest 1954, pp. 21—24.

[91] Gortvay, Gy.: Az újabbkori magyar orvosi művelődés és egészségügy története (History of Hungarian medical culture and public health). Budapest 1953, pp. 150—151. Gombocz, Endre: A magyar botanika története (History of botany in Hungary). Budapest 1936.

[92] Weszprémi, István: op. cit., Vol. I, pp. 352—383. Spielmann, József: Elsüllyedt örökség? (Submerged heritage?). Korunk, 1970, No. 1, pp. 116—126.

[93] Hajós, J.: Idei precartaziene despre suflet la cărturarii transilvăneni, Revista de Filozofie, 1966, XIII, No. 1, pp. 79—84.

to be more wonderful than that of the macrocosm, and he did not believe in the immortality of the soul. His book also made use of contemporary anatomy. It was Laskói who compiled the Hungarian list of words to be published in the ten-language Calepinus Dictionary (1585) — adding also the technical terms of the sciences and medicine.[94]

In light of the above it may become more evident why we have insisted that the work of Lencsés was without antecedents in Hungary. *Ars Medica* is the first comprehensive medical work which in its Transylvanian and Hungarian connotation was on the level of contemporary medicine in the period of the Renaissance. Varjas is justified in welcoming in this work the advent of Magyarization of science.

This work of Lencsés is at the same time a reply to many questions posed about the requirements for the development of Transylvanian public health. We have to state repeatedly that it was not written for physicians, nor for the humanist social layers with a Latin culture, but for the new bourgeois readers who in the second half of the century were beginning to rise, and particularly for the intelligentsia emerging from their lines. By considering their needs, Lencsés gives account of the achievements of medicine — imparting the "remedy of the poor" — in the spirit of clarity and the dissemination of culture as defined by the Hungarian poet Balassi. What could be more telling evidence of his intention than the last sentence of his frequently quoted preface to *Ars Medica*: "I have collected this not for wise men who know much more than myself but for the humble ignorant who may profit from my diligence and labour"?

The prefatory note of the first printed medical book by Ferenc Pápai Páriz a century later seems to echo these words of Lencsés: "I did not intend here to repeat the words of scholars, nor do I address myself to them but to simple farm hands, housewives, and the miserable poor who cannot always consult good doctors: particularly in the country where a sick ox can sooner get help than a sick man."[95]

This similarity is by no means due to coincidence. During the century between the writing of Lencsés's *Ars Medica* and Pápai Páriz's *Pax Corporis*, and as a result of the specific Transylvanian evolutional conditions, there had been hardly any change in public health. This continuing need explains why the solutions are so similar.

[94] Büky, Béla: A Calepinus-szótár magyar orvosi szókincse (Hungarian medical words in the Calepinus Dictionary). Communicat. ex. Bibl. Hist. Med. Hung. Budapest 1967, pp. 29—132.

[95] Pápai Páriz, Ferenc: Pax Corporis, Preface.

UNGARISCHE JESUITEN ALS HISTORIKER UND DER JESUITENORDEN

GYÖRGY HÖLVÉNYI

In der Geschichte der Wissenschaften Ungarns im 18. Jahrhundert nimm die Geschichtswissenschaft einen hervorragenden Platz ein. Hier ergab sich das erste Mal die Möglichkeit dazu, daß unsere Wissenschaft sich auf dasselbe Niveau erheben konnte, wie das europäische Geistesleben.

Es ist allgemein bekannt, daß — bereits zwei Jahrzehnte vor Mátyás Bél — Jesuiten die Grundlagen für die wissenschaftliche Geschichtsschreibung Ungarns schufen. Die beachtlichen und bis heute zitierten Ergebnisse ihrer Arbeit gehören zu jenen Verdiensten, die sich die Gesellschaft Jesu um die Wissenschaften erworben hat. Das Fehlen wissenschaftsgeschichtlicher Forschungen und der Umstand, daß der Lebenslauf jener Jesuiten-Historiker Ungarns im Dunkel blieb, führte dazu, daß sogar die öffentliche Meinung der Wissenschaftler Ungarns widerspruchslos folgende Feststellung des Verfassers der zu spät erschienenen Monographie über Pray hinnahm: ,,Die Universität in Nagyszombat war die Wiege einer regen geschichtsschreiberischen Tätigkeit",[1] und György Pray und István Katona ,,brachten aus Nagyszombat ein starkes nationales Empfinden und eine schwärmerische Liebe zu den Geschichtswissenschaften mit sich."[2]

Zur Widerlegung dieser Behauptungen hätte es genügt, im Rahmen einer Buchbesprechung einige leicht zugängliche Daten der Geschichte jener Universität anzuführen. Es ist jedoch unwahrscheinlich, daß dies die Weiterverbreitung dieser tendenziösen Anschauung verhindert hätte. Durch die Erhellung des geschichtlichen Sachverhalts widerfährt der individuellen opferwilligen Tätigkeit der Jesuiten-Historiker Gerechtigkeit und mittelbar fällt Licht auf einige weiße Stellen der Geschichte Ungarns im 18. Jahrhundert, besonders auf dem Gebiete der Ideengeschichte.

Es ist allgemein bekannt, daß die aus dem Jahre 1599 stammende Ratio studiorum, durch die die Lehrordnung der Jesuiten für Jahrhunderte festgelegt wurde, in der Geschichtswissenschaft nur ein Hilfsmittel der eruditio sieht.[3] Man findet sie unter den Lehrgegenständen des Rhetorikkursus. Doch sucht man sie vergeblich in den Lehrordnungen für Theologiestudenten.

[1] Lischerong, Gáspár: Pray György élete és munkái (Leben und Werke György Prays). Budapest 1937, p. 12.

[2] ebd.

[3] Balassa, Brunó: A történettanítás múltja hazánkban (Geschichte des Geschichtsunterrichts in Ungarn). Pécs 1929, pp. 73—79.

Und dieser Standpunkt war in den ersten Zeiten nicht einmal unzeitgemäß. Wir sind nicht in der Lage, Vergleiche über die Geschichte des Hochschulwesens anzustellen. Es muß jedoch betont werden, daß die Rolle, die der Geschichtsunterricht im deutschen protestantischen Hochschulwesen im 17. Jahrhundert einnahm, keineswegs ein allgemein-europäisches Phänomen war. Hier sollen nur einige Beispiele angeführt werden: an der Pariser Universität wurde 1595 von Auguste de Thou erreicht, daß ein Lehrstuhl für Geschichte errichtet wurde. Die ersten Lehrstühle für Geschichte wurden in Oxford 1622 und in Cambridge 1628 errichtet.

Das tägliche Leben und die Dispute mit den Protestanten über Glaubenssachen zwangen die Jesuiten gleichermaßen, sich mit der Geschichtswissenschaft zu befassen. Der protestantische Gegner nahm bald wahr, vielleicht auf Grund der Traditionen der humanistischen Geschichtsschreibung, daß die Geschichtswissenschaft im Kampf gegen die Achtung der dogmatischen Autorität ein ausgezeichnetes Hilfsmittel für die streng theologischen Zweige der Wissenschaft (Dogmatik, Biblicum) darstellt. Es war stets gemeinsames Charakteristikum der verschiedenen Reformbewegungen durch die Jahrhunderte, die ursprünglichen Prinzipien, Standpunkte und Zustände herauszuarbeiten und kennenzulernen. Um diesem Anspruch gerecht zu werden, bedienten sich die Protestanten mit Vorliebe der Methoden der humanistischen Geschichtsschreibung. Die Ergebnisse der protestantischen Historiker wiederum nötigten die Jesuiten, auf diese Weise Stellung zur Geschichtswissenschaft zu nehmen.

Die katholische Apologetik zwang die Jesuiten dazu, daß sich wenigstens einige von ihnen mit der Sammlung geschichtlicher Daten und Quellenforschung befaßten und selbst Geschichtskritik übten. So erlaubten die Oberen der Gesellschaft Jesu, daß ein Jesuit aus Antwerpen, Jean de Bolland, mit einigen Mitbrüdern die Geschichtsschule begründete, die unter dem Namen Bollandisten allgemein bekannt wurde. Ihre Zielsetzung war kirchengeschichtlich und sie befaßten sich mit dem authentischen Leben der Heiligen. In diesem Falle erlaubten die Ordensoberen nur, daß sich einige Jesuiten auf einem genau umrissenen Gebiet letzten Endes mit theologischer Zielsetzung, mit der Geschichtswissenschaft beschäftigen. Es kann nicht genügend betont werden, daß die Erlaubnis zur Initiative Bollands keinesfalls bedeutete, daß in der Haltung zur Geschichtswissenschaft nunmehr eine Änderung eingetreten war.

Die auf dem deutschen Sprachgebiet wirkenden Jesuiten waren die ersten, die die große Lücke ihres Lehrsystems zu fühlen bekamen, die dadurch entstanden war, daß Geschichte nicht gelehrt wurde.[3a] Die ersten Zugeständnisse auf diesem Gebiete machten sie — verspätet — zu Beginn des 18. Jahrhunderts. Unter diesem Zeichen entstand das Werk M. Dufrènes, Rudimenta Historica,[4] dessen Inhalt bei weitem nicht den Erwartungen entsprach. Vergeblich suchen wir darin einen Anspruch auf Wissenschaftlichkeit. Sein Ziel ist, das Bild des Triumpfes der Kirche hervorzuheben und „die Jugend im einzig selig machenden Glauben zu bestärken“.

[3a] ebd.

[4] Das auf Drängen der deutschen Provinz des Jesuitenordens geschriebene erste Lehrbuch für Mittelschulen erschien erst 1723.

Es ist keineswegs ein Zufall, daß die Mitglieder der Gesellschaft Jesu, die eine profunde wissenschaftliche Vorbildung besaßen, gerade in Bayern vor die Aufgabe gestellt wurden, sich mit Geschichtsschreibung zu befassen. Die Ordensoberen der Gesellschaft Jesu, die ängstlich bestrebt waren, die Huld der Herrscher zu bewahren, wagten es nicht, den Wunsch des Kurfürsten Maximilian I. abzuschlagen. Der aus verschiedenen Motiven geäußerte Wunsch des Herrschers gelangte so zu wissenschaftlicher Bedeutung. Und so geschah es, daß einige Jesuiten namhafte Geschichtsschreiber wurden: Matthäus Rader, Andreas Brunner, Jacob Keller, Jacobus Balde, Verveaux und Andreas Gretser. Die Schicksale ihrer Werke spiegeln getreu die Schwierigkeiten wider, mit denen sich die Jesuiten, die sich mit Geschichtsschreibung befaßten, konfrontiert sahen. Matthäus Raders Werk Historia Bavarica inde ab anno 1180 konnte nicht im Druck erscheinen.[5] Duhr SJ teilt nicht mit, was die Ursache dafür war. Vermutlich verhinderte nicht der Besteller sein Erscheinen. Die Arbeiten von J. Keller und Verveaux erschienen unter einem Decknamen.[6] Auch ist es schwer denkbar, daß die Verfasser vor dem Kurfürsten unbekannt bleiben wollten. B. Duhr selbst schreibt, daß das Erscheinen von A. Brunners Buch von den Ordensoberen nicht genehmigt wurde: „Brunners Werk reicht nur bis zu Ludwig IV., wo der Verfasser ungerne den Faden abreißen mußte, vermutlich weil seine Oberen nicht zugeben konnten, daß der päpstlichen Hoheit von einem Jesuiten wehe getan wurde, was nach Maximilians einmal kundbaren Ansichten von der Größe und Unschuld seines Ahnherrn unvermeidlich gewesen wäre."[7]

Während Wissenschaftspolitik und Lehrordnung der Jesuiten die Historie nur als Sammlung moralischer Beispiele und die Geschichtswerke nur als Literaturdenkmäler bewerteten, erlangten innerhalb der katholischen Kirche Geschichtsschreiber, wie der Franzose Jean Mabillon und der Italiener L. A. Muratori den Ruf bedeutender Historiographen, deren glanzvolle Tätigkeit bald auch auf Österreich einwirkte. Die Benediktiner bzw. Zisterzienser von Krems, Melk und Zwettl waren Bahnbrecher als Datensammler und Quellenforscher.

Man sieht, daß weder die Ansprüche der Gesellschaft, noch das Beispiel anderer katholischer Gelehrten, aber auch nichtkritische Stimmen, die innerhalb der Gesellschaft Jesu laut wurden, *deren* Ordensobere bewogen, ihren Standpunkt der Geschichtswissenschaft gegenüber zu revidieren. Auch zu Beginn des 18. Jahrhunderts behaupten sie unbeugsam in einer Publikation, die als amtliche Stellungnahme zu bewerten ist: „Im Schulbetrieb sind die Geschichte, die Chronologie, die Geographie nicht als besondere Wissenschaften anzusehen."[8] Der Hauptzweck des Geschichtsstudiums kann nur die Veredelung der moralischen Auffassung sein, ungeachtet dessen, ob der Professor das Geschichtsstudium als Privatstudium betreibt oder ob er die Geschichte der Jugend vorträgt.[9] Dreißig Jahre nach dem Erscheinen

[5] Duhr, Bernhardt: Die alten deutschen Jesuiten als Historiker. Zeitschrift für katholische Theologie. 1889. S. 58.
[6] ebd.
[7] ebd.
[8] Balassa, Brunó: zit. Werk p. 80.
[9] ebd.

dieses zehnmal aufgelegten „populären" Werkes erschien in Nagyszombat in vollkommen unverändertem Geiste die „Instructio privata seu Typus cursus annui pro ex humanioribus classibus in usum Magistrorum Societatis Jesu editus".[10] — Nicht nur für die Schüler, sondern auch für die Ausbildung der Ordensnovizen zu Mittelschullehrern ist das Hauptprinzip die „Unveränderlichkeit". Das Kapitel „De Historia" und die empfehlende Bibliographie der 1734 für die Mittelschullehrerbildungsanstalt von Szakolca herausgegebenen Institutio Humanistica zeigen, in welch hohem Maße man keine Kenntnis von der Entwicklung der Wissenschaften nehmen wollte.[11]

Die zu Beginn des 18. Jahrhunderts von den Habsburgern betriebene Universitätsreform traf einzig und allein nur beim Jesuitenorden auf Widerstand. Eine der wichtigsten Zielsetzungen dieser Reformprojekte war die Aufnahme des Geschichtsunterrichtes in den Lehrbetrieb der Universitäten. In der Denkschrift der Jesuiten wird dieser Gedanke einfach verworfen. Die Verfasser berufen sich darin nicht auf rationelle Argumente oder wissenschaftliche Begründungen, sondern auf die ruhmvolle Vergangenheit und erwähnen dabei die Anerkennung der Herrscher.[12]

Nun ist es ganz klar, daß sich die Aufnahme des Geschichtsunterrichts in den Lehrplan der Universitäten zwar hinausschieben ließ, es aber völlig unmöglich war, dies endgültig zu verhindern. Im Januar 1729 begannen die Jesuiten an der Wiener Universität mit dem Geschichtsunterricht. Und daß dies tatsächlich[13] „das große Verdienst des Provinzials Johann Thullern SJ" war, wird am besten daraus erhellt, daß die Historie an der Universität von Nagyszombat, die ja zur selben Provinz der Gesellschaft Jesu gehörte, erst nach einem Vierteljahrhundert in den Lehrplan aufgenommen wurde.[14] Hinter dem diesbezüglichen Entscheid stand aber nicht die Einsicht, sondern die Forderung der Studienkommission.[15]

Der Katholik E. C. Scherer schreibt: „Das wesentliche Moment dieses Beharrens im Alten ist der Umstand, daß die Gesellschaft Jesu auch in dieser Periode ihr Unterrichtsmonopol an den katholischen deutschen Universitäten aufrecht zu erhalten vermochte. Bis zur Aufhebung des Ordens ist die Studienordnung des Jahres 1599 unverändert in Kraft geblieben. Ängstlich wurde darüber gewacht, daß durch keinerlei Einflüsse von außen irgendeine wesentliche Neuerung eingeführt wurde."[16]

Zweifellos war die Geschichtswissenschaft bis zur Auflösung des Jesuitenordens nur ein geduldeter Lehrgegenstand im Lehrplan der Jesuiten. Die Maßregeln der Ordensleitung, die Verboten gleichkamen, die hinter scheinbaren Zugeständnissen „gut funktionierende" Ordenszensur sowie die

[10] Erschien auf Befehl des Ordensprovinzials Molindes 1735. Die staatliche Approbation als Studienordnung wurde noch 1735 erteilt.

[11] Institutio Humanistica dedicata Anno primo Repetitionis in Hungaria Szakolcza inchoatae, nempe 1734 a R. P. Antonio Hellmayr Professore Latino. — Handschrift in der Universitätsbibliothek, Budapest, F. 33.

[12] Scherer, Emil Clemens: Geschichte der Kirchengeschichte an den deutschen Universitäten. Freiburg i. Breisgau 1927, 278 p.

[13] Balassa, Brunó: zit. Werk p. 84.

[14] ebd. p. 93.

[15] ebd.

[16] Scherer: zit. Werk pp. 7—8.

Ordensvorschriften, die das Leben und die Arbeitsgebiete der Ordensmitglieder regelten, ließen der Pflege der Geschichtswissenschaft nur sehr ungünstige Bedingungen zukommen. Und doch fanden sich Jesuiten, die bereit waren, den harten, kampfreichen und opfervollen Weg der Historiker zu gehen.

Zu diesen tapferen, wissensdurstigen Persönlichkeiten von weitem geistigem Horizont gehörte Gábor Hevenesi (1656–1715). Neben den Aufgaben, die ihm von der Gesellschaft Jesu gestellt wurden und die seine Gelehrtenlaufbahn bestimmten, zeigt er stets großes Interesse für die Vergangenheit Ungarns. Seine persönlichen Versuche ließen in ihm den Gedanken reifen, daß es möglich, aber auch nötig ist, mit vereinten Kräften die Quellen der Geschichte zu erforschen. Annähernd genau können wir sagen, daß er seine Pläne für die Sammlung von Daten und Erforschung der Geschichtsquellen im letzten Jahrzehnt des 17. Jahrhunderts veröffentlichte.[17] Das bedeutende Denkmal dieses seines Entschlusses, sozusagen die Gründungsurkunde der wissenschaftlichen Geschichtsschreibung Ungarns, trägt den Titel „Modus materiae conquirendae pro Annalibus Ecclesiasticis Regni Hungariae continuandis".[18]

Hevenesi wurde durch seine Befähigung als Organisator und durch seine umfassende Tätigkeit als Theologe bekannt. Aus nächster Nähe war er Zeuge des Zusammenpralls verschiedener geistiger und politischer Ansichten. Und es liegt nahe, daß ihn sowohl als Wissenschaftler, als auch als Ordensoberen die gegen die Gesellschaft Jesu erhobenen kritischen Stimmen – gerade aus kirchlichen Kreisen – aufhorchen ließen. Bei der Erforschung der Vergangenheit Ungarns mußte er tief betroffen feststellen, wie weit die ungarische Geschichtsschreibung, verglichen mit der Geschichtsliteratur der benachbarten Länder Österreich und Böhmen, zurückgeblieben war. Er mußte sehen, daß der Grund für diese Rückständigkeit im unnachgiebig abweisenden Standpunkt der zentralen Ordensleitung der Jesuiten der Geschichtswissenschaft gegenüber zu suchen ist.

Zu dieser Zeit war Gábor Hevenesi – noch verhältnismäßig jung – in wissenschaftlicher und moralischer Hinsicht eine außerordentliche Autorität unter den ungarischen Jesuiten, die zur österreichischen Ordensprovinz gehörten. Der Wiener Hof schätzte die loyale Haltung des gelehrten ungarischen Jesuiten hoch ein. Erzbischof Kollonich sah in ihm ein wertvolles Werkzeug zur Verwirklichung seiner Pläne, deren Ziel es war, die Kirche Ungarns im Interesse der Habsburger zu organisieren. Die Habsburger trachteten der hohen Geistlichkeit und den Mönchsorden Landgüter von gewaltiger Ausdehnung zukommen zu lassen, da ja die hohe Geistlichkeit ausnahmslos aus einem der Dynastie treu ergebenen Personenkreis ausgewählt wurde. In die von den Türken befreiten Gebiete, aber auch anderswohin sandten sie größtenteils Mönche aus Deutschland und Österreich, um

[17] Márton Czeles zeichnete auf eine in Rom gemachte Abschrift einer Urkunde das Datum der Abschrift auf: Januar 1694, Hevenesi schrieb daher sein Rundschreiben spätestens 1693.

[18] Collectio Kaprinaiana B. Bd, 42, pp. 212–226. Laut Abschrift: „*a P. Gabriele Hevenesi S. J. compositus, et typis datus.*" Bis heute wissen wir nichts von einem gedruckten Exemplar.

die früher von Mönchen betreuten, während des Türkenkrieges zugrunde gegangenen oder von den Protestanten zurückerhaltenen Institutionen von neuem zu bevölkern. Es erscheint vielleicht überflüssig, hier zu betonen, daß auch in diesen Belangen das Motiv nicht kirchliches Denken war, sondern die deutsche geistige Kulturmission im Zeichen des Staatspatriotismus nach den Ideen Wiens.[19]

Hevenesi, der im Ruf eines ausgezeichneten Organisators stand, beurteilte mit richtigem politischem Fingerspitzengefühl den Zeitpunkt für gekommen, daß der Wiener Kaiserhof — unter Berufung auf seine kirchenpolitischen Zielsetzungen — die Datensammlung und Quellenforschung organisiere und auf diese Weise die Grundlage für eine ungarische Geschichtswissenschaft schaffe. Mit gutem Recht kann man sagen, daß das Nationalbewußtsein, das er aus seiner Familie, die ihren Sitz im Komitat Vas hatte, mit sich brachte,[20] ihm den Ansporn gab, bereits so früh dieses wissenschaftliche Unternehmen in die Tat umzusetzen. Und dieser Plan, der von Außenstehenden wohl als bar jeder realen Grundlage beurteilt werden mußte, gelang dennoch. Kardinal Kollonich, der ungemein einflußreich war, lieh der Sache seine Unterstützung. Und dieser Umstand ließ die Gedanken des Mißtrauens nicht aufkommen, die seit Péter Pázmány sich stets gegen die Politik der Jesuiten erhoben. Die politische Seite der Sache war somit gesichert. In den Augen der Jesuitenoberen war das Herrscherhaus ja mit Leopold Kollonich identisch. Bald erhielt daher Hevenesi von seinen Oberen die Genehmigung seiner Pläne. In Wahrheit waren es die politischen Kräfte, die den wissenschaftlichen Zielsetzungen zu Hilfe kamen. Der Protest seitens der Gesellschaft Jesu unterblieb und die Archive öffneten ihre Pforten.

Nachdem die Forschungsmöglichkeiten nunmehr gesichert waren, verfaßte Hevenesi das oben angeführte Rundschreiben, dessen einleitende Worte bereits verraten, daß Gábor Hevenesis Absichten über die Erforschung kirchengeschichtlicher Quellen hinausgingen: ...*praeter Sacra, Profanorum quoque notitia ex iis hauriri possit,* schreibt er nämlich. Bei der Erklärung seiner Pläne widmet er den Komitaten, Städten, Burgen und den adeligen Familien eigene Kapitel.

Aus dem Text des Rundschreibens geht nicht genau hervor, an wen es gerichtet ist. Der Umstand, daß Hevenesi beabsichtigte, es im Druck erscheinen zu lassen, schließt die Annahme aus, daß er ausschließlich unter seinen Ordensbrüdern Arbeitsgenossen suchte. Die außergewöhnlich weitreichenden Gesichtspunkte, die von großen fachlichen Kenntnissen und Erfahrungen zeugen, lassen eher die Folgerung zu, daß der Organisator Hevenesi auf die Mithilfe der Intelligenz der damaligen ungarischen Gesellschaft rechnete.

Derzeit besitzen wir noch keinerlei Hinweise, auf Grund derer wir auf die Wirkung des Aufrufes Folgerungen anstellen könnten. Wir wissen, daß einige Jesuiten seine Mitarbeiter wurden. Márton Czeles, Beichtvater in

[19] Horváth, Konstantin: Zirc története (Geschichte von Zirc). Veszprém 1930, pp. 85—129.

[20] Hóman Bálint: Kishevenesi Hevenesi Gábor. — Történetírás és forráskritika (Gábor Hevenesi von Kishevenes. — Geschichtsschreibung und Quellenkritik). Budapest 1938, pp. 337—351.

Rom, betrieb ab 1694 nach den Intentionen Hevenesis Forschungen im vatikanischen Archiv.[21] In Siebenbürgen entfaltete Rudolf Bzsenszky[22] eine Sammlertätigkeit von außerordentlicher Bedeutung. Alle Anzeichen sprechen dafür, daß Sándor Szörényi[23] und Sámuel Timon, der damals bereits Jesuitennovize war, unmittelbar unter der Leitung Gábor Hevenesis arbeiteten

Gábor Hevenesi gehörte zu den Ungarn vom Typ eines István Széchenyi, die ihre im Ausland gemachten Erfahrungen sofort mit den Zuständen in Ungarn verglichen. Das Erkennen der Lage jedoch arbeitete in ihnen als eine Kraft, die ihnen nunmehr keine Ruhe ließ. Sie erzogen ihre Umgebung zur opfervoller Arbeit.

Da es keine Lebensbeschreibung Gábor Hevenesis gibt, können auf die Quellen seiner Bildung als Historiker nur Schlüsse gezogen werden. Da die Lehrordnung der Gesellschaft Jesu bekannt ist, scheint kein Zweifel darüber zu bestehen, daß er seine geschichtswissenschaftlichen Kenntnisse im Privatstudium erwarb. Es erscheint müßig zu denken, daß der Ordensgeist ihn dazu veranlaßte. Die Wurzeln seines Interesses an der Geschichtswissenschaft sind wohl in seiner Persönlichkeit und in seiner Erziehung im Elternhaus zu suchen. So ist es eher verständlich, daß der Gegenstand seiner asketischen Schriften das Leben vorzüglicher ungarischer Heiliger war. Wenn diese auch nicht als wissenschaftliche Werke betrachtet werden können, trugen sie wohl dazu bei, daß er der ungarischen Geschichte näher kam. Ein Ergebnis seines historischen Interesses, jedoch noch nicht von wissenschaftlichem Niveau, ist der Atlas Parvus Hungaricus. Als diese seine Arbeit erschien, war er kaum dreißig Jahre alt. So muß man annehmen, daß ihn die Vergangenheit des ungarischen Volkes bereits in der Mittelschule und in seinen Scholastikerjahren beschäftigte.

Gábor Hevenesi gehörte zu jenen seiner Zeitgenossen, die zu kühnen Entschlüssen bereit waren. Sein Wirken als Wegbereiter und Initiator war von wissenschaftsgeschichtlicher Bedeutung. Ohne seine Verdienste zu schmälern, muß festgestellt werden, daß es in erster Linie seinen Arbeitsgenossen und Schülern zu verdanken ist, wenn Hevenesis Name heute noch genannt wird.

An der Spitze seiner berühmten Mitarbeiter steht Sámuel Timon (1675—1736), der erste ungarische Jesuit, der von der ungarischen Wissenschaft als Historiker anerkannt wird. Er war fast zwanzig Jahre jünger als Hevenesi. Als Ordensnovize erfährt er von dessen Initiative. Mit Freuden übernimmt er Aufgaben als Datensammler und was wohl anfänglich jugendliche Liebhaberei gewesen war, sollte sich in der Folgezeit zu einer ernsten Bestimmung entwickeln. Ihm ist klar, daß das Rundschreiben Hevenesis um Helfer zur Datensammlung wirbt, und zwar nicht nur für die Kirchengeschichte, sondern daß hier die Grundsteinlegung der historischen Wissenschaft Ungarns beabsichtigt ist. Auf diese Erkenntnis folgt die schöpferische Tat. Obwohl Timon Hevenesis unmittelbarer Mitarbeiter war, stellt seine Tätigkeit einen neuen Abschnitt in der Geschichte der Geschichtsschreibung Ungarns dar.

[21] Márton Czeles SJ (1641—1709).
[22] Rudolf Bzsenszky SJ (1631—1715).
[23] Sándor Szörényi (1664—1719).

Sámuel Timon wurde am 1. Juli 1675 in Turna, Komitat Trencsén, als Kind einer dort begüterten adeligen Familie geboren.[24] Sein Vater, János Timon, war Rechtsanwalt. Seine Familie hatte während der Kämpfe von Labanzen und Kuruzen (Parteigänger bzw. Gegner der Habsburger) manches zu leiden. Seine Familie sympathisierte mit den Labanzen. Es zeugt für sein früh erwachtes historisches Interesse, daß er erst 27 Jahre alt war, als bereits seine erste Arbeit in Nagyszombat erschien, in der er einen Überblick über die Städte des damaligen Ungarns gibt.[25] Wenn es auch in diesem Werk „von Phrasen der adeligen und jesuitischen Weltanschauung nur so wimmelt", leuchten dennoch unmißverständlich als die große treibende Kraft der Patriotismus und die Liebe zum Vaterland daraus hervor. Einen großen Teil seiner Studienjahre verbrachte er in Wien. István Kaprinai schreibt,[26] daß er, während er sich auf sein Philosphiedoktorat vorbereitete, nebenbei *ac tum laboris socio Alexandro Szörényi Societatis nostrae sacerdote in Historia Hungariae adversaria, quae Pater Gabriel Hevenesi e diversis Regni tabulariis collecta centum prope tomis complexus est, indicem confecit, et plurimam inde rerum Hungariae cognitionem hausit.* Timon und seine Ordensbrüder verwendeten daher wohl Stunden ihrer Freizeit für ihre mit Erlaubnis der Ordensoberen begonnene wissenschaftliche Arbeit. Unter diesen Umständen schrieb Timon seine Arbeit „*Synopsis chronologica Hungariae etc.*".[27] Sein kritisches Programm war: „Wir streben nach Wahrheit, nicht nach Einvernehmen mit anderen."[28] Hier lassen sich bereits beide ihm ureigene Merkmale seines Wirkens als Historiker erkennen: In der zuerst gewählten ungarischen Geschichte nähert er sich immer mehr der kritischen Tendenz.

In der Fachliteratur findet man den Ausdruck „historische Schule der Jesuiten". Hóman zieht Parallelen zwischen den Unternehmen Jean Bollands und Gábor Hevenesis. Es ist zwar immerhin möglich, daß Hevenesis Traum die Bollandisten waren. Auf Grund der Tatsachen kann man aber unmöglich von einer Parallelentwicklung sprechen. Die ungarischen Geschichtsschreiber aus der Gesellschaft Jesu — mit Ausnahme von György Pray — gingen ihren historischen Forschungen nur als Nebenbeschäftigung nach. Nehmen wir hier als Beispiel Timon: Er selbst mußte sich die Literatur und die Quellen zusammensuchen, bzw. sie aufspüren. Die unter Berufung auf das „Interesse des Ordens" stets wechselnden Arbeitsplätze machten es unmöglich, wenn man dabei auch die damaligen Reiseverhältnisse in Betracht zieht, sich mit Fachleuten oder auch bloß mit freiwilligen Datensammlern, wie er selbst einer war, systematisch zu beraten. Unter diesen Umständen konnte von kollektiver Arbeit — wie bei den Bollandisten — kaum die Rede sein. Auch die Tätigkeit Sámuel Timons ist vollkommen individuell. Auf die moralische und materielle Unterstützung seitens der Gesellschaft Jesu konnte er nicht besonders rechnen. Auch mußte er in seiner

[24] Kaprinai, István: Cathalogus Scriptorum in Collegio Cassoviensi Societatis Jesu ab anno 1724. Handschrift. Universitätsbibliothek, Budapest, Coll. Kapr. B., Bd. 88, p. 50.

[25] Celebriorum Hungariae Urbium et Oppidorum Topographiae. Tyrnaviae 1702.

[26] Kaprinai, István: Cathalogus Scriptorum . . . p. 54.

[27] Synopsis Chronologica Regnorum Ungariae, Dalmatiae, Croatiae etc. Tyrnaviae 1714.

[28] ebd. unnum. p. 2.

Umgebung die kollegiale Atmosphäre vermissen, die bereits in den 1770er Jahren die Forschungsarbeit István Kaprinais, György Prays und Károly Wagners in ihren Preßburger Jahren erleichterten. Das Gefühl, auf sich selbst gestellt zu sein, wurde gemildert durch den Widerhall, den seine Veröffentlichungen in der ungarischen Gesellschaft fanden und durch die sich bereits zeigende Nachfrage nach ähnlichen Werken.[29] Seine Abstammung sowie die Zugehörigkeit zum Jesuitenorden erhöhten vor seinen Lesern die Zuverlässigkeit seiner Schriften. Der konservative Charakter seiner daraus entspringenden Anschauungsweise ließ aber im Laufe der Zeit einen immer schwächer werdenden Niederschlag in den Ergebnissen seiner kritisch durchgeführten Forschertätigkeit zurück. Der Anspruch auf Kritik verlangte die Zerstörung mancher Legenden: scharf analysierte er die Feststellungen eines Antonio Bonfini, eines Miklós Istvánffy und eines János Thuróczi.

Aus der Widmung seiner Werke erfahren wir, daß er von einer, wohl sehr schmalen Schicht der Gesellschaft nicht nur moralische, sondern auch materielle Unterstützung erhielt.[30] Neben der Hilfe, die seine Veröffentlichungen erleichterten, soll auch die Unterstützung der ungarischen Gesellschaft nicht vergessen werden, die sie Timon bei seiner Tätigkeit als Datensammler angedeihen ließ. Im Vorwort zu seinem Werke "Tibisci Ungariae fluvii notio, Vagique ex parte", das zweimal aufgelegt wurde,[31] schreibt er: „*Quoniam non fuit mihi potestas cuncta lustrandi loca, adhibui in subsidium multos rerum peritos, quique oculis suis terras, et aquas usurparunt.*“[32]

Diese Arbeit, die eher als eine geographische angesprochen werden kann, blieb leider im Dunkel verborgen, unbekannt. Ihr Inhalt spiegelt die wissenschaftlichen Interessen der damaligen Zeit treu wider. Man findet darin in gleicher Weise geographische Daten, historische Hinweise und die dichterische Form des Geographieunterrichts, wie er von den Jesuiten damals gepflegt wurde.[33] Vielleicht gerade wegen ihres interdisziplinaren Inhalts harrt dieses Werk auf seine Entdeckung durch Wissenschaftshistoriker. Man kann in ihm auch einen Vorfahren der ortsgeschichtlichen Monographien erblicken. Von der tiefen Liebe Timons zu seinem Vaterland zeugt die Stelle, in der er darüber schreibt, wer ihn zu dieser Arbeit inspiriert hatte: „*Antiquum in Ungaria adagium est, non esse germanum Hungarum, qui Tibiscum non bibit. At enim sicut non cuique Graeco conceditur appelere Corinthum, sic neque omni Hungaro ad Tibiscum accedere. Suffecerit pro aditu, et potatu cognitio ejus, quam ex hoc libro quisque habere poterit.*“[34]

Timons Tätigkeit blieb den Geschichtsschreibern, die seine Zeitgenossen waren, nicht verborgen: Mátyás Bél, Károly András Bél, Erasmus Fröhlich,

[29] Siehe die im Vorwort der Werke zu findenden Hinweise und Widmungen.
[30] Timon, Sámuel: Tibisci Ungariae fluvii notio, Vagique ex parte. Cassoviae 1735. unnum. Blatt 1.
[31] ebd.
[32] ebd. Prologium.
[33] Tarnai, Andor: Latin nyelvű egyházi, jezsuita irodalom. A magyar irodalom története (Literatur in lateinischer Sprache. Jesuiten-Literatur. Geschichte der ungarischen Literatur). Bd. II, 1964, p. 417.
[34] Timon, Sámuel: Tibisci . . . Prologium.

Godofréd Schwartz.[35] Als er starb, hinterließ er nicht nur Arbeiten und Handschriften, sondern er fand gerade in seiner Kassaer Zeit einen jungen Ordensbruder, den Jesuiten István Kaprinai. Dieser Mann erwies sich als würdig, sein Werk fortzusetzen.[36]

István Kaprinai (1714—1786) war die vielseitigste und interessanteste Persönlichkeit unter den Jesuitenhistorikern Ungarns. In einer Monographie über Kaprinai, zu der es — hoffen wir — doch noch einmal kommen wird, soll in besonderen Kapiteln seine Tätigkeit als Geschichtsschreiber, als Dichter, als Literaturwissenschaftler, als Pädagoge und als Priester und Ordensgeistlicher besprochen werden. — Auch als Seelsorger sehen wir ihn Wege gehen, die vor ihm noch niemand gegangen war: als Erster befaßte er sich mit dem Unterricht von Zigeunern.

Er stammte aus Érsekújvár. Seine Mittelschulstudien machte er in Komárom und Nagyszombat. Bereits im Herbst 1729 finden wir ihn als Jesuitennovizen in Wien. Nach seinen ,,Probejahren" kam er sofort nach Ungarn zurück. In Kassa lernte er offiziell Philosophie, in Wirklichkeit aber wurde er hier — für ein langes, opfervolles Leben — zum Arbeiter der ungarischen Kultur. In Kassa war Sámuel Timon sein Professor. Über die Disziplinargewalt des Ordensgeistes, über den Unterschied zwischen Generationen und der Beziehung zwischen Lehrer und Schüler hinaus, entwickelte sich zwischen ihnen eine tiefe Freundschaft: ,,. . . *Cassoviae, ubi magna sua felicitate saniorem melioris literaturae gustum hausit a Patre Samuele Timon, Celeberrimo in Societate nostra Hungariae Scriptore, cui familiaris admodum Religiosus adolescens erat, et scriptorum postea factus haeres.*"[37] Kaprinai erwies sich dieses Erbes würdig: jederzeit und in allen Belangen wachte er darüber im Geiste des Dienstes an seinem Vaterland, stets seiner Verantwortlichkeit bewußt.

Mehr als ein Jahrzehnt dauerten seine Scholastikerjahre beim Orden. Nach seiner Priesterweihe wurde er als Professor zuerst nach Sárospatak, später nach Eger (Erlau) und Kolozsvár versetzt. Doch das Erbe Timons war in ihm lebendig. In seiner — in der dritten Person geschriebenen — Selbstbiographie lesen wir: ,,. . . *postea Agriae, eundem, quem a Timone accepit, gustum disciplulis indere conatus*".[38]

Die Oberen des Jesuitenordens wußten sehr wohl, daß Sámuel Timon István Kaprinai zu seinem Erben gemacht hatte. Nach Timons Tod vergingen gute zwanzig Jahre, ohne daß die Leitung des Jesuitenordens die Zeit gekommen sah, es Kaprinai zu ermöglichen, die Absichten und Vorhaben der großen Vorgänger Hevenesi und Timon fortzusetzen. Er selbst schreibt, daß er, während er die beiden Bände der Institutio Eloquentiae Sacrae[39] verfaßte, sich nebenbei mit der Geschichte der ungarischen Münzen und dem Sammeln von Dokumenten beschäftigte.[40]

[35] Kaprinai, István: Cathalogus Scriptorum . . . pp. 55—56. Handschrift. Universitätsbibliothek, Budapest, Coll. Kapr. B., Bd. 88.

[36] ebd. p. 67.

[37] ebd. p. 67.

[38] ebd. p. 67.

[39] Institutio Eloquentiae Sacrae generatim. Cassoviae 1758. Institutio Eloquentiae Sacrae speciatim. Cassoviae 1761.

[40] Kaprinai, István: Cathalogus Scriptorum . . ., p. 68.

Kaprinai war noch jung, als um die Reform der Universitäten gestritten wurde. Neben der Frage der Organisation und der Macht stand gerade die Geschichtswissenschaft im Mittelpunkt der Auseinandersetzungen. Daß die Jesuitenoberen nur der politischen Macht wichen und nicht von selbst zur besseren Einsicht kamen, beweist ihr unnachgiebiges, unverständliches Verhalten. Im Laufe des 18. Jahrhunderts war das Interesse an den Geschichtswissenschaften zur Herzensangelegenheit der Schicht der ungarischen Intelligenz geworden, die größtenteils aus adeligen Familien stammte.

Ein der Wahrheit entsprechendes Bild des wissenschaftlichen Lebens in Ungarn im 18. Jahrhundert können wir uns nicht nur auf Grund von damaligen Publikationen machen. Zu einer wirklichen Auswertung ist auch die Kenntnis der Handschriften unbedingt nötig. Daran erinnert uns Kaprinais Leben und Lebenswerk. Von unseren Historikern verlangten die ungünstigen Umstände des Ordenslebens außerordentliche Opfer und die Verzichtleistung eines Gelehrten. Seine Forschungsarbeit: Datensammlung, Quellenforschung mußte er während seiner Freizeit verrichten, so war es undenkbar, dabei noch an schöpferische Arbeit von noch so bescheidenen Ausmaßen zu denken, wie im Falle seines Lehrmeisters Sámuel Timon. Zur Ergänzung der von Timon übernommenen Sammlung war es noch nötig, im ganzen Lande mühsame Datensammlungen zu tätigen.[41] Kaprinai erwarb seinen Namen in der Welt der Wissenschaft durch die von ihm redigierte, unter dem Namen Collectio Kaprinaiana bekannte Sammlung.[42]

In seiner wiederholt angeführten Selbstbiographie datiert die letzte bibliographische Angabe aus dem Jahre 1761. Daraus kann gefolgert werden, daß er seine Selbstbiographie damals schrieb. Nach 12 Publikationen zählt er noch 12 Werke auf, die noch auf ihre Publikation warten.[43] Der Gegenstand sämtlicher Werke ist Geschichte. Es besteht kein Zweifel darüber, daß der Jesuitenorden sie nicht herausgeben wollte. Wir wollen uns aber nicht mit weiteren Mutmaßungen befassen, so z. B. daß Kaprinai wohl — ebenso wie Timon — auch Maecenaten gefunden hätte, daß dies aber durch Intrigen der Ordenszensur verhindert wurde. — Seine Bildung, seine wissenschaftlichen Ansprüche und seine Tätigkeit, die er als bewußte Kulturmission auffaßte, machen es unzweifelhaft, daß die sorgfältige Redaktion der Collectio Kaprinaiana tatsächlich die Vorbereitung der Drucklegung des reichen Materials bezweckte.[44]

Trotzdem Lischerong SJ in seinen Feststellungen über seinen Orden voreingenommen und kritiklos erscheint, sieht er sich doch genötigt zu sagen: „Kaprinai hatte keine mächtigen Protektoren, wie Hevenesi . . .“[45] Sein Verdienst sieht er nur in seinem Fleiß. Die abweisende Haltung der Ordensoberen der Gesellschaft Jesu will er jedoch nicht wahrhaben. Seiner

[41] Hóman, Bálint: A forráskutatás és forráskritika története Magyarországon; Történetírás és forráskritika (Geschichte der Quellenforschung und Quellenkritik in Ungarn; Geschichtsschreibung und Quellenkritik). Budapest 1938, p. 399—.

[42] ebd.

[43] Kaprinai, István: Cathalogus Scriptorum . . . pp. 71—72.

[44] ebendort und Hóman: zit. Werk p. 400.

[45] Lischerong, Gáspár: zit. Werk p. 13.

Ansicht nach wurde die Veröffentlichung der Werke Kaprinais durch die Auflösung des Ordens verhindert.[46]

Bei seiner Erforschung der Geschichtsquellen arbeitete István Kaprinai bereits mit protestantischen Datensammlern zusammen und im Zusammenhang mit seinen Forschungen in Bibliotheken suchte er den evangelischen Pfarrer in Eperjes, János Kribel, in seinem Heim auf.[47] Dieses für einen heutigen Menschen unbedeutende Ereignis ist jedoch ein Hinweis darauf, daß sich das Prinzip der Toleranz bereits bei den Jesuiten zeigte, für deren Orden dies am wenigsten charakteristisch war.

Die Tätigkeit Kaprinais, seine Bildung, seine weltoffene Geistigkeit und sein Verhalten als Mensch, stärkten die außerordentlich wertvolle, aber auch notwendige Unterstützung seitens der ungarischen Gesellschaft zur Verwirklichung der wissenschaftlichen Bestrebungen der Geschichtsschreiber Ungarns, die Mitglieder der Gesellschaft Jesu waren.

Der Name György Prays (1723—1801) bedeutete infolge seiner Tätigkeit einen neuen Abschnitt in der Tätigkeit der Jesuiten-Historiker Ungarns. Zur Zeit seiner Geburt übten Sámuel Timon und seine Mitarbeiter[48] bereits seit länger als einem Vierteljahrhundert ihre gewissenhafte und opferreiche Tätigkeit als Datensammler und Erforscher von Geschichtsquellen aus. 1740 trat er in die Gesellschaft Jesu ein. 1748 unterbrach er seine Studien um in Nagyszombat Poetik und Rhetorik zu unterrichten. Sein Biograph schreibt: ,,Damals entschloß sich György Pray, sein Leben ausschließlich der Pflege der Geschichtswissenschaften zu widmen''.[49] Von neuem wiederholen sich die gleichen Geschehnisse, die wir bereits aus der Lebensgeschichte anderer Geschichtsschreiber aus dem Jesuitenorden kennen: seine Fachkenntnisse war er genötigt privat, in seiner Freizeit zu erwerben. Im Falle Prays wissen wir aber von keinem Professor, der auf seinen Schüler eine so große Wirkung ausübte, wie es Sámuel Timon für István Kaprinai war, als er dessen Berufung zum Geschichtsschreiber erkannte. Andererseits aber hatte es der junge Pray leichter sich zu orientieren, da ihm die Geschichtsliteratur der letzten fünfzig Jahre bereits zugänglich war. Sein Intercsse war nicht allgemein, sondern richtete sich unmittelbar auf die ungarische Geschichte.[50]

Neben sechs Jahren Pflichtstudien beschäftigte er sich mit Geschichtsstudien. Die Ordensoberen trugen sich mit dem Plan, den 31jährigen György Pray zum Professor der Universität Nagyszombat zu ernennen, nachdem er 1754 zum Priester geweiht worden war. Jetzt sieht Pray die Zeit gekommen, seine Bitte vorzutragen: Er will sein Leben der Geschichtswissenschaft weihen. Er ersucht um eine Einteilung, bei der die Verwirklichung seines Planes gesichert erscheint und bittet deswegen, von seiner Ernennung zum Universitätsprofessor abzusehen.[51] Das verständnisvolle Nachgeben

[46] ebd. p. 15.
[47] Aufzeichnung Kaprinais: In aedibus D. Joannis Kribel Pastoris Eperjesiensis.
[48] Márton Czeles, Sándor Szörényi und Rudolf Bzsenszky.
[49] Lischerong, Gáspár: zit. Werk p. 24.
[50] ebd. pp. 137—144.
[51] ebd. p. 27.

seiner Ordensoberen war jedoch nur ein scheinbares. Professor wurde er zwar nicht, doch mußte er innerhalb eines Jahres an zwei Stellen tätig sein.[52]

1755 wurde er als Mittelschullehrer in das auf Initiative der Jesuiten gegründete Theresianum geschickt, mit einer doppelten Aufgabe: er hatte Poetik zu lehren und gleichzeitig innerhalb des Instituts als Privaterzieher des dort studierenden Prinzen Salm zu wirken. Selbst mit bestem Willen kann man nicht behaupten, daß die Ordensoberen mit dieser Einteilung die Pläne Prays unterstützten. Neben seiner zeitraubenden Arbeit als Lehrer und Erzieher konnte er nicht daran denken, in den Wiener Archiven Forschungen anzustellen, geschweige denn Reisen zu unternehmen.

Im Leben unserer Historiker aus dem Jesuitenorden kommt es ungemein häufig vor, daß bei all den ungünstigen Lebensbedingungen und der Zwangslage, die Fachkenntnisse auf individuelle Weise erwerben zu müssen, ein persönliches Verhältnis zustandekommt, das sich auf die wissenschaftliche Entwicklung fruchtbringend auswirkt. Und solches geschah auch mit dem jungen Pray auf seinem Wege, ein Gelehrter zu werden. Einer seiner Kollegen im Theresianum war Erasmus Fröhlich, der bereits damals eine hervorragende Persönlichkeit der sich ebenfalls nur langsam entfaltenden österreichischen Geschichtswissenschaft war. Es ist außerordentlich bezeichnend, daß er 1755 nicht einmal als Universitätsprofessor lehren konnte – obwohl der Jesuitenorden nicht gerade reich an Historikern war –, sondern daß er der Bibliothekar einer Erziehungsinstitutes war.

Mit Recht können wir in Fröhlich den Lehrmeister Prays sehen. Er teilte seinem jungen Ordensbruder aus Ungarn nicht nur sein Fachwissen mit, sondern übergab György Pray auch seine auf Ungarn, besonders auf die Vorgeschichte der Ungarn bezüglichen Forschungsergebnisse.[53]

Es ist klar, daß die Jesuitenoberen von der wertvollen Hinterlassenschaft Fröhlichs und seinen Hoffnungen auf die Person György Prays Kenntnis hatten. Mit Recht konnte Pray darauf rechnen, daß seiner vor vier Jahren vorgebrachten Bitte nun endlich entsprochen werde. Doch da war er im Irrtum. Im Herbst 1758 wurde er zum Professor der Pastoraltheologie an der Universität Nagyszombat ernannt und außerdem zum Präses der Marienkongregation, die damals von großer Bedeutung war. Mit Recht konnten sie damit rechnen, daß Pray bei dieser neueren doppelten Betrauung weder Zeit noch Kraft zu geschichtswissenschaftlicher Arbeit haben werde. Diese grobe Teilnahmslosigkeit und Verständnislosigkeit stimmte selbst Lischerong SJ etwas nachdenklich. Er schreibt darüber wie folgt: „Diese erneute Versetzung bedeutete für Pray ein großes Opfer und einen schweren Verzicht, arbeitete er doch damals gerade eifrigst an einer seiner wichtigsten Arbeiten, an den Annalen der Hunnen, Awaren und Ungarn . . .“[54] Und dann fährt er fort: „Die häufigen Versetzungen und der ständige Wechsel der zugeteilten Arbeitsgebiete, wie es damals in den verschiedenen Provinzen des Jesuitenordens häufig geübt wurde, verlangten von den Mitgliedern des Ordens eine nicht geringe Selbstüberwindung

[52] ebd. p. 27.
[53] ebd. p. 28.
[54] ebd. p. 30.

und es unterliegt keinem Zweifel, daß es auf diese Weise den Lehrern schwer gemacht wurde, sich in die Kenntnisse der positiven Fächer wirklich zu vertiefen."[55]

Anscheinend begann Pray allmählich die Geduld zu verlieren. 1761 bittet er den Ordensprovinzial, ihn jeder anderen Beschäftigung zu entheben, damit er seine Annales ruhig fortsetzen könne. Sein selbstsicheres Auftreten blieb nicht ohne Erfolg.

1761 ist eine wichtige Jahreszahl im Leben Prays. In diesem Jahr erschien nämlich der erste Band seiner Annales.[56] Die zur Herausgabe nötigen Mittel wurden nicht vom Jesuitenorden aufgebracht, sondern von jenen ungarischen Adelsfamilien, deren Söhne er unterrichtete.[57] Einige Sätze des Vorworts geben einen Hinweis auf das gemeinsame Motiv der opfervollen Arbeit des Geschichtsschreibers und der materiellen Opferbereitschaft der Mäzenaten: „Ich kann es kaum ertragen, daß wir Ungarn die einzigen sind, die die Geschichte unserer Vorfahren noch nicht zusammengesammelt haben und deren ganze Vergangenheit noch tiefes Dunkel bedeckt, während sozusagen alle unsere Nachbarvölker die Denkmäler ihrer Geschichte bereits herausgegeben haben. Die Annalen unserer Heimat, unsere geschichtlichen Aufzeichnungen sind größtenteils lückenhaft, voller Märchen und von zweifelhafter Glaubwürdigkeit. Sie wurden ungeachtet jeder Chronologie niedergeschrieben."[58] In den folgenden Jahren erscheinen seine Veröffentlichungen schon häufiger.

Seine Werke fanden Interesse und Anerkennung nicht nur in Ungarn, sondern auch jenseits unserer Grenzen — in Leipzig und Skandinavien.

Wir sehen, daß die staatlichen und kirchlichen „amtlichen Organe" die Ergebnisse von Prays Tätigkeit eben nur zur Kenntnis nahmen. Unser Historiker rechnete nicht auf Auszeichnungen, sondern auf moralische Unterstützung. Für ihn wäre es ein Zeichen der erwarteten moralischen Unterstützung gewesen, wenn man ihm die „mit sechshundert Schlössern verschlossenen" Archive geöffnet hätte.[59] Die Gründe für das Ausbleiben der staatlichen Unterstützung anzuführen, würde uns in den Irrgarten der Kulturpolitik des 18. Jahrhunderts führen. Wir glauben, nur folgendes feststellen zu müssen: Der Preis für die Unterstützung des Wiener Hofes, namentlich Franz Ádám Kollárs, wäre derartig hoch gewesen, daß weder Pray, noch ein anderer Historiker aus der Gesellschaft Jesu ihn hätte zahlen wollen.[60]

Die Zeit brachte bald jene Ereignisse, die für den Lebenslauf Prays die große Wende herbeiführten. Er wurde achtundsiebzig Jahre alt, dreiund-

[55] ebd. p. 30.
[56] Pray, György: Annales veteres Hunnorum, Avarorum et Hungarorum ... Vindobonae 1761, pp. 388.
[57] Lischerong, Gáspár: zit. Werk p. 31.
[58] ebd.
[59] ebd. p. 33.
[60] Dümmert, Dezső: Történetkutatás és nyelvkérdés a magyar—Habsburg viszony tükrében (Geschichtsforschung und Sprachenfrage im Spiegel des Verhältnisses der Ungarn zur Habsburg-Dynastie). Filológiai Közlöny (Philologische Zeitschrift), 1966, 3—4, p. 401.

dreißig Jahre verbrachte er in der Gesellschaft Jesu, achtundzwanzig Jahre als ehemaliger Jesuit in verschiedenen staatlichen und kirchlichen Stellungen. Niemals gelangte er an die Peripherie des gesellschaftlichen und wissenschaftlichen Lebens, wie z. B. der jüngere Károly Wagner, dessen Geist offener war als seiner.

Károly Wagner (1732—1790) gehörte der damals jüngsten Generation der Jesuiten-Historiker (István Katona und István Schönvisner) an. Er wurde in Zboró geboren, wo sein Vater Güterdirektor des ehemaligen Rákóczi-Gutes Makovicza war, das sich nun im Besitz der Familie Aspremont befand. Die Grammatikklassen studierte er bei den Piaristen in der alten Heimat der adeligen Bürgerfamilie, in Kisszeben, einer gemischtkonfessionellen Gemeinde. Später studierte er im Jesuitenkolleg von Eger (Erlau). 1747 finden wir ihn bereits als Novizen im Jesuitennoviziat von Trencsén. Sein Lebenslauf, der Gegenstand seiner Tätigkeit als Historiker und seine historischen Schriften zeugen davon, daß seine Kinderjahre in ihm tiefe Spuren hinterließen.

Der junge Wagner machte seine Studien, wie es die traditionelle Studienordnung der Jesuiten vorschrieb, die aber immer anachronistischer wurde. Als Philosoph in Kassa liest er bereits ausgezeichnet Griechisch und Französisch. Er übersetzte Dramen Corneilles aus dem Französischen ins Lateinische. Es ist wahrscheinlich, daß er hier István Kaprinai kennenlernte. Er war es wohl, der das treu gehütete und übertragene Erbe Timons dem jungen Wagner weitergab. Letzterer hatte sich ja schon in seinen Studienjahren mit Datensammlung beschäftigt.[61]

Nach seiner Priesterweihe wurde er 1762 nach Szepeshely als Mittelschullehrer versetzt. Seine ganze Freizeit verbrachte er im Archiv des Ortes, das ungemein reich an Urkunden war. Im Vorwort zu den Analecta Scepusii wirft er einen Blick auf diese Jahre zurück, als er schreibt: ,,Als ich dem Willen meiner Oberen gehorchend in der Szepesség (Zips) wirkte, entgingen weder Schriften geringer Bedeutung, noch neuere Schriften, noch handschriftliche Kodizes meiner Aufmerksamkeit. Die Gelegenheit, die Zeit und der Ort waren in gleicher Weise dazu angetan, daß ich jenen Studienzweig, den ich so wunderbar lieb gewonnen hatte, betreibe ... meine Freunde gaben mir nicht nur recht, sondern drängten darauf, ich solle von meinem gefaßten Vorsatz nicht ablassen ...“[62] Wagner beruft sich hier nicht auf die Ermutigung seitens seiner Vorgesetzten in der Gesellschaft Jesu, sondern auf Freunde. Wer waren sie wohl? In erster Linie Jesuiten-Historiker, die Hevenesis Beispiel folgten, außerdem kirchliche Persönlichkeiten und Laien, die sich für Wissenschaft, besonders für die Geschichtswissenschaft interessierten und bereit waren, für Forschungen und Publikationen auch Opfer zu bringen.[63] Bei seiner Tätigkeit als Datensammler kam er nicht nur mit Fachleuten, sondern auch mit Amateur-Historikern, wohl auch mit Dilettanten guten Willens in Berührung.

[61] Hölvényi, György: Wagner Károly és a Bél-iskola (Károly Wagner und die Bél-Schule). Egyetemi Könyvtár Évkönyvei (Jahrbücher der Universitätsbibliothek Budapest), VI., p. 331.

[62] ebd.

[63] ebd. p. 333.

Hier bekam er zuerst die Freuden des selbständigen Forschers zu kosten. Der ungemeine Reichtum des Dokumentenmaterials, das sich ihm eröffnete und die Liebe zu seinem engeren Vaterland ließen in ihm den Gedanken reifen, als Gegenstand seiner Tätigkeit das Komitat Sáros und die Szepesség (Zips) zu wählen. Seine Pläne setzte er in einem am 6. April 1762 datierten Brief an István Kaprinai auseinander:

„Ich beabsichtige, die Geschichte und Geographie Oberungarns oder desjenigen Teiles davon, der nördlich der Theiß liegt, zu beschreiben, so wie es Bél tat in seinem Werke, das Oberungarn nördlich der Donau zum Gegenstand hat. Dabei würde ich das auslassen, was er fortwährend wiederholt und woraus man auf Rechte von Familien folgern könnte. Ich selbst hörte öfter, daß deswegen viele Edelleute Bél zum Teufel wünschten. Ich beginne mit dem Komitat Sáros und von dort will ich, wenn es den Himmlischen gefällt, auf die Komitate Abaujvár und Zemplén übergehen und so weiter. Mein Vorhaben möchte ich folgendermaßen skizzieren:

Kurz berühre ich den Namen der Provinz, die Grenzen und die Grenzraine, die Flüsse, Bäche, die wichtigeren Berge, Wälder, Quellen und andere Sehenswürdigkeiten der Natur und der Kunst. Anschließend würde ich den heutigen und früheren Zustand der Komitate beschreiben, seine Bevölkerung einst und jetzt, welche Sprache gesprochen wird, und auch die Bräuche des Volkes und der adeligen Stadtbewohner. Ich möchte nach Möglichkeit die Listen der Ober- und Vizegespane in chronologischer Reihenfolge bringen und die Genealogien der berühmteren ausgestorbenen Familien der Komitate. Im weiteren Verlauf meiner Ausführungen würde ich die Städte, Burgen, Marktflecken und Dörfer behandeln und bei jedem einzelnen dann alles Erwähnenswerte berichten. Am Ende meines Werkes wäre eine Landkarte zu finden. Kurz, ich möchte Béls Werk fortsetzen, aber dabei doch all das auslassen — wie ich das bereits versprach —, was vielen mißfallen hat, da sie sich betroffen fühlten.“[64]

Bei der Besprechung der kampfreichen Jahre György Prays um 1760 sahen wir bereits, daß in der Haltung der Oberen der Gesellschaft Jesu gegenüber der Geschichtswissenschaft keine Änderung eingetreten war. Gerade deswegen brauchen wir uns nicht zu wundern, auch wenn dies ungewöhnlich erscheint, daß ein junger Ordensmann nicht seinen Vorgesetzten, sondern einem älteren Ordenspriester von großem Ansehen mitteilt, welchen Lebenslauf er sich erwählt hat. Wahrscheinlich war István Kaprinai über das Unterfangen Wagners, Geschichtsschreiber zu werden, gar nicht überrascht. Auf den Gegenstand der Forschung konnte er rechnen. Eine Überraschung war es vielleicht, daß Wagner offen eingestand, dem Beispiel Béls folgen zu wollen. Vorläufig besitzen wir keinerlei Beweise, daß Kaprinai Wagners Konzeption mißbilligt hätte. Im Laufe seiner vielseitigen Tätigkeit, die von einem weltoffenen Geist zeugt, nahm er wohl unfehlbar die Verfallserscheinungen der Barock-Kultur wahr. Die stiefmütterliche Behandlung der Geschichtswissenschaft im Lehrplan der Jesuiten hatte immerhin einen Vorteil: diejenigen, die sich mit ihr befaßten, waren

[64] Károly Wagners Brief an István Kaprinai. Universitätsbibliothek Budapest G. 116 II. 63.

an keinerlei von vornherein festgelegte Konzeptionen gebunden, aber auch an keinerlei Pflichtlektüre oder empfohlene Literatur. Deswegen spiegelt ihre Tätigkeit ihre schöpferische Persönlichkeit und die Wirkungen der zeitgenössischen Wissenschaft relativ besser wider.

In den ersten zehn Jahren seiner Tätigkeit als Geschichtsschreiber war Károly Wagner noch Mitglied der Gesellschaft Jesu. In diesen zehn Jahren war er an sechs Orten tätig. Während der drei Jahre, die er an der Hochschule des Ordens für die Ausbildung von Mittelschullehrern in Szakolca zubrachte, verfügte er über verhältnismäßig viel Freizeit für seine Forschungsarbeiten. Als Ergebnis seines Fleißes stellte er bereits 1769 den ersten Band der Analecta Scepusii fertig.[65] 1770 bereitete er das Material in Eperjes für den Druck vor, als ihm unerwartet — doch sicherlich auf Vorschlag des Ordens — die Ernennung zum Professor am Lehrstuhl für Kirchengeschichte durch Maria Theresia zuteil wurde. Dieser Lehrstuhl wurde an der Universität von Nagyszombat im Zuge der Universitätsreform errichtet.[66] Die Persönlichkeit Wagners war frei von Ehrgeiz und er hatte nicht den Wunsch, im öffentlichen Leben eine Rolle zu spielen. György Márton Kovachich stellte fest, daß die einzigen Leidenschaften in seinem Leben „. . unermüdlicher Fleiß, eine niemals nachlassende Liebe zur Arbeit" waren.[67] Wagner hatte nicht nur die Ernennung nicht angestrebt, sondern versuchte auch, sich der ihm zuteil gewordenen Ernennung zu entledigen. Viel Zeit mußte aufgewandt werden, um dem Lehrauftrag gewissenhaft nachzukommen, hatte er sich doch niemals mit Kirchengeschichte befaßt. Außerdem gehörte er jener kleinen Gruppe der gelehrten Ordensbrüder an, die klar sahen, daß das Lehrsystem der Jesuiten nicht mehr dem Zeitgeist entsprach.[68]

In den Jahren, die er an der Universität von Nagyszombat verbrachte, trieb er einen regen Briefwechsel, um je ein Exemplar der Werke der Chronikschreiber der Szepesség (Zips) für den 2. Band der Reihe seiner Publikationen zu erwerben. Im Laufe dieser Arbeit wuchs allmählich — besonders in den Städtchen der Szepesség (Zips) — die Zahl seiner Bekannten und Helfer, die dem Augsburger Bekenntnis angehörten.[69]

Die gewissenhafte Erfüllung seiner doppelten Aufgabe stellte seine schwache Gesundheit auf eine harte Probe. Zu Beginn des Jahres 1773 kränkelte er viel. Daher ersuchte er, unter Hinweis auf seine Krankheit, um seine Enthebung vom Professorat, die ihm noch vor der Auflösung des Jesuitenordens erteilt wurde.

[65] Wagner, Károly: Analecta Scepusii sacra et profana. p. 63.

[66] Artner, Edgár—Hermann, Egyed: A hittudományi Kar története 1635—1935 (Geschichte der Theologischen Fakultät 1635—1935). Budapest 1938, p. 104.

[67] Hölvényi György: Wagner Károly könyvtára (Die Bibliothek Károly Wagners). Egyetemi Könyvtár Évkönyvei (Jahrbücher der Universitätsbibliothek), Budapest III. p. 157.

[68] Hölvényi, György: Wagner Károly és a Bél-iskola (Károly Wagner und die Bél-Schule). Egyetemi Könyvtár Évkönyvei (Jahrbücher der Universitätsbibliothek), Budapest,VI. p. 334.

[69] Weber, Samuel: Ehrenhalle verdienstvoller Zipser des XIX. Jahrhunderts 1800—1900. Igló 1901, pp. 187—191.

Ab Herbst 1773 finden wir ihn zusammen mit György Pray in Preßburg, wo er sich ausschließlich seinen Forschungen widmete.[70] Er arbeitet nach den Plänen und der Methode, die er bereits in Szepeshely ausgearbeitet hatte. In 3—4 Jahren stellt er fünf Bände mit Quellenpublikationen fertig. 1777—1784 finden wir ihn in Buda als Universitätsprofessor für Heraldik und Siegelkunde sowie als ersten Kustos der Universitätsbibliothek, zur Zeit als der Direktor derselben Pray war. Er wurde im Alter von zweiundfünfzig Jahren aus Gesundheitsgründen pensioniert. In Wahrheit aber fiel er persönlichen Reibereien zum Opfer, denen man ein weltanschauliches Mäntelchen umzuhängen verstand.[71] ,,Prays Richtung" siegte über die Anhänger der Aufklärung. Das einzige Opfer war Károly Wagner, der im Zuge der weltanschaulichen Wachablösung an der Universität seine Lehrkanzel und gleichzeitig seine Stelle an der Universitätsbibliothek verlassen mußte.[72] Die Bibliotheks- und Kirchengeschichtsforscher sahen in Wagners Pensionierung nur die Entfernung eines Jesuiten aus der Universität. Weitere Untersuchungen müßten Aufschluß darüber bringen, warum György Pray so leicht auf seinen nächsten Mitarbeiter und Historiker-Kollegen verzichtete. Waren wirklich Prays konservative Anschauungen die gleichen wie die Wagners? Machte sich nicht Wagner den Jesuiten-Historikern dadurch verdächtig, daß er sich Béls Schule anschloß oder vielleicht durch seine Beziehungen zu Karl Gottlieb Windisch und dessen Kreis? Natürlich hatten sie Károly Wagners offene Worte im Vorwort zum Diplomatarium Sarosiensis gelesen: ,,Nun wische ich den Staub der Scholastik ab, in dem ich soviele Jahre lang leben mußte und, da ich nun etwas freier wurde, begann ich immer wieder zu überlegen, wie ich dem Ländchen meiner Geburt, meinem heiß geliebten Komitat Sáros am besten dienen und dieser Aufgabe entsprechend nachkommen könnte. Und so kam mir alles mögliche in den Sinn, damit, wenn ich es ausführe, ich nicht als träger und undankbarer Bürger erscheine. Doch paßte das meiste davon gar nicht zu meiner Lebensart. Kurz, als Privatmann, als Priester bleibt mir nichts anderes übrig, als zur Feder zu greifen."[73] Diese wenigen, ungewöhnlich offenen Worte mußten seine Zeitgenossen, die sie lasen, doch etwas nachdenklich stimmen und die Kulturhistoriker dazu nötigen, umsichtiger zu forschen und unsere Handschriften aus dem 18. Jahrhundert noch gründlicher zu analysieren. Die einzelnen Symptome des Verfalls der Barockkultur können auch bei den Jesuiten bereits in der Mitte des 18. Jahrhunderts beobachtet werden.[74] Selbst in dem für seine Disziplin und Einheit bekann-

[70] Lischerong, Gáspár: zit. Werk p. 77.

[71] Szentpétery, Imre: A Bölcsészettudományi Kar története 1635—1935 (Geschichte der Philosophischen Fakultät der Universität Budapest 1635—1935). Budapest 1938, pp. 293—294.

[72] Hölvényi, György: Wagner Károly és a Bél-iskola (Károly Wagner und die Bél-Schule). Egyetemi Könyvtár Évkönyvei (Jahrbücher der Universitätsbibliothek). Budapest, VI. p. 336.

[73] Wagner, Károly: Diplomatarium comitatus Sarosiensis. Posonii—Cassoviae 1780. unnum. Blatt 1.

[74] Ein beredtes Beispiel dafür ist die Namensliste der Jesuiten-Historiker, die im Wiener Theresianum wirkten.

ten Jesuitenorden lassen sich Spuren der innerkirchlichen Kritik an der Scholastik feststellen. Es ist ein Zeichen für die Veränderung der Weltanschauung – über die wissenschaftliche Anschauung hinaus, wenn Wagner, zwar indirekt, auf die Auflösung der Gesellschaft Jesu hinweist: „. . . da ich etwas freier wurde . . .“ Die Möglichkeiten, die die so innig ersehnte individuelle Freiheit bietet, will er gut ausnützen. Man könnte daran denken, daß er einen Weg suchte, wie er den Geist seines Ordens am besten bewahren oder seinem Priestertum entsprechende Dienste leisten könnte, wie so viele andere seiner Ordensbrüder. Anstelle dessen überlegt er, wie er seiner engeren Heimat am besten dienen könnte. Es wäre ein ungemein wertvoller Beitrag zur Geschichte der Ideologien, wenn man wüßte, auf welche Pläne und Möglichkeiten er mit folgenden Worten anspielt: „. . . so kam mir alles Mögliche in den Sinn, damit, wenn ich es ausführe, ich nicht später als träger und undankbarer Bürger erscheine . . .“ Leider müssen wir uns hier mit dem wertvollen unmittelbaren Beweis abfinden, daß das Motiv für sein Wirken als Historiker sein Patriotismus war.

Nach seiner Pensionierung zog er sich zu seinen Verwandten nach Kisszeben zurück. Die Zurücksetzung, die ihn auf seiner wissenschaftlichen Laufbahn getroffen hatte, nahm ihm nichts von seiner Arbeitsfreude: „In Kisszeben, im Komitat Sáros, beschäftige ich mich ausschließlich damit, meine Bibliothek zu vergrößern und Handschriften, die sich auf Ungarn beziehen, aufzustöbern“ schreibt er in seiner Selbstbiographie.[75] Sein reger Briefwechsel mit Dániel Cornides und István Schönwisner bezog sich auf Ankauf von Büchern und Datensammlungen.

Wagner, der wegen seiner früheren Zugehörigkeit zur Gesellschaft Jesu zurückgesetzt worden war, gehörte 1786 zum Kreise Márton György Kovachichs.[76] Zu denjenigen, die Abonnenten für den „Merkur von Ungarn“ sammelten, der zur Verbreitung der Ideen der Aufklärung gegründet worden war, gehörten neben den Piaristen Bernát Benyák und Elek Horányi auch Károly Wagner. In dieser Zeit erschienen von ihm sieben Studien und Publikationen in den „Ungarischen Staats- und gelehrten Nachrichten“ und im „Ungrischen Magazin“.[77]

Dieser Abschnitt im Leben Wagners gehört nicht mehr zum Kreis unserer Untersuchungen. Obwohl die progressive Tendenz der Entwicklung seiner Weltanschauung keinesfalls charakteristisch ist für die jüngsten Historiker, die früher Jesuiten gewesen waren, ist dies doch ein ungemein bezeichnender Beitrag zum Laisierungsprozeß, der unter den gelehrten Mitgliedern des Klerus vor sich ging. Der Lebenslauf Károly Wagners bestätigt die Feststellungen László Mátrais, daß Wagner eine für jene Übergangszeit charakteristische Gelehrtenpersönlichkeit war, „in der wir im Verhalten und in der Denkungsart der besten Geister, der großartigsten

[75] Hölvényi, György: Wagner Károly és a Bél-iskola (Károly Wagner und die Bél-Schule). Egyetemi Könyvtár Évkönyvei (Jahrbücher der Universitätsbibliothek). Budapest, VI. p. 336.

[76] V. Windisch, Éva: Kovachich Márton György a forráskutató (Der Quellenforscher Márton György Kovachich). Budapest 1968, pp. 12–19. Dissertation, Manuskript.

[77] Ein Großteil ihrer Publikationen muß noch erschlossen werden

Menschen nicht nur überraschende Veränderungen, sondern auch tiefe ideelle Widersprüche wahrnehmen".[78]

Seine scharf sehenden gelehrten Freunde: Dániel Cornides, János Korabinszky, Karl Gottlieb Windisch und andere umgaben ihn mit Achtung und waren eifrig bemüht, ihm behilflich zu sein. Bereits 1787 würdigte Márton György Kovachich im „Merkur von Ungarn" seine Persönlichkeit und seine Tätigkeit als Mensch und Gelehrter.[79]

Wir wollten nicht die Umstände der wissenschaftlichen Tätigkeit eines jeden Jesuiten-Historikers untersuchen,[80] sondern nur den Lebenslauf einiger berühmter Geschichtsschreiber. Wir hatten Gelegenheit, die Haltung der Jesuitenoberen zur Geschichtswissenschaft im Zeitraum von 80 Jahren zu beobachten. Die Ergebnisse der Forschungsarbeit der Jesuiten-Historiker, ihre Veröffentlichungen und ihre Handschriftensammlungen von gewaltigem Ausmaß wirkten auf den oberflächlichen Beobachter beirrend. Wenn Bálint Hóman feststellte, daß infolge der organisatorischen Tätigkeit eines Gábor Hevenesi „im Schoße der Gesellschaft Jesu eine Gelehrten-Organisation mit der Zielsetzung entstand, die unbekannten Quellen der ungarischen Kirchengeschichte und später auch der ungarischen Geschichte zu erforschen und zu veröffentlichen",[81] so ist dies eine Übertreibung. Nur ein Schritt trennte diese Behauptung, die auch in Fachkreisen unwidersprochen blieb, von der Annahme jener Anschauung, daß von der Universität Nagyszombat aus die geschichtswissenschaftichen Forschungen Ungarns im wahrsten Sinne des Wortes inspiriert wurden.

Hier kann von einer „Gelehrten-Organisation" keine Rede sein. Aus dem Gesagten geht hervor, daß jeder unserer Historiker genötigt war, seine Fachkenntnisse freiwillig durch Privatstudium, parallel zu seinen, ihm vom Orden vorgeschriebenen Aufgaben zu erwerben. György Pray hatte als Einziger die Möglichkeit, sich einige Jahre hindurch nur seinen historischen Forschungen zu widmen. Es gibt keinerlei Hinweis auf eine einheitliche Lenkung der geschichtswissenschaftlichen Forschungen. Die meisten Geschichtsschreiber hatten ihren individuellen Forschungsplan. Auch bei den zur selben Generation gehörenden Jesuiten läßt sich keine gemeinsame Zielsetzung ihrer Arbeiten oder ein Streben nach Integration entdecken. Kurz gesagt: hier sind keinerlei Kennzeichen für eine Gelehrten-Organisation zu finden.

Noch ein anderes Verdienst des Jesuitenordens in bezug auf die Geschichtswissenschaft, das — fast möchte man sagen — legendären Charakter annahm und ausgezeichnet in Szekfűs Barockkonzeption hineinpaßt, ging in die öffentliche Meinung über: „Die Universität von Nagyszombat war

[78] Mátrai, László: Gondolat és szabadság (Gedanken und Freiheit). Budapest 1961. p. 51.

[79] Hölvényi, György: Wagner Károly könyvtára (Die Bibliothek Károly Wagners). Egyetemi Könyvtár Évkönyvei (Jahrbücher der Universitätsbibliothek). Budapest, III. p. 157.

[80] Für diese Aufgabe ist selbst der Ort, wo die Handschriften zu suchen wären, unseren Forschern nicht bekannt.

[81] Hóman, Bálint: Kishevenesi Hevenesi Gábor. — Történetírás és forráskritika (Gábor Hevenesi von Kishevenes. — Geschichtsschreibung und Quellenkritik). Budapest 1938, p. 346.

die Wiege einer regen geschichtsliterarischen Tätigkeit. Die Jesuiten von Nagyszombat machen sich so, wie die französischen Benediktiner des Heiligen Maurus an ihre Tätigkeit als Geschichtsschreiber, indem sie Geschichtsquellen erforschen und Daten sammeln,"[82] schreibt der Jesuit Lischerong.

Blättert man nur ein wenig in den 1935 herausgegebenen Bänden der Universitätsgeschichte,[83] läßt sich folgendes feststellen: Nach vielem Hin und Her begannen die Jesuiten, unter dem Druck des Wiener Hofes, im Herbst 1758 an der Theologischen Fakultät der Universität von Nagyszombat Geschichte („Historia Sacra et Profana") zu unterrichten. An diesem Lehrstuhl unterrichteten zwischen 1753 und 1770 dreizehn Jesuiten.[84] Kein einziger unter ihnen ist in der Geschichtswissenschaft für seine Veröffentlichungen oder für seine Tätigkeit als Datensammler bekannt. Wir finden unter ihnen hervorragende Dogmatiker, Geschichtsschreiber aber keinen. — Erst später gelangten Geschichtsschreiber an die Lehrstühle: an der theologischen Fakultät Károly Wagner, an der philosophischen Fakultät István Katona.[85]

Die Einstellung der Ordensoberen der Jesuiten gegen die Geschichtswissenschaften läßt sich auf diesem außerordentlich wichtigen Gebiet nicht leugnen. Hier standen sie im Widerspruch nicht nur mit den kulturpolitischen Absichten der Staatsgewalt und den wissenschaftlichen Bestrebungen der Jesuiten-Historiker, sondern mit dem eigenen Ordensprinzip der Gesellschaft Jesu, wonach die Ordensmitglieder an den Platz zu stellen sind, wo sie am nutzbringendsten wirken und ihre Kräfte und Neigungen am besten entfalten können.[86]

István Kaprinais Alter und wissenschaftliche Vergangenheit machten ihn geeignet dazu, den 1753 neu gegründeten Lehrstuhl der Geschichtswissenschaften zu übernehmen. Einige Jahre später — 1755 — wird György Pray mit der Erziehung junger Hochadeliger betraut. Als er später nach Nagyszombat versetzt wird, erhält er den Lehrstuhl für Pastoraltheologie.[87] Bald nachher erfolgt seine Versetzung nach Buda.

Die Feststellung des katholischen Kirchenhistorikers Sebastian Merkle ist vollkommen gerechtfertigt, wenn er sagt: „Der Studienbetrieb der Jesuiten zur Zeit der Aufhebung ihres Ordens war eben wesentlich immer noch der vom Jahre 1599."[88] Das starre Festhalten an der Ratio studiorum gibt dafür eine zwar naheliegende Erklärung, scheint aber doch nicht ganz befriedigend. Hinter diesem Schild von Prinzipien waren anscheinend Überlegungen wirksam, die zwar niemals schriftlich niedergelegt worden waren, aber doch zwischen den Führungs- und Regierungsprinzipien des Ordens ihr Leben führten. Es ist z. B. denkbar, daß sich die Jesuitenoberen über die ideologischen und politischen Probleme, die infolge der Geschichtsschrei-

[82] Lischerong, Gáspár: zit. Werk p. 12.
[83] Artner, Edgár—Hermann, Egyed: zit. Werk pp. 271—282.
[84] ebd.
[85] Szentpétery, I.: zit. Werk pp. 293—294.
[86] Merkle, Sebastian: Die katholische Beurteilung des Aufklärungszeitalters. Berlin 1909, p. 17.
[87] Lischerong, G.: zit. Werk p. 30.
[88] Merkle, S.: zit. Werk p. 21.

bung der Humanisten entstanden waren und über deren mittelbare negative Auswirkungen auf die Theologie im klaren waren. Es ist außerdem allgemein bekannt, daß die Jesuiten, die den Geist des Tridentinischen Konzils verkörperten, argwöhnisch jeder Initiative der Protestanten gegenüberstanden, so auch der Pflege der Geschichtswissenschaften. Und schließlich weiß jedermann, daß die Gesellschaft Jesu damals auch eine bedeutende politische Rolle spielte. Sie waren sich der unzertrennbaren Verbindung von Geschichtsschreibung und Politik voll bewußt. In der offenen Stellungnahme der Historiker mußten sie daher eine Gefahr sehen. Immerhin bestand die Möglichkeit, daß durch historische Arbeiten früher oder später Interessen von Herrscherhäusern, Staaten, Nationen oder vielleicht nur einzelner einflußreicher Familien verletzt werden könnten. Daß solche Bedenken gar nicht aus der Luft gegriffen waren, zeigt das — vielleicht bekannteste — Beispiel des Lebens und Wirkens Bohuslav Balbins.[89] Das Erscheinen seiner im Zeichen des tschechischen Nationalismus geschriebenen Werke wurde von seinen Ordensoberen vereitelt. Balbin selbst wurde durch die obersten Leiter der Gesellschaft Jesu bloßgestellt, verfolgt, man wies auf ihn als abschreckendes Beispiel hin.[90]

Man könnte hier die Frage aufwerfen, ob es denn überhaupt der Mühe wert sei, den Beteiligten eines geistigen Kampfes innerhalb eines Mönchsordens, die nicht einmal Opfer des Kampfes wurden, nur weil ihr privates Unternehmen die verdiente moralische und geistige Achtung nicht erhielt, nach zwei, zweieinhalb Jahrhunderten Gerechtigkeit widerfahren zu lassen, wenn auch nur im Rahmen einer bescheidenen Studie?

Um die Wahrheit eindeutig festzustellen, muß gesagt werden, daß die Tätigkeit unserer Historiker bis heute im Dunkel geblieben ist. Die Ursache dafür aber, daß sie im Dunkel blieben, war nicht, daß die zufällige Entdeckung ausgeblieben war oder daß sich die organisierte Forschung verspätete, sondern die tendenziöse, auf ihre eigene Rechtfertigung bedachte Geschichtsliteratur der Jesuiten und der Historiker, der mit dem Geist der Jesuiten eine integrale Einheit bildenden Weltanschauung des Barocks, Gyula Szekfű, dem man nicht nachsagen kann, daß er unvoreingenommen war.[91] Daher kennen wir nicht den Verlauf der allmählichen Entfernung von der Weltanschauung des Barocks, die im Verhalten, im Wissenschaftsideal und in der Weltanschauung unserer Historiker eintrat.

Andor Tarnai wies im 2. Band der Geschichte der ungarischen Literatur, „A magyar irodalom története“, auf Grund seiner Forschungen, die den Charakter von Entdeckungen haben, auf den Platz hin, den die Jesuiten-Historiker einnehmen.[92] Eine Aufgabe blieb noch ungelöst: daß im Rah-

[89] Er war nicht nur in der Zeit, sondern auch in seinen nationalen Anschauungen seinen Ordensgenossen voraus.

[90] Winter, E.: Absolutismus und Aufklärung in der Donaumonarchie. Wien 1971, pp. 50—52.

[91] Szekfű, Gyula: A barokk műveltség (Die Bildung zur Zeit des Barocks). Hóman, Bálint—Szekfű, Gyula: Magyar történet (Ungarische Geschichte). Bd. IV. pp. 366—416.

[92] A magyar irodalom története (Geschichte der ungarischen Literatur) Bd. II. Budapest 1965, Red. István Sőtér.

men „einer aufregenden Erweiterung unseres kulturellen Erbes" nun unsere Forscher zu jenen Jesuiten-Historikern gelangen.

Es würde im scharfen Widerspruch zu unseren kulturellen Bestrebungen stehen, wenn man zulassen würde, vielleicht etwa unter Hinweis auf den interdisziplinaren Charakter dieser Aufgabe, daß eine Anschauung, die bereits vor zweihundert Jahren unzeitgemäß war und deswegen fortschrittliche Initiativen, die über Wien hinauswiesen, mit Schweigen überging, noch heute Bahnbrecher unserer ideologischen Entwicklung in das Dunkel der Unkenntnis hüllen darf.

Die stattlichen Bände von Handschriften aus den einsamen Studierstuben unserer Geschichtsschreiber, ihre mit nichtssagenden Titeln versehene Exzerpte, ihr Briefwechsel und die Kataloge ihrer Bücher müssen doch endlich zu Wort kommen und aus der Botschaft, die aus ihnen erklingt, wird endlich Licht in das Dunkel des Zeitabschnittes 1711—1772 fallen.

THE BEGINNINGS OF ILLUSTRATION IN HUNGARIAN MAGAZINES

PIROSKA D. SZEMZŐ

One of the aims of modern investigation into pictures, that is, sources of history represented by means of the illustrative art, is to find out to what extent they are reflections of the social background in which they were born. Can they be taken for primary sources, do they truly reflect with their content a spatial and temporal reality; do they do so fully, partially or not in the least authentically? Evidently, it is only a complex examination of the written and illustrative material that can provide a faithful reconstruction of historical reality.

It is noteworthy that some hundred and fifty years ago, in 1820, an anonymous contributor to the magazine *Hasznos Mulatságok* (Useful Entertainments) tried — though still in a muddled way — to penetrate the maze of "imagery and iconography" that confronts the student of pictorial illustration. He says: "If the objects are well selected and arranged, they become perfect sources of imagery for all nations and all ages; the means of expression grow ever more refined, ever richer, and in the course of development this art will become more and more wide-spread. A precise iconography ought to collect all those pictures which deal more directly with man, or morals and manners, or with the remarkable events of the time."[1] It is a pity that this article stands alone in the literature on pictorial research; it was neither commented upon, nor further developed. And yet, while it is certainly not today's research approach that we find in it, the article clearly contains its germs.

No illustration — not even the most artistic one — stands for itself; its subject cannot be separated from the work it is meant to illustrate and whose content it supports, its object being to bring the essence of the work itself home to the reader. This is a general requirement, and not even newspaper and magazine pictures can be exceptions to it.

For the origins of magazine illustration we must go back to the fifteenth century: one-leaf prints used to support their journalistic message with pictures, not unlike those of today. Illustrative wood-cuts gave pleasure both to those who could read and to those who could not. These leaflets were issued in great numbers and circulated at fairs, church festivals and in general at all places which attracted a great mass of people. However,

[1] Hasznos Mulatságok (Useful Entertainments). 1820. Vol. II, pp. 9—11: Iconography.

the first regular illustrated magazine entitled *Theatrum Europaeum* appeared as late as 1635 at Erfurt. It included in its texts engravings representing cities, battles, and events of topical interest with the definite aim to attract attention. This periodical soon became well known beyond the frontiers of Germany and exercised a benign influence on editors in foreign countries. We shall see later that the first illustrated periodicals of the eighteenth century in Hungary differed — in general terms — but little from *Theatrum Europaeum*.

Editors in the seventeenth, still more those in the eighteenth century, added to the popularity of their periodicals by inserting ever more artistic pictures. In those days the pictures were of the same size as, or even larger than, the papers of the periodicals themselves, due mainly to technical reasons. The illustrations were copper-etchings which could not — as could wood carvings — be produced inside the printed text but had to occupy a special page or had to be added as supplements. In spite of their separation from the literary texts, they were not included merely for entertainment. The topicality of their content was consciously intended to make contact with the public: the pictures striving to keep awake the interest of the reader by pointing to the essence of the illustrated object. A topical picture supplies information while entertaining both with its content and with its artistic form. The particular spot where news or pictures are placed is also of importance since a topical picture is often a means for propaganda. Great care was taken that captions to the pictures should explain the content without wasting words: there are often index numbers guiding the reader to appropriate places in the adjoining text. The editors were well aware of the direct effect of the pictures in shortening the time required by the reader to understand the meaning of information. This nearly immediate impact of the picture gave it influence over public opinion. During the heyday of censorship in absolute monarchies, the editors could impart through illustrations much that the censor would have "cut out" had he come across it in the text. It needs no further elucidation why in the periods of absolutism an illustrated magazine had a much wider reading public than a periodical without pictures. However, illustration was a costly business both for the editor and for the public buying the paper, since good graphic artists were needed to provide them. Yet it seems to have been worthwhile for both editor and reader. An editor who was inspired by the ideas of the Enlightenment looked upon the picture as a good means of propagating these ideas, while the public were able through the pictures to fill the gaps in the censored text. So the costly venture proved profitable as well.[2]

Hungarian illustrated periodicals were started in the second half of the eighteenth century, in a period when the country and its people were politically oppressed, when bourgeois development was still in its infancy, and

[2] Fehr, H.: Massenkunst im 16. Jahrhundert. Berlin 1924. — W. Stieve: Das Bild als Nachricht. Berlin 1933. — "Illustrierte Zeitschriften" — 2nd vol. of Lexikon des Gesamten Buchwesens pp. 147—148. — Dezsényi, B.: Az első magyar képes hetilap (The first Hungarian illustrated weekly). Budapest 1940.

when under the propagandistic impact of newspapers and periodicals people were gradually taking an interest in the ideas of the Enlightenment and beginning to fight for bourgeois liberties against feudalism. Writers and editors, discovering both the cultural and economic backwardness of the country, joined forces to promote its development. They were well aware that the ideas of the Enlightenment and the desire to be liberated from oppression could not be propagated among the people except in the national language itself. However, the language both of the sciences and of public life was Latin, so that writers and editors had first to promote the cultivation of the Hungarian language. This proved to be the safest road for national development. However, the aristocracy, the clergy, the majority of the nobility were indifferent to these endeavours. In the early stages it was Pozsony, later Vienna and to a lesser degree Pest, that became centres from where writers and editors waged war for the development of a sense of identity among the Hungarian people. In point of fact, Vienna became the centre of Hungarian literary revival, and it was here that the more significant illustrated magazines were also published. Vienna's role was a consequence of the enlightened absolute rule of Joseph II, which attracted the Hungarian writers and editors to Vienna. Here they embarked on an activity for enlightening the people which often resulted in fervent nationalism, evident in the reform projects of the National Assembly of 1792, which unfortunately never materialized, and in the Martinovics "conspiracy", which sympathized with the French Revolution. But nationalism — as can be seen from our illustrated magazines — did not produce anything other than meaningless formalities. Furthermore a financial collapse followed as a consequence of the Turkish and Napoleonic wars, and, for fear of the influence of French revolutionary ideas, Emperor Francis I increased his absolutist measures. All this contributed to the re-emergence of latent social, political and economic conflicts.

Illustrations in Hungarian periodicals faithfully reflect the social aspirations of the period. Nationalism was encouraged by pictures of the glorious past, national scenes and costumes, portraits of great men, Hungarian landscapes, depictions of castles and cities. Pictures of military life, battle-scenes, soldiers and war leaders, and military equipment and news of contemporary events were the devices of war propaganda required by the Vienna government. Etched supplements of maps, on the other hand, fulfilled a dual function: to increase Hungarian nationalism and to educate Hungarians to live in the land of their ancestors "unlike a worm in the earth". From a political aspect, however, pictures illustrating the French Revolution seem to be of utmost importance.

Moreover, these pictures were the first instances of Hungarian art — if made at all by Hungarian artists — where artist and people met. It was Palatine Alexander Leopold who complained in a letter written in 1792 to the Emperor that the newspapers printed in tremendous numbers were even shown and read to the peasants.[3]

[3] Mályusz, E.: Sándor Lipót főherceg nádor iratai 1790—5 (The papers of Palatine Alexander Leopold from 1790 to 1795). Budapest 1926.

The first illustrated Hungarian periodical was published in Pozsony in 1781. Written in German and entitled *Ungrisches Magazin*, it was a quarterly publication edited by Károly Gottlieb Windisch.[4] This magazine in German catered equally to the Hungarian and to the German readers in the country. When the paper was started Windisch appealed to the patriotic feelings of his readers, urging how important it was for them to know their own country, its historical, geographic and natural characteristics. In his introductory number he told the reader: "Wo die blosse Beschreibung nicht hinreichend sein kann deutliche Begriffe zu schaffen, da wird man solche allzeit durch richtig gezeichnete Kupferstiche zu erleichtern suchen."[5]

The first illustration was made to supplement Huszty's article on the Hungarian bustard. It is a coloured copper-etching: the bird with its greyish white and rust-coloured feathers emerges from a natural background, stands in the forefront in a field. The artist, János Márton Stock, enclosed the picture within a square frame and etched the following caption underneath: "Der ungrische Troppe." It was the same master who, after a drawing of the Viennese artist Jacob Adam, prepared an illustration to an article by the editor, Windisch, entitled "Von den Klementinern in Syrmien." The etching shows a costume with the caption: "Ein Klementiner und eine Klementinerin." As to the person of the illustrator, the editor remarks, "Der Kupferstecher, Herr Jakob ist schon zu sehr als Meister bekannt, als dass ich wegen der Schönheit der Stiche ein Mehreres zu sagen nötig hätte."[6] Another copper-etching serves the purpose of showing the Hungarian landscape by presenting the range of the Carpathian Mountains. Its caption says: "Prospect eines Theils der Karpathischen Gebirge von der Seite von Lomnitz, ohnweit Käsmarkt." The name of the artist is not given. Jacob Buchholz, the author of the article with a title similar to the caption, mentions that the illustration was made after a large-sized drawing by his brother György.

Most probably the finest and most interesting illustration was made to accompany an article by Daniel Cornides, "Vom ungrischen Ursprunge der Kutschen." The artist, Mark Weinmann, an inhabitant of Pozsony of Austrian descent, accomplished his task to perfection when etching the three-in-hand carriage, full of passengers, riding on the road (Fig. 1). In his article Cornides explains how this picture was made: it is a copy of a drawing by Jeremias Schemel, preserved in the imperial library of Vienna ". . . die Zeichnung einer ungrischen Kutsche, wovon ich im gegenwärtigen Kupferstiche eine treue, aber zur Hälfte verkleinerte Kopie liefere."[7] Cornides believes that this is a Hungarian type of coach from the sixteenth century. The article and picture have been the subject of scholarly interest

[4] For the bibliographical data of the illustrated magazines discussed in this paper, see p. 277.

[5] As quoted, Sept. 6th, 1781.

[6] Periodical quoted, 1782: inside title-page: Anzeigen.

[7] Periodical quoted, 1783, pp. 242–243.

for over a century.[8] Among other illustrations in the magazine, a portrait made in 1525 deserves mention. It represents a bust of the Hungarian king, Lajos II. The master who made the etching is unknown. There are some schematic etchings in the periodical to illustrate articles on historical and natural history subjects. However, we do not know the name of the artist.

Fig. 1. Hungarian carriage pulled by three horses, from the sixteenth century, by Márkus Weinmann

This first illustrated Hungarian magazine, as far as its aims and pictures are concerned, fits into the line of development of Hungarian journalism and magazine illustration. *Ungrisches Magazin* was stopped in 1787, to be revived again in 1791 under the name of *Neues Ungrisches Magazin*, edited by the same Windisch. The publisher was a drawing-master called János Schauff, then active in Pozsony as printer and publisher. This magazine, like the former, was a quarterly publication. In the introductory lines of the first volume we find the same aims mentioned as in the old one, along with a request for the same support by the readers which its predecessor

[8] Cf. Valjavec, Fritz: Karl Gottlieb von Windisch. Budapest 1936, p. 43. — Magyar művelődéstörténet (Hungarian history of culture). Budapest, n.d., III, pp. 193, 640. Both articles speaking of a 16th-century type of Hungarian coach quote as their source an article by Cornides.

enjoyed. On the frontispiece the editor heralds the etchings: "Mit ausgemalten und schwarzen Kupfern." However, the short-lived periodical produced but one illustration which deserves mention. It is a portrait of the editor drawn by the publisher and etched into copper by József Gerstner. The caption says: Karl Gottlieb Windisch. The half-length portrait shows the editor facing the reader. He has a wig on and wears a braided jacket. It is a fine, characteristic portrait. Another illustration shows the coat of arms of the Dragon Order to explain an article on the history of diplomacy. The master of this colour-etching is unknown. There is nothing else worth mentioning since the periodical came to an abrupt end in 1792.

In chronological order the next illustrated magazine appeared in Pest in 1786: it bore the title *Merkur von Ungarn oder Litteraturzeitung für das Königreich Ungarn und dessen Kronländer.* It was published and edited by Márton György Kovachich in German for patrons and lovers of literature — as we can read in the introduction: "Um nun dieses desto mehr an Tag zu legen und den patriotischen Eifer für die Litsratur anzufachen, hat sie sich (die Zeitschrift !) sogar entschlossen für jene Liebhaber . . . jedem Hefte ein wohlgeratenes Portrait solcher Patrioten vorzusetzen, die bei der vaterländischen Literatur entweder als Beschützer und Beförderer derselben, oder als bewehrte Schriftsteller und Gelehrte eine rühmliche Rolle gespielt und verdient haben, dem Andenken der Nachkommenschaft als nachahmungswürdige Muster vorgestellt zu werden."[9] We are also told that the first few numbers of the magazine will contain portraits of members of the aristocracy, to be followed by those of writers and scholars. The editor kept to his promise, although most of the pictures are portraits of aristocrats in the manner and spirit of the age, such as that of György Galántai Fekete, royal judge, made by Sebestyén Mansfeld, or those of Károly Erdődi Pálffy, court chancellor of Transylvania, made by the painter János Pauer and etched by Mark Quirin; Ferenc Paulai Balassa, court chancellor, governor of Croatia, made by Antal Tischler: Hugo Filippus Karolus, Count of Eltz and Vukovár, made by Antal Tischler; Miklós Skerlecz, chief judge of Lomnic, made by Mark Quirin; Maximillianus de Verhovacz, Bishop of Zagreb, made by Antal Tischler. The series includes no more than two scholars — one of them is non-Hungarian — and only one Hungarian writer. The scholars are György Alajos Szerdahelyi, the learned master of the grammar school of Buda (artist: János György Mansfeld), and Gerard Swieten, the famous professor of medicine of Leiden (artist: János Fülöp Binder),[10] and the author is András Dugonics, who was by then a well-known Hungarian writer (artist unknown). These are all half-length portraits, or shoulder-length ones in oval or square frames with richly ornamented coats of arms. Above the head or along the bottom or top-circles there are Latin legends and draperies in the style the public was accustomed to with laurel wreaths, swords and pens, according to the tradition of copper-etchings. While the illustrators of the first magazine were

[9] Merkur von Ungarn, 1786. Title-page No. 7, inside.

[10] Pataky, D.: A magyar rézmetszés története (The history of Hungarian copper-etching). A XVI. századtól 1850-ig (From the 16th century to 1850). Budapest 1951, pp. 82—86. Here Binder's etching is not mentioned.

chiefly masters of Hungarian origin, here, with the exception of Antal Tischler and János Binder, they are foreigners. This can be explained primarily by the fact that illustrations were costly. Therefore the editor who complains of the fact in the introduction, as well as in later numbers had to make recourse to borrowing plates of Viennese illustrated magazines, or to publishing portraits of aristocrats. For the latter, whose pictures figured as supplements in his paper, were generous patrons and subscribers.[11] It is very likely that Kovachich intended going on to publish portraits of writers and scientists as well — so says Anna Schreffl, an extremely talented engraver at Buda[12] — had the paper not been abruptly stopped in 1787, owing to financial difficulties.

Magyar Kurir (Hungarian Courier), started in 1786, is a significant station in Hungarian journalism, while simultaneously a step forward in the history of illustration too. Its editor, Sándor Szacsvay(= Szatsvay) was an expert journalist [(previously editor of the first Hungarian newspaper, *Magyar Hirmondó* of Pozsony) (Hungarian Courier of Pozsony)], who began to edit his paper at Pozsony, from where he was driven — owing to the intrigues of a rival publisher, Ferenc Patzkó — to the more liberal atmosphere of Vienna, the centre of political life of the day. In the focus of Szacsvay's editorial programme were political news and commentary, and he hoped with the help of his friends there to obtain quick and authentic information. It was actually his paper that represented the peak in the first hundred years of Hungarian journalism in Vienna up to 1805. Until then Vienna, without interruption, was a publishing centre. But in subsequent years the leading role was taken over by Buda and Pest both in journalism and periodical literature.[10] *Magyar Kurir* appeared twice a week. From its home and foreign news, however ample this was, we shall devote attention only to such articles which were accompanied with illustrations, these being reports on the Turkish wars.

These news dispatches belonged to those events in international politics which occupied European public opinion extensively in the eighties. So the curious reader heard from Szacsvay news about preparation for war, about what claims the Russians raised against the Turkish Court and, after the war had started, about the ravages of the Turks, the aims of the Russo-Austrian army, whose leaders were insisting that if "the Turks could be driven out of Europe", peace would soon be established. In subsequent issues we get the editor's political commentary: war in the very sense of the word would break out only after 1788. From that year forth he continues with news of captures of Turkish fortifications, victorious battles, festivals of the peoples at war, bravery of armies and famous heroes. Illustrations of these events are also given. All of them are colour-etchings which are the best of their kind, although we do not know any of the artists who made them. The editor evidently borrowed the plates of a Viennese paper

[11] Merkur von Ungarn, 1786, No. 12, pp. 84—89.: Verzeichnis der patriotischen Pränumeranten auf diesen Jahrgang des Merkurs.

[12] Merkur von Ungarn, 1786, No. 5, pp. 517—522.

[13] Cf. Dezsényi, B.: A magyar hírlapirodalom első százada (1705—1805) (The first century of Hungarian periodical literature). Budapest 1941.

from which he took over the news of the Turkish wars. This is all the more likely since all the foreign news had been, without exception, taken from foreign sources. The German origin of the illustrations is also proved by German captions, such as: Besetzung von Panzova, that is, the occupation of Pancsova by Wartesleben and his army. The description of this battle-scene — not unlike other contemporary representations — lacks the vivacity and dynamic effect we expect from modern artists; it is rather kaleidoscopic, reflecting the war manners of the age, with delicate lines and colours. There are index-numbers to refer to the text of the caption. Another illustration, with the caption Eroberte Festung Schabatz am 24. Apr. 1788, has a more elaborated pictorial perspective, the scenes being rendered in every detail: small guns firing shot, the castle in flames, and the hills in the distance with a protruding castle presenting a striking contrast. Szacsvay found appropriate words to explain the meaning: "The weather being mild enough to permit the camp to get moving, the headquarters set out not towards Karlovitz but towards the whereabouts of the Turks: in every county there was a stir on that day (April 12th), and it is rumoured that the siege of Sabatz began on the said day with 10,000 men engaged."[14] There are other captions: "Prospect von Dubiza. Ein festes Grenzschloss an dem Unafluss in türkisch Croatien, Prospect von Chotim, Prospect der türkischen Festung Okzakow am schwarzen Meer, welche den 17. December 1788 von den Russen mit Sturm erobert worden ist, Prospect der türkischen Gränzstadt Festung Gradisca;" these illustrations are meant to support the news published on the battles. We cannot omit without comment the news of the capture of the fortification of Okzakow: "In Otzakov today Prince Potemkin is the Seráskier . . . the Russian commander-in-chief naturally treats his own prisoners of war quite differently! That they should not be given bread, which is so dear, in vain, he makes them busily repair all the buildings destroyed in the castle . . . In Paris, where fashion changes within each fortnight, ladies-garments are all made à la Otzakov and à la Potemkin. Instead of a bonnet they wear a *Festung*, instead of ribbons and braids there are corner-bastions built into their hair which is tied up in front like an island, meaning the Isle of Beresan."[15] Side by side with this comic news, which is meant to raise the morale and optimism of the warfaring nations, there are, naturally, serious news dispatches in connection with the castle of Okzakow too.

The frontispiece of the 1789 volume of the magazine shows the mounted figure of the commander-in-chief, András Hadik. Captioned "Feldmarschal Graf Hadik" the etching is one-colour, and its master is not mentioned. Further on we can read in the April 1st number: "This *Kurir* carries the picture of Fieldmarchal G. Hadik, Commander-in-Chief of 1789." A supplement of the *Kurir, The Hungarian Muse* of Vienna, throws light on who the master is. It says, "The true picture of Field-Marshal Count Hadik is now being etched on a copper plate by the famous engraver Lessenkol (Joh. Hieronimus Loeschenkohl) and in the coming month every reader

[14] Magyar Kurir (Hungarian Courier), Apr. 30, 1788, No. 34, p. 358.

[15] Magyar Kurir, Jan. 10, 1789, No. 3, pp. 27—28; Jan. 21st, No. 6, pp. 70—71; Jan. 24th, No. 7, pp. 83—84.

of the *Kurir* will receive one, which can be subsequently bound into the 1789 volume."

Why did the *Kurir* have exactly these illustrations, and why did it not have more?

The first question can be answered by the utmost importance in 1788–89 of the battle-scenes published in the paper. The answer to the second question lies in the publication in 1789 of the most celebrated Hungarian illustrated magazine, *Hadi és Más Nevezetes Történetek* (Military and Other Famous Stories), widely known in foreign countries as well.

Before penetrating deeper into these questions, we shall have to deal with a more significant venture, similar in its aims but far more advanced from the technical and editorial aspects, not to speak of its content: *Der Neue Kurier aus Ungarn von Kriegs- und Staatssachen* was its full title. It was started in Pest in 1788, appearing first twice, later three times a week. Illustrations, however, were not inserted before Jeromos Moll became its editor. In an introductory note before the paper actually started, the editor said that the exciting political situation necessitated the organ: "Die noch nicht ganz gedämpften Unruhe in Holland, die merkwürdige politische Lage Englands und Frankreichs und der bereits angefangene Krieg der beiden Kaiserhöfe mit der ottomanischen Pforte, geben von dem gegenwärtigen Jahre die Erwartung, dass es reich an wichtigen Vorfällen sein werde."[16] Pest is designated as the centre of political and war news, it being a junction where, owing to the vicinity of the theatres of war, news can arrive most speedily and the most reliable sources can be transmitted to the public. In the first year no mention was made of illustrations. However, on January 20th, 1789, the picture of the commander, General Laudon, is promised as a supplement later, when sent out, the copper-etching bore the caption: Gideon Baron von Laudon, made by the Triest engraver, Joseph Pollencig.[17] It is very likely that he was responsible for all the illustrations of the periodical. Two etchings, that of Friedrich Josias Herzog von Sachsen Coburg, and Andreas Comes a Hadic S. C. R. A. P. Maj. Ge. M., came down to posterity, but the editor spoke as well of pictures of Prince Hohenlohe, the garrison of Pest, the festive reception of Laudon in Pest, the map of the siege of Belgrade, none of which can be traced today.[18] When the illustrations were handed over to the public the editor confessed that his work was rendered extremely difficult owing to the immense cost involved: this made him decide to refuse monthly, quarterly, or half yearly subscriptions and to accept only yearly ones, since if the reader had claimed only the illustrated numbers it would have upset the financial basis of his venture. This base was never very secure, and Moll's paper was not one of the more pretentious examples of journalism. The readers

[16] Periodical quoted. Title-page of 1788 and No. 1: An die Leser.

[17] For Pollencig József, cf. Vayer, L.: Pesti mester budai látképe a rokokó idejéből (Buda landscape by Pest master from Rococo times). Budapest 1947, No. 3, p. 93.

[18] Periodical quoted, Febr. 21st, 1798, pp. 191–192; June 2nd, p. 544; Dec. 31st, pp. 15–16; Jan. 5th, 1790, p. 8; Febr. 23rd, 1791, p. 120; March 30th, p. 200; Apr. 9th, p. 224; June 25th, p. 388.

were members of the new bourgeoisie and the graph of subscribers shows a big curve. Lack of interest often threatened to stop his enterprise, so the editor changed the title of his magazine to attract new readers. His picture supplements clearly reflected the colourlessness of the content: they were insignificant portraits, front or side, faces in oval frames, never suitable to be detached from the magazine to use as ornaments in the reader's room as was customary in those days. Nor was Moll a truly expert editor but a speculating businessman: he was well aware that "a journalist was the chronicler of daily events, the protagonist of the future historian, [but] he hoped to make his paper a business venture that anybody might read, without any political conviction".[19] The illustrations of a journalist of this type are bound to be insignificant too.

Far above this, but also surpassing other illustrated magazines, was one edited by Demeter Görög and Sámuel Kerekes, started in Vienna on July 7th, 1789, bearing the title *Hadi és Más Nevezetes Történetek* (Military and Other Famous Stories) until January 3rd, 1792, after which time it was called *Magyar Hirmondó* (Hungarian Courier) (Fig. 2). Even a cursory look at its volumes with more than the half dozen illustrations gives a favourable impression: there are grey and colour etchings, portraits, mass scenes, coins, figures, maps, each not only artistic in execution but also beautiful to look at. If we read the articles and editorials from the beginning onward, we find that the illustrations are organic parts, essential to the paper. Text and illustration are so closely related that the text gives the pictures life, the pictures make the text lively: articles and news forming only together with the illustrations a complete entity, for the editors constantly refer back to the pictures and refer also the readers to them. In the lively interchange of events the reader's fancy is not allowed to rest: the battle described — the editors warn — was won by the distinguished officer whose features display the qualities of an expert strategist: a firm character, wisdom and determination. Then we can inspect the fortification, the army, equipment, and ever so many pledges of secure victory. The milling crowds seem to reflect intoxication over victory: all moves and is alive, for since editor and artist are not mere spectators but also participants in the action, they seem to control it, aware how important it is to direct the reader, not sparing either labour or expense. "Seeing that so many of our prominent compatriots join forces to advance the sciences in the vernacular language, if we read the writings of Baron Ortzi, Molnár, Pétzeli, Révai, Szabó, Rájnis, Dugonits, Mátyus and others, if we see their enthusiasm, it is impossible not to feel elated. The noble example also inspired us and we are sure that we live in a happy epoch when we can serve the glory of our nation with sword and pen as well,"[20] wrote Görög in the editors' "Advertisement" when the magazine first appeared. They believed that the time for beginning the magazine was "propitious", since the Turkish wars furnished ample material for their organ; the editors, as war propagandists, hoped that Joseph II would support them, unless

[19] Periodical quoted, 1788, pp. 657, 658.

[20] Hadi és Más Nevezetes Történetek (Military and Other Famous Stories): Tudósítás a megjelenésről (Report of publication), p. 4. (Below to be quoted as HT.)

he wanted the Hungarian people to be convinced that our money and blood was being spent in favour of "foreign interests." Time was further propitious because Josephinist, enlightened Vienna reflected a light on the cultural backwardness of Hungary, on the misery of the people suffering ni

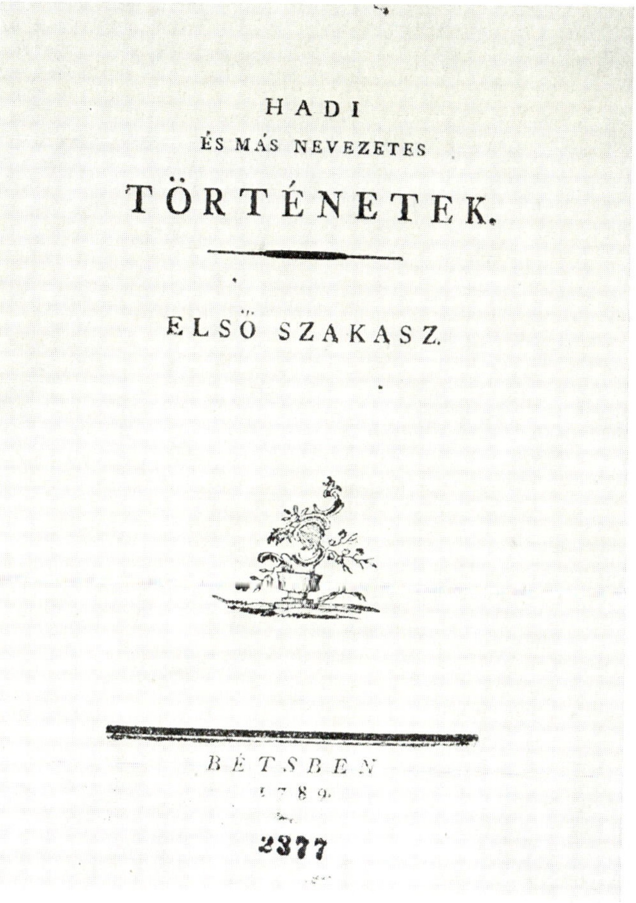
HADI

ÉS MÁS NEVEZETES

TÖRTÉNETEK.

ELSŐ SZAKASZ.

BÉTSBEN

1789.

2377

Fig. 2. (a) Military and Other Famous Stories, title-page

our straitened economic situation. By this light one can fight against an aristocracy aping foreigners, a clergy opposed to progress, a nobility inactive in the midst of the oppressive forces of feudalism. While discussing the ever recurring problems of public life, the development of the vernacular language, of clothing and literature, the editors continued to provide news of the Turkish wars and visits of dignitaries to the country, as well as obituary news given in the most respectful language. The editors wanted with their commentaries on inland and foreign news to open the eyes of their readers and still more of the rulers by saying such things as this: "There has been no century that can give a greater lesson both to the nation and to the rulers than the instant eighteenth century, rushing in its course towards its end. What duties there are for bourgeois societies towards themselves and their superiors can be learned from often very useful experience during the century, partly by noting what turned to their advantage and partly by observing what gave benefit and disadvantage to others. All this concerns the leaders too, for what is expected from them is to benefit those whom they govern: this has become clear from a series of minor and major examples."[21] This obvious reference to the French situation could not — I believe — have escaped the attention of a single reader. Nor could the scourging of the sins of the clergy be misunderstood in a report from Vienna which says: "Löschenkohl, an engraver here, made eleven pictures of the riots in the Austrian Netherlands. This cannot be entirely blamed since the clergy there, especially the Capuchins, were greatly to blame for their behaviour: nevertheless, the engraver used his fancy more than he ought to have. On one of his pictures, for example, the following objects can be seen: on a stone sits Fanaticism and around it hang banners from Belgium, badges, hoods of the Capuchins, amulets, rosaries, scapularies, dead bodies, and burning torches. Beside Fanaticism sit Superstition, Ruthlessness, and Insipidity, and a grave gapes before them. On one side monks can be seen who bewail the death of Fanaticism; elsewhere there are soldiers abandoning their banners and returning to adopt their former faith."[22] The editors repeat then an anecdote about Mirabeau: the latter, dining with the bishop, is asked the question why the French constitution, which grants liberties to all, does not permit the clergy to apply them according to their own mind. Mirabeau answers: "Why, the priests have no country in this world, so no injustice occurs if their former liberties be taken from them."[23] As far as Mirabeau is concerned, the paper describes him as a broad-minded, clever man of eloquence who hated despotism and with whose death "a strong pillar of the French constitution crumbled. All the French bewail his loss". In the paper here follow blank lines, cut by the censor, where evidently even more daring ideas were propagated. The censor's lead ruthlessly erased much of the news of Görög, in particular foreign news, "as dangerous weeds". He considered as such the news from Spain which informed of the intention of the King of Spain to fortify the frontiers of Catalonia and Aragon against "propagators of the French changes"; and not without reason — adds the paper — since, as reported from Madrid, "at the corner of every street certain drawings were stuck with secular and ecclesiastical dignitaries wearing all their orders and distinctions, showing them at their most haughtiest; before their feet lies a half-naked sweating, dust-covered peasant, and the caption says: there is just one minute to wait, your rule cannot last long, France created

[21] HT. Sept. 9th, 1791, p. 330.
[22] HT. Jan. 14th, 1791, pp. 43–44.
[23] HT. Apr. 12th, 1791, p. 455; Apr. 29th, p. 526.

the revolution, Spain will ....''[24] (the dots point to the censured part). Later the dotted and blank lines marking the censored parts disappear from the periodical: the public is not to be reminded of censorship which may only add to agitation.

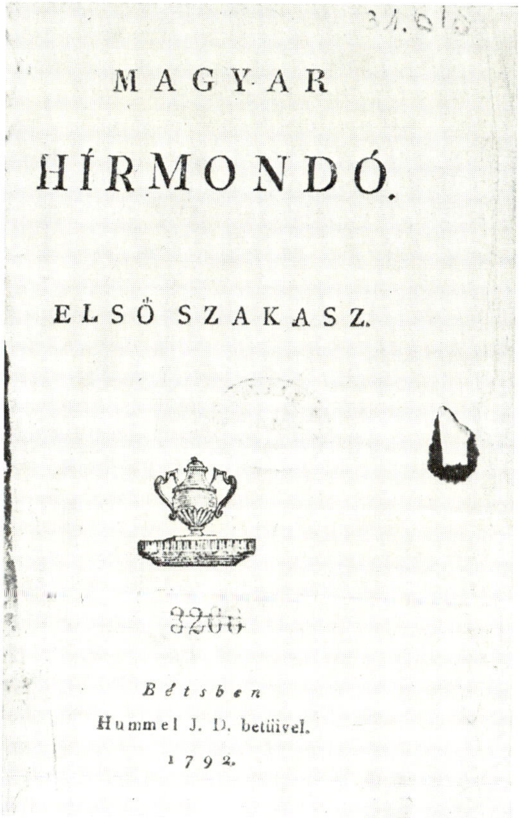
MAGYAR

HÍRMONDÓ.

ELSŐ SZAKASZ.

Bétsben
Hummel J. D. betüivel.
1792.

Fig. 2 (b) Hungarian Courier, title-page

It is typical of the attitude of the editors that even in the advertisements they had similar aims: "The following book here is very widely read: Die Souveraenität des Pabstes hat keinen historischen Grund. Leipzig, 1791. 8r. 1 Fl.''[25] A single sentence, without any commentary could then have a mighty effect.

Attempt is made to influence the public with news from Genoa and Portugal: although in Genoa it is the nobility that rules, yet "great care is taken to influence the right course of affairs, and no special privileges are

[24] HT. June 3rd, 1791, p. 700.
[25] HT. March 15th, 1791, p. 328.

granted" — the latter being a reference to the situation in Hungary —; offices are unpaid and the better paid ones are given to the second order; everybody enjoys civil rights; there is no city in the world with so many excellent public institutions which, in fact, owe their existence to the nobility, etc.[26] The lengthy report contains appeals to the Hungarian aristocracy and nobility in favour of the people. What about Portugal? Even here people are beginning to see clearly that "in this enlightened century clear evidence from a work by Pater Figuredo shows how much the German people have known ever since the time of Luther: The Pope is not infallible; his holy words only carry conviction if they agree with those of the Bible, and as it is, papal power has gone farther than it ought to have".[27] Portugal is indeed far from us, but this information — it hardly needs explaining — is not intended to speak of Portugal; there is no reader who is not aware of it.

Nor does the sentence miss its aim which states that so long as we have known religion it has been the most effective weapon "which can force the people to do anything. So princes often proclaim any warfare as a religious war to force the people to fight".[28] The editors go on insisting that in their writings they continue to stick to historical truth: "The worthy reader began to be angry that we always speak the truth and describe true events which actually happened without attempting to follow the trend of fanciful false fiction . . ."[29]

Even these few examples from the news reports of the paper make it clear that although Görög and his collaborators in Vienna had to refrain from propagating in a radical manner the revolution and had to pay lip-service to Joseph II and further his cause, their fight against the government, the aristocracy, the clergy, the backward nobility, censorship, defamation, the oppression of the peoples and the fetters of feudalism raises this eighteenth-century piece of journalism to figure among the protagonists of the organs of the 1848 Hungarian revolution as representing the best traditions of the Hungarian press. Fortunately, the cult of Joseph II rendered it possible to propagate the ideas of progress, since the Emperor himself wanted to create an empire where the bourgeoisie could freely develop capitalism, where the bourgeois state could produce a flourishing trade and industry, where the serf-system would become more humane, and where the ruler is no longer governing by god's grace but for the benefit of the people. This programme naturally involved a fight against the clergy, which stemmed bourgeois development; the battle was waged with the keenest weapons of the press, supported by the editors with word and picture as well, to further the cause of Hungarian progress.

Demeter Görög, himself familiar with law, geography, anthropology, literature, and the arts, joined forces with Sámuel Kerekes, the renowned professor of philosophy, statistics, pedagogy, and classical languages, to

[26] HT. Sept. 27th, 1791, pp. 413—414.
[27] HT. Oct. 9th, 1791, p. 454.
[28] HT. Dec. 16th, 1791, p. 782.
[29] HT. Oct. 28th, 1791.

start this periodical. "These two men had the same aim in view — to serve their dear country,"[30] we can read after twelve years of joint editorship in the obituary notice of Kerekes. The same goal is confirmed by the following sentence: "This sober man, who never wasted any money, has not left anything behind, wanting to serve as a lesson even with his death, to show how faithfully he had served his country." With the keen acumen of great cultural

A'
TSASZARI és KIRALYI FELSÉG'
ENGEDELMÉVEL.

Költ *Bétsben*, Bóldog Aſſzony-Havának (Januáriusnak) 6 dik napján, 1792.

Béts.

Az Igazságnak tökélletes ki-ſzolgáltatását, 's ſzolgáltattatását, nem *kegyelemnek* tartja *II. Leopold* jó Királyunk, hanem maga ſzoros *kötelesſégének* 's *tartozásának*. Ennek naponként adja újj példáit; valamint annak is: hogy a'Status hív Szolgai'Özvegyeiknek, 's árváiknak pártfogó édes Attyok kíván lenni.

A' múltt Szeredán vólt itt az első Bál, a' Német Birodalmi Vitze K[illegible]ellárius H. *Colloredónál*. Jelen vólt Tsáſzárné ő Felsége is a' [illegible] 's kártyázott a' G[illegible]zdával H. *Colloredóval*, és H. *Battyáninéval*; de

B nem

Fig. 2 (c) Hungarian Courier, a page from the magazine

[30] Magyar Hirmondó (Hungarian Courier). Vienna 1800. Section XVIII, p. 265. The periodical will be referred to below by the initials MH. — Cf. Márton, J.: Biography of . . . Demeter Görög. Vienna, 1834; Molnár, J.: Demeter Görög. Debreceni Szemle, 1938, p. 684. Kállay, F.: Emlékbeszéd Görög Demeter tiszteletbeli tag felett (Memorial speech over honorary member Demeter Görög). M. Tud. Társaság Évkönyvei, 1834, p. 177; Vasárnapi Ujság, 1894, No. 3, pp. 38—39; Hajnal, I.: Görög Demeter az Esterházyaknál (Demeter Görög with the Esterházys). Irodalomtört. Közl., 1927, p. 115.

fighters they extended their press propaganda to all spheres of economy, science, literature and the arts, all serving truly their political views. To raise the level of a whole nation is an immense task which requires more than work in an editorial office: it was in Kerekes's private home that members of the Hungarian intelligentsia, scientists, writers, artists living in Vienna had been convened, all of whom could contribute in the fight for the realization of progress. In this way Görög and Kerekes had formed a club from the elite of Hungarian writer-guardsmen of the Queen, from engravers, and from young talents studying in the famous arts academies of Vienna. These they invited to their homes, and it was at these venues that the urgent questions were discussed. At these minor "academy sessions" emerged subjects for the etchings of the papers, since the invited artists and illustrators had enjoyed the patronage of the editors, enjoyed financial aid too, that permitted them to follow their studies in easy circumstances. In those days the idea for the formation of clubs and learned societies to direct and control national culture was not quite new: in the wake of French examples, progressive minded young men established societies to further national culture at Sopron, Pozsony, Pest, Nagyenyed, Széphalom (Kazinczy !), and behind this movement lurked — as in the case of Görög's endeavour — the urge to propagate the political aims of the Enlightenment.

At their meetings Görög and his friends offered prizes for solving certain problems, and the members selected the winners. The recipients of the rewards worked with renewed energies for the final aim in view: "It is with this intention that I accept the reward offered," said one young man, "to be worthy of the endeavours of my great friends who invest so much energy in fostering the cause of our language, e. g., with the writings of *Hadi Történetek* (Military Stories), working day and night, resigning even their personal needs (let me disclose in public, by way of gratitude, what my two worthy friends would like to keep secret); these men squander their small fortunes, earned with the sweat of their brow, to educate such resourceless youths as myself in engraving and other arts and crafts they are able and ready to study."[31] By linking Hungarian art with the sciences, Görög and his friends were doing the work of pioneers: inspired by their example, Miklós Révai drafted a plan for the establishment of the Hungarian Academy of Sciences, insisting on the need to engage engravers among its staff: these engravers having the task of executing the technical and artistic illustrations of academy publications as is customary in other countries. Because artistic copper-etchings can be made only by artists who are specially trained in this job, the society has to make provisions on a more or less permanent scale for the livelihood of an artist to be employed at doing this work. Since the Hungarians have so far shown no interest in this art, it will be the task of the academy to educate talented Hungarian youths in this particular branch.[32]

[31] HT. Jan. 25, 1791, pp. 89—95.

[32] Révai, M.: Planum erigendae eruditae societatis hungaricae. Viennae 1790. Quoted by Benedek Csaplár: Révai Miklós élete (Life of Miklós Révai) Budapest 1881—1889, 3 Vols, p. 196. "Quia intenderet Societas exactam et nitidam Librorum Hungaricorum in sua Typographia experimendorum editionem, imaginibus etiam,

It is evident, then, that Görög and his fellows used their periodical to serve progress and evolution. They sought this end by means of such illustrations as well, whose topical message did not seem to serve directly the aspirations of the Enlightenment. Thus even the news informing on the Turkish wars is promised to "enlighten the brain and enchant the reader. In the same category figure the pictures painted with lively colours, and from these we will dispatch at least one each week", so say the editors in their introductory words. "The figures are already being etched on copper: Hungarian soldiers, mounted and foot, Székely, Croatian, Romanian, then German cuirassier, dragoon, mounted, lancer and foot soldier, artillery and surgeon's aides, pontoon-makers, coachmen, farm-hands, hunters and soldiers from the Vukásovits, Michaelovits regiments and the free armies of the Banate, Transylvania and Moldovia. Different types of guns are also being etched: mortars, and the guns of the Haupitz regiment with complete equipment, further the Spanish barrier, block-houses, models, camp ditches, dug-outs, messes, batteries, buoys, trenches, etc. There will also be the lay-out of cities, important battles, and, what can be particularly dear, maps, especially of Hungary, Transylvania, Bukovina, Poland, Croatia, Montenegro, Bosnia, Slovakia, Serbia, Romania, Bulgaria, Bessarabia, the Crimea, Tartarland, all in Hungarian and made by Hungarian designers and engravers . . . By offering the picture of the Hungarian soldier we wish to give pleasure to the Hungarian patriot. To show the difference, we are also sending pictures of Russian and Turkish soldiers as well. With these pictures, the honoured readers can first of all decorate their books and particularly their studies and dining rooms, so as to be able with one look to survey the whole imperial army."[33] The pictures promised in the "Advertisement" can, with a few exceptions, be found in the magazine.

The first picture, the portrait of Count András Hadik, commander-in-chief (Fig. 3), was sent out as a supplement with the "Advertisement", and the same was attached to the corresponding news of the September 4th number. The first announcement said that the King had appointed Count Hadik to be commander-in-chief; the second announced: "We are attaching the picture of the Commander-in-Chief, Count Hadik, who on August 7th fell in a swoon at Futak, remaining unconscious for eight hours, the news that the great man had been seized with apoplexy causing great anxiety in Vienna. . . ." More interesting than the news itself is the comment on the picture: "Squire Koré, a worthy Székely from Bikfalva, near Brassó, has taken great pains to draw the picture adequately to be handed over to the engraver. On the left-hand side of the picture we can read:

variisque ornatibus, gustu delicatiore et opere curatiore cupro incisis, ad exemplum aliarum gentium, tanto et elegantiorem et acceptiorem reddere: cuperet itaque et Incisorem proprium artis suae egregie peritum habere. Et hoc quidem pro iis, quae esset laboraturus, suam iustam semper obtineret mercedem: traheret nihilominus et fixum insuper annuam pensionem; ut hoc potiore nexu magis ad Societatem pertineat, obligeturque iuvenes Hungaros, quos natura ad hanc artem optiores finxisset, nostrae ad huc Genti non satis notam, et in ea quam fidelissime erudire."

[33] Cf. Advertisement of publication.

drawn by Kóré of Bikfalva. All these excellent, talented men are still in Vienna learning the art of drawing and painting great pictures. There are here beside him other gifted Hungarian youths who attend the painter's academy and benefit from it, so that Hungary can by right expect them to become great masters, especially if they can get patrons." This information has the additional purpose of fostering Hungarian artists and Hungarian art, looking for patrons to prop it up. The editors go even further: the reader is soon informed that the etchings had been very well received in the broadest layers of society. Hadik himself was moved to tears when seeing the picture and said: "Do I deserve this great honour from my compatriots? !" Even before publication the Chancellor of Hungary and Transylvania ordered more than a hundred copies, and the "Bibliotheca" of Vienna had kept two copies to preserve. The sisters of the Emperor, Maria Anna and Maria Elizabeth, ordered several copies to be sent to Klagenfurt and Innsbruck. But other cities, such as Brussels, Berlin, Göttingen, and Turin, also ordered copies. "In Germany, a very attractive article offered this criticism: Die Ungarn haben, erfreut über Wahl des Feldmarschalls Hadik zu Heerführer, das Bildnis dieses ehrwürdigen Helden stechen lassen, welches den grossen Mann vollkommen darstellt und von den Ungarn nur an ihre Freunde verteilt wird. Dieser Stich ist ein wahres Meisterstück." According to this text it is a master stroke on the part of the editors to note that "the etchings are distributed by the Hungarians only among friends", for from this it follows that possessing it seems very desirable for the readers. The illustration marked as *drawn by Bikfalvi, etched by Márk, 1789,* is a bust, presenting Count Hadik from the side, wearing a wig and dressed in gala uniform with his distinctions on it. It differs but little from similar portraits of the period: the portrait is in a round frame decorated with the insignia of war, and there is a double-headed eagle holding in its claws a roll of parchment containing the signature and laurel branches. The likeness is excellent and the execution highly artistic. Márk was a distinguished engraver in the eighteenth century, and in the last decades of the century he etched the pictures of several Hungarian dignitaries, for all that Görög and the editors were refraining, if possible, from employing foreigners.

While the editors did not consider the Hungarian masters sufficiently mature for portrait etchings, they employed them exclusively to depict arms, fortifications, war-equipment, battle-maps and general maps. The first Hungarian engraver whose name we meet in this organ was Sámuel Czetter (Tzetter) of Orosháza.[34] In those days he was studying copper-etching at the Academy of Vienna, from the excellent engravers named John and Weiss. Görög and his partners patronized and supported him: they gave him his first orders and published them in the magazine. He enjoyed this patronage until he finished his studies in 1793.

Czetter's army pictures are among the finest illustrations of the periodical. The depiction of Count Erdődi's and Count Wurmser's regiment

[34] Rózsa, Gy.: Czetter Sámuel. Magyar Művészettörténeti Munkaközösség évkönyve (Vol. issued by Arts Scholars), 1952, pp. 97—139

was designed by Kotzka[35] and etched into copper by Czetter. The grenadiers of Duke Miklós Eszterházy and Count Károlyi and of Duke Antal Eszterházy already bear the inscription: *drawn and etched by Orosházi fi Tzetter.* All are colour etchings: for our purposes it seems sufficient to char-

Fig. 3. Portrait of Count András Hadik by Endre Bikfalvi Kóré and Márk Quirin

[35] Kotzka of Kiskunfélegyháza is identical with István Kosztka, painter in the 18th century.

acterize the regiment of Erdődi and grenadiers of Pálffy (Figs 4 and 5). In the foreground is a hussar with sword drawn, wearing a feathered helmet, braided jacket, trousers and high boots; in the background is the battle-field with mounted soldiers fighting. We have the feeling of facing part

Fig. 4. The regiment of Count Erdődi
by Sámuel Czetter

of an enormous battle-scene, the presentation is so dynamic. In the centre of the regiment and battle-scenes there are common soldiers, making the common people the hero of this mass-scene. The regiment-pictures are the instruments of those news-articles which trace the history of independent regiments from their establishment to their participation in the Turkish wars, following the course of their braveries and the scenes of their victorious deeds.[36]

[36] Erdődi's regiment, cf. HT. July 3rd, 1789, p. XVI; July 14th, 1789, pp. 19–26; Wurmser's regiment, cf. HT. Nov. 11th, 1791, p. 624; Pálffy's grenadiers, cf. HT. Aug.

The situation is the same with the illustrations of the "grenadiers": it seems sufficient to describe a single one, the first: the grenadiers of Count Pálffy. Each is undersigned by: *Orosházi Fi, Tzetter, designed and etched, 1789.* In the foreground can be seen a grenadier stabbing with his lance the

Fig. 5. Grenadiers of Count Pálffy
by Sámuel Czetter

enemy, a Turk who is lying on the ground. In the background the battle is being fought: behind are the fortification, hills, and a river with sailing boats on it. The adjoining article emphasizes the foreground: "This picture attached to the notice presents the famous grenadiers of the treasurer

21st, 1789, pp. 165–168; Grenadiers of Miklós Eszterházy, cf. HT. Sept. 25th, 1789, p. 248; Grenadiers of Károlyi, cf. HT. Jan. 19th, 1790; Grenadiers of Antal Eszterházy, cf. HT. Aug. 9th, 1791, p. 192.

Count János Pálffy, some of which are fighting in the field of Zimony, opposite Belgrade, beside the rivers of the Sava and the Danube. The designer shows the grenadier with his rifle on which is a so-called Peters' knife (bayonet), and he is about to pierce the heart of a Turk. Since the

Fig. 6. The first Székely regiment
by Zsigmond Falusy

latter is begging him to spare his life, he stops short without thrusting the bayonet any farther."

The editors had remarked in the "preliminary advertisement" when promising to provide illustrations: "All and sundry must see what costly thing we are undertaking", so they beg the subsciibers to pay five florins per half a year. Later they again advise the subscribers of the cost of maps they are sending as supplements: "A famous countryman of ours, Mr. Junker, is busy at the moment in etching the great map which will cost us at least 400 florins."[37] If we want to appreciate the cost the editors were involved in, it seems worthwhile to compare it with the contemporary price of consumer goods. At the end of the eighteenth century the price of a bushel of wheat was 5–6 florins, one cord of wood 18–20 kreuzers

Fig. 7. Russian soldiers, by János Berkeny

(smallest coin), one acre of land 80–100 florins, one measure (about 12 gallons) of wine 3–10 florins. The cost of employing foreign masters was heaviest in the year when the paper was started, that is, in 1789. Then Czetter and János (Sámuel) Berkeny (Berken) – both protégés of Görög – were gradually getting ready with their illustrations, but the editors had to employ foreigners too, not to get behind with their pictures.

[37] Appeal to the noble Hungarian Nation, Vienna, Dec. 11th, 1789. Attached to the end of the 1789 vol. of HT.

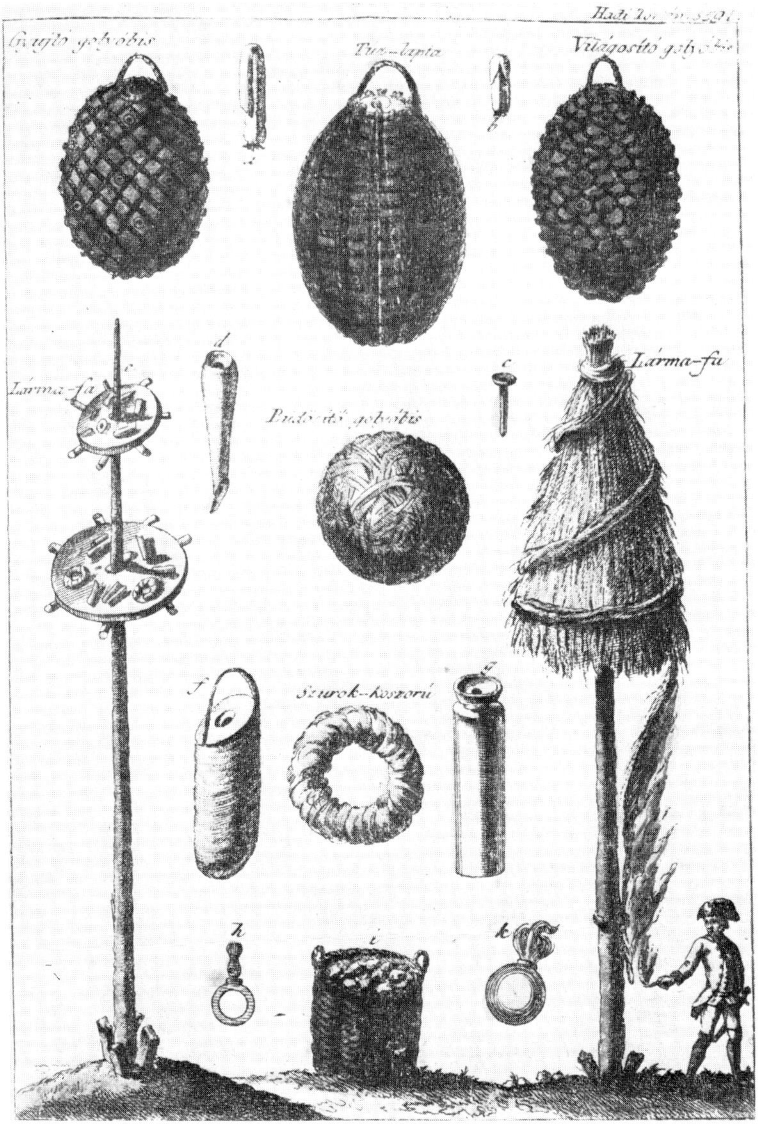

Fig. 8. Artillery illuminators. Unknown etcher

Pictures of the Hungarian regiment of the emperor, the first Székely regiment, and of the second Székely regiment were signed by *Győri Fi, Sigmond Falusy, 1789.* This painter working in Vienna had made several designs for the engravers; the engraver is not named. The coloured pictures of regiments belong to the type of copper-etchings described above

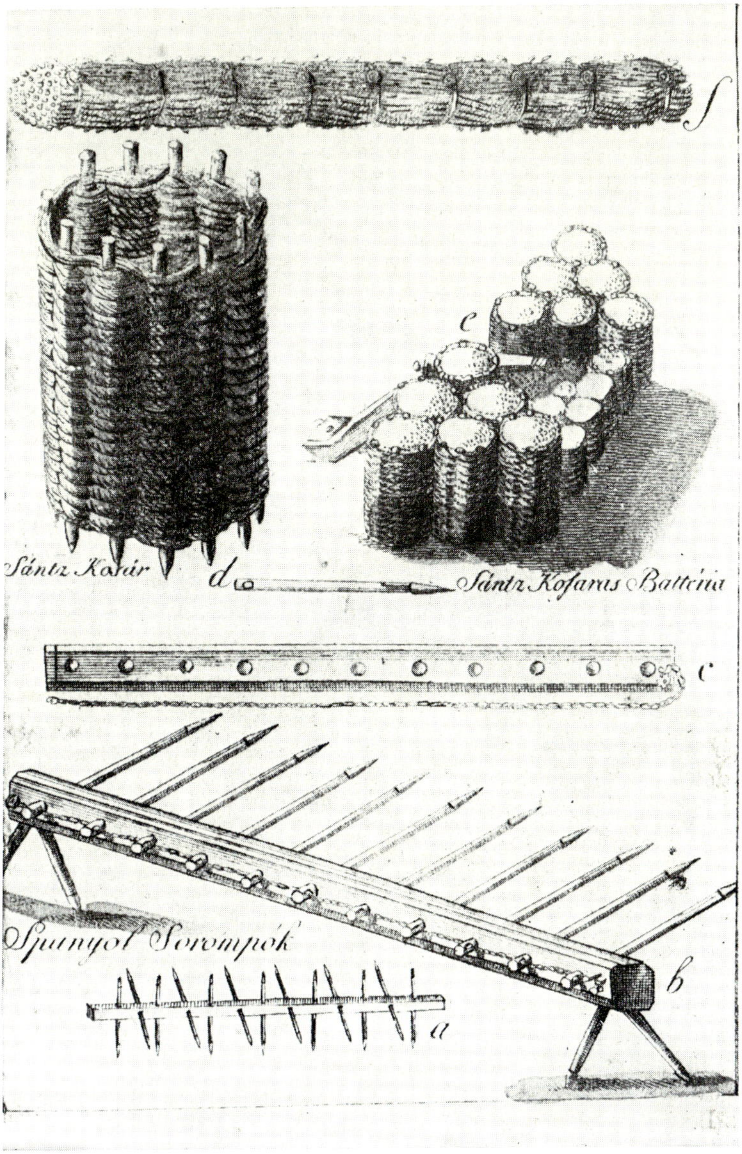

Fig. 9. Artillery illuminators. Unknown etcher

as "bataillist" in connection with Czetter. They present battles in a panoramic manner by means of heroic episodes. In the foreground we can see the battle of the first victorious Székely regiment with the Turks (Fig. 6).[38]

[38] The Emperor's horse regiment, cf. HT. Sept. 11th, 1789, pp. 207–219, 224; First Sekler regiment, cf. Dec. 18th, 1789, p. 672; Second Sekler regiment, cf. Oct. 12th, 1791, p. 480.

To this type of illustration belongs an unsigned etching by Berken bearing the title "This is how a Kalmuk, a Kossack, a Hussar looks like in the Russian empire" (Fig. 7). Berken was an excellent designer, especially of maps; he made his name with his etched maps of the Turkish wars in Görög's paper. However — as we shall see later — he made etchings of different subjects for the same magazine as well. His earnings helped him with his studies in the Arts Academy of Vienna. Görög and his partners called the attention of Hungarian aristocrats to this young artist and induced Sámuel Decsy to employ Berken in 1791 to produce the illustration entitled: "The History . . . of the Hungarian . . . Crown. Vienna, 1792". The picture of soldiers in the Russian empire belongs to the type of coloured national costumes. The picture of three mounted soldiers and their horses is a very successful piece too.

Illustrations of war equipment could prove very useful in research of the history of war. To this category belong, without signatures pictures of camp-guns, mortars, *fire bodies* used by the Austrian army (Figs 8, 9 and 10).[39] They were meant "to inform the worthy reader" — we can read in the editorial — "what destruction and unreparable damage can be done by these instruments, these guns, invented by man to destroy his neighbour, although his duty should be to provide happiness to mankind. As to the shapes of the cannons, these differed considerably from the old ones. Ordinarily they are of three kinds: field-, siege-, and mortar-cannons". This openly peaceful attitude of the editors reflected the hostility of the country to the war, the more so since it was the duty of the counties concerned to provide the necessary taxes for feeding the army and recruiting. Several counties refused to do so and stipulated that the grievances done to "ancient constitution" be repaired. A movement of this sort was "reactionary, since it protected the feudal privileges of the nobility, yet it was progressive in so far as it tried to fend off foreign oppression and the colonization of the country".[40] The colour-etchings in this group belong to the type showing individual objects which, divided up into parts and bearing numbers, refer to the adjoining text.

Illustrations like that of the frigate called "Maria Theresa", signed *Etched by Orosház Fi Tzetter, 1790* (Fig. 11), take on the character of children's books. On a grassy river-bank floating majestically down-stream, the frigate seems as if it had just left the harbour and the motley crowd of soldiers and civilians had said farewell.

One of the finest etchings in this news organ is entitled "New Orsova and its Besieging Army 1789" (Fig. 12). Both the drawing and the etching betray the accomplished artist: the pastel colours are finely shaded and in the grassy-hilly foreground a bastion and St. Elizabeth fortification can be seen, white in the middle is the Danube with boats and sailing vessels moving gently on the waves. An island with New Orsova divides the

[39] HT. July 28th, 1789, pp. 79–80; Aug. 14th, 1789, pp. 126–129; Nov. 27th, 1789, pp. 559–560; Dec. 4th, pp. 590–592.

[40] Révai, J.: Kölcsey Ferenc. — Marxizmus, népiesség, magyarság (Ferenc Kölcsey. — Marxism, populism, the Hungarians). Budapest 1949, p. 27.

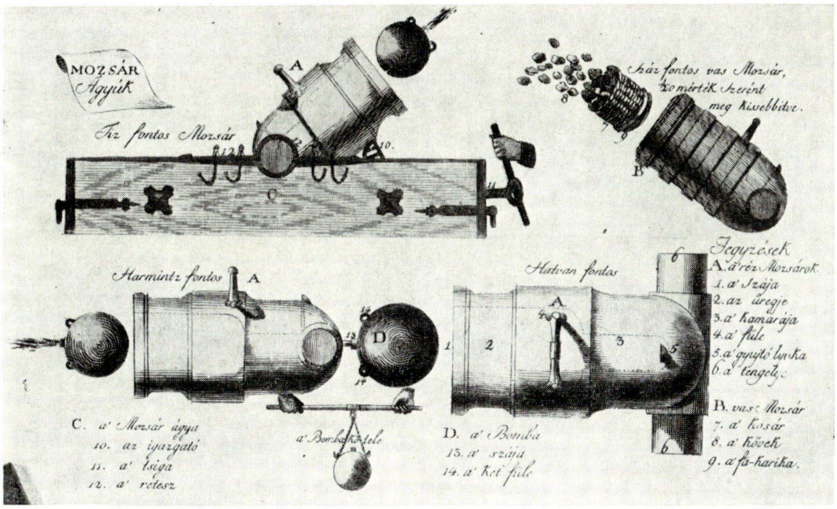

Fig. 10. (a)

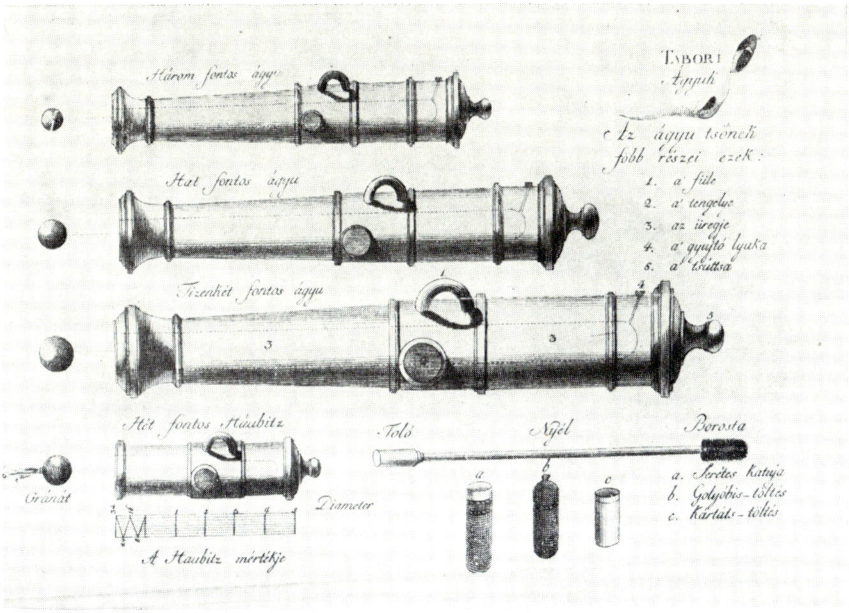

Fig. 10. (b) Guns. Unknown etcher

Fig. 11. The frigate called "Maria Theresa", by Sámuel Czetter

Fig. 12. Siege of New Orsova. Unknown etcher

Fig. 13. Military map, by Keresztély Junker

picture, and on the farther shore stands Old Orsova with Allion-Hill. The lengthy article explaining the picture closes with the remark: "Otherwise the neighbourhood is so pretty that anybody who can appreciate the beauty of nature cannot have enough of it."[41] This is what the artist was able to seize, this is what the editors insisted on, to convey beauty, side by side with the reflection of reality: content and artistic form.

While news and pictures of the war and the warfaring countries abounded, while the deeds of men of bravery and battles kept alive the events on the columns of the periodical in order to give more solid food to "fancy", the editors offered maps to illustrate the "Theatre of Warfare between the Roman, Russian and Turkish Emperors" (1789), signed: *Etched by Keresztély Pozsony fi Junker* (Fig. 13). Junker was another protegé of Görög and his partners who, especially during his studies in Vienna, perfected his knowledge in etching maps. The mapping of the earth, more particularly of Austria and of Hungary, and at the same time the etching of maps had begun already under Maria Theresa and made great strides forward during the reign of Joseph II, who decreed that the counties should draw up survey maps under the supervision of expert engineers. The imperial commissions duly finishing their work by 1787, and the result of this survey, the *Mappa Josephina,* developed into an enormous volume containing 165 sections which was deposited in the imperial court library. Not much later the Hungarian press began to demand a more exact survey of the whole country by way of maps. The Hungarian Courier of Pozsony suggests in 1780 that "the unlearned reader to orientate in newspapers, should acquire exact maps of the lands of the world, especially of Hungary and Transylvania. These two are available, all with Hungarian names. It is not known who had made that lovely map of Transylvania. That of Hungary we owe to Mr. András Nagy who lived at Győr, he being not only an erudite man but an engraver as well".[42] The age was active with movement, with revolutionary changes and wars, necessitating the creation of historical maps too. This fact induced Görög to arrange the survey of the theatres of war and later — as we shall see when we trace the continuation of their organ as the Hungarian Courier — Görög in person made arrangements for etched maps of the counties of Hungary to contribute to the "*Magyar Átlás,*"[43] *Atlas Hungaricus.* Naturally this did not prevent the maps of other countries from being sent as supplements, especially of those countries which were equally involved in the war. After the Turkish peace-treaty of Sistov where the "wars against the French, the theatres of Napoleon's war-operations" were discussed, maps were sent out, mostly etched by Berken.

[41] HT. Dec. 11th, 1789, pp. 639–640.

[42] Periodical quoted, No. 3, p. 20.

[43] Hungarian Courier in Vienna, Section 23, March 25th, 1803, pp. 373–376. It was necessary to produce a Hungarian Atlas because the Mappa Josephina could not be used as a uniform Hungarian atlas. In 1792 an attempt to put together the independent sections failed because the survey of the parts was not made under a unified plan.

The editors commented upon the maps that the readers received: the type is pretty, seas and rivers "are etched with great diligence". Whenever the scenes of minor news could be traced on the maps, the editors always reminded the readers to look them up. A cultural, educational tendency characterizes these editors: this is only too natural, since one of them — as we said above — was professor in the *Theresianum* of Vienna where Hungarian youths received their education. Görög himself, following the usual course of the studious intelligentsia of the middle and small nobility, was in the service of the aristocracy.[44] The editors explained even a word like "teatrom": it would be better perhaps to use the term "spectator's space", but since the Romans, French, and Germans always use it, let us stick to it.

It took Junker, who was an invalid, far too long to finish his maps, so Czetter and Berken were asked to produce the maps of the war-theatres.

By that time both Junker and Czetter had become the favourites of the reading public: Berken, on the other hand, was just emerging on the horizon but the editors had great hopes in his talent and also needed his work. although they were not sure of the reception from the part of the readers. The first etching to be launched was entitled "The Southern Part of Romania from the Banate down to Nicopolis, 1790", signed: *Veszpremi Fi Berkeny, designed and etched,* and the editors hastened to add their words of approval: "This is the work of a young man called Berkeny, both designed and etched by him who had so far worked only to please himself, unhelped by others. We, seeing the great talent of this youth and his great diligence, have contributed the yearly sum of 100 thalers towards his studies, keeping our promise from the first year onwards. Vienna, June 18th, 1790."[45] Both the picture and the map were rather nice, Berken used beautiful characters, his text was well legible, places were well and precisely marked, and his skill as a designer was exquisite. Junker and Czetter were more mature in those days: the beautiful colour-maps of the latter are distinguished with an artistic sense, while Junker and Berken are rather cartographers. The readers were always told what maps were being etched, and sometimes even their support was begged. Fictitious cases were repeated in order to convince the public of the usefulness of maps, or rather of the necessity for certain maps to be published: we hear of a case when a postmaster had thought that Antwerp was in Italy; another person looked for Debrecen on the map of Transylvania. "This can even happen to people," added the editor, "who are ranked with the educated classes. These are capable of looking for Kamchatca in France, for Otzakove opposite Constantinople — there was somebody who put Sistovo just above Tömösvár, near Berlin."[46]

We have said that this press-organ kept count of all phenomena affecting the nation and society as a whole, and this diligence is evident in pic-

[44] With the Kolonich and Eszterházy families in 1803 he became tutor of the sons of Emperor Francis.

[45] HT. June 18th, 1790, p. 776.

[46] HT. June 28th, 1791, pp. 812–813.

tures too. It was just as sensitive an organ as any of the great political papers of the world. This is not surprising since the editorial office had on its staff men who, even from the distance of later centuries, can be regarded as the greatest Hungarian diplomatists of the eighteenth century. When Joseph II died, "national mourning" was announced without any fuss in an unemotional tone, both in words and pictures: "We have enclosed a picture to show the body of the late Joseph II lay in state in the court chapel on February 22nd, 1790. His body was dressed in the uniform of the commander-in-chief and was placed into the bottom of a coffin lined with black velvet, with white silk inside, and braided with gold. The coffin itself was placed on steps high off the ground. Around were six sumptuous cushions, and on this side the imperial crown, sceptre, and mace. Farther lay the Hungarian and Czech crowns; the golden fleece; St. Stephen's Order; on yonder side was the home crown, the Austrian princely helmet; the ribbon of the Theresa Order, hat, sword, stick and gloves. The steps of the stand were covered with silver candelabra. Above the coffin stood a black baldachin. The chapel itself was covered with black cloth and decorated with the imperial coats of arms. Hungarian, Polish and German guards were standing at attention, and in between many people were let in by one door and let out by another. We have done our best to prepare a picture that does justice to the historic occasion: nevertheless we are far from our aim: although we paid out 7 gold coins to the engraver, 14 for the paper, 15 to the press and 1 kreuzer to the type cutter for each letter. Dated May 21st, 1790 at Vienna."[47] The copper-etching was *designed and etched by Orosházi Fi Tzéter* (Fig. 14). Two lessons may be drawn from this news-item: illustration was a costly business and the editors demanded much from the artists they had supported. Ever greater achievements were expected from Czetter, who was by then becoming a consummate artist, in spite of the fact that, owing to the nature of news circulation, every order was urgent. Nevertheless, these illustrations, compared with those in similar organs, did not lag behind any other.

Nor is the picture of Joseph II lying in state a schematic presentation: the stand with the many candelabra, groups standing in different positions, the guard of honour shown by the artist to relieve the rigidness of the figures are vidid; the background is decorated by the Austrian imperial coat of arms.

A whole series of events in the political life of Hungary is connected with the death of Joseph II: the return of the crown to Buda, the coronation of the new king, Leopold II, the coronation festivities, the convocation of the National Assembly.

Joseph II issued his provision for the return of the Hungarian crown to Buda on January 28th, simultaneously with the revocation of his earlier reform-edicts — excepting those referring to toleration, the financial affairs of the clergy, and the serfs. The crown returned from Vienna in a triumphal march, followed by cheering troops of the nobility clad in sumptuous national costumes. All looked with hope and expectation to the rule of the

[47] HT. May 21st, 1790, p. 656.

new monarch and throughout the country nationalist movements cropped up, so that it became the fashion to wear national costumes.

In the news-organ of Görög fine pictures appeared to keep track of the events.

Fig. 14. Joseph II lying in state, by Sámuel Czetter

In the November 23rd, 1790, number the readers were told that soon "the true picture of the Holy Crown would be dispatched".[48] The copper-etching which appeared had two captions: "This is how our scholars had described the Hungarian Holy Crown so far." "This is how we saw it on February 16th, 1790." (Fig. 15b). They refer to two different pictures of the crown. The master who made them is not named. The periodical issued several articles on the crown.[49] It emerges from the first that the editors

[48] HT. loc. cit., p. 648.

[49] HT. Febr. 16th, 1790, pp. 282–286; March 19th, pp. 354–356; Nov. 19th, p. 632; cf. Péter Révay's book, published in 1732 on the crown; Pataky, op. cit. p. 26; Commentarius Petri de Réwa . . . de Sacra Regi Hungariae Corona, Tyrnaviae 1732; the etching of the Hungarian crown has been attributed to Prokes, although it is signed: "Andreas et Joseph Schmuzer sc. Vie." The etching by Marton Prokes, made after Schmutzer in the 1748 edition of the same work, gives it: "Martin Prokes scul: Tyrnaviae, 1735." The coats of arms on both sides and in the middle, and the caption down below have been changed.

received special permission to inspect the crown guarded in the Treasury. They stayed over an hour "to look at it closely and make a design of it". Although the picture of the crown does not preserve the name of its maker, it is thought to have been made by Sámuel Czetter or rather by János Berken, since he was the illustrator of a work by Sámuel Decsy entitled "The story . . . of the Hungarian Holy Crown", Vienna, 1792, the pictures of which were made in the same style.

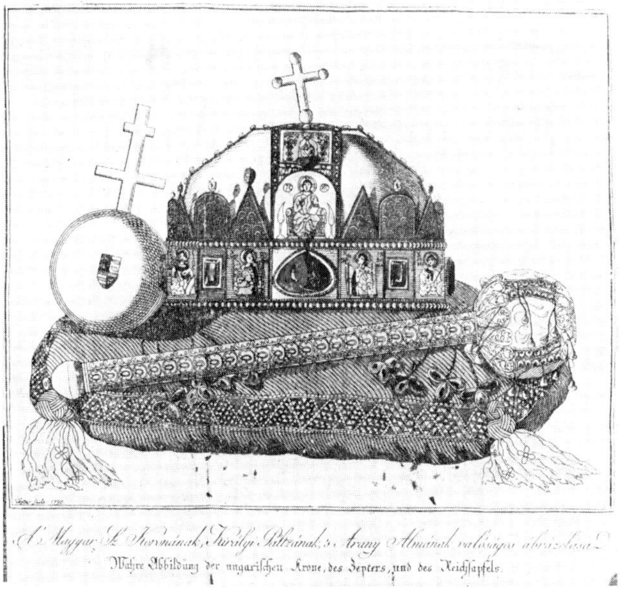

Fig. 15. (a) The Hungarian crown, by Sámuel Czetter

In Görög's periodical there were two kinds of pictures of the troops escorting the crown: "This is how the troops marched into Buda to take over the protection of the crown in 1790"; "The heroes marched into Buda to guard the Crown in this way, 1790" (Figs 16 and 17). Again, although these colour-etchings were not signed, their style betrays the hand of Berken. The two pictures show great resemblence in their conception, for on both we can see soldiers in gala uniforms on their way to Buda for the protection of the crown. On each we see eleven fine mounted hussars, while in the background flows the Danube, with both its banks in Pest and Buda showing hills as well as houses and churches. Despite the background and the vivacity of the scene, it is evident that the master's main aim was to present contemporary gala uniforms to the extent that the pictures fall into the category of "plates of military uniforms". In an article in 1790, the editors described how the crown was launched on its return to Buda after an absence of five years: the crown and the officers in its guard occupied three closed carriages, one drawn by six, another by four horses, regiments and guards clad in sumptuous uniforms received them, taking over the crown to be guarded at Buda.[50] It was obviously this article which urged the edi-

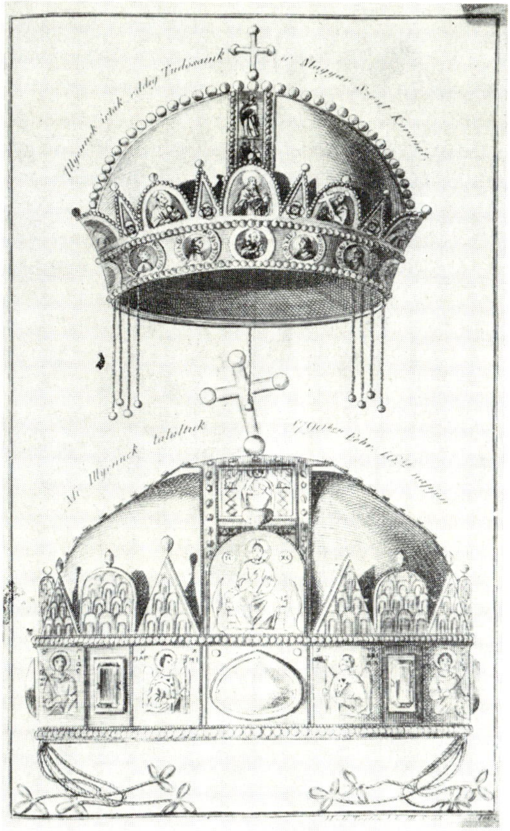

Fig. 15. (b) The Hungarian crown.
Unknown etcher

tors to order pictures of regiments; however, the illustrations did not appear in the paper before 1791. "As the title itself betrays", the editors' caption reads, "the pictures were ordered last year but could not be dispatched."[51]

The illustrators were unable to keep pace with the events; the editors seemed to complain incessantly about delays in the delivery of their orders. In practically each number there are apologies about backward pictures

[50] HT. 1790, Section II, p. 317.
[51] HT. May 27th, 1791, p. 672.

which will eventually be added to "our next number". The reason for the delay lay in the technique of copper-etching: "Copper line etching is an extremely lengthy and exacting work," says Czetter in one of his letters on his own work. Again, "Artistic work cannot be indefinitely pursued . . . it may endanger one's sight — an irreparable loss."[52] The inadequacies of artificial lighting in those days forced the artist to work in daytime; nevertheless, he frequently contracted inflammation of the eye which could have resulted in the loss of the eye. To this hazard must be added hardships in earning a livelihood which forced the artist to accept every order — even though unable to keep the date of delivery. We must not forget that periodicals were sent out by the stage-coaches, and that it often took a week before they arrived at Buda. Nor is it surprising that in the course of our paper we shall come across with pictures of the crown and the coronation which were made much later, even in the time of the Hungarian Courier.

Nevertheless, the pictures illustrating Hungarian national costumes are among the finest etchings of the periodical. "It was in such costumes that Hungarian Noble Ladies were clad at the Hungarian Border to receive the Crown on its way Home from Vienna." From a picture signed on February 18th, 1790, we find out how they "wanted to illustrate the exquisite costumes in which the Hungarian aristocratic ladies received on the border of the country, at Wolfsthal, the crown coming from Vienna. The castle to be seen on the picture is that of Poson; beneath flows the Danube. Dated Vienna, March 30th, 1790".[53] (Fig. 18). The unsigned colour etching is the work of an expert hand and is of high artistic value; the name of the master did not emerge from literature[54] either. From a finely elaborated background rises a tall woman in beautiful clothes: she wears on her head a red cap with gold braid and a bunch of feathers, her jacket is blue velvet adorned with gold braids and sable, her skirt of white silk is full with gold braid at the edge, she has a white vest of flaring lace, her hands are in a fine fur muff. The copperplates of our later fashion papers remain far behind this one.

A worthy mate to this is the picture whose threefold caption explains by means of letters what it signifies: (a) This is what the uniform of the Palatine's Regiment which came to guard the Holy Crown looked like. (b) The Castle of Buda where the Holy Crown is kept, and the Palatine's quarters. (c) The Danube. It is also unsigned, though made in a style and manner like those of the former picture and must be the work of the same hand. From the artistic background of the Danube-quay with the royal castle rises the figure of a crown-guard in splendid uniform: he wears a jacket adorned with yellow braid and fur, and trousers of the same blue colour also decorated with braid, yellow boots just above the ankles, a cap with feathers and a sword with a splendid hilt (Fig. 19). The readers

[52] The Hungarian National Library. MS. Department. Quart. lat. 43. Vol. 15, pp. 168—169, pp. 51—52; Vol. 14. p. 144; Vol. 20, pp. 113—114. National Archives. Papers of the University Press. 1804/5, No. 286; 1805/6, No. 594; 1806/7, No. 300.

[53] HT. March 30th, 1790, p. 424.

[54] Pataky, op. cit. attributed it wrongly to Czetter, p. 95.

Fig. 16. Crown-guard, by János Berkeny

Fig. 17. Crown-guard, by János Berkeny

received this picture as late as 1792 with the paper issued under the title of the Hungarian Courier.[55]

A picture dated from 1790 and sent out as a supplement of the Hungarian Courier in 1792 shows a young Hungarian lady in national costume, entitled: "Costume National d'une Demoiselle Hongroise" (Fig. 20), it

Fig. 18. Costume of the Hungarian ladies receiving the crown returning from Vienna. Unknown etcher

is signed: "*Designed by Kóré and etched by Mailár, 1790*".[56] The editors sent it out with the witty remark that "the former parchment contained a Hungarian youth; herewith, we send him a bride".[57] They think this a welcome gesture since "a young Hungarian cannot find even near the Tisza a young Hungarian lady wearing Hungarian clothing; instead — wherever

[55] MH. Nov. 30th. 1792, p. 808.
[56] "Hongraise" on the etching is due to fault in etching.
[57] MH. Section II, Dec. 1st, 1792, p. 936.

they look — they see enormous towers of hats rising and even bodies shaped to conform to the picture they can see in the Journal of Paris Fashions".[58] The illustration, beside its artistic beauty, was very apt to make the Hungarian national costume for women beloved: the "young lady" shown in profile wears a blouse with a lace edge, on the blue ribbons of which and

Fig. 19. Soldier guarding the crown. Unknown etcher

in the decolletage are rose-designs, while over it is a tight blue velvet vest with yellow braid. Her skirt is light blue with a small train and a white apron with yellow flowers and a lace border. She wears pearls and long ear-rings and in her hair a blue ribbon with pearls. In the background — as in the former pictures — the palace can be seen, but this time the scene is Vienna. The researcher might be inclined to identify the masters of this

[58] MH. Oct. 9th, 1792, p. 542.

picture with those of the former costume-pictures, owing to the manner of presentation, the technique of the design, and the similar composition in each of the three pictures. However, the picture of the lady seems to betray a more perfect art. It is possible that Kóré designed the other two pictures as well, but the engraver was not Ludwig Maillard, the Viennese

Fig. 20. Dress of a Hungarian lady, by Zsigmond Kóré and Ludwig Maillard

master. We are familiar with Kóré who drew the first illustrations of the paper. The editors supported him, but they could not give him permanent aid to fend off poverty. Thus his health broke down by the time his artistic talent had matured, and "On the 9th of this month he passed away to eternity in the hospital of Vienna — an asylum too vulgar even for foreigners. The same fate befell him as so many of our worthy compatriots who were paupers: that is, after many hard struggles to achieve perfection, the sweet fruits of which they were beginning to cull, they were compelled to leave this world. They became so perfect in drawing and portrait-painting that what Transylvania so far had received from foreigners could by then be obtained from the hands of their natives."[59] These lines appeared one year after the publication of the "Young Hungarian Lady" in the Hungarian Courier: they not only served as obituary notice to an artist who

Fig. 21. Priest in Hungarian clothing
Unknown etcher

died at the age of 32: they voice an appeal to the whole nation to offer patronage to poor but talented Hungarian young men.

Another etching with the caption "Hungarian priest in Hungarian clothing" is connected with the enlightened ideas of the editors to reform the Church itself (Fig. 21). Both in subject and ideology the etching was taken up again by the press of 1848, another proof that this eighteenth-century

[59] MH. 1793, pp. 386–387.

periodical was the legitimate forerunner of the revolutionary press.[60] "We are sending out a Hungarian priest in Hungarian frock," write the editors to the reader, "the original drawing was made by Messrs F. and R. in Győr. To comply with the patriotic desire of the said gentlemen we have arranged that it be etched into copper but by no means with the object (which was not the intention of the worthy scholars of Győr either) of insisting that the long clerical frock should be altogether abandoned. We are, nonetheless, not doing any harm if we insist that priests of other nationalities from the highest to the lowest rank can wear the national habit without infringing the dignity of their office; why cannot the same be done by Hungarian priests outside their clerical duties — when, for example, they travel or partake in some sort of innocent merry-making, especially if a parson is obliged to visit the sick beyond a muddy road or in great heat? A model of clothing to be used on these occasions is suggested on the picture enclosed here."[61] This article is dated June 8th, 1790, in Vienna. Although Joseph II had died a quarter of a year before, the editors still propagated ideas fashionable before his rule. However, their tactics had changed: "A long cassock is well becoming to the dignity of the clerical order, however —" it was this 'however' and what followed after it (that is, the remarks that in foreign countries the clergy of all ranks have taken it off, so have the clergy of other religions in Hungary, whereas our clergymen are hampered by it even when engaged in clerical duties, etc.) which proves that the editors remained faithful to their ideas, without minding the court, the aristocracy, and the dignitaries of the Church resigned to conservatism.

The signature of the illustration is "At Győr, FR": the initials, the ligature of two letters, could not be deciphered, so we do not know the master although he etched after an excellent drawing and was himself a reliable engraver. As background, part of a village was shown, at the bottom of a hill. Of course, there is a church, a Gothic one with a buttress, and in the foreground is a priest in Hungarian costume: he has a moustache, wears a small hat on his locks, carries a stick in his hand, and walks gaily unhampered by his "long cossack" . . .

In the course of their editorial work Görög and his partners soon discovered that feudal nationalism was a formalistic Baroque heritage, without any substantial content. National wear was for our nobility nothing but a "fashion craze", lacking content, one means, to spend money in their wasteful lives. So they stopped sending out pictures of costumes with a propagandistic intent and wrote warning articles instead: "Will the grandchildren not bewail the loss wasted uselessly by their parents? Why are you not so generous when asked to contribute to public welfare? Our good Hungarians are willing to offer hundred, even a thousand gold pieces to

[60] Here we think of an idea of the Pest tailor, Adam Kostyál: in the May 30, 1848, number of the periodical "Reform" there is a colour illustration attached to p. 64, showing clothing for higher and lower members of the clergy. Kostyál meant these Hungarian costumes to replace the conservative black garment reaching down to the ground. The picture was followed by an article carrying much conviction.

[61] HT. June 8th, 1790, p. 727.

Fig. 22. Map of the Austrian Netherlands, by János Berkeny

contribute to the formation of battalions for the guarding of the crown, yet is there any worthy scholar who has profited from their generosity?"[62] Soon after the editors inform the readers that the uniform of the general of the battalion of County Sáros is so luxurious that from its price a learned society could be established; this helmet itself was estimated to cost 42,000 florins. At the same time, they inform the public of the terrible misery of the serfs in all parts of the country, of exploitation and oppression. The people are suffering from dire poverty, while the ruling classes indulge in the pomp of silk and velvet, a glaring contrast that cannot escape the attention of any reader.

When National Assembly met in Buda in June, 1790, it insisted on infringing royal prerogatives, while confirming the privileges of the nobility — all this threatening the House of the Habsburgs. Nor did the spirit of the French Revolution cease to haunt. Joseph II left a sorry inheritance to his successor, Leopold II. Nor was the external situation less aggravating: the French Revolution was gaining momentum; in the south the power of the Turks was not yet broken, nor their army beaten; nor was it possible to rely entirely on the Eastern ally, the Russians; in the North, the king of the Prussians, Frederic William II, wanted to benefit ever more from the plight of the Habsburgs. Since the internal and external situation was equally dangerous, it was necessary to grant concessions in the one, in order to have more strength for energetic action in the other. While negotiations were going on abroad, the people at home were kept busy with the coronation festivities, proving that the prestige and power of the king remained untarnished, pomp and luxury reflecting the optimism of the ruling monarch.

A picture called "Map of the Austrian Netherlands", and signed: *written and etched by János N. Berkeny of Veszprém in Vienna, 1790* (Fig. 22) reminded the readers that "the House of Austria has provinces in that part of the earth too".[63] The editors do not forget when sending out this lovely coloured map to call the attention of the readers to its maker: "We are sending the map of Austrian Belgium or the Netherlands written and etched by the worthy Hungarian, Mr. János Berkeny, whom we have supported as far as we could in his studies at the Academy for drawing and engraving. Anybody can make sure of the talent and diligence of this young man."[64]

It is evident that the majority of essays in this organ had as their subject-matter descriptions of ceremonies, preparations and places. Information of this kind naturally required illustration, but the engraver was lagging, both in quantity and quality, behind the actual events. However, the readers who got used to the pictures demanded something in advance before the more artistic etchings were made ready: this is why there were so many ground-plan etchings in the paper.

It is very likely that not only the official circles but the readers themselves expected illustrated news of the whole process of the coronation.

[62] HT. July, 1789, p. 109; June 8th, 1790.
[63] HT. Dec. 7th, 1790, p. 712.
[64] ibid.

This expectation seems to be corroborated by a lengthy apologetic commentary, dated December, 1790: "We have promised to present to our readers the pomp and ceremony of the coronation in pictures as well. We do not wish to defer: however, we could not produce our work in time like Messrs. Löschenkohl and Artaria[65] in Vienna, since we did not expect the ceremony to depend on the drawings on the ceremony. The said gentlemen were ready with their pictures before the coronation: no wonder that the pictures of Mr. Löschenkohl not only suffer from the effects of hasty work but also from the fact that they do not represent reality but the defective fancy of their maker. Mr. Artaria works very well and has very good taste; nonetheless his drawings do not present the ceremony of the coronation and its circumstances as they really were; but partly as he imagined them to happen later; and partly as he saw in six pictures — which are in the Hungarian Chancery — the coronation of Maria Theresa. This is why he gave to the Hungarian nobles slippers, long jackets and caps on their heads; this is why he made the bishops ride to Coronation Hill when actually they went there only after His Majesty had taken the oath. Then they rode to the Convent of the Brethren of Misericordia — as we said when describing the ceremony. Mr. Artaria must have heard that he made a mistake, so he set out to correct the error by making the bishops wear hats and not mitres, but he forgot to straighten their backs to suit the hats and left on them the cloaks worn for vespers."[66] This commentary betrays a good deal from the principles of the editors: their effort, insisted on several times, to conform to historical truth, and their attempt for realism, which at the same time requires powerful fancy from the artist, excluding any forgery. All this amounts to the fact that we can regard the illustrations as authentic. From the comments of Görög and his co-editors we know that they discussed with their illustrators at their local 'academy-sessions' the subjects of their pictures, the circumstances and manner of production: however, the pictures could be executed only after the censors had approved them. All this must be taken into consideration when we speak of the slow technique of copper-etching, and we can understand as a consequence the small number of illustrations or the delays in preparing them. However, with the latter remark the editors did not appeal merely to the readers; they wanted to teach the artists the importance of reality, taste, and careful work, to appreciate more and more their public. Their censure was unambiguous, even taking recourse to humour, but it never harmed; they rather used the tone of the educationist critic.

From the coronation ceremonial, the paper did not produce pictures of the church festivities, of the creation of Knights of the Golden Spurs, of sword-strokes. There was, however, one of the king taking his oath on the

[65] The art patronage of Demeter Görög brought him into closer touch with the copper-etcher and arts dealer, Artaria of Vienna; cf. Correspondence: Demeter Görög's letter to his relative Mrs. Ürményi Ürménysogi, Anna Komjáthy. Vienna, February 7th, 1794. Archives of the Hungarian National Library.

[66] HT. loc. cit., pp. 743—744.

constitution. The caption is: "This is how His Majesty, Leopold II took the oath on the day of his coronation at Poson, in the Square of the Misericordians on Nov. 15th, 1790"; there is no signature (Fig. 23). According to literature the splendid colour-etching is the work of Berken.[67] The illustration belongs, in fact, to news published in 1790, but owing to the above-mentioned reasons, it was some three months late.[68] As the news had informed the readers, the illustration displayed the placing of the dignitaries in the scene (the engraver described the scene on the picture): "At Poson, in the big square in front of the Church of the Misericordians, surrounded by fine multi-storey houses . . . stood the dignitaries from Naples, Princess Christina and Arch-Duke Joseph with his brothers (and other aristocrats) listening to the ceremony of the taking of the oath from the distance of twenty steps from the windows of the Wachter-house (on the etching a two-storey house with balcony on left). At the same house there was room for the unmounted nobility. Stands were placed around the other houses too, with seats available for one and two pieces of gold, according to the quality of the seat, the cheapest being a seat for one thaler (*tallér*)." This illustration conveys not only history but regional history and the history of clothing as well.

We have seen that owing to reasons of foreign and home affairs, the court insisted that there be reports of the entertaining of the royal couple from Naples. This is why a picture was soon to be issued, entitled "The Great Hunt arranged at Wolkesdorf in Honour of the King of Naples 1790"; no signature (attributed by literature to Berken). This is a coloured hunting map. As to topography, the etching is not remarkable. However, the corresponding article is very informative.[69] We hear from the editors that Wolkesdorf is a hilly market-town in Austria, some three hours' distance from Vienna, with an ancient, smoky imperial castle. There are hare, deer, stag, fox, boar in plenty, and they were on November 13th driven here by hunters and some hundred peasants so that they could not escape. According to the article, "near the shooting station was the spectators' stand, for tickets were issued for attending. Servants could also attend but their place was not covered . . . The shooting with the game driven to the spot was nothing but shambles . . . It was impossible to see the poor harassed animals hovering between life and death without tears. They trembled so much that their feet could hardly support them and the steam rising from their bodies produced a smoke-screen. The whining and groaning of the animals wounded to death was heart-rending, although the shooting dignitaries took great care that they did not live long. Within an hour most of the game lay on the ground. By one o'clock in the afternoon the shooting was over, the kill being 490 animals. The King of Naples found a live young boar among the dead bodies and holding it between his legs on its tottering feet thrust his hunting knife in its mouth and holding it by its ears showed it to the bystanders. While doing so, he said laughing,

[67] HT. March 8th, 1791, p. 296.
[68] HT. 1790. Section III, pp. 656–658.
[69] HT. Febr. 4th, 1791, p. 147.

Fig. 23. Leopold II takes the oath at Pozsony, by János Berkeny

'Masche bella!' Then he finished it with his hunting knife. There were no accidents. After the hunt dinner was served in the castle of Wolkesdorf, the hunters and forest masters being regally entertained, of which they continued to boast afterwards. One of them bragged that he had his fill with nun's wind (a kind of food during lent). *Proficiat?* When they returned a dreadful tempest broke out, the like of which had not occurred that year. The smart lads of Vienna were badly shaken in the saddle." We hardly believe that there was any other Hungarian journalist who would have dared, being a commoner, to describe a courtly shooting party in such a derisive, scornful manner. The description of shooting scenes is one of the most popularly gratifying themes in the arts: however, no artist belonging to the Görög group made use of "this favourable occasion".

Another etching emphasized the celebration of the royal couple of Naples, King Ferdinand and Queen Carolina (they also visited Hungary) "in whose honour my dear country had coins made" (Fig. 24). There is no caption, it being supplied by the legend on obverse and reverse of the coin: nor is there a signature. However, we succeeded in discovering that the etcher was Clemens Kohl, who had already previously worked for the paper. Kohl, in the wake of Johann Nepomuk Wirt (Würth), court coin-maker and designer of several Hungarian coins, resolved his task extremely well. On the crystal-clear etching "can be seen the successful busts of the King and Queen of Naples in Hungarian clothes; on the reverse can been seen figures rejoicing because of the presence of their majesties who honoured with their visit our dear country. Both coins are so splendid that it is impossible to see them without satisfaction and emotion". It is typical of Görög and his partners that they were not satisfied with the character of the compulsory information: they wrote an article for those who were concerned with coin collection and numismatics. It also dealt with the circumstances when the coin first emerged and with those who received it, with its different types, large and small gold, large and small silver, and its rate of exchange into ordinary coins.[70]

Among the illustrations of this organ in connection with the coronation celebrations, there is one which deserves special mention. Its caption is the following: "One sign of the enraptured emotion is the celebration held by the Excellent County of Szabolts to commemorate the coronation of His Majesty Leopold II as King of Hungary at Nagy Kálló on the 5th day of the Month of Christmas, 1790" (Fig. 25). It is a coloured copper etching unsigned, and literature considers it the work of Berken. In order to understand the picture and the adjoining news we must remember the behaviour of this county during the reign of Joseph II: it was one of the rebel counties which refused to grant any subsidies for the Turkish wars and forbade the magistrates to collect them. In every other field resistance to Vienna was methodically prepared: this was the first instance when it was not the representatives of the National Assembly but the counties which tried to defend

[70] HT. Nov. 11th, 1791, pp. 609–610; Dec. 30th, pp. 838–840; MH. Jan. 3rd, 1792, p. 16; Febr. 10th, pp. 193–201, 208; Febr. 14th, pp. 209–212; Febr. 21st, p. 253; March 30th, p. 464; Apr. 3rd, pp. 477–480.

Fig. 24. Medal of King and Queen of Naples,
by Clemens Kohl and Johann N. Wirt

Fig. 25. Reaction to the Coronation Festival at Szabolcs. Unknown etcher

the constitution. The County of Szabolcs attached no hopes to the reign of Leopold II either. It made no attempt to hide its distrust as we can clearly see from the manifesto published by Görög: "Leopold II, being crowned king in the 43rd year of his life, ordered on November 15th, 1790, at Poson that each county and free royal city should arrange for celebrations similar to the said coronation festivities . . . ." The worthy county did not hurry to comply with the order, since, as the periodical informed its readers, the procession held at Nagykálló on December 5th, 1790, was a combined celebration of the coronation of Leopold II at Frankfort as Roman emperor, his coronation at Pozsony as Hungarian king, and the election of Alexander Leopold as palatine — this too being held at the renewed insistence of the governing council. The element of coercion is more than likely since the editors accompanied the illustration with the following lines: "Among the noble counties of Hungary Szabolts would have been the subject of calumny. We have considered ourselves obliged[71] to uphold that loyalty of the said county to its good King, Leopold II and the love of its subjects. We have thought it becoming to have it etched into copper or to show some sign of the joyful emotion that the County of Szabolts had at the celebrations held to commemorate the coronation of Leopold II as King of Hungary and to circulate the etched picture with a lengthy description of the scene in both countries. On the said picture can be seen the offices of the county, before them the Bacchus procession of the village of Biri, and on both sides the arrival of the battalions, foot and mounted, in uniforms."[72] The illustration itself and its description miraculously evaded the censor's screening, although behind the humorous episodes it is impossible not to notice scorn: "In front came some musicians; behind them two lads led a fat ox whose tail was decorated with four ribbons and its horn with three while between the horns there was a wreath of dandelions. After them followed a cart drawn by six oxen, in it a huge cask of wine. On top of it sat a person representing Bacchus, who in private life was a hare-hunter of Count Kállay. Over his clothes he wore a wide shirt and underpants filled with straw and on his head he wore a wreath of dandelions. In his left hand he held a bottle of brandy from which he poured drink into a glass held in his right hand. While gulping his drink, he called incessantly: 'Long live Leopold II, long live the palatine!' Beside the six oxen were five farmers, and young lads were slapping their long whips. According to the picture, one of them was making fun, and while he lifted his whip, he dropped his hat from his hand. Since it was a greasy old thing, the dogs picked it up, beginning to tear it." The procession was closed by the engraver with two grinning mounted hussars. Görög continued the account by saying: "The people assembled to see the sights did not understand what the crier meant by calling out *palatine.* Did he mean palate mine?" In the Catholic and Calvinist churches the divine ordination of the king formed the nucleus of the preaching. The Catholic priest said: "Regem honorificate! Respect the King!" (Pet. 2: 17); the Calvinist said:

[71] Demeter Görög was a native of County Szabolcs.
[72] HT. May 10th, 1791, pp. 569—576.

"Now therefore behold the king whom ye have chosen, and whom ye have desired! and, behold, the Lord hath set a king over you." (Sam. 12: 13, 14) I do not think that it is pretentious to state that here is a straight-forward mockery of the coronation procession. In this etching we can hail the first

Fig. 26. Portrait of Leopold II, by Ludwig Maillard

political caricature in our press, and a very artistic one to boot. It is a merry scene, full of vivid colours and motion, and it is evident that it cheered the heart of its inventor and maker too. Görög and his partners were also game to the plot: this picture news intended to keep alive the political resistance in the counties.

The picture of Leopold II, the hero of the coronation, also reached the subscribers somewhat late. "The picture of his Majesty is just being etched. We could not keep our promise so far, although we ourselves are not to be blamed but the engraver — one called Maillard — who so far has twice spoiled the etching. He is just making a third go at it," we read in the editor's address to the reader on May 17th, 1791.[73] Then again on August 23rd of the same year: "We are herewith sending the picture of Leopold II, King of Hungary. — That we are so late in sending, is due to the engraver who, after two wrong attempts, succeeded at the third go to produce a resemblance of the king."[74] The second letter of the editor is of utmost importance, since it settles the so far undecided question of mastership of this copper-etching of Leopold II, King of Hungary, left unsigned and made in the stippling manner (Fig. 26). Ludwig Maillard had worked for Görög before — we have already come across his name — and on this occasion both partners, the editors and the engraver himself, endeavoured to produce a faithful and artistic picture.

Maillard's portrait of Leopold — the foreground of which was in all probability P. Kreuzinger's contemporary picture — appeals with its intimacy and characteristic force, showing a man in his mature years and emphasizing the king's station by a crown behind the figure, without insisting on its details. The face turns to the spectator, looking to the side, and the uniform with its many decorations is very effective. The portrait itself — being an unframed etching — is the first appearance in the paper of a later development, of a new taste. As we have seen in the former pictures, the allegorical features and the symbolical frame ornamentation referring to the picture (such as military equipment, books, parchments, an eagle, a map, coats of arms) had made use of the traditions of Baroque art in a very artistic manner, without recourse to crammed figural solutions at the expense of the portrait. Likewise, in the case of unframed miniature portraits in fine square, round, or oval shape, the typographic or calligraphic letters of the signatures are rendered with artistic effect, as in this portrait by Maillard.

In the category of reportage-pictures of contemporary magazines we find one entitled "Pompous Exercise of Soldiers held at Laxemburg on July 3rd, 1791. Das zu Laxemburg gehaltene Karousel den 3ten Jul., 1791"; and another, "Thus the Multitude in Vienna awaited on May 29th, 1791, in the wood of the Prater to see the rising of a Globe made by Blanchard which, however, did not rise". — these being the captions of two coloured etchings (Figs 27 and 28). Neither is signed, their makers are not identified, and the literature could not answer this question either.

The news belonging to the first, although not "by our special correspondent", reports exactly in the manner of the reporters of today, on "the merry-making held by Prince Francis in the gardens of Laxemburg on July 3rd for sundry invited guests to celebrate the name-day of Prince John — with many folk attending from the city of Vienna."[75] The illustration shows the splendid pageantry of mounted heroes, recalling the tournaments of past centuries: "a spectacle splendid, delighting the eye." The editors do not wait to add that the knights fighting in the tournament had

[73] HT. Jan. 11th, 1791, p. 24; May 17th, p. 616.
[74] HT. Aug. 23rd, 1791, p. 256.
[75] HT. June 28th, 1791, p. 809; July 5th, p. 32; Dec. 30th, pp. 835—836.

Fig. 27. Pompous exercise of soldiers held at Laxemburg. Unknown etcher

Fig. 28. Balloonist Blanchard takes off in Vienna. Unknown etcher

as their adversaries Turkish and Saracen masks on poles; it was these they pierced and attacked. After the fights the twelve knights received necklaces ornamented with gold coins as the prize for their bravery from ladies clad richly like themselves. The illustration is finely drawn: from a hilly background rises with a good perspective the vivid scene consisting of many elements, the colours of which are pretty and lifelike. In the drawing we guess the hand of Kóré, in the etching that of Maillard, both representing the new style.

The Blanchard news and the picture were sensational in the paper. It was a daring feat presented by a man who went from country to country with his balloon, it being "a ball made up of various cloths, more than 1500 yard being needed for it, covered by a net made of very strong string and on it hanging a tiny little carriage for the travellers. It rose into the sky in the presence of an immense crowd". The thought of flying is even today, when the problem is solved, a kind of sensation; as it is, most of the world's population have not flown by plane, much less on a balloon. One can imagine the unprecedented success that Görög's paper achieved with this illustration. The editors started by announcing in advance the existence of Blanchard, then described his preparations; of the balloon itself they gave conflicting information, even estimating the cloth to have measured 5200 yards. Blanchard did not take off by himself but was accompanied in the carriage by his beloved. Then news followed that in Prater-wood, after several attempts, the balloon failed to rise. The big crowd which was attending behaved in a menacing way, considering itself to have been decieved. At another occasion the wind wrecked the balloon to such an extent that it could not rise. The mishap caused much upheaval among the spectators, "who turned up in such tremendous numbers in the Prater that they occupied large spaces nearby. The bastions, higher buildings, towers and corridors on top of some churches were chock-a-block with people" from the highest to the lowest ranks. The news reports gradually grew in excitement until the expected outcome: "Blanchard finally shut the mouths of his deriders and won the goodwill of the Viennese people, even raising the prestige of Europe as a whole by showing last Wednesday peremptorily that he is that Blanchard who had made 37 different journeys into the skies at the admiration of various provinces of Europe and was able to ascend a 38th time to heights which other people can reach only with their eyes, or not even with them."[76] The news-item also reported that at the same time the wind carried him towards Pozsony, to the left bank of the Danube, "so that the labouring peasantry, when they saw what was coming down from the skies, left their work and stared and shouted with loud exclamations, and flooded on to the barley-field where the sky-traveller was coming down, however much the landlords minded". But Blanchard payed for the damage he caused and was triumphantly carried into the city and entertained there. He was then sent back to Vienna by carriage and his balloon by cart. These were indeed progressive-minded editors who had not the

[76] HT. March 22nd, 1791, p. 545; May 31st, pp. 673–674; June 21st, pp. 783–784; June 3rd, p. 691; June 28th, p. 809.

slightest intention of catering to popular prejudice by picturing the peasants as reacting in superstitious awe upon seeing a traveller descending from the air. It seems that both the editors and the illustrator were witnesses to the scene, for the picture itself contains all the details: from the background rise the green trees of the Prater, and in the foreground are the milling crowds, some on foot, others on horseback, the inquisitive inhabitants of Vienna from all walks of life. In the rush and scramble a man is pushed to the ground: his hat has rolled away and a dog passing by has picked it up, playfully munching it. This was so funny that it distracted the attention of the bystanders from the real sights: the green, white, pink, and yellow silk wonder-globe, with the passenger-cabin on the bottom. Its pink silk curtain has been drawn back and the Blanchard couple can be seen, the woman waving a flag to the cheering crowd. All is alive and in motion. Here the crowds of people have a significant role: they do not exist for the artist merely to fill gaps in the picture; on the contrary, the stress is put on them, as in Görög's article on the peasants shouting when catching sight of Blanchard. It is amazing that in this small frame the expressions can be still read from the faces: laughter, amazement, stupefaction. All show the conscious endeavour of the realistic artist. Görög and his partners must have heard of the effect produced by their sensational article on the readers, because for years to come Blanchard continued to be news in their paper.[77] They informed them that in Italy there were some Blanchard imitators whose experiments proved dreadful failures. We hear again that Blanchard was "flying" in England; another episode brought him in conjunction with Napoleon, who when quite young, assisted one of Blanchard's ascents and insisted on being lifted into the air. This article appeared in 1800, so sensation was being topped with another sensation by introducing Napoleon.

When the etchings appeared in August, 1791, peace had been signed with the Turks at Sistovo, and it seemed that Leopold would succeed in keeping the peace. This state of affairs induced Görög to change the title of their paper into *Magyar Hirmondó* (Hungarian Courier). The aims of this organ differed but little from those of its predecessor: it continued to provide news from all parts of the world, and if peace could be preserved the periodical would concentrate its efforts on anything "which promotes the cause of Hungarian literature, increases learning in the country to its advantage and edification".[78] It promised to continue providing pictures of the Hungarian scientists and writers, of patrons of science and the arts, and to be a spokesman of all artistic endeavours of the arts and science as well. No space will be spared in celebrating a Hungarian scholar.

Even the death of a prominent person provides an occasion to remind reader and writer alike of the importance of literature: "The obsequies of his Lordship Count Gedeon Ráday Senior were held at Pétzel on the 12th inst. in the presence of people of all sorts" — all sorts of people including

[77] HT. Sept. 2nd, 1791, pp. 303—304; MH. Dec. 12th, 1796, p. 200; June 27th, 1800, pp. 848—849.
[78] MH. 1791. Section I, pp. 1—6.

experts of economy, patrons of literature and the arts, young writers studying at Pest, the deceased having been an advisor of Kazinczy, Bacsányi, and Kármán, the whole nation bereaved by his loss.[79] The paper also printed his portrait, signed *Thomas Klimess pinxit 1788. Q. Mark sc.* and

Fig. 29. Portrait of Count Gedeon Ráday, by Thomas Klimes and Mark Quirin

etched in the usual manner of miniature portraits: the circumscription with the name went all round, and the ornamentation included plants referring to his economic activities, a book of learning and the arts, a harp the jug of wisdom, with a coat of arms under the latter. The portrait is in profile, the man wearing a house-cap with a tassel, and homewear: all this is an expression of human intimacy, it is an expressive portrait rising from a dotted background (Fig. 29).

[79] MH. Sept. 24th, 1792, p. 283; Oct. 9th, p. 552.

Under the impact of home- and foreign-affairs, the most prominent persons figure in the paper: King Francis I, Maria Theresa, and Palatine Alexander Leopold. However, there are merely their pictures, and meagre messages by the editors, in the style "We are herewith submitting . . . the portrait of . . ." Leopold II died unexpectedly in March, 1792, and since the demands of the representatives to the National Assembly concerning their privileges seemed to be coming near to realization, the coronation of Francis went rather smoothly. The nobility continued its life at the point where it had stopped short during the reign of Maria Theresa. Alexander Leopold, on the other hand, was governed by the Chief Justice, Count Zichy, Chancellor Károly Pálffy, and Counts Ürményi and Haller who — though unwilling to change radically the privileges of the nobility — were not unaware of nationalistic ideas as nurtured by the Enlightenment. Since the published pictures conformed with the requirement of court and nobility, the editors thought that no commentary was necessary.[80] The picture with the caption Queen Maria Theresa and signed *ML sc.* (Ludwig Maillard) denotes another development in the style of etching: the product of oval unframed presentation. It has a smooth background, the dominating element of the whole picture being the figure: Maillard produced something really fine, perhaps even sacrificing faithfulness. The eye delights in the spectacle of lace, ribbon, pearl-decorated silk bodice, the pearl-embroidered veil falling smoothly from the wavy hair, and the jewels decorating neck and ears. The face shown in profile is of refined features. It is perhaps the prettiest face of a lady in the whole periodical (Fig. 30). The picture has a calligraphic caption — in keeping with the new taste — supplanting the old Baroque frame as ornament.

The editors had noticed some time before that the sources of news of the Revolution in its natural form were the Moniteur, Quotidienne, the Florentine Paper, the Berlin Paper, the Hamburger Politisches Journal, and some nearer ones: Gratzer Frauenzeitung, Wiener Zeitung, etc. Under their impact the Baroque shapes had gradually disappeared. A specific form of nationalism that emerged among the nobility under the influence of the French Enlightenment strove to survive in a new form, and to support it the prime duty of the journalist was — according to Görög and his partners — to fill the news with a true content, in the shape of truth, in keeping with the principle of the freedom of speech, wherever they came from and whatever they conveyed. In the title-head of their newly named paper they also wished to give expression to their views: the title is supported by an altar, on one side of which stands the Globe and Truth, "Trustworthiness'; on the other, the coat of arms of Hungary and Transylvania joined by the crown and the symbol of News. "In our coat of arms News joins hands with Truth, in order to symbolize that from events happening on the globe of this earth, we intend only to propagate those which truly happened in Hungary and Transylvania."[81]

[80] MH. 1792, after p. 968 p. [22] (without pagination); March 5th, 1793, p. 324; Nov. 5th, p. 648. — Cf. Pataky, op. cit., who not being able to solve the initials of the Maria Theresa etching considered it among the unknown ones, p. 259.

[81] MH. 1792, Section I, p. [23] (without a page number).

However, the opportunity soon offered itself to describe news sensational not only to the readers of this organ but to Europe as a whole. Soon after the accession of Francis I the editors announced that "circumstances pointed to war with the French and the Poles"; then, "In France the Society of Jacobins was formed which purports to make of France a communal

Fig. 30. Portrait of Maria Theresa, by Ludwig Maillard

Society, but not only of France, since they intend to change the whole of Europe after their own fashion . . ."[82] From the very start of the Hungarian Courier, and for years to come, these two types of news-stories and pictures were launched, some openly, others in a disguised form. The war with France actually broke out, affecting the whole of Europe. Austria was primarily concerned, since Marie Antoinette was the daughter of Maria

[82] MH. 1792, Section I, pp. [1—6] (without a page numbers).

Theresa, but the editors were aware that their fight was not only arbitrary but also imperial: for the throne and for the empire. Nevertheless, with some interruptions the fight continued from 1792 to 1815 until it was possible to overthrow the revolution and Napoleon's France. The battle-fields extended in Europe fanwise: there were battles fought along the Rhine, in Germany, and in Italy and Austria, too. Because Vienna needed a great army, the Hungarian soldier was not to be despised. In 1792 the National Assembly of Hungary promptly voted to supply five thousand volunteers, one thousand horses and four thousand florins.

This news-organ of Görög, as far as news and picture information was concerned, resembled its predecessor in many ways: as in *Military and Other Famous Stories*, there were new columns for stories of regiments, battles and their scenes, the lives of great commanders. However, all this assumed a more schematic form. To defeat the Turks was a heroic action which engendered enthusiasm. Would it be so if countries with highly developed ideas were defeated? Doubt and mistrust could be felt in all the communications conveyed by the editors: in their reports on the war, when *they had to speak of Austrian victories*, they could not be silent about the bravery of the French either.

Although the periodical kept track of the events of the long wars with the French for some eleven years, they did not produce more than two pictures of the wars. The readers had to be contented with maps and surveys of the war situation and maps made in Austria. The slow technique of copper-etching could not keep pace with the swiftly changing situation. The editors, on the other hand, as during the Turkish wars, were anxious to inform their readers so that they should be able to follow the course of events on the appropriate places of the globe.

When peace of Campo-Formio was signed on October 17th, 1797, Napoleon left some breathing space to the rulers of Europe. However, in the summer of 1798 he went to Egypt to achieve new glory. With their maps, Görög and his editors followed the course of the "brave adventurer": subsequently they sent out to their readers the maps of Europe, Asia, Africa, and Australia and simultaneously one of Egypt and Syria.[83] The map of Egypt was accompanied by "summary descriptions by recent French, Danish and other travellers". Etchings were made of its famous sights, collected and sent together to their readers: "Famous journeys in Egypt and Syria . . . and the description of the vicissitudes in Egypt and Syria of the French Army led by Bonaparte as reported by the writers of the Hungarian Courier. With maps and other drawings. Made in Vienna at the expense of the writers of the Hungarian Courier. Printed with the letters of Mrs. Ignatz Alberti, Widow."

[83] Not a single one of these maps has been found in the periodical; we are simply relying on information furnished by it: in MH. May 24th, 1799, pp. 663–670; June 11th, pp. 748–750; Oct. 8th, p. 479; June 2nd, 1801, pp. 718–720, each member of a group of maps is discussed. — With special reference to Egypt: MH. Dec. 4th, 1798, pp. 716–718; Dec. 22nd, pp. 764–766; June 4th, 1799, p. 718; June 18th, pp. 780–782; June 21st, p. 798; June 28th, pp. 837–838; Sept. 13th, p. 368; Dec. 31st, pp. 855–856.

The tremendous labour involved in producing these maps induced the editors to engage engineers to help the engravers. This brought them into contact with engineers called Winter and Ágoston, who for the yearly sum of 600 florins made maps day after day during certain hours. Later, when the etched map of Hungary and its counties became the dominant feature of the periodical, Mihály Voteski was engaged to join the staff to work beside other "geometrical" colleagues, such as Keresztély Raisz.

At closer inspection, one sees that it was about 1795 when map-illustrations became most numerous in the paper. Between 1792 and 1795 various articles and pictures appeared to account for the changes in France. Even when a report from Sweden appears "On the Freedom of Written and Printed Word",[84] an article about the liberty of thought which is the greatest treasure of free peoples and the lack of which "damages the natural rights of man", it is impossible not to trace back these ideas to their real home in Paris. When the reader is told that "Katherine II protects its subjects from French thought as from an epidemic, and the Spanish court regards it as a pest infecting the Spaniards; for which reason serious measures are applied to stop it from spreading",[85] there is hardly anybody who would not consider an analogy with their own conditions.

On January 25th, 1793, news from Sweden came again of a certain writer named Thorild, who "described with alluring colours that extreme happiness that would befall the Swedes if their country were transformed into a society of commoners".[86] The work, since "it promised heaps of gold to the people", was instantly sold out, and its writer imprisoned. The people looked upon Thorild as the sole promoter of its happiness and demanded in a menacing manner to be present at his hearing — a demand which was finally acceded to. At his trial Thorild defended himself so bravely and rationally that the people, showing its sympathy, demonstrated in the streets and continued to remain there for a long time. Thorilds punishment was confinement in prison for 14 days, and it was decreed that in the future not only the writer but the printer as well was to be made responsible for books that he published. This story was supposed to counterbalance the information that Görög's news-organ supplied about the trial and execution of Louis XVI as taken over from the Court Paper of Vienna, together with a commentary sympathizing with Louis XVI.

It is equally with a purpose that the editors call the attention of their readers to "The Hungarian Readers Cabinet of Gábor Institoris Mosótzy",[87] for the books to be found there were the most recent and most interesting ones, their number being over 200; Mosótzy begged the writers to send his cabinet one copy — to be paid for — from each of their recently published books, so that everybody should be able to read them. It is evident that in the reading cabinets many works existed which propagated revolutionary ideas. This was the main reason why, after crushing the Martinovics-movement, Francis I ordered the reading cabinets' closure.

[84] MH. Aug. 5th, 1792, p. 258.
[85] MH. Febr. 14th, 1792.
[86] MH. Jan. 25th, 1793, pp. 122—124.
[87] MH. May 24th, 1793, pp. 739—740.

The execution of Louis XVI happened on January 21st, 1793. The first news item not to be dictated by the Viennese official sources appeared on December 3rd, 1793: "After the New Year we shall be obliging our readers with a trustworthy description of the famous beheading by the guillotine, and from it the so-much-spoken-of board can be well seen on which the sentenced person had to lie and from which he could never rise again; also the water bowl from which the hangman removed the severed head to show to the assembled multitude of armed men and women; finally the basket in which the body was removed to be buried."[88] On February 28th the promised illustration appeared with a commentary which explained the picture. It was an unsigned copper-etching with a caption.[89] The scene described happened in the *Place de Grève*, with the city of Paris in the background (Fig. 31). Theetcher must have worked after an excellent drawing or picture: the figures prominent on the stands and the crowd below together express revolutionary fervour. In the centre of the illustration stands the idea of liberty, this being expressed by the movement and gesture of the hangman who lifts the head and by the jubilant crowd throwing their hats into the air. The caption says: "Picture of Famous Beheading by the Guillotine."

To the programme of the French Revolution belong information and pictures on the telegraph too.[90] Here the editors again raise interest and

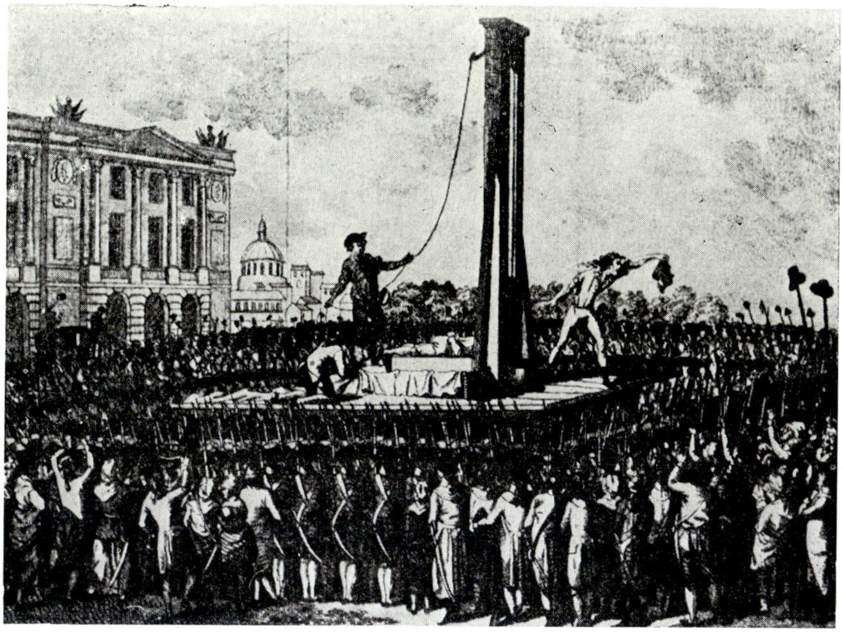

Fig. 31. Beheading by the guillotine of Louis XVI. Unknown etcher

[88] MH. Dec. 3rd, 1793, p. 784.
[89] MH. loc. cit., pp. 287, 288.

curiosity by several shorter and then longer descriptions. They follow a well-proved practice, first in not revealing more than the mere fact that the telegraph "is a writing device into the distance" which can transmit information three times a day over a distance that would require 52 hours to walk: Jacobins of Grenoble live at a walking distance of 124 hours from Paris, south-east; nevertheless, they learned the decision of the National Assembly within a few hours, undoubtedly by means of the telegraph. Then it is reported, "with the post of today we are dispatching a picture of the telegraph etched by them, and its description later, with the next post". This description will arrive soon, they promise, and from it the readers can learn that "during the French wars, a Parisian engineer called Chappe invented it. He sent its invention to the National Assembly which, examining it found it good and began forthwith to dispatch with it its commands to the troops stationed at the Spanish border and near the Rhine". When the French recaptured the castle of Condé — and here the editors join other news, too — the National Assembly heard of it within 20 minutes, although Condé lies from Paris more than 40 miles away. The editors also print the letter that Chappe sent by his telegraph: "My correspondent reports from Lille that Condé is again in the hands of the Society of Commoners and the defenders of the castle have been captured." The National Assembly also replied by telegraph: "The Northern Camp must be rewarded by giving the name of *Nord Libre* (Free North) to Condé." In the presence of a great multitude the telegraph wrote out the reply in less time than it would take by calligraphic letter. "There is no hawk, no sparrow," write the editors, "which could carry the news more swiftly." The courier, who delayed nowhere, arrived with the news twenty hours later. After all this follows the picture of the Telegraph as it stands on the Palace of Louvre in the City of Paris — so runs the caption of a picture signed by Berken (Fig. 32). We can see a small square room, above which the telegraph is attached to the roof of the Louvre. At the top of the room are the handle of the telegraph and the twelve-figured telegraph poles that form the signals. Each wall of the room is of glass, to give free sight to the telegrapher. From the centre of the room an iron pole rises above the top, this carrying the telegraph handles shaping various signs and characters, made of lath. The telegrapher in the room, by moving the handles, forms them into signs. When the telegraph is not working the handles remain unopened to be invisible from a distance. Many signs can be made with the handles, all depending on the code established by the telegraphers. There are other telegraphs near that of the Louvre so that the signs made by them are discernible, "anybody being able with a good glass to figure out the signs made by the laths". If unhampered by hills and woods, the signs can be seen for a distance of eight hours. The ending of the article is again a gesture towards Paris: "The telegraph in Paris belongs to M. Chappe. For this invention he deserves much, yet he refused to accept reward from the National Assembly, finding it instead in being able to serve the nation."

[90] MH. Sept. 30th, 1794, p. 435; Nov. 11th, p. 659; Dec. 2nd, p. 760; Dec. 26th, p. 880; Dec. 29th, pp. 879–901.

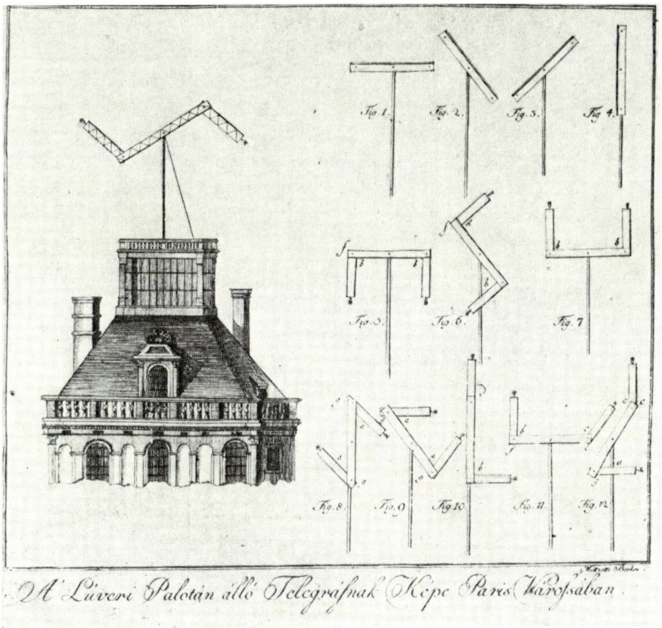

Fig. 32. Chappe's telegraph on top of the Louvre
by János Berkeny

This illustration of the telegraph with some modifications was taken over by the *Gratzer Frauenzeitung* in 1795.[91] The illustration was divided into four sections, the first two agreeing with that of the Courier and captioned "Telegraph auf dem Louvre zu Paris", the 3rd section giving in 77 squares the letter values of various handle positions, and the 4th section bearing the title "Nachrichten von Lille an den Convent in thelegraphischer Schreibart" and giving the telegraph signs of the message sent by Lille to the National Assembly, of which only the text-words were known to Görög.

However, it seemed excellent revolutionary propaganda to dispatch a picture of the "assignat": "That you Gentlemen should also have an Assignat (French paper money), of which you have heard so much, we herewith send you one."[92] This is followed by wood cuts of the paper-note in the text itself (Figs 33 and 34). "On this note the worthy reader can see a famous achievement of the French Revolution, the value of which was gained for the nation by assigning some church and royal estates." They could also brood over the problem of why the paper-notes issued by the Vienna government to cover the war expenditure were of far less value than those issued under Maria Theresa. The latter were exchanged by public banks at par, while the recent ones were indiscriminately produced, the state not accepting responsibility for the people. Clerical and royal properties were

[91] Periodical referred to, March 1st, p. 96.
[92] MH. Nov. 5th, 1792, pp. 531—532.

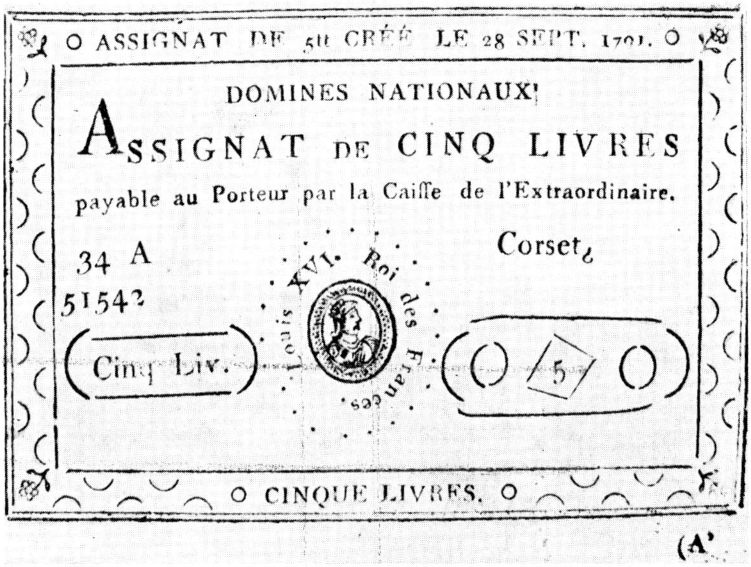

Fig. 33. Contemporary drawing of French Assignat from the time of the Revolution

Fig. 34. Original French Assignat

tied up as reserves — here was food for reflection for the reader. The editors begged the forgiveness of the readers for their sketchy illustrations of the assignats: this sketchiness explains why the expression *la loi et le roi* was left out from the text. "It was impossible to show the artificially drawn lines in the paper, or the picture of the king — the ornamentation on the sides could not be faithfully reproduced. Nor would it have been wise to show an exact replica: the French National Assembly could by rights have accused us of forgery," remarked the editors with tongue in their cheeks.

In 1848 when the generation arrived which undertook the liberation of the Hungarian people by means of revolution, they adopted the assignats along with the political ideas of the French Revolution. In the former, Kossuth recognized a political power able to save the country: "If we speak of paper-notes," he said when his bill was before parliament, "we feel somewhat embarrassed because of certain past memories. We remember the French assignats and the black paper-notes of Austria. Why did they lose their value? Why were private relations involved in such bitter circumstances? Because no moderation was exercised and they were increased *in infinitum*, according to necessity."[93] Kossuth, on the other hand, set limits to the circulation of paper-notes, not wanting to exceed it under any circumstances; as reserves served the national revenue, so security the honour of the country. The French assignats had started as securities with five per cent interest but later became paper-notes bringing no interest when the treasury was unable, by selling church property, to take them back and repeal them as planned beforehand.[94]

With this, the written and illustrated propaganda in favour of the French Revolution came to an end in this organ of Görög and his co-editor. The date can be even more precisely fixed: on May 20th, 1795, when Vienna decreed the execution of the leaders of the first Hungarian republican movement. Researchers when studying the news concerning the Martinovics movement in this organ are struck by an objective, so to say, condoling tone. They would never have believed that the Martinovics movement — which even according to bourgeois history recruited its members from a wide range — received any impetus from this periodical. Yet it did. This statement is corroborated not only by the news-items in the periodical but also by the person responsible for the propaganda the periodical launched in favour of the ideas of the French Revolution: József Hajnóczy, a man of serf descent, one of the greatest political talents of the period and a guiding spirit of the movement. Ferenc Kazinczy, who was convicted for participating in the movement, spoke of him as follows: "Hajnóczy was a man of great learning and of tremendous industry. He keenly watched the progress of the French Revolution and kept notes of it. In 1791 he was responsible for these articles in the paper of Demeter Görög and Kerekes. I myself frequently met him engaged in this task, with Count Kolonics, in Görög's room, the latter being tutor to the count's son. He dearly loved

[93] Közlöny, Aug. 31st, 1848.

[94] Saboul, A.: A francia forradalom (The French Revolution). Budapest 1949, p. 129.

his country and its people. Please, he said, if you wish to honour your country among these Viennese Germans, always wear a short jacket."[95]

It was Hajnóczy himself who corroborated Kazinczy's statement on the eve of his execution, in farewell letters written on May 19th to his sister, Mrs. Ferenc Fodor, and to his friend Gottfried Kéler. "Mit dem Josi aber gehen Sie zu allen denen, deren Liste ich dem Molnár hinterlasse, und hier oder zu Pest sind."[96] The list that Mrs. Fodor, née Teréz Hajnóczy, took with herself to convey the farewell message of her brother contained the names of his nearest friends, among others that of Demeter Görög. Some of the names, including that of Demeter Görög, were underlined as suspects with a red pencil by the committee when investigation into the Martinovics movement was carried out on a broader scale.

Kéler's letter was also written in the intimate tone of a farewell to friends, mentioning particularly Görög and Kerekes: "Görög und Kerekes umarme ich," he said among others.[97]

There seems to be no doubt after this that Görög and his paper approved of the French Revolution and of the movement which aimed to realize in Hungary as well a bourgeois transformation, especially if we consider the programme of two secret organizations within the Martinovics movement, that of the Society of Reformers and the Society of Liberty and Equality. Among their points we can recognize many which also appeared in the columns of the Courier.

The discovery of these secret societies began with the trial of Horn Tooke (an English Jacobin) and his associates in 1794: then it became clear that they had ties with the Austrian and Hungarian societies, too, and the arrest of their leaders followed suit. Görög — perhaps in order to warn them — wrote to his relative Mrs. Ürményi on February 7th: "Here Schuster and others had formed a club but they were captured" — so beware of secret clubs![98] The paper issued its first news of arrests and executions in the January 9th, 1795, number: the leader of the Austrian movement, Hebenstreit, charged with treason, was executed. We hear further that he was "handed over to the local hangman who, with tears in his eyes, begged Hebenstreit's pardon (as usual) for being obliged to do his duty . . . ."[99] The expression *as usual* had been inserted by order of the censor, who anyway had erased many lines with his red lead, as can be seen from the dotted space, so that every worthy reader should understand that "criminals" of this sort do not deserve compassion. The Vienna police was encircling more and more the Hungarian movement.

More and more of its members were arrested.

The editors were soon obliged to circulate the news of the execution of Martinovics and his associates: however, they printed only brief accounts

[95] A magyar jakobinusok iratai (Papers of the Hungarian Jacobins). 3 vols. Edited by K. Benda, 1952, p. 368. — Magyarország újabbkori történetének forrásai (Sources of Hungarian history in the Modern Period).

[96] Benda, op. cit., Vol. 2, pp. 779—780.

[97] Bende, op. cit., Vol. 2, pp. 780—781.

[98] Letter of D. Görög to Mrs. Örményi, née Anna Komjáthy.

[99] MH. Jan. 9th, 1795, pp. 54—55.

without any commentaries.[100] We can find among them, for example, the following passage: "Part of the multitude present cheered to show its satisfaction with what had happened." This passed for some sort of official report; but let us not forget that it was written by members of the movement at a time when they were already persecuted. Some weeks later a "witness" could not refrain from adding something to the report on the executions: "Among the spectators some had cheered because the hangman of Eger did not do his work so badly[101] as had the hangman of Buda. Before the execution a shot was heard beyond the hills where many people were standing. When the matter was investigated it turned out that the shot came from an adjoining vineyard. Another victim, Latzkovics, was so brave that he undressed himself, tearing off his shirt with his own hands. First he refused to let his hands be tied, but finally he agreed. Hajnóczy, too, showed great spirit when he died."[102] The editors could do no more than express pity in the account of the event which was reflecting the full truth. The executioner had hardly time to wipe his sword and the court continued, fuming with wrath to look for further "victims". Görög hurriedly clarified the "cheering affair", speaking of threatening bullet-fire heard from the midst of the spectators and the bravery of the leaders of the movement, which was not only exemplary but sprang from a deep conviction of the truthfulness of their ideas. There was not a single contemporary paper or periodical which dared to write like this, nor could Görög and his editors continue to do so for long.

After the main trial followed further retaliatory measures: the cream of the Hungarian intelligentsia was captured and imprisoned, relieved even of higher offices, so the Josephinist "Aufklärists", the chief justices of the Martinovics trial: Károly Zichy, József Ürményi. And the Palatine, Alexander Leopold elaborated a memorandum containing the "new" principles of government in Buda, handing it over on April 6th, 1795, in Vienna: It denoted a return to rigid absolutism, preventing any move forward and sticking ruthlessly to feudal social forms. Seeing the situation in France, the government found it obvious that no reforms were needed to support the serfs, since they would only disturb the quiet life of the villages, the relation between landlord and his subjects. Education, information, learning would be dangerous for the common people, so that censorship was necessary to prevent it — which was institutionally present anyway in every office and organ. Books, of course, should be published, written by loyalist authors kept under control! The twenty-two-year-old author of this "masterpiece", the Archduke Alexander Leopold, died two months after its composition in Laxenburg. An illustration duly reporting on the event discloses that he died in his laboratory experimenting with fireworks, as the result of an explosion.

Nothing hampered the way of repression: literature was held in check by censorship, life was poisoned by spying and denunciation, no fresh air

[100] MH. Jan. 13th, 1795, pp. 67—71; May 26th, pp. 711—714.

[101] When the first convict, Sigray, was executed, an old executioner from Buda struck three times before the head was off.

[102] MH. June 2nd, 1795, pp. 739—740.

was allowed to penetrate from without lest it should circulate French news. So Görög's editors were also compelled to sail in neutral waters, as regards both news and pictures.

On December 8th, 1795, the editors promised the readers a copper etching signed by "L. Maillard" with the caption: Fighting with wildbulls in Portugal and Spain. Originally they intended to etch the picture of "Josef Locumtenens" (successor of the Palatine Alexander Leopold), "but in spite of many troubles taken, they could not manage to get a good likeness; so they were sending another drawing, namely a summary representation of a very famous and inviting spectacle held last September at Lisbon which was meant to show how men on foot can fight with wild bulls and how they can kill them while they are running like mad. This picture was made after two original drawings. The promised description would also be dispatched together with the pictures."[103] When the illustration appeared, it was explained that the bull-fight originally represented in scenes would not be given in full but only the last two scenes: in the first is to be seen how the *toreros* excite the Andalusian bull before wounding it and in the second, the stabbing of the "huge beast" (Fig. 35). "This fight was held by the heir to the throne to show his happiness that his wife, after presenting him with a male child, recovered on the said day safe and sound from childbed." The court and the nobility attended the fight, with a big crowd also present. The fight itself was preceded by a festive tournament. "The first scenes were meant to portray how the four corners of the earth were showing their respects to the King of Portugal."[104] It is impossible not to smile when seeing this picture! It is impossible to imagine that such expert editors, so consistent in their political attitude, were naively offering this illustrated news unaware of its political overtones. However, the censors did not see in it any tendency. From an artistic point of view this etching is among the most considerable ones: after a very successful foreground-picture, Maillard produced the main scene with a practised hand. The numerous spectators on the stands in the background were only sketched, stress being laid on the main scene only.

Contemporary journals were hopelessly dull: only Görög and his editors found a way to withstand the memorandum of Alexander Leopold which attempted to hamper the further development of the Hungarian people. They turned to culture. On June 3rd, 1795, it was announced to the readers that the periodical, in order to contribute to culture, was increasing its columns on scientific subjects. The articles would be characterized by topicality and an insistence on the main problems of society. Since the narrow space of the paper did not provide adequate scope, the articles themselves would be serialized. Their subjects would range within the following context: the causes, origins and results of differences between savage and civilized peoples; the history of money, etc. There would be several articles on geographic questions. They intended to appeal to the fancy of adults and children in the same way. "The Courier can be used to advantage in

[103] MH. Dec. 8th, 1795, p. 768.
[104] MH. Dec. 29th, 1795, pp. 852–855.

Fig. 35. Bull-fight, by Ludwig Maillard

the future in schools. The Courier promised to comply with this rule diligently."[105] Science and art: both were of equal importance to the editors. Yet among the sciences geography seems to have been the favourite subject, and articles on this subject are illustrated with maps. To produce maps of the whole of Hungary had for long been thought desirable by the editors. Görög first considered this need when he travelled all around the country with Kolonics. He had constant ties with engineers in the counties, yet he himself also collected data, being convinced, even before the "police state" of Francis I emerged, that the country needed authentic maps and that these would also help the Hungarians steadily working on the advance of their nation. He considered such an advance entirely impossible without a thorough knowledge of the country. In its 1792 numbers the Courier announced: "We have already the maps of three counties etched on copper, namely, those of County Poson, Vas and Bihar. On this day we are handing over the map of County Beregh to the etcher, to be followed by those of Somogy, Bács, etc. We shall be advising the reader of these maps at a later occasion in both Hungarian countries."[106] During 1793 the activity in the editorial office had still been low for they were still engaged in preparatory work. For example, Görög — since he had good connections — attempted to engage the counties themselves in the work. Moreover, Görög had always sent his designs to the official engineers of the counties for revision. The main work started late in 1795: by then it was very urgent. Size and shape had been already decided: although they wanted to publish maps as large as possible for the whole of Hungary, this would have involved the cost of 20,000 florins. Consequently, "a smaller yet more pleasant size had been decided upon, similar to the ones published by Cary six years ago (1788) under the title of "New and Correct English Atlas".[107] The size of the maps was on the average 25 by 32 cm. This size had made it possible for the subscribers to get the maps without additional charge, while non-subscribers could get them against the payment of 20 kreuzers at the homes of the editors as well.[108] The hope and desire of Görög was to offer faultless maps, yet "it was impossible to produce faultless maps of Hungary before the country is measured astronomically, as is France, or as Austria is just making surveys", we read in 1794—95. The Courier was well equipped for the task of producing etched and coloured maps, it had good geometers, designers, etchers — indeed they had educated Berken and Junker to accomplish the task. They also wanted to engage Benedicti J. Hyeronimus, who had etched for the Courier the map of Italy. Later, since by the time the paper had come to an end in 1804 all the maps of the counties of Hungary were not yet ready, they engaged Ferenc Karacs and two other Viennese etchers, Anton Benedict and B. Biller. They started to send maps as supplements in 1796, and from then onwards the periodical published no other illustrations.

[105] MH. June 3rd, 1796, pp. 719—722.
[106] MH. Aug. 24th, 1792, pp. 301—302. Appendix.
[107] MH. Dec. 30th, 1794, pp. 892—895.
[108] MH. July 16th, 1799, p. 80.

On these maps were etched ornate crests of the counties. The maps provided examples in the periodical for articles with historical foundations: the authors referred to the maps when they spoke of geographic, ethnic foundations, natural treasures, peculiarities, fauna, administrative factors. The articles of several pages bear titles like "Summary description of County". As far as execution is concerned, these maps equal those made by Cary. Only the edges of the map of the counties were painted, however, and those who wanted the whole coloured had to pay more, it being printed instead of on Dutch paper on a more expensive kind.[109] They tried so much to be trustworthy that when administrative changes occurred in the life of a county (unifications, frontier adjustments, etc.), they had the map re-etched without consideration of cost. Nor did Görög remain silent about what this undertaking actually meant: "To publish all the maps of all counties of Hungary could be expected only from a royal society (geographic institution !) which possessed, besides other requirements, sufficient funds, too. From private individuals such as we ourselves are, the country could hardly expect more. No maps have ever been provided by any newspaper in all the countries of Europe."[110] This was written with the intention of making the readers appreciate and use the maps, and, naturally, buy them. Lacking state support, they were obliged, outside the patronage of the readers, to rely on patrons to whom they dedicated the maps (the dedication with the name of the patron was printed on the maps). Forty-one maps were dedicated to György Festetics, who took over the cost of their making. At the beginning he contributed 150 florins per map; later, when the value of paper-notes began to fluctuate, he always increased his contributions.

The maps enjoyed great popularity, as the editors' reports confirm.

It also follows from the above that the paper educated its readers to enjoy art not only with illustrations of a high level of excellence but by supporting artists and the arts themselves.

Even in 1793 — so not only at the start of the periodical — we can come across advertisements which betray that the editors did not wish to educate young men only in their own sphere: "We ourselves too (that is, others as well) need Hungarian youths of about twelve years of age. One of them could devote most of his time to learning type-setting and printing, and we would help him to qualify as a typographist as we help those who serve us now. The other young man ought to be very strong: we want to train him at our cost for three years in the craft of engraving."[111]

From the copies at our disposal it seems worthwhile to study the news concerning the arts, for they also justify the aims of the editors. The periodical throughout its life liked to include reports from Paris and elsewhere.

Reported from France in 1796: "The Board of Directors appointed the painter members of the National Institute: David and Van Sprudoulk,

[109] MH. Dec. 30th, 1794, pp. 892—895.
[110] MH. Dec. 14th, 1795, p. 769; Jan. 15th, 1796, pp. 71—72.
[111] MH. June 14th, 1793, p. 860. Appendix.

in the art of engraving: Pajou and Oudot."[112] Or in 1801: "In Paris there are 327 copper-etchers, 85 engravers, 49 dealers in etchings."[113] Reported from Paris in 1802: "The Government permitted the Piranesi brothers to establish an Academy of Fine Arts at government expense; among the subject to be taught are drawing, painting, etching, and building. The Academy is going to have a library of its own, containing all existing books on the fine arts. Some 300 students will receive instruction. The Academy is going to have a printing press as well."[114] This report contained all the dreams of Görög and his editors: a Hungarian academy of fine arts! works on the arts! They even tried to keep track of the most insignificant works appearing on the Hungarian book-market: "At Vác was published a small volume in German: Erinnerungen über das Gute und Vollkommene in der Mahlerei. Nebst einem Anhang über verschiedene Arten dieser Kunst. Ritter Hunglinger. 1795. 8°"[115] The periodical reported on the prizes offered by the Academy of Fine Arts of Vienna, and on those who received them — which "is worth remembering since many of them are known even in Hungary: George John Daringer, painter; Joseph Riedlinger, sculptor; Leopold Kiszling, painter; George Pein, Anton Ortner, architects; Andrew Geiger, Gottfried Traunfellner, copper-etchers; Francis Sartory and Francis Jaschke, landscape painters".[116]

Side by side with news of general interest can be found some items dealing with independent branches of art.

Oeser, local of Pozsony, went abroad in 1746 and soon achieved fame with his talent for painting. This Hungarian became director of the Painters' Academy of Leipzig. He had special talent for pictures of a historical subject. All the paintings to be seen in New Church of Leipzig were made by him.[117] We hear several times of the landscape and battle-scene painter, Francesco Casanova. It is reported that at the order of Potemkin "the siege of Otzakov Castle" on four plates had been produced in Vienna. The King and Queen of Naples ordered the picture of the hunt which had been described and illustrated in the periodical under the title of "The Great Hunt at Wolkesdorf". Leopold commissioned Stuver, the artillery sergeant, to survey for Casanova the scene and vicinity of the hunt. We also can read in this organ about Tischbein, Goethe's friend, the director of the Arts Academy of Naples, who was very nearly arrested by a French officer who charged him with firing his gun. When his flat was searched, it turned out that he had no guns but beautiful pictures, and apologies were offered.[118] To be sure, this is not the tone of criticism, and in the majority of cases Görög and his editors speak of art in the language of journalism; yet when the copper-etcher Mansfeld died, it was not his death which was described but the loss for the art he had practiced.[119]

[112] MH. Jan. 8th, 1796, pp. 25—26.
[113] MH. June 16th, 1801, p. 796.
[114] MH. July 16th, 1802, p. 73.
[115] MH. May 21st, 1795, p. 652.
[116] MH. Apr. 16th, 1799, pp. 487—488.
[117] HT. May 24th, 1791, p. 652.
[118] MH. Apr. 5th, 1799, pp. 424—425.
[119] MH. March 4th, 1796, p. 294.

"It is a pleasure to introduce *Farkas Kép*, alias 'Kismartonfi', whose name is *magyarized* from the usual Koepp, and who is "the master of *Mosaiqu Fabrika* (sic !)", since he is a compatriot. We are pleased to report that he was visited by the Turkish ambassador, who admired so much his mosaic portraits that he promised to visit him again"[120] – we read in the paper.

We hear of László Ugrai from Transylvania, a native of Kolozsvár, who took part in Vienna in the competition of "Bourgeois Architecture sponsored by the Academy", placing third in a field of ten competitors and receiving a becoming prize.[121]

In the field of sculpture the names of Ceraechi and Canova are mentioned.

Ceraechi, we read, returned not so long ago from Philadelphia and agreed to prepare a symbolical marble statue to commemorate the thirteen united American provinces which – owing to its political content – was a favourite subject for Görög. Ceraechi had made the statue of Franklin and Washington, the editors remind the reader, and it is the same man who escaped being imprisoned for an attempted murder of the chief consul. "Some time before the conspiracy the chief consul asked him to carve the picture of liberty. Ceraechi wondered if the figure should stand, sit, kneel or lie? In this, the chief consul noticed the tone of mockery and asked for Ceraechi to be removed from his presence. He was also responsible for the revolution in Rome which had such a mournful end for Pius VI."[122] Canova, on the other hand, at the request of the government of Milan carved the bust of Bonaparte to be placed in the market-place of that city. The periodical quotes the final passage of the letter containing the commission: "This is going to be the twin treasure of the Cisalpinian Republic if the statue of the greatest warrior in the world will be made by the most famous sculptor of this century."[123]

In speaking of art, Görög and his editors could find a manner, a tone fit for popularization which a newspaper appealing to the broad masses ought to adopt. This is why this part of their activity cannot be praised enough.

The subscribers were very fond of this organ, as the abundant written evidence confirms. All of them recognized the noble aim of the editors: to illuminate in the light of truth the road of those ideas which will lead contemporary and future generations towards liberty. "Among other outstanding qualities of Military and Other Famous Stories one was of special importance: the elimination of untrue writing. Thus the Hungarian Courier writes on its banner that its aim is to tell the truth. The editors of the Hungarian Courier would like to believe that in both Hungarian countries taste is steadily developing and that readers take more and more pleasure from truth told in a delightful yet useful manner."[124] This is what a corre-

[120] MH. Apr. 6th, 1792, p. 486.
[121] MH. Oct. 9th, 1792, p. 541.
[122] MH. Jan. 4th, 1793, p. 27; Oct. 31st, 1797, p. 572; Nov. 14th, 1800, pp. 626–627.
[123] MH. May 1st, 1801, p. 567.
[124] MH. July 27th, 1792, p. 147.

spondent from Kolozsvár had to say. Even readers abroad admired the numbers of this periodical full of the finest illustrations. These words of praise came from the Italian town of Ticinum (Padua) by way of a Hungarian student studying there: "Foreigners are greatly impressed by these pictures." Both an artist of the city and members of the university of Ticinum were greatly impressed. One of the professors of the college had this to say about the engraving: "Other nations had regarded the Hungarians as ignorant of this craft, but this shows that they were wrong."[125] In light of this growing international acclaim and the high opinion of the magazine held by Hungarians, one can imagine that when the reader looked at the February 15th number of his favourite paper he was bowled over to hear that is was to be stopped.[126] The first reason given for the discontinuation was that Archduke Joseph had entrusted Görög with the tutoring of his younger son. Furthermore, Kerekes had been dead for years and Görög's new office did not permit him to continue "nursing" the Courier, however hard it was to stop after 14 years. The readers were requested to send their subscriptions to the new editor of the Hungarian Courier, Sámuel Decsy, to whom the paper "at higher orders" had handed over the names of its subscribers.[127] So from March onwards the Courier was to merge with Decsy's paper. Who and how many were those who felt sorry for the discontinuation of this periodical? It was mainly read by feudal landowners, officials lawyers, doctors, officers, priests, teachers, professors, and university students — and indirectly, it seems, the common people to whom the articles were read. The number of the subscribers amounted to some 850 persons. The farewell of the editors, written in the last number of the periodical to his dear readers, is very touching: "With today's post we are dispatching our last Courier to both countries, these being the last lines we are sending out in our organ. Many readers have addressed letters to us in the belief that we were responsible for stopping the Courier. We owe it to our honour to save our reputation in both Hungarian countries and to make a clean breast of it, insisting that we are by no means to be blamed. We are continuing to devote our efforts to serving our dear country and shall do so in the future too."[128] It is quite evident that Görög had made every effort, despite his tutorial duties, to keep his periodical; after all, during the past 14 years he had acted as educationist as well as editor. The death of Kerekes, however, had been a great blow, for the latter, especially between 1794 and 1798, when most of the maps were published, had done his best to carry much of Görög's editorial burden, "spending long nights at his desk so that the journal could appear twice a week and benefit the readers with accomplished work". "The order of the authorities to stop" was probably due to the fact that they wanted this disturbing organ to disappear, since Görög and his editors always had some important message to the readers which they did not fail to understand. Sámuel Decsy, however,

[125] HT. May 21st, 1790.
[126] MH. Febr. 15th, 1803, pp. 185—186.
[127] Cf. Magyar Kurir (Hungarian Courier) Apr. 1st, 1803, pp. 403—404.
[128] MH. March, 29th, 1803, pp. 397—400; Aug. 22nd, 1800, p. 248; Aug. 29th, pp. 265—268.

did not illustrate his paper, and so did not present the problem that in the Courier had caused so much headache to the censor to interpret rightly. He would not send out free copies and so acquire friends, nor would he permit arrears in the subscriptions, not wanting popularity but financial help

Fig. 36. Portrait of Demeter Görög, by János Rieder

in his plight. Görög's organ — as we hear in the last number — was sent "sometimes to 200, 170, 140, but at all times to at least 100 readers as free copies: among them being schools, professors and post offices". The money of backward subscribers had been offered to poor students. "Here ends the Courier!" was the last sentence in this periodical, which had made up twenty-seven volumes.

The iconographer may add: this was the end of the first century in periodical illustration, because none of the illustrated periodicals which appeared during and after the life of this organ had brought anything new, remaining much below its level.

A new period began in the life of illustrated periodicals during the last years of the first half of the nineteenth century with the application of a new graphic procedure, that is, of lithography. The new easy and cheap technique became a universal medium of bourgeois artistic aspirations throughout Europe, the more so since the age and its society demanded a more direct form of expression, free of Baroque embellishments and classicist symbolism. Nevertheless, the prototypes of lithography, with modifications corresponding to the new technique and stylistic expression, were the copper-etchings of the previous period.

Among the illustrated periodicals discussed above, it was undoubtedly Görög's organ which occupied the leading and guiding role: by the new technique it introduced in illustration, it designated the theoretical and practical editorial method for a long time to come. The editors were true journalists in their whole being, of course as men in the eighteenth century could be. Like journalists today, they were also keen on being familiar with their material: with man himself in the centre of events, and most importantly with the relationship that joined together their contemporaries in the society of their age. The true subject of their periodical was the actual life and the future existence of their society. Turning the pages of the twenty-seven volumes, we get a kaleidoscopic picture of a by-gone world, with the writings and pictures coming to life as true representations of men and women of the time.

János Rieder painted the portrait of Demeter Görög (Fig. 36). His features express the heroism that a wise man so badly needed to wage ideological battle against fear and repression for the survival of his nation and humanism.

BIBLIOGRAPHICAL DATA OF PERIODICALS

Ungrisches Magazin. Pozsony, 1781—1787. Octavo. Published quarterly. Edited by Károly Gottlieb Windisch. Published by Antal Löwe. Continued as:

Neues Ungrisches Magazin. Pozsony, 1791—1792. Octavo. Published quarterly. Edited by Károly Gottlieb Windisch. Published by János Schauff.

Merkur von Ungarn oder Litteraturzeitung für das Königreich Ungarn und dessen Kronländer. Pest, 1786—1787. Octavo. Published Monthly. Edited and published by Márton György Kovachich. Printed by Lettner, 1786: Univ. Press, 1787: by J. Trattner.

Magyar Kurir (Hungarian Courier). Vienna, 1786—1828. Octavo. 1813: quarto. Published twice weekly. Edited and published by Sándor Szatsvay, 1793: by Sámuel Decsy, 1798: by Sámuel Decsy and Dániel Pántzél, 1828: by József Márton. Printed by Haykul, Press of the Deaf and Dumb.

Der Neue Kurier aus Ungarn von Kriegs- und Staatssachen. Pest, 1788—1799. Octavo. 1791: quarto. Published twice weekly, 1788: three times weekly. Edited by Jeromos Moll, 1797: by András Haliczky. Published by Mátyás Trattner and Jeromos Moll, 1797: by Lőrincz Hanauer. Printed by Mátyás Trattner.

Hadi és Más Nevezetes Történetek (Military and Other Famous Stories). Vienna, 1789—1791. Octavo. Published twice weekly. Edited by Demeter Görög and Sámuel Kerekes. Printed by J. D. Hummel. Continued as:

Magyar Hirmondó (Hungarian Courier). Vienna, 1792—1803. Octavo. Published twice weekly. Edited and published by Demeter Görög and Sámuel Kerekes, 1800: by Demeter Görög and József Sándorffy, 1801: by Demeter Görög and József Márton, 1802: by Demeter Görög and József Császár. Printed by J. D. Hummel, 1800: by M. A. Schmidt, 1801: by J. Pollack, 1802: by A. Haykul, 1803: by A. Pichler.

GRAVURES SUR BOIS D'ORIGINE ALLEMANDE ET FRANÇAISE DANS LE PLUS ANCIEN « ILLUSTRÉ » HONGROIS

BÉLA DEZSÉNYI

L'un des éléments les plus caractéristiques, sans être pour autant l'un des plus importants, dans la culture de la bourgeoisie moyenne vivant au XIXe siècle est la revue illustrée, le magazine, « l'illustré » tout court. En Hongrie, son apparition fait époque dans la vie culturelle, en même temps que la forme qu'elle revêt, influence le développement de la technique de la presse. Aussi constitue-t-elle une source importante de l'histoire de la presse périodique hongroise.

Les premiers hebdomadaires illustrés paraissent vers la fin de la première moité du XIXe siècle. Bien qu'en Hongrie ce soit le *Vasárnapi Újság* (Journal de Dimanche) que l'on considère comme précurseur dans ce domaine,[1] son fondateur, Albert Pákh, aurait été bien surpris d'apprendre que la voie où il ne s'engagea qu'en 1854, eût déjà été frayée par la revue *Ábrázolt Folyóirat* (Revue Illustrée) six ans avant lui, en 1848. Mais la vie du premier illustré hongrois fut de courte durée, et, plus tard, le modeste début qu'il représentait, a même sombré dans l'oubli.

Il y a deux éléments qui jouent un rôle décisif dans l'apparition de la revue illustrée. L'un, c'est l'intérêt toujours croissant du public aux publications périodiques riches et variées au possible, l'autre, c'est l'évolution technique en général, permettant de mettre au point des illustrations accompagnant le texte. Déjà, les plus anciens journaux sont en fait des imprimés illustrés.[2] Même les feuilles volantes et les occasionnelles ont recours à l'image pour obtenir un effet plus suggestif. Les collections historiques du XVIIe siècle — dont par exemple le *Theatrum Europaeum* — abondent en images représentant des batailles, et publient les portraits de personnages illustres, et des cartes géographiques. Cet art d'illustrer ne fait de progrès remarquable qu'au XIXe siècle, où, grâce au développement de l'art technique de la gravure sur bois, restituée sous une forme perfectionnée, il gagne du terrain. Dès 1775, l'Anglais Thomas Bewick avait introduit dans cet art un nouveau procédé, en le rapprochant en finesse et caractère pictural

[1] Ferenczy, József: *A magyar hírlapirodalom története 1780-tól 1867-ig* (Histoire du journalisme hongrois de 1780 à 1867), Budapest, 1887, pp. 500—501.

[2] Wilke, Karl: Die Leipziger Illustrierte Zeitung und ihre Geschichte, *Zeitschrift für Bücherfreunde.* 1901/1902, année 5, vol. 1, pp. 188—196, 228—236; Dahl, Svend: *Geschichte des Buches*, Leipzig, 1928, pp. 196—200; Calot, Franz—Michon, Louis-Marie: L'art du livre en France, p. 161 dans *Histoire générale de la presse française*, Paris, 1969, tome 2. pp. 300—302.

de la gravure sur métal. L'avantage du bois est manifeste: il s'adapte aux lignes du texte composé et pour illustrer les ouvrages, il permet de se passer d'annexes de tableaux hors texte.

Ces avantages ont été relativement vite reconnus en Hongrie. Un auteur hongrois fait connaître l'emploi de la gravure sur bois en ces termes: « Bien que cet art soit inférieur à la taille-douce, il y a des domaines où le bois prend le pas sur le cuivre. En l'employant avec art, on parvient à un tirage de deux fois plus d'exemplaires qu'on n'en obtient avec la taille-douce. La production s'élève généralement à 8—10 000 épreuves, mais dans certains cas la xylographie permet d'en atteindre même les 200 000 (par exemple au cas des cartes normales). Voilà pourquoi les gravures sur bois sont beaucoup moins chères, bien que l'artiste les vende à un prix plus élevé que le cuivre. Les bois sont particulièrement aptes à être utilisés pour les simples images, les illustrations d'œuvres d'histoire naturelle, de botanique, de mathématiques et d'autres, surtout à l'usage de la jeunesse. Les coûts moins élevés des gravures sur bois sont dus également au fait qu'elles peuvent être exécutées par la même imprimerie d'où sort le texte de l'ouvrage, tandis que le cuivre exige une presse spéciale. »[3]

Pourtant, à cette époque en Hongrie — vers les années trente du XIXe siècle — c'est la taille-douce et la lithographie qui dominent la presse. En effet, le bois ne gagne que difficilement du terrain dans les autres pays aussi. En Allemagne par exemple, c'est également vers 1830 que *A. Menzel* commence à cultiver cette branche redécouverte de l'art d'illustrer.[4] Néanmoins, l'époque est venue où la gravure sur bois a fait son entrée triomphale dans la presse périodique populaire pour s'y tenir jusqu'à la fin du siècle. — A Londres, c'est en 1830 que le libraire et publiciste Charles Knight fonde son *Penny-Magazine*[5] dans le but de propager les connaissances d'utilité publique. Le principal animateur du magazine populaire est, dès le début, l'illustration sur bois, qui en occupe même la majeure partie. Les images se multiplient et se varient sans cesse. Le succès atteint ne reste pas sans effet sur les contemporains. Le libraire d'origine suisse, Johann Jacob Weber (né à Bâle en 1803) en fut poussé à étudier la xylographie en tant qu'un moyen servant à l'évolution de la presse.[6] Impressionné de celle-là, il ne tarde pas à fonder, à son tour, la même année encore, en 1830, à Leipzig, le *Pfennig-Magazin.* Cependant, la technique arriérée de la xylographie ne lui permet pas d'égaler sa revue au modèle anglais dont la sienne n'est qu'une sorte de modeste imitation, puisqu'il est obligé d'acheter les planchettes en Angleterre et n'imprimer en Allemagne que le texte traduit de l'anglais. Ajoutons que le tirage n'atteint pas moins 60 000 exemplaires.

L'autre revue illustrée de Weber, l'*Illustrierte Zeitung*, suit également un modèle anglais, l'*Illustrated London News*, fondé à Londres en 1842, dont

[3] M(ajer), I(stván): Fametszés (La xylographie), *Honművész*, 1835, N° 86.
[4] Dahl, ibid.
[5] Voir Salomon, Ludwig: *Geschichte des deutschen Zeitungswesens von den ersten Anfängen bis zur Wiederaufrichtung des Deutschen Reiches*, Oldenburg–Leipzig, 1906, vol. 3, p. 529.
[6] Wilke, ibid.; Salomon, op. cit., p. 530.

Weber utilise les images et imite le titre, comme d'ailleurs six mois plus tard son homologue à Paris, avec l'*Illustration.* Le premier numéro de l'*Illustrierte Zeitung* paraît à Leipzig le 1er juillet 1843. Dès lors, ces trois périodiques illustrés anglais-français-allemand gardent le poste clef qu'ils ont occupé dans la presse non seulement durant le siècle, mais aussi — sous des formes variées — jusqu'à nos jours. Cette floraison des revues illustrées est due non seulement à l'emploi des gravures sur bois de plus en plus accomplies, mais aussi à la liaison étroite établie entre les trois grandes entreprises. Elles passent mutuellement l'une à l'autre les articles et les images de leurs hebdomadaires, dont il s'ensuit que chacune d'elles se charge seulement de la mise au point du tiers du matériel de son journal.[7] Pour les deux autres tiers, elles n'ont qu'à faire traduire les textes accompagnant les images reçues.[8] Ces trois géants de l'illustré font naître une foule d'imitateurs et d'acolytes; les hebdomadaires illustrés parus à Amsterdam, Copenhague, Saint-Pétersbourg, Florence ou Madrid sont pourvus de matière presque exclusivement de Londres, Paris et Leipzig.

Le progrès fait par l'*Illustrierte Zeitung* par rapport au *Pfennig-Magazin* ne doit pourtant être attribué en premier lieu ni à la bonne présentation de son extérieur, ni à la rédaction accomplie, mais surtout au fait qu'elle ouvre ses colonnes aux *images d'actualité* qui s'ajoutent à celles « d'utilité publique » et « vulgarisatrices ». Weber se rend bien compte qu'il s'agit là d'une innovation et il ne manque pas de le souligner avec dignité dans la préface de son *Illustrierte Zeitung*, en désignant avec précision les trois étapes atteintes dans le service du public par la gravure sur bois appliquée en plein texte. A l'origine, écrit-il, seuls les ouvrages destinés à servir le goût de certains bibliophiles de haute lignée étaient ornés d'illustrations; le *Pfennig-Magazin*, étant plus répandu, apporte déjà les connaissances « d'utilité publique » jusqu'à la maison de la bourgeoisie la plus modeste; tandis que le nouveau périodique débutant attire l'attention aux événements de tous les jours en représentant par images les actualités du monde et conserve par là les informations aussi pour l'avenir.

C'est surtout en Allemagne que l'illustré est bien accueilli. Les imitateurs surgissent déjà après la parution du *Pfennig-Magazin*; à plus forte raison que l'*Illustrierte Zeitung* peut se vanter d'avoir un succès éclatant. A la fin de la première année de sa parution, elle doit reparaître dans une seconde édition. La conquête faite par la gravure sur bois et celle du journal où elle a pris place conduit à la création d'un nouveau type de journal, le journal humoristique: *Fliegende Blätter*, paru en Allemagne également vers 1840. Le bois ne cesse pas de tenir la vedette pendant tout le siècle et ne perdra de sa grande popularité qu'avec l'apparition des procédés de la reproduction photographique. Dans le domaine de l'information, le bois cède désormais la place à la photogravure (autotypie et phototypie); mais,

[7] Wuttke, Heinrich: *Die deutschen Zeitschriften und die Entstehung der öffentlichen Meinung*, Leipzig, 1875, pp. 71—72, 190—191. Les déplacements des images et des articles y sont désapprouvés et « l'esprit mercantile, immoral » qui se serait ainsi emparé de la presse lui est reproché.

[8] Nagy, Zoltán: A modern magyar könyvillusztráció (L'illustration du livre moderne en Hongrie), *Magyar Könyvszemle*, 1937, pp. 135—152.

en tant qu'illustration artistique, il est en train de reconquérir une place éminente dès le début de notre siècle.

L'histoire des périodiques illustrés n'est pas encore écrite. On n'a pas déterminé non plus le concept de l'hebdomadaire illustré, ou, comme on l'appelle vulgairement, « l'illustré ». D'une façon générale, nous désignons par la dénomination *revue* ou *périodique illustré* les périodiques populaires où les images et les textes sont de la même importance, voire l'importance des images l'emporte sur celle des textes. L'hebdomadaire illustré est donc lui-même un périodique illustré, plus précisément l'une de ses variantes qui se tient le plus près du journal. Au lieu de « hebdomadaire illustré », on pourrait aussi l'appeler « journal illustré », ce qui conviendrait mieux à l'allemand *Illustrierte Zeitung*, mais en même temps cela pourrait être la source d'un malentendu. C'est que — comme nous l'avons dit — même les plus anciens journaux avaient déjà publié par-ci, par-là des images; par conséquent, ils furent aussi, au sens large, des « journaux illustrés ». En fin de compte, il y a deux éléments décisifs qui peuvent être considérés comme critères de l'hebdomadaire illustré: a) ses textes, aussi bien que ses images servent la cause d'un public nombreux, désireux d'apprendre et de se divertir; b) s'étant informé de semaine en semaine des événements les plus intéressants, ses images sont en majeure partie consacrées à la représentation de ces événements.

*

« Le présent périodique *publiera tout ce qui se passe sur notre terre d'important, remarquable, surprenant, attristant ou réjouissant, pouvant intéresser l'humanité.* Il donnera des informations sur chaque découverte et invention, sur l'industrie et le commerce, sur toutes choses propres à augmenter le savoir, le bien-être matériel, la noblesse du cœur, la faculté de l'esprit. Il fera connaître les peuples anciens et modernes, leur histoire et leurs productions, les hommes qui se distinguent d'avoir rendu service à l'humanité, . . . *et tout ce qui peut être intéressant par rapport au pays et à l'étranger.* Toutes ces communications seront représentées par des images utilisées en plein texte, en nombre élevé. Finalement, il ne manquera pas de divertir les lecteurs par des récits émouvants qui élèvent l'âme. Tout objet politique et religieux sera exclus. » — C'est en ces termes que Károly Werfer, « typographe impérial et royal licencié près de la ville de Kassa » présente son futur périodique dans le « Plan » annexé à la requête qu'il adresse au Conseil de lieutenance afin d'obtenir la permission d'usage sans laquelle à l'époque personne n'avait droit à lancer une publication périodique dans les pays sous la domination de la maison Habsbourg.[9] En tant qu'éléments essentiels du périodique, il y désigne — conformément à la constatation que nous venons de faire en récapitulant l'histoire des hebdomadaires illustrés — l'illustration par images et l'actualité. Il n'ignore donc pas d'avoir introduit une innovation dans son journal par rapport aux périodiques

[9] 8 janvier 1847. Budapest, Országos Levéltár (Archives Nationales). Helytt. Lvt. Dep. Rev. Libr. 1847, 11—109.

précédents. Ce fait est prouvé d'une manière intéressante par une note[10] de marge de l'autorité consultative royale chargé de la censure des livres: la note ordonne que soient supprimés dans le texte du « Plan » « les passages soulignés à rouge parce qu'ils peuvent donner lieu à des malentendus ». Or, les passages soulignés à rouge dans la copie du « Plan » conservée aux Archives Nationales sont justement ceux que nous avons cités ci-dessus en italiques, pour mettre en relief les caractéristiques des hebdomadaires illustrés. Aussi font-ils défaut dans l'avis d'abonnement paru dans le numéro spécimen. La censure, fidèle à sa tâche, avait protesté contre des mots comme « important, surprenant, remarquable », et « pouvant intéresser l'humanité », car, malgré les promesses réitérées de l'éditeur, ces expressions pourraient renfermer une autorisation sous-entendue, surtout pour les images difficilement contrôlables, à la publication de nouvelles politiques. C'est à savoir que tout ce qui concernait les événements politiques était réservé à l'époque aux quelques journaux paraissant deux ou quatre fois par semaine et soumis à un contrôle constant et fort pointilleux.

L'histoire de cette revue prévue, *Ábrázolt Folyóirat* (Revue Illustrée) commence déjà un an avant la parution du premier numéro. En effet, il y avait aussi d'autres difficultés à surmonter que celle de la censure. Tout d'abord, le Conseil municipal de Kassa (aujourd'hui Košice, en Slovaquie) fut obligé d'établir les biens de Werfer afin d'assurer les abonnés.[11] Une autre difficulté surgit avec le choix de Werfer concernant la personne du rédacteur responsable qui devait être J. Staut, lieutenant retraité. Pour remplir cette tâche, Staut, subordonné à l'autorité militaire, aurait dû obtenir la permission de celle-ci.[12] Il semble que cette permission ne lui ait pas été accordée, puisque, dans une nouvelle note, datée du 22 octobre, nous rencontrons la proposition du Conseil municipal désignant pour le poste de rédacteur Werfer lui-même.[13] Cette proposition[14] fut acceptée par le Conseil de lieutenance.[15] József Staut avait déjà publié des articles dans *Felsőmagyarországi Minerva* (Minerve de la Haute-Hongrie),[16] tandis que ceux parus dans *Ábrázolt Folyóirat* furent signés de « St-t J. fő-gy ». Ce sont pour la plupart les traductions des textes français qui avaient accompagné les images parues dans l'*Illustration* puis empruntés par la revue hongroise. Ces traductions ne prouvent au bout du compte que l'érudition de Staut et sa connaissance de langues.

[10] 12 mars 1847. Budapest, Orsz. Levéltár (Archives Nationales), Helytt. Lvt. Dep. Rev. Libr. 1847, 11–42.

[11] Orsz. Levéltár (Arch. Nat.) Helytt. Levt. Dep. Rev. Libr. 1847, 11–42 et 19.

[12] Note du Conseil de lieutenance rédigée en latin le 25 mars 1847, Dep. Rev. Libr. 1847, 11–69.

[13] Kemény, Lajos: A kassai könyvnyomtatás történetéhez az 1848–49. szabadságharc korából (De l'histoire de l'imprimerie à Kassa à l'époque de la guerre d'indépendance de 1848–49), *Magyar Könyvszemle,* 1914, pp. 263–267.

[14] Voir aussi: Orsz. Levéltár (Archives Nationales). Dep. Rev. Libr. 1847, 11–158.

[15] Ibid. 1848. II – 3. (4 janv.) Voir aussi: Kemény, Lajos: Sajtó és cenzura Kassán a XIX. század első felében (Presse et censure à Kassa dans la première moitié du XIXe siècle), *Magyar Könyvszemle,* 1899, pp. 356–359.

[16] Szinnyei, József: *Magyar írók élete és munkái* (La vie et l'œuvre des écrivains hongrois), Budapest, 1891–1914, v. I–XIV. Szinnyei ignore l'activité de Staut déployée dans *Ábrázolt Folyóirat* et son rapport avec le journal.

L'ILLUSTRATION, JOURNAL UNIVERSEL.

1/a — Image de l'*Illustration* 1847

Werfer, en fondant son journal, prétend faire suite à la revue *Szemlélő* (Observateur), précédemment parue également à Kassa, et qui fut supprimée en 1837.[17] Bien que ce soit justement à ce titre que Werfer obtint la permission à la fondation de son journal, 10 ans s'écoulèrent entre l'arrêt de l'un et la création de l'autre. L'un comme l'autre, ils furent imprimés dans la typographie de Werfer, comme tant d'autres imprimés intéressants

[17] Orsz. Levéltár (Archives Nat.). Dep. Rev. Libr. 1847, 11—19.

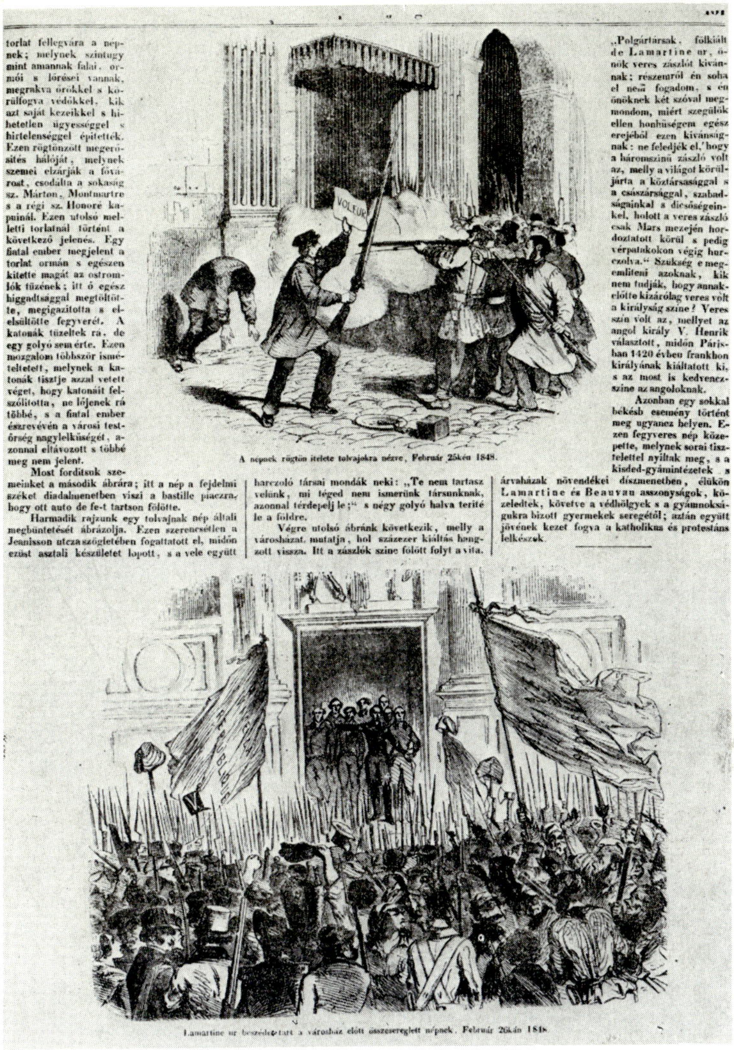

torlat fellegvára a népnek; melynek szintugy mint amannak falai, orméi s lőrései vannak, megrakva őrökkel s körülfogva védőkkel, kik azt saját kezeikkel s hihetetlen ügyességgel s hirtelenséggel épitették. Ezen rögtönzött megerősités hálóját, melynek szemei elzárják a fővárost, csodálta a sokaság sz. Márton, Montmartre s a régi sz. Honoré kapuinál. Ezen utolsó melletti torlatnál történt a következő jelenés. Egy fiatal ember megjelent a torlat ormán s egészen kitette magát az ostromlók tüzének; itt ő egész higgadtsággal megtöltötte, megigazitotta s elsültötte fegyverét. A katonák tüzeltek rá, de egy golyó sem érte. Ezen mozgalom többször ismételtetett, melynek a katonák tisztje azzal vetett véget, hogy katonáit felszólitotta, ne lőjenek rá többé, s a fiatal ember észrevévén a városi testőrség nagylelküségét, azonnal eltávozott s többé meg nem jelent.

Most fordítsuk szemeinket a második ábrára; itt a nép a fejdelmi széket diadalmenetben viszi a bastille piaczra, hogy ott auto de fe-t tartson fölötte.

Harmadik rajzunk egy tolvajnak nép általi megbüntetését ábrázolja. Ezen szerencsétlen a Jeanisson utcza szögletében fogattatott el, midőn ezüst asztali készületet lopott, s a vele együtt harczoló társai mondák neki: „Te nem tartasz velünk, mi téged nem ismerünk társunknak, azonnal térdepelj le;“ s négy golyó halva teríté le a földre.

Végre utolsó ábránk következik, melly a városházat mutatja, hol százezer kiáltás hangzott vissza. Itt a zászlók szine fölött folyt a vita.

„Polgártársak, fölkiált de Lamartine úr, önök veres zászlót kivánnak; részemről én soha el nem fogadom, s én önöknek két szóval megmondom, miért szegülök ellen honhüségem egész erejéből ezen kivánságnak: ne feledjék el, hogy a háromszinü zászló volt az, melly a világot körüljárta a köztársasággal s a császársággal, szabadságainkal s dicsőségeinkel, holott a veres zászló csak Mars mezején hordoztatott körül s pedig vérpatakokon végig hurczolva.“ Szükség e megemliteni azoknak, kik nem tudják, hogy annakelőtte kizárólag veres volt a királyság szine? Veres szin volt az, mellyet az angol király V. Henrik választott, midőn Párisban 1420 évben frankhon királyának kiáltatott ki, s az most is kedvencz szine az angoloknak.

Azonban egy sokkal békésb esemény történt meg ugyanez helyen. Ezen fegyveres nép közepette, melynek sorai tisztelettel nyiltak meg, s a kisded-gyámintézetek s árvaházak növendékei díszmenetben, élükön Lamartine és Beauvau asszonyságok, közeledtek, követve a védhölgyek s a gyámnokságukra bizott gyermekek seregétől; aztán együtt jövének kezet fogva a katholikus és protestáns lelkészek.

A népnek rögtön itélete tolvajokra nézve, Február 25kén 1848.

Lamartine úr beszédet tart a városház előtt összesereglett népnek. Február 26kán 1848.

1/b — Image de *Képes Újság* 1847

de Kassa,[18] dont quelques-uns étaient d'importants organes littéraires de Hongrie. La permission de publier un nouveau périodique pouvait être obtenue toujours plus facilement si l'éditeur prétendait le relier à une publication déjà autorisée.

[18] Voir encore: Firtinger, Károly: *Ötven esztendő a magyarországi könyvnyomtatás közelmúltjából* (Cinquante ans du passé de l'imprimerie hongroise), Budapest, 1900, pp. 19, 76—78; Ballagi, Aladár: *A magyar nyomdászat történelmi fejlődése* (L'évolution historique de la typographie hongroise), 1472—1877, Budapest, 1878, p. 190.

456 L'ILLUSTRATION, JOURNAL UNIVERSEL.

2/a — Image de l'*Illustration* 1847

Le premier numéro de *Ábrázolt Folyóirat* paraît le 1er janvier 1848, rédigé, comme nous l'avons dit, par Károly Werfer,[19] et, à partir de ce temps, il est publié régulièrement, tous les samedis, en deux cahiers ou 24 colonnes. Le prix d'abonnement est de 6 florins, avec transport postal compris: 7,12 fls. Avec le N° 14 du 25 mars de la même année, son titre change en *Képesújság* (Journal en Images) et le 5 août (N° 29) en *Mulattató Képes-*

[19] Sa description bibliographique se trouve dans Szinnyei, József: *Hírlapirodalmunk 1848/49-ben* (Journaux hongrois en 1848/49), Budapest, 1877. Voir aussi Szinnyei, József: Hírlapirodalmunk a 19. században. 1848 et 1849. *Vasárnapi Újság*, 1865, Nos 43–53.

166 Képes Ujság. II^r Év.

Aztán meg más koldus ha ajtónk elé jő, nem meri ám meghatározni, mennyit adjunk neki; ti meg egyszerre kirukkoltok vele: Adjatok nekünk évenkint tiz milliót! Nem ugy verik a cigányt.

Tehát szomszédok csak mondjatok le szép ábrándaitokról; mert ez egyszer sajnállak benneteket, hogy üresre koppant az álatok.

Sz. b. r. y.

Testvériség ünnepe Párisban.

Tavaszhó 20dika volt franciákra nézve azon dicső nap, midőn a testvériség ünnepének elnevezett napon nyilván megmutatta Frankhon egész Europának, hogy egy meggyőzhetlen hatalom birtokában van. Négyszáz ezerből álló nemzetőr és sorkatonaság egyesült nagyszerű pompamenete dicsőité az ujdon alakult köztársaság e nagy napját s biztositá egyszersmind az ideiglenes kormányt, mely ezen testvérült nagy erő szemléletében fogja tudni kellő védelmét feltalálni. — Nem clubbok, nem politikai izgatók, kik a visszatorlás, gyámsitgatás maszlagát [illegible] el az ujdon alakult francia köztársaság elemei közé, — hanem a testvérült józan polgárok sziveiben fogja feltalálni legnagyobb biztositékát; — [illegible] fegyveres polgár „Éljen" kiáltással üdvözlötték az ideigl. kormány tagjait. Ez hatalmas egy bizalmi szavazat, mely előtt bárminő kaján ellenséges bizgatások háttérbe szoritva elnémulni lesznek kénytelenek.

Hazafiak! Ime Frankhon példát adott nekünk, kövessük azt s ne engedjük, hogy [illegible] felülkerekedett proletár-ügynök sárral dobálja a nemzetünk választottaiból alakult kormánytagjainkat; ne engedjük, hogy nemzetünk szent nevében ámító néptöredéke egy városnak az egész hont elszédítse, s egyéni hiuságának tömjénezve, nemzetünket anarchia örvényébe taszitsa.

Ezen 20dik aprilisi dicső nap világosan mutatja, hogy a politikai szelveszek által 50 éven át ide oda hányatott Frankhon tökéletesen megért a politikai szabadságra. — Nagyszerű látvány volt a „journal-universel" szerint ezen testvéri összeolvadás, midőn az ideigl. kormány épület előtti diszmenet alkalmával 400,000nyi tömeg föllelkesült érzelmei következő kiáltásokban: Éljen a sorkatonaság! vegyitve ezen fölkiáltással: „Éljen a nép!" s a „Nemzetőrség!" kitört s harsány kifakadásokban nyilatkozott.

St—t. f.—gy.

Legközelebb feladatunk.

Méltán állitjuk, hogy csak ezentul várja a történelem rendeltetésünk beteljesitését, feladatunk megoldását. Addig a történelmi nemzetek koszorujában hervadozó virág voltunk, melyre a szemlélő alig tekintett; mivel sem szinre, sem illatra nem vala bájló. Most uj tavasz nyilt ránk, s a virág, mely voltunk, ujra kezd zöldelni és fesleni s a szemlélő szemét is magára vonja már.*) De szivében féreg ül, mely aligha engedendi hogy teljesen felviruljon s teljes fényében valaha ragyogjon; nemzetünkön még folyvást nehezkedik a meghasonlás átka! A szabadság, egyenlőség, testvériség nagy szavak a mi ajkainkról is zengenek; de a szabadság, mely elvont s hazánkfiai legnagyobb részétől igen távol eső eszme,

*) A világ uj világ, a tél nekünk nyár már,
Kezünkel is érjük az arany időt már.

Szerk.

Uj zászlója a köztársaságnak.

2/b — Image de *Képes Újság* 1847

újság (Journal Amusant Illustré). Dans ce dernier numéro, le nom de János Tichi figure comme rédacteur, et à partir du 12 août, celui de Ferenc Tichi. Le dernier numéro dont nous ayons connaissance est celui du 9 décembre.

Ábrázolt Folyóirat avait également un supplément destiné à la publication des annonces et portant le titre *Értesítő* (Feuille d'Avis), mais on n'en connaît que le seul numéro du 26 février.[20]

[20] Le même numéro se trouve dans la Bibliothèque Nationale Széchényi et la Bibliothèque Universitaire de Budapest.

La carrière de *Ábrázolt Folyóirat*, conformément aux deux changements de titre,[21] se divise en trois étapes. Cette division, loin d'être une pure formalité, fut la conséquence des circonstances réelles, nées du caractère même de l'hebdomadaire illustré. La censure avait beau exiger que la nouvelle revue s'adapte à la forme nettement encyclopédique, voire littéraire, des journaux du passé, le caractère même de celui-ci, l'incite à transgresser les limites. Sinon, il devrait renoncer à rivaliser avec les journaux illustrés de l'étranger, encore que Werfer, patriote fervent, se donnât la tâche de soutenir la concurrence justement avec ceux-ci. Dans la préface du premier numéro paru en spécimen, le rédacteur rend compte de sa résolution de fonder le périodique *Ábrázolt Folyóirat* afin de faire connaître les pays, tels l'Angleterre, l'Allemagne et la France où de nombreuses revues illustrées sont éditées et dont l'exemple doit être suivi dans notre pays. Il faut empêcher que le public hongrois, pour satisfaire son besoin en ce domaine, achète des journaux à grands frais à l'étranger et il faut les desservir par les journaux illustrés exécutés en Hongrie, dont le niveau — pareillement à l'évolution obtenue en matière de langue et de littérature — ne doit pas être inférieur à celui des hebdomadaires étrangers.[22]

Il va de soi que l'actualité ne fait pas défaut déjà dans les premiers numéros de notre hebdomadaire; on y trouve par exemple, dès le début, des chroniques parlementaires et, dans le N° 1, deux images dont l'importance et l'actualité méritent d'être soulignées: l'une d'elles représente le bâtiment de la Diète de Pozsony (Presbourg, aujourd'hui Bratislava, capitale de la Slovaquie), l'autre, une gravure sur bois, l'élection du roi Mathias Corvin. Impossible de n'y pas voir l'allusion politique; la Diète de Presbourg ayant été convoquée un mois avant, on s'attend à y voir voter la législation sur l'indépendance du pays et l'abolition des redevances seigneuriales; la signification de l'autre image, l'élection en 1450 du dernier grand roi national de Hongrie, permet de suggérer ceci: le peuple, mécontent de son souverain, pourrait encore élire un autre roi, et qui serait cette fois-ci un roi national. C'est ainsi que *Ábrázolt Folyóirat* s'efforce de prendre sa part aux mouvements nationaux actuels du pays, lesquels, cela n'est pas douteux, se dirigent vers leur dénouement, vers la révolution de 1848 et la guerre d'indépendance contre la dynastie. Aussi l'effet de ce dénouement ne tarde-t-il pas à se faire sentir également dans la vie de la revue, qui, grâce à l'évolution politique, porte déjà son attention, fidèlement à son caractère original, sur les actualités politiques. « Fermement résolus de développer notre journal à un niveau aussi élevé qu'il nous sera possible dans les conditions données, nous en changeons dès maintenant le titre en *Képesújság* (Journal en Images) et le ferons porteur d'informations ayant trait aussi à la politique. »[23]

Cependant la carrière du journal subit à ce moment une cassure. C'est qu'au terme de l'article 30 de la loi 1848 sur la presse, pourtant libéral et mettant une fin définitive à la censure, les journaux comportant des infor-

[21] Par la suite, nous l'indiquerons toujours par le premier titre.
[22] *Ábrázolt Folyóirat*. Spécimen, 1er janv. 1848.
[23] N° 14 du 25 mars.

mations sur les actualités politiques sont obligés de déposer une caution de 10 000 florins. Werfer n'est pas en mesure de déposer la somme, et le ministère refuse de prendre l'immeuble qu'il offre en gage; il se voit donc obligé de renoncer, bon gré mal gré, à publier des articles au sujet politique.[24] Ce fait, il le porte à la connaissance du public, en confiant en même temps la rédaction à Ferenc Tichi et changeant le titre du journal en *Mulattató Képesújság* (Journal Amusant Illustré). Par ce nouveau titre, il désire s'adapter aux ordonnances et augmenter l'activité d'information, le nombre des nouvelles et des annonces du journal pour gagner le public. Outre les avis d'abonnement et les annonces cherchant des collaborateurs, en premier lieu des dessinateurs, que le rédacteur publie régulièrement dans son propre organe, il en fait également paraître dans d'autres journaux.[25] Malgré ces mesures prises, nous ne sommes en possession d'aucun document qui ferait foi d'une large diffusion de la revue illustrée, ce qui est dû, selon toute vraisemblance, en partie à une caricature antisémite dont elle n'a pas refusé la publication, l'antisémitisme étant unanimement réprouvé par les dirigeants de la Révolution démocratique de cette année.[26] N'empêche qu'à partir du 7 avril 1848, Werfer fait paraître également un journal en allemand, ce qui semble prouver que la revue ne fut pas sans succès. Au poste de rédacteur de ce journal allemand, *Oberungarische Illustrierte Zeitung*,[27] paru également à Kassa, Werfer est bientôt suivi de W. Schmelz et Domonkos Stolz. Bien que nous n'en ayons pas d'exemplaire, il est hors de doute que les images de la revue hongroise y fussent largement utilisées.

Comme nous l'avons déjà dit, le dernier numéro accessible de notre hebdomadaire est celui du 9 décembre 1848. Il n'est que trop certain qu'avec ce numéro il cessa de paraître, puisqu'il y est relaté que l'ennemi venait de franchir la frontière et beaucoup des habitants de la ville de Kassa prenaient la fuite « craignant le ravage de la horde ». Cet ennemi n'est autre que le régiment autrichien de Galicie, dirigé par le général Schlick, qui entra dans la Haute-Hongrie pour étouffer la révolution. Il arriva à Kassa le 11 décembre 1848, donc deux jours après que les lignes citées furent publiées. Depuis cette date, la vie de Werfer et de son imprimerie devient de plus en plus mouvementée. L'imprimerie elle-même sera transformée par Werfer sur la commande de Schlick en une typographie militaire. Plus tard, les armées ennemies une fois refoulées, Werfer ne tarde pas à se rendre à Debrecen, chef-lieu du gouvernement et du parlement révolutionnaires hongrois, pour offrir sa typographie au ministère à des fins similaires.

[24] Kemény, Lajos: *A kassai könyvnyomtatás történetéhez az 1848–49. szabadságharc korából* (L'imprimerie de Kassa au temps de la guerre d'indépendance de 1848–49), Firtinger, op. cit., p. 143.

[25] Szinnyei, József: *Hírlapirodalmunk* . . . op. cit. Voir également les journaux contemporains, ainsi que *Alföldi Hírlap*, 12 juillet 1848, et *Kossuth Hírlapja*, N^os^ des 24, 29, 30 septembre et du 1er octobre, etc.

[26] *Pesti Divatlap*, 1848, I, p. 732. Voir: Szinnyei, op. cit.

[27] Voir: Szinnyei, loc. cit.; Giegl, Stefan: Die Feldbuchdruckereien im Jahre 1848, *Typographia*, 1884, XVI, N°s 1–6; Voir aussi: Dezsényi, Béla: Tábori nyomdák és tábori nyomdászok a szabadságharcban (Typographies et typographes de camp à l'époque de la guerre d'indépendance), *Magyar Könyvszemle*, 1944.

Le défilé aventureux de la typographie de camp de Debrecen jusqu'à Világos, a été décrit par István Giegl, typographe de Werfer. Celui-ci chérissait d'ailleurs lui aussi l'idée de publier un journal illustré militaire, mais ce plan se heurta à des difficultés dues aux insuffisances de son équipement typographique qui, en surplus, se déplaça tout le temps, selon les exigences des batailles.

L'attachement obstiné de Werfer à son journal n'est qu'une preuve de sa clairvoyance lui permettant de reconnaître l'importance d'une telle entreprise et la valeur de sa modernité. Son journal représente un type de presse périodique jusqu'alors inconnu en Hongrie. Aussi convient-il de nous en occuper en détail, eu égard particulièrement aux illustrations.

*

A la première page du N° 1, nous rencontrons les portraits de « leurs majestés impériales et royales » Ferdinand V et la reine Marie-Anne. Entre les deux portraits mis en double cadre, se trouve le blason hongrois. A la page suivante, on trouve les images qui avaient déjà orné le spécimen et dont nous venons de parler: « Le bâtiment de la Diète à Pozsony » et « Mathias Corvin acclamé roi de Hongrie par Szilágyi sur la glace du fleuve du Danube ». Il y a encore deux autres gravures dans ce premier numéro, notamment: « Le fiancé qui se recommande soi-même » et « Lettre de nomination au poste de lieutenant ». Enfin, à la dernière page se trouvent les notes d'une chanson populaire et, au bas de la page, deux caricatures de caractère politique. L'une d'elles représente le type du gentilhomme indifférent aux soucis vulgaires, fumant sa pipe dans un vieux carosse embourbé, l'autre un noble se faisant porter au dos d'un paysan pour traverser un ruisseau. La revue montre donc dès son début une grande diversité de sujets d'images. L'actualité politique s'y recèle encore sous forme de tableaux historiques, mais la caricature est déjà présente pour illustrer les textes littéraires et souligner en même temps les iniquités sociales. Dans le numéro suivant sont publiés aussi des rébus. A ce temps, la plupart des gravures sont encore d'origine hongroise, mais à partir du N° 7 (du 12 février 1848), contenant l'article « Emlékezet Tahitira » (Souvenirs de Tahiti), les illustrations d'origine étrangère commencent à peupler la revue. Dans le titre de cet article, l'auteur des dessins est nommé: Giraud Károly (sic). Les images furent prises à la revue française *Illustration*, de même que, dans le N° 8 (du 19 février) l'article « Bosphorus » et ses illustrations signées de H. Valentin.

Les premières images d'actualité se trouvent dans le numéro du 11 mars sous les titres: « Hommage rendu au roi Ferdinand de Naples après qu'il eut accordé la constitution », « La lutte des armées royales à Palerme ». Un grand nombre d'images d'actualité paraissent dans le N°13 du 25 mars (qui est en même temps le premier numéro de Képesújság), paru à l'issue de la lutte victorieuse menée pour la liberté de la presse. Ces images — « Défense d'une barricade », « Le peuple promenant le trône de Louis Philippe », « Jugement du peuple sur les voleurs », « M. de Lamartine haranguant le peuple à l'Hôtel de Ville », etc. — sont toutes prises à l'*Illustration* de

Paris, à l'exception de celles qui, premières en la matière, avaient trait aux événements actuels du pays. Telles: « La commune de Kassa pavoise l'Hôtel de ville aux couleurs nationales », « Les habitants de Pest présentent aux deux conseils municipaux une pétition composée de 12 points ».

Dès lors, ce genre d'illustration ne cesse pas d'orner la revue jusqu'au deuxième changement de titre, donc à l'apparition de *Mulattató Képesújság*, lorsque le nombre d'images commence à diminuer. Il en paraît de moins en moins et même quand il y en a, ce sont des tableaux aux sujets éloignés de la Hongrie et de l'Autriche. Toutefois, vers la fin de l'année, deux événements semblent avoir eu le mérite d'être représentés encore: l'entrée à Milan, le 9 septembre, du régiment autrichien, et le meurtre de F.F. Lamberg, général de division autrichien, nommé, à l'insu du ministère hongrois, commissaire impérial en Hongrie, et tué par la foule le 7 octobre 1848.

A côté des images d'actualité, on trouve dans le journal des illustrations représentant des villes et des châteaux, ainsi que des portraits dont la plupart de provenance hongroise (quinze sur vingt-sept). — Avant d'aborder le sujet des gravures d'origine hongroise, il convient de souligner que ce sont précisément les images d'actualité, donc celles qui distinguaient *Ábrázolt Folyóirat* des autres périodiques précédant celui-là, qui proviennent de l'étranger, notamment de France et d'Allemagne. De ce point de vue il ne paraît presque rien de plus que l'imitation, pour ne pas dire la copie pure et simple de ses pendants étrangers. Mais cela se comprend: les illustrations ayant pour sujet des événements survenus à l'étranger ne pouvaient avoir été exécutées qu'à l'étranger et c'est là qu'il fallait les prendre. Ce que l'on a toujours à reprocher au rédacteur, et à juste titre, c'est que son choix n'était pas dirigé par un point de vue prémédité et résolu lors de la sélection d'articles et d'images à publier dans la revue. Il ne se laissait diriger que par l'extérieur, la présentation agréable. Voilà pourquoi nous ne pouvons qu'accepter la critique de *Pesti Divatlap* (Journal de Mode de Pest)[28] affirmant que le niveau de notre journal reste très inférieur à celui des revues parues dans ce genre à l'étranger. Néanmoins, la critique de *Radicallap* (Journal Radical) signée de pseudonyme « Polydorus »[29] devait être conçue sans doute par une personne maligne; sa constatation selon laquelle les gravures sur bois de *Képesújság* ne seraient que les simples caricatures de l'*Illustrierte Zeitung*, n'est pas bien fondée.

Quant aux images, leur présentation est très réussie: elles sont claires et n'ont que rarement des contours flous. L'effet que les pages exercent sur les lecteurs est nettement agréable, ce qui est dû aussi aux trois colonnes dont se composent les feuilles. Le *Vasárnapi Újság* (Journal de Dimanche), successeur de l'illustré de Kassa, paraissant 5 ans après l'arrêt de celui-là, suivra l'exemple de *Képesújság* en faisant imprimer les pages en trois colonnes et il s'abstient des ornements exagérés pour utiliser les illustrations seulement là où le texte l'exige.

Tout cela fait preuve de la compétence du rédacteur qui imite avec un succès incontestable la pratique étrangère. La proportion des images d'ori-

[28] Ibid.
[29] *Radicallap*, 3 juin 1848.

gine étrangère est si grande que leur nombre s'élève à 196, alors que celui des images hongroises ne dépasse pas 37. Encore que ce chiffre ne comporte pas le nombre des portraits, pour la plupart hongrois, ni celui des caricatures en majeure partie d'origine incertaine (mais probablement française). Il y a au total 77 images qui, originairement, avaient été publiées dans l'*Illustration* de Paris. Werfer lui-même explique le nombre aussi élevé des images empruntées à l'étranger par le coût encore très élevé de leur exécution dans le pays. En donnant réponse à la critique que nous venons de citer, il parle en ces termes: « Si monsieur le critique avait la moindre idée des travaux d'exécution des illustrations, il se placerait à un autre point de vue. Dans ce pays, où il ne se trouve que quelques centaines d'abonnés, il n'est pas possible de mettre au point des gravures originales sur acier ou cuivre. Même les planchettes des gravures sur bois un peu plus grandes coûtent 8—10 florins la pièce, tandis que celles des lithographies 6—10 fls. »[30]

Dans ces conditions, au point de vue d'information par images, notre hebdomadaire ne peut être considéré que comme le satellite des modèles étrangers.[31] Ce qu'il y a ici d'originalité, c'est le mode d'adaptation et l'apparition en Hongrie de la formule « revue illustrée » elle-même.

Et il ne faut pas oublier tout de même que 37 illustrations et 15 portraits sont tout de même d'œuvres hongroises, ainsi que les 36 rébus. L'adaptation du bois en plein texte s'avère là aussi avantageuse.

A ce point pourtant, désireux de trouver la place exacte de notre journal dans l'histoire de la presse périodique et dans celle des illustrations hongroises, et d'établir des corrélations historiques sans négliger le développement des procédés de multiplication, nous devons faire dans nos recherches un pas en arrière. Pareillement aux journaux étrangers, les journaux hongrois utilisaient eux aussi, presque dès leurs débuts, des illustrations.[32] Déjà le premier périodique hongrois, *Magyar Hirmondó* (Courrier Hongrois), n'en fut pas dépourvu. De nombreuses images variées paraissent également dans le journal en langue hongroise de Vienne: *Hadi és más nevezetes történetek* (Histoires militaires et autres récits). Ce sont des scènes de bataille prises dans les guerres turques, dans la vie quotidienne hongroise, des portraits et même quelques événements d'actualité politique — par exemple de la Révolution Française, l'exécution de Louis XVI — qui y servent d'illustration. La tendance de rendre le texte plus expressif par des images ne diminue pas au début du XIXe siècle. En établissant le programme de son périodique *Erdélyi Muzeum* (Musée de Transylvanie), Gábor Döbrentei écrit que sa revue paraîtra, autant que faire se peut, avec le portrait soit d'un patriote transylvain soit avec celui d'un Hongrois.[33] Des portraits se trouvent aussi

[30] N° du 10 juin 1848.

[31] Parmi les images d'actualité, il n'y a que quatre dont l'origine hongroise peut être prouvée.

[32] Les données de cet aperçu ont été prises, outre les sources citées, aux informations orales de Zoltán Trócsányi et à des publications plus récentes sur l'histoire des périodiques illustrés en Hongrie, comme D. Szemző, Piroska: A magyar folyóiratillusztráció kezdetei (Les premières illustrations dans la presse périodique de Hongrie), *A Magyar Művészettörténeti Munkaközösség Évkönyve* (Annuaire du groupe de travail de l'histoire des arts en Hongrie), Budapest, 1953, pp. 101—184.

[33] Ferenczy, op. cit., p. 131.

dans *Tudományos Gyüjtemény* (Collection scientifique) et *Felsőmagyarországi Minerva* (Minerve de la Haute-Hongrie). Et pourtant, les mêmes phénomènes qui étaient déjà observés dans l'histoire de la presse étrangère sont à reconnaître dans la presse hongroise aussi. Les gravures qui exigent un procédé d'impression diffèrent de celui du texte (gravure sur métal), et demandent toujours une page spéciale à annexer au journal, sont des éléments accessoires, des décors, sans faire partie organique du journal. Elles n'ont qu'un rôle occasionnel dans la rédaction.[34] C'est l'apparition du journal de mode, à illustration litographique qui apportera du nouveau.

Cependant, avant que cela soit arrivé, d'autres journaux hongrois avaient fait leur apparition. C'est en 1834 que commencent à paraître *Fillértár* à Presbourg et *Garasos Tár* à Leipzig (les deux premiers périodiques hongrois au prix abaissé).[35] Déjà leurs titres signalent qu'il s'agit ici de l'imitation du *Penny Magazine* et du *Pfennig-Magazin*. En fait, il est facile de reconnaître dans *Garasos Tár* les images du *Pfennig-Magazin* implantées ici sans aucun changement.[36] Le rédacteur, Péter Vajda, relate avec franchise dans sa préface adressée à « tous les Hongrois » que ses images ne sont pas originales mais prises à l'étranger. « Nous allons publier ce qui avait déjà été publié de beau et d'utile à Londres et à Paris »; « Pour ce qui est de la patrie, nous en ferons connaître par des gravures sur bois toutes les curiosités ». En réalité, pendant les trois ans de son existence, pas une seule image n'a paru dans *Garasos Tár* qui aurait eu trait à la Hongrie, tandis que ses illustrations d'origine étrangère restent de loin inférieures à l'ensemble des modèles, quant à la reproduction des images, aussi bien qu'au choix lui-même. *Fillértár* est par contre exécuté avec un grand soin, sur du bon papier, présenté avec goût, illustré d'images variées et bien sélectionnées.

Ces deux journaux n'ont d'autre rapport à les relier entre eux que le fait que dans l'un comme dans l'autre, à l'encontre des périodiques hongrois précédents, ce sont les images qui l'emportent sur le texte. Leurs modèles à tous les deux étant le *Penny-Magazine*, ils se vendent eux aussi à un prix d'abonnement bien modéré, 5 florins l'année. Aussi le revenu de *Fillértár* est-il complètement absorbé par la présentation coûteuse du journal, et c'est avec plaisir que le premier rédacteur, Antal Schmidt cède la place à son successeur, József Orosz. Ils n'en finissent pas moins par faire cesser de paraître le périodique, si prometteur qu'il eût été en débutant.

Une grande quantité de gravures ont paru dans *Fillértár*, qui avaient pris leur sujet à l'histoire et à la géographie hongroises. Les portraits d'hommes célèbres qui y trouvent place, servent désormais de source iconographique. Mais malgré sa richesse d'images, et qu'il fût rédigé d'une manière exemplaire, c'est plutôt le *Garasos Tár*, même modestement présenté, qui trace la voie de l'avenir. C'est que *Fillértár*, pour satisfaire à un niveau élevé aux besoins artistiques du public, reste fidèle à la tradition en utilisant des

[34] Bien que, selon Szemző, il y ait à constater un procédé consciemment utilisé par le rédacteur lors de l'application des images en vue de souligner l'actualité politique.

[35] Ferenczy, op. cit., pp. 185–186.

[36] Par exemple dans le N° du 8 mars 1834: « Fabrication du sucre » Voir *Pfennig-Magazin*, 1834, N° du 1er mars (2 planches).

annexes pour illustrer ses textes de gravures sur acier, sur cuivre ou de lithographie. L'harmonie complète de l'image et du texte, l'innovation proprement dite du *Penny-Magazine*, n'est donc réalisée en Hongrie que par le *Garasos Tár*, c'est-à-dire par la publication des gravures sur bois.

István Májer, l'auteur de l'article paru dans *Honművész* (périodique de mode et littéraire) que nous venons de citer plus haut,[37] désapprouve déjà en 1835 l'omission de la gravure sur bois. « En Hongrie, écrit-il, cet art n'est guère cultivé. Notre *Fillértár* lui-même préfère la lithographie, certes plus jolie, à la xylographie, quoique celle-ci soit moins chère et, par conséquent, plus diffusée, ce qui est, en fin de compte, le but même de ces journaux. Le bois aurait pourtant ici le même effet que la lithographie, le caractère du journal consistant plutôt à éveiller la curiosité et attirer l'attention que de répandre des connaissances plus approfondies. Celui qui désire s'en faire offrir, aura de toute façon à se servir d'autres sources. » Cependant les lignes de István Májer, plus tard fervent champion de *Ábrázolt Folyóirat*, n'ont encore qu'une portée théorique, en ce qui concerne la gravure sur bois et son application dans les journaux. Aucun progrès véritable dans ce domaine n'est encore à constater durant des dizaines d'années. Ce n'est qu'après la guerre d'indépendance de 1848—49 que la gravure sur bois devient plus répandue; dans les années quarante, ce procédé de reproduction était encore dans ses langes.[38] Si l'on en rencontre au début du XIXe siècle, c'est dans les décors des livres, sur les vignettes. Le grand éditeur Landerer charge les meilleurs xylographes de lui fournir des images à ces fins.[39] Károly Ágost Riedel, xylographe connu des années quarante, d'origine de Nuremberg, fournit régulièrement des gravures « plus modestes » à l'éditeur Trattner-Károlyi,[40] tandis que l'éditeur Heckenast commande ses bois, pour les publier dans *Vasárnapi Újság*, chez le disciple de Riedel, le xylographe Lajos Huszka.

En fait, l'essor véritable de la gravure sur bois ne commance qu'avec la parution de *Vasárnapi Újság*.[41] Dans les années quarante, après la fin peu reluisante de *Garasos Tár* et *Fillértár*, c'est encore l'époque des revues de mode et littéraires, *Pesti Divatlap*, *Honderü*, *Életképek*. Elles indiquent le passage du journal illustré au périodique littéraire. Elles sont, elles aussi, illustrées, mais ce sont des images de mode, plus belles, certes, que les gravures sur bois, mais elles ne sont pas convenables à diffuser des « connaissances », encore moins à informer le public sur les événements d'actualité. Et, il n'est pas nécessaire de le dire, les journaux de mode cèdent la place à la lithographie qui est, elle aussi, un art nouveau. Néanmoins, certaines d'entre elles, telle *Honderü*, essayent de faire adopter les gravures sur bois. De plust c'est justement dans *Honderü* qu'on rencontre déjà de bonnes caricatures et

[37] N° 86 du 25 octobre 1835.

[38] Éber, László—Czakó, Elemér: *A sokszorosító művészet. Az iparművészet könyve* (L'art de polycopier. Livre des arts décoratifs), Réd. par Ráth, György. Budapest, 1902, vol. I, pp. 510—511.

[39] Voir Firtinger, op. cit., pp. 32—33.

[40] Éber—Czakó: *Le livre des arts décoratifs*, loc. cit.; Firtinger, op. cit., p. 102.

[41] Ferenczy, op. cit., pp. 500—501.

des bois représentants des actualités.[42] Toujours est-il que l'illustration n'y est présente que pour accompagner le texte: elle n'en fait pas partie intégrante. Des mois, des années mêmes, s'écoulèrent sans que des images eussent été insérées au milieu du texte. Si, en effet, les revues de mode peuvent se vanter d'avoir joué un rôle quelconque dans l'histoire de la presse, c'est dans l'histoire de l'illustration, et surtout de l'illustration des revues hongroises, qu'il faut le chercher, mais le développement de la revue illustrée n'en fut pas marqué. Cela est dû au rythme lent mentionné déjà de l'implantation dans les journaux hongrois des gravures sur bois et à l'état primitif de la xylographie hongroise. Il est vrai que dans le journal *Ungar* de Presbourg les portraits de Batthyány et de Kossuth ont paru déjà en 1848, mais à l'en croire à la communication d'un périodique contemporain, ils étaient si mal réussis que ce n'étaient en vérité point des portraits mais des caricatures.[43] Ajoutons qu'à l'époque où il a commencé à paraître, le *Vasárnapi Újság* lui-même fut obligé d'utiliser des gravures exécutées à l'étranger et ce n'est qu'après la parution des premiers numéros tous illustrés des images de provenance étrangère qu'on voit pour la première fois une image représentant une scène hongroise. Et, en apprenant qu'une gravure de ce journal avait été faite à Pest, « les écrivains et artistes pleins d'enthousiasme faisaient voir à tous venants le fameux numéro de *Vasárnapi Újság*: Voilà un tour de force ! Parbleu, quel succès ! Nous allons bientôt rattraper Londres. »[44]

Il nous a fallu rendre compte de tout ce qui a été dit jusqu'ici pour comprendre pourquoi on doit particulièrement apprécier les gravures sur bois qui avaient vu le jour dans *Ábrázolt Folyóirat* en tant qu'ouvrages hongrois et même six ans avant que le *Vasárnapi Újság* en eût publié. Quant à l'exécution technique et au goût artistique, ces images restent, certes, bien inférieures aux modèles étrangers, mais l'essentiel est qu'enfin, elles représentent des thèmes hongrois: les châteaux, les villes, les hommes, les figures de notre histoire y sont éternisés. Et, ce qui plus est, régulièrement et en un nombre relativement élevé.

Parmi les dessinateurs de *Ábrázolt Folyóirat*, István Májer occupe une place distinguée.[45] Il y a au total dix gravures dont l'auteur est incontestablement Májer. Étant le collaborateur le plus fidèle et le plus constant de la revue, il y publie pour la première fois le 22 janvier et ne cesse d'y travailler jusqu'au 21 octobre 1848. Parmi ces images se trouve aussi un tableau d'actualité. Les textes — de brefs articles — qui doivent y servir d'explication, sont également de sa plume. Au temps de ses années d'étude, théologien en deuxième année, il fut l'un des quatre séminaristes qui fondirent une associa-

[42] Il n'est pas exclu que parmi celles-ci, certaines aient été prises des origines de Gavarni ou de Daumier. La comparaison systématique avec les périodiques français contemporains pourra donner peut-être de résultats inattendus. Malheureusement, nous n'avons jusqu'ici point eu l'occasion de les consulter.

[43] *Pesti Divatlap*, 1848, p. 481. Voir Kósa, János: *Pest és Buda elmagyarosodása 1848-ig* (Les processus de magyarisation de Pest et Buda jusqu'à 1848), Budapest, 1937, p. 191.

[44] M(ikszáth) K(álmán): Ötven év (Cinquante ans), *Vasárnapi Újság*, N° du janvier 1904.

[45] Né en 1814 à Mocsonok (comitat de Nyitra), mort en 1893 à Esztergom, il fut évêque et prévôt de chapitre. Voir Szinnyei, József: *Magyar írók* . . . op. cit.

tion pour cultiver la langue hongroise. Nous apprenons de ses biographes que, déjà à l'époque, il donnait des leçons de dessin à ses compagnons. Ayant fini ses études de théologie, mais trop jeune pour être ordonné prêtre, il profite de son séjour à Pest pour apprendre la calcographie, et, sans aucun doute, c'est aussi à cette occasion-là qu'il fait bien la connaissance de la xylographie, dont il publie un article dans la revue littéraire *Honművész* en 1835. Ses paysages avaient déjà été publiés occasionnellement dans les revues de mode *Regélő*, *Rajzolatok*, *Honművész* et *Életképek*. Les plus connues de toutes ses œuvres furent pourtant les images sacrées,[46] en partie des lithographies, en partie des cuivres. En 1842, Májer devient professeur à l'école supérieure des maîtres de dessin fondée par le primat Kopácsy et son chapitre. Il y enseigne aussi à l'époque où ses images paraissent dans ledit journal (ses deux articles en font preuve)[47] et il ne manque pas de participer aux mouvements patriotiques de mars de la ville primatiale Esztergom, ville sur le Danube, non loin de Pest. En 1849, après la guerre d'indépendance, il est professeur de pédagogie à l'Université de Pest. Bientôt, vers les années cinquante, il se rend populaire avec le calendrier *István Bácsi Naptára* (Calendrier d'Oncle Étienne), où les gravures abondent et attirent le public à la lecture du livre. De ses bois on a publié aussi dans *Varárnapi Újság*.[48] Les dessins de István Májer sont des œuvres exécutées avec art et témoignent d'une excellente faculté d'observation. Il est le premier en Hongrie à éterniser les belles perspectives et les beaux contrés de sa patrie ayant exercé sur lui une influence profonde et dont il désire faire part aussi à ses compatriotes. Les vieux châteaux lui servent à évoquer le passé; les événements du présent, propres à susciter de l'enthousiasme, le poussent au travail. La diversité de ces images auraient dû exercer un effet favorable sur la bourgeoisie naissante si l'existence du journal n'avait pas été aussi courte. Toutefois, la vitalité de ce journal s'accentue par le fait qu'il a réussi à attirer et à engager pour la presse cet homme si intéressant et exemplaire dans l'amour pratique de la patrie et la propagation des connaissances utiles.

Parmi les auteurs des gravures et dessins figurent également des signatures comme: J. Zabratzky, Móric Fáy, Károly Werfer, Kühn, Iván Orbánfi, F. Pauer. Aucun d'eux n'a laissé de trace durable dans l'histoire, bien que Móric Fáy eût été très productif et les gravures parues dans *Ábrázolt Folyóirat* dans la première phase de son existence, ainsi que la plupart des caricatures provinrent de lui: les deux images d'actualité aux sujets hongrois devaient être exécutées également par Fáy. L'une d'elles représente le défilé du 15 mars 1848 à Pest, l'autre la manifestation solennelle de mars à Kassa. Ni l'une ni l'autre ne furent signées. Ces dessinateurs modestes ont tous rendu de bons services à la presse périodique et à l'illustration artistique hongroises. Ils permettaient au journal de posséder un instrument qui aurait pu lui assurer un succès durable. Tant les images prises à l'étranger que les tableaux évoquant le passé historique ou représentant les événements

[46] *Májer István magyar Szent Képei* (Les images sacrées d'István Májer), 1839–1845. s. l. 8°.

[47] *Képes Újság*, Nos des 22 avril et 13 mai.

[48] *Vasárnapi Újság*, 1856, p. 6. Voir Kemény, Lajos: A Vasárnapi Újság illusztrálói: 1854–1858 (Les illustrateurs de Vasárnapi Újság), *Vasárnapi Újság*, 1909, N° 8.

du temps présent étaient propres à attirer l'attention et captiver la curiosité de larges couches populaires devenues, en vertu des lois de 1848, parties reconnues de la nation hongroise. Les événements n'ont pourtant pas permis que Kassa soit la ville natale d'une telle action initiatrice, tandis que, après la guerre d'indépendance, un pareil rôle d'une ville hongroise « provinciale » était tout à fait inimaginable.

Nous croyons avoir présenté, avec *Ábrázolt Folyóirat*, un spécimen particulier de l'histoire de la presse mondiale, par les circonstances de ses débuts qui montrent bien la connexion de l'« illustré » avec la transformation radicale de la société au XIXe siècle, et également un spécimen des ressorts du développement des arts graphiques précédant les moyens de reproduction tout récents.

DIE UNGARISCHE UND RUMÄNISCHE SATIRISCHE PRESSE AUS PEST IM 19. JAHRHUNDERT

EINE VERGLEICHENDE STUDIE

LIVIA GRĂMADĂ

Das Erscheinen der satirischen Presse im Habsburgerreich wurde schon zur Zeit Josephs II. durch einige Wiener Unterhaltungsblätter vorbereitet. Die ,,Unterhaltungen für die Wiener im Sommer und Winter" (1782) oder ,,Das Wienerblättchen" (1783) hatten zu den politischen Nachrichten Anspielungen und Witze gesellt und bildeten so den Übergang von der politischen Zeitung zur humoristischen Zeitschrift. Diesen Weg beschritt 1785 mit größerem Erfolg Joseph Richter in seinen ,,Eipeldauers Briefen an seinen Herrn Vetter in Kagran über die Wienerstadt". Als eigentlicher Begründer der österreichischen humoristischen Presse gilt M. G. Saphir, dessen ,,Humorist" (1837) ein Vierteljahrhundert lang das beliebteste Wiener Blatt war. Nach einer Periode des Aufstiegs im Zeichen der Revolution von 1848 wurde die satirische Presse von der grimmigen Reaktion behindert, erlebte aber eine neue Blütezeit in den fünfziger und sechziger Jahren. Dies war die Zeit der bedeutendsten humoristischen Zeitschriften Österreichs: ,,Figaro" (1857) und der beiden dem französischen ,,Journal Amusant" verpflichteten Blätter ,,Der Floh" (1869) und ,,Die Bombe" (1871).

Zur selben Zeit erschienen auf habsburgischem Territorium gleichartige Publikationen in italienischer, tschechischer, polnischer, ruthenischer, slowakischer, slowenischer, ungarischer und rumänischer Sprache. Ein berühmtes Zentrum der satirischen Presse in diesem Teil Europas war die Stadt Triest, wo eine große Anzahl von Zeitschriften einander in rascher Folge ablösten, die sich alle als äußerst kampflustig erwiesen und deshalb auch jeweils nur von kurzer Dauer waren. Anfangs nicht sehr zahlreich (,,Polichinello", 1838; ,,Il Buon Fratello", 1860; ,,Il Lampo", 1864), vermehrten sie sich ganz besonders nach 1865 (,,L'Arlechino", 1865; ,,Il Barbiere", ,,Il Gallo", ,,La Satira", 1866) und erreichten ihren Höhepunkt zwischen 1867 und 1873 in den repräsentativsten italienischen satirischen Blättern (,,L'Asino", ,,L'Asino Democratico", ,,Il Barbiere Sarcastico", 1867; ,,Il Popolo", 1869; ,,El Zavatin de Trieste", 1872 usw.). Nach Triest folgt Prag, wo neben satirischen Blättern in deutscher Sprache auch zahlreiche in tschechischer Sprache erschienen (,,Humoristické Listy", 1857 — ,,Humoristische Zeitschrift"; ,,Politické Brejle", 1864 — ,,Politische Brillen"; ,,Paleček", 1872 — ,,Der Däumeling"), und außerdem noch Brno (,,Vosa", 1864 — ,,Die Wespe"; ,,Veselé Listy", 1866 — ,,Die fröhliche Zeitschrift"). Die polnische satirische Presse konzentrierte sich in Krakau

(„Djabel", 1869 — „Der Teufel"; „Coś", 1871 — „Etwas") und Lemberg („Kuźnia", 1862 — „Die Schmiede"; „Bak", 1866 — „Der Schmeichler"; „Velocipede", 1870 — „Das Zweirad"). Zugleich gab es im Habsburgerreich noch satirische Periodika in ruthenischer Sprache („Strahopud" — „Die Vogelscheuche", 1864 in Wien und 1872 in Lemberg; „Kropylo" — „Der Pinsel", 1869 in Colomea), in deutscher Sprache mit hebräischen Buchstaben („Jüdischer Kikeriki", 1871 in Lemberg), in slowenischer („Juri s Puso",[1] 1869 in Triest) und in serbischer Sprache („Zmaj" — „Der Drachen", 1871 in Wien).[2]

In Ungarn kamen die ersten Anregungen zur Gründung einer humoristischen Presse von dem Siebenbürger Samuel András, der gegen Ende des 18. Jahrhunderts in Wien zwei Unterhaltungsblätter plante: „Magyar Demokritus" („Der ungarische Demokrit") und „Hasznos hires mulattató" („Bekannte nützliche Unterhaltung"), ein Vorhaben, das nicht mehr zur Durchführung gelangte. Es wird angenommen, daß das erste ungarische satirische Blatt in deutscher Sprache 1846 von Vilmos Beck unter dem Titel „Der Zeitgeist" herausgegeben wurde. Allerdings ist uns kein Exemplar davon erhalten geblieben.[3] Das Debüt auf diesem Gebiet zeigt folglich eine Ausrichtung auf die deutsche und insbesondere auf die österreichische Presse. Übrigens waren dem Erscheinen der humoristischen Presse sowohl in Wien als auch in Pest Veröffentlichungen im Briefstil vorangegangen, welche sich bemühten, Typen und Sitten der Hauptstadt festzuhalten. Ähnlich wie die „Eipeldauerschen Briefe" oder die späteren des „Hans Jörgel aus Gumpoldskirchen . . ." enthält der „Tudós Palóc, avagy Furkács Tamásnak Monosbélben lakó sógorurához irtt levelei" („Der gelehrte Palóc oder die Briefe an seinen Schwager, Herrn Furkács Tamás, wohnhaft in Monosbél"), den György Gaál in den Jahren 1803/04 in Pest veröffentlichte, viel weniger humoristische als satirische Züge. Deshalb gilt als Begründer der ungarischen humoristischen Presse Gusztáv Lauka, der mit der Unterstützung des Zeichners Miklós Szerelmey 1847 „Dongó" („Die Hummel") herausbrachte (1848 als „Charivári" und dann „Charivári [Dongó]"). Seine Zeitschrift richtete er vor allem nach ihrem deutschen Namensvetter aus, der ihm für das ungarische Publikum zugänglicher schien, verwendete aber auch französische und englische Vorbilder. Wegen seiner Verbindung mit der Wiener Presse, insbesondere mit dem „Humoristen", nannte ihn ein Kritiker des „Pesti Napló" („Pester Journal") „Saphirs Affe". Daß sein Blatt außer mit der österreichischen Presse auch mit der französischen Ähnlichkeiten aufweist, zeigen die Portraits und die Bilder des auf den Pariser Barrikaden kämpfenden Ingenieurs Miklós Szerelmey, die sowohl den Zeichnungen aus dem Wiener „Kikeriki" als auch denen H. Daumiers nahestehen. Der ungarische Zeichner lieh von dem französischen Künstler nicht nur die Aussage, sondern auch die Illustrationstechnik, die er den spezifisch ungarischen Verhältnissen anpaßte.

[1] Namen zweier komischer Helden aus der slowenischen Folklore.

[2] Vgl. Johann Winckler: Die periodische Presse Österreichs. Eine historisch-statistische Studie. Wien 1875; E. V. Zenker: Geschichte der Wiener Journalistik von den Anfängen bis zum Jahre 1848. Wien und Leipzig 1892.

[3] Vgl. Takács, Mária: Jankó János (1833—1896). Budapest 1936, S. 31.

Nach einer etwa zehnjährigen Pause begann der Aufstieg der ungarischen satirischen Presse mit dem Erscheinen von Mór Jókais ,,Nagy Tükör" (,,Der große Spiegel"), 1856–1858, fortgesetzt von ,,Kakas Márton Albuma" (,,Das Album des Martin Hahn") und danach von ,,Üstökös" (,,Der Komet"). Letzterer war unter der Redaktion des ungarischen Klassikers ab 1858 über zwei Jahrzehnte hinweg das bedeutendste und standhafteste satirische Blatt. Daß der Kontakt zur deutschen Presse auch weiterhin bestehen blieb, beweist der Austausch des ,,Üstökös" mit den Münchener ,,Fliegenden Blättern". Ursprünglich schrieb und zeichnete Jókai allein für sein neues Blatt und manifestierte frühzeitig seine publizistische Begabung und zugleich die Veranlagung zum exemplarischen Künstlertum. Mit bescheideneren Mitteln, aber dank seines kämpferischen Geistes gelang es Kálmán Tóth, diese bewegte Epoche zwischen Revolution und Dualismus in seinem Blatt ,,Bolond Miska" (,,Der tolle Michel"), 1860, mit Sorgfalt abzuzeichnen. Für die Beliebtheit dieses Blattes spricht die Zahl der 5000 Abonnenten, die es sich schon nach dem ersten Monat seines Erscheinens erworben hatte. Einen ausgesprochen satirischen Charakter hatte auch ,,Fekete Leves" (,,Die schwarze Suppe"),[4] 1861, die Pál Matkovich in Zusammenarbeit mit Arnold Vértesi herausgab, mit der Zielsetzung, den Absolutismus der Habsburger anzugreifen.

Nach 1867 vereinigte sich das gesamte ungarische satirische Zeitschriftenwesen in einer Einheitsfront gegen den dualistischen Kompromiß. An dieser Opposition beteiligten sich sowohl ,,Ludas Matyi" (,,Matthias der Gänsejunge"), 1867, der den fortschrittlichen Standpunkt der linken Zentrumspartei vertrat, als auch ,,Bolond Istók" (,,Der tolle Istók"), 1872, der die unabhängige Partei unterstützte. Großen Erfolg hatte auch ,,Borsszem Jankó" (,,Jankó Pfefferkorn"), 1868, herausgegeben von Csicseri Bors (Pseudonym des Arztes Adolf Ágai), der gegen die aulische Aristokratie gerichtet war, und diese von der Position der liberalen Regierungspartei aus unter der Führung Ferenc Deáks angriff.

Außerdem erschien gleichzeitig noch eine ganze Reihe ungarischer Zeitschriften mit satirischem Charakter, aber von kurzer Lebensdauer, wie: ,,Bohóc" (,,Hanswurst"), 1861; ,,Diogenes", 1862; ,,Füles Bagoly" (,,Das Käuzchen"), 1865; ,,Charivári", 1875; ,,Tarka Világ" (,,Bunte Welt"), 1871; ,,Magyar Figáró" (,,Ungarischer Figaro"), 1883; ,,Kikeriki", 1897 u. a.[5]

[4] Im Ungarischen enthält die Redewendung ,,fekete leves" den metaphorischen Hinweis auf eine völlig unerwartete und um so unangenehmere Lösung einer Situation.

[5] Vgl. Szalády, Antal: A magyar hírlapirodalom statisztikája 1780—1880-ig. Budapest 1890; Imre, Sándor: A néphumor a magyar irodalomban. Budapest 1890; Joseph de Ferenczy: La presse périodique en Hongrie. Extrait de la ,,Revue de Hongrie", nr. du 15 avril et 15 mai 1910, Budapest 1910; György, Lajos: A magyar anekdota története és egyetemes kapcsolatai... Budapest 1934; M.T. Baráth: Histoire de la presse hongroise. Extrait du ,,Bulletin du Comité International des Sciences historiques", nr. du 28 sept. 1935, Paris 1935; Walter Raichle: Das ungarische Zeitungswesen. Berlin 1938; Dezsényi, Béla—Nemes, György: A magyar sajtó 250 éve. I, Budapest 1954; Szalay, Károly: A magyar szatíra száz éve. Budapest 1966; Vértesi, Miklós: Vértesi, Arnold. Dissertation, Budapest 1969.

Bei den Rumänen setzte sich das Interesse für die satirische Presse um das Jahr 1860 in Pest durch, wo in rascher Folge die ersten satirischen Zeitschriften der transsilvanischen Rumänen erschienen sind: „Tutti frutti", 1861; „Strigoiul" („Das Gespenst"), 1862; „Umoristul" („Der Humorist"), 1863–1865, seit 1867 unter dem Namen „Gura satului" („Der Dorfklatsch"). Die Initiative dazu kam aus dem Banat oder aus dem Kreischgebiet von Intellektuellen mit juristischer Vorbildung, die in der ungarischen Hauptstadt studiert hatten (M.V. Stănescu, George Ardeleanu, Iosif Vulcan, Iulian Grozescu). In der Zeit des Dualismus verlegte sich das Zentrum der rumänischen satirischen Publizistik in die wichtigsten Städte Transsilvaniens, die vor allem durch den Aufschwung des Handels ein intensives Wirtschaftsleben kennzeichnete: Arad („Gura satului" – „Der Dorfklatsch", 1871–1879 und 1881, geleitet von M.V. Stănescu); Timişoara („Priculiciu" – „Nachtmahl", 1874/75 von Pavel Rotariu); Braşov („Cocoşul roşu" – „Der rote Hahn", 1874/78 und 1881 von Iosif Puşcariu); Sibiu („Calicul" – „Der Lump" des Advokaten Ioan Popa in den Jahren 1881–1895); Oradea („Vulturul" – „Der Adler", 1892–1905, herausgegeben von Iustin Ardelean) usw. Die letzteren Titel bezeichnen zugleich den Höhepunkt in der Entwicklung der satirischen Presse Transsilvaniens.

Zu Beginn unseres Jahrhunderts traten in der rumänischen satirischen Publizistik erneut Journalisten aus dem Westen Transsilvaniens hervor und schlossen mit „Cucul" („Der Kuckuck", 1905/06) und „Nueluşa" („Die Gerte", 1906) den Zyklus der humoristischen Blätter, den sie ebenfalls in Pest begonnen hatten. Die letztgenannten Zeitschriften markieren gleichzeitig den Verfall und den Bedeutungsrückgang der satirischen Presse im politischen und kulturellen Leben der Rumänen Transsilvaniens als Folge der Ersetzung des „Passivismus" durch den „Aktivismus", was alle Kräfte auf dem Feld des parlamentarischen Kampfes versammelte. Im Rahmen dieser rumänischen Periodika, deren Wert unterschiedlich ist, behaupteten sich besonders „Umoristul" und „Calicul". Ihre Bedeutung entspringt einerseits der langen Lebensdauer („Umoristul" wurde ab 1867 als „Gura satului" bis 1881 fortgesetzt, „Calicul" erschien bis 1895, und beide erlebten nach 1900 neue Folgen), andererseits jedoch ihrem fortschrittlichen und mutigen Programm, ihrer Rezeptivität gegenüber der Zeitgeschichte und ihrem Kampfgeist im Dienste des nationalen und sozialen Befreiungskampfes der Rumänen des Habsburgerreiches. Neben gedruckten Zeitschriften zirkulierten auf dem Gebiet Österreich-Ungarns auch handgeschriebene oder lithographierte Blätter in ungarischer und rumänischer Sprache. Dem ungarischen „Kukuk" („Der Kuckuck") von 1880 entsprachen die Studentenblätter „Urzica" („Die Brennessel", 1874) und „Pipăruşa" („Der Paprika", 1878) in Wien sowie „Roza cu ghimpi" („Die Stechrose", 1876) in Pest.

Zwischen den rumänischen und ungarischen satirischen Periodika in Pest entfalteten sich Wechselbeziehungen, die Möglichkeiten zu gegenseitigem Austausch und Anregung in bezug auf die Ausdrucksmittel, insbesondere auf die graphische Gestaltung boten. (Siehe Abbildungen S. 304 u. 305.) Gewisse Entsprechungen kann man auf Grund der programmatischen Erklärungen und der Hinweise an die Mitarbeiter feststellen. So etwa zielten diese Blätter in der Behandlung allgemeiner Probleme auf das

Interesse des breiten Publikums. „Üstökös" und „Gura satului" zum Beispiel wehrten sich gegen Beiträge mit lokalem Charakter, oder solche, die sich auf bestimmte Personen bezogen, und „Chárivári", „Bolond Miska" und „Umoristul" lehnten es ab, sich mit „Kleinigkeiten" abzugeben und forderten Beiträge von „allgemeinem Interesse". Überall wurde Gewicht auf die Beachtung der Wahrheit gelegt und das Verantwortungsbewußtsein der Korrespondenten angerufen. Solche Überzeugungen sprechen aus den Anleitungen zur „so objektiv als möglichen" Bekämpfung des Lasters in „Gura satului" oder aus der Bemerkung des „Bolond Miska", der Scherz sei nur dann gut, „wenn er auch wahr" sei. Die Redakteure akzeptierten keine anonymen Zuschriften, sicherten jedoch andererseits ihren Mitarbeitern „totale Diskretion" zu, unter anderem im Falle der zahlreich verwendeten Pseudonyme. Kakas Márton, Bús Vitéz, Csicseri Bors, Garabonciás Diák, Bolond Miska, Benevolus u. a. sind neben Bucur Risulea, Spiridușu, Păcală, Tanda und Manda, Siamu Banu, Ion Ciocîrlan, Nasone Sclavix, Văsieșu usw. nur wenige Beispiele für den Erfindungsgeist bei der Zusammenstellung der Pseudonyme. Auf dieselbe Art bildeten die Mitarbeiter des „Gura satului" ein „Ministerium des Dorfklatsches", und die Illustratoren der Blätter Jókais waren „Minister der Zeichnung und Gravierung".

Die Redaktionen wandten sich öfters an ihre Leser mit der Aufforderung, Gedichte, Prosatexte und Zeichnungen oder auch nur Anregungen zu Karikaturen einzusenden. Die Mitarbeit wurde gewöhnlich nur mit Freiabonnements honoriert, eine Ausnahme bildeten die zwei Gulden, die „Bolond Miska" für eine gezeichnete Seite anbot.[6]

In den Rubriken für Leserzuschriften wurden die Mitarbeiter je nach den Ansprüchen der Redaktion angeleitet. Oft forderte man sie auf, das Volksgut zu sammeln und zu verwerten. „Gura satului" verlangte vornehmlich Volkserzählungen, und „Tarka Világ" versprach, dem Brauchtum Aufmerksamkeit zu schenken. Dieser volkstümliche Zug, der in bezug auf Sprache und Humor in allen satirischen Zeitschriften hervortritt, kam betonter in den Seiten von „Ludas Matyi" und „Gura satului" zum Ausdruck.

Im allgemeinen zeigt sich überall das Streben nach Originalität, Einfallsreichtum und Geschmeidigkeit. Daher kommt auch die Zurückhaltung gegenüber Übersetzungen, Nachahmungen oder Reproduktionen sowie die hohe Einschätzung des Neuen und Frischen. Gelegentlich wurden auch Übersetzungen gefördert, wie etwa in „Magyar Figaró", der auch Abdrucke aus den Klassikern (Ovid, Horaz, Martial, Shakespeare, Goethe u. a.) brachte. Dasselbe Blatt bejahte auch Reproduktionen und betrachtete es als schmeichelhaft und sogar lobenswert, wenn — entsprechend einer in der damaligen Presse weitverbreiteten Gewohnheit — verwandte deutschsprachige Blätter einen seiner Texte übernahmen.

Ein gemeinsames Anliegen war die Übereinstimmung von Inhalt und Form. Es wurde immer wieder betont, daß ein Gedicht nicht nur aus Reim

[6] „Üstökös" I, 1858, Nr. 3, S. 24; „Umoristul," I, 1863, Nr. 5, S. 19; Nr. 7, S. 27; „Gura satului", VII, 1869, Nr. 15, S. 59; XI, 1871, Nr. 10, S. 35; XIII, 1873, Nr. 29, S. 112; Nr. 42, S. 164; „Chárivári", II, 1876, Nr. 9, S. 72; „Bolond Miska", VII, 1866, Nr. 44, S. 175; Nr. 47. S. 187; VIII, 1867, Nr. 9, S. 35.

und Rhythmus bestehe, oder daß „ein leichter und flüssiger Stil" und „ein gewisses technisches Können" nicht hinreichten, solange der Inhalt dürftig sei. Andererseits fordere eine „außerordentliche" Idee auch etwas „Routine", um jeden falschen oder forcierten Ton zu vermeiden.

Andere Qualitäten, die den Erfolg auf dem Gebiet des Humors sichern, sind Bündigkeit, Klarheit und das Maßhalten. Dementsprechend wurde einem Korrespondenten von „Gura satului" empfohlen, kürzer zu schreiben, mit der Begründung, „eine lange, dünne Suppe sei kaum sättigend". Auch „Bolond Miska" war der Ansicht, daß „nur einfache Dinge beeindrucken", und wies gelegentlich anspruchsvolle Texte zurück, weil sie „schrecklich lang" oder „kompliziert" wären. Ebenso gab der „Magyar Figaró" „kurzen" und „feinen" Stücken den Vorzug und verwarf — ähnlich wie „Umoristul" — jede „trübe" oder „obskure" Gestaltungsweise.[7]

Die Pester Blätter, auf Humor und Satire eingestellt, konnten sich nicht mit „zu wenig Pfeffer" oder mit einer „trockenen", „nicht genügend scharfen" und „zu ernsten" Darstellung begnügen. Sie suchten unentwegt eine

[7] „Magyar Figáró", IV, 1886, Nr. 19, S. 8; Nr. 29, S. 8; V, 1887. Nr. 14, S. 7; Nr. 15, S. 7; Nr. 21, S. 7; Nr. 22, S. 7; Nr. 28, S. 7; Nr. 31, S. 7; VII, 1889, Nr. 8, S. 7; Nr. 24, S. 7; Nr. 29, S. 7; Nr. 40, S. 7; Nr. 48, S. 7; „Umoristul", III, 1865, Nr. 28, S. 139; „Gura satului", XIII, 1873, Nr. 34, S. 132; „Bolond Miska", VII, 1867, Nr. 20, S. 81.

,,leichte“ Form mit ,,Humor“ oder ,,Satire“. Der gute Geschmack zwang sie jedoch zur Zurückhaltung im Falle ,,zu starker“, ,,zynischer“ Stücke, ,,zu grober Pointen“ oder eines ,,vollkommen arroganten Tons“. In solchen Fällen wurden Diskretion und Qualitätsbewußtsein beschworen, die etwa der ,,Magyar Figáró“ anstrebte, als er mit großer Achtsamkeit ,,Pikanterien“ veröffentlichte, nach dem Beispiel des ,,Le Journal Amusant“, das diesbezüglich als ideales Muster galt. Auf dieselbe französische Quelle verweist auch die Rubrik *Entre nous*[8] mit Antworten auf Leserbriefe.

Die strengen Redakteure hatten höchst selten Gelegenheit, an die Zuschriften höchstes Lob zu verteilen. Nur in Ausnahmefällen wurden Beiträge ,,herrlich“ oder ,,glänzend“ und einige Mitarbeiter ,,talentiert“, ,,zügig“ oder ,,reich an satirischem Schwung“ genannt. Gewöhnlich waren insbesondere die Verse ,,schlecht“, ,,farblos“, ,,sehr schwach“, ,,primitiv“ oder ,,krankhaft“ und die Zeichnungen ,,unbrauchbar“. Manchmal wurden die

[8] ,,Vulturul“ aus Oradea bringt ebenfalls das französische ,,Journal Amusant“ mit dem ,,Magyar Figáró“ in Verbindung, und die Charakterisierung des letzteren als ,,das solideste und moralischste humoristische Blatt“ enthält eine ironische Anspielung auf dessen vorsichtig-zurückgehaltenen Ton (VI, 1897, Nr. 22, S. 6; Nr. 28 und 29, S. 10–11).

Schreiber auf „leichtere Themen" hingewiesen, den humoristischen Kalendern empfohlen oder ganz einfach abgewiesen und mit mehr oder weniger scharfer Ironie behandelt. In den Redaktionen der ungarischen und rumänischen Blätter wurden die Zuschriften „berichtigt", „hergerichtet", „zurechtgestutzt", „wie der Hanf gebrochen" und „geglättet" oder „gehämmert."[9]

Die satirischen Zeitschriften aus Pest hatten zahlreiche Gefolgschaft unter den Ungarn und Rumänen, aber auch unter anderen Nationen aus dem Herrschaftsbereich der Habsburger. Die Leser von „Umoristul" und „Gura satului" waren außer ihrer Unterschiedlichkeit in bezug auf ihre soziale Position, auf Beruf und Geschlecht nicht nur Rumänen, sondern oft auch Ungarn oder Deutsche, denen die Redaktion in den entsprechenden Rubriken in ihrer Muttersprache antwortete. Die ungarischen satirischen Blätter verzeichneten ihrerseits ebenfalls bei den Leserzuschriften zahlreiche Ortschaften aus Transsilvanien (Sighet, Baia-Mare, Zalău, Oradea, Arad, Timișoara, Lugoj, Cluj, Turda, Tg. Mureș, usw.), was zweifellos auch auf rumänische Leser hinweist. Übrigens zeigten manche Redakteure diesen gegenüber eine gewisse Nachsicht, um sie auch weiterhin unter den Abonnenten zu bewahren. So hütete sich zum Beispiel Kálmán Tóth über die „Arader" zu witzeln, da er unter ihnen 80 Abonnenten hatte.

Die Anziehungskraft der satirischen Presse aus Pest läßt sich in erster Linie durch die Stellungnahmen erklären, die für alle Völker unter österreichischer Herrschaft von Interesse waren. Die Rumänen, Serben, Slowenen, Kroaten usw. waren hingerissen von der nonkonformistischen Haltung der ungarischen satirischen Periodika gegenüber den Ansprüchen der Wiener führenden Kreise auf Vorherrschaft. Sie entdeckten mit Genugtuung in den Seiten von „Üstökös", „Fekete Leves" oder „Kikeriki" Feindlichkeiten gegen die österreichische Herrschaft oder in den Spalten von „Ludas Matyi" und „Chárivári" die Verurteilung des dualistischen Kompromisses. Die Folgen des dualistischen Paktes wurden sowohl in „Gura satului" als auch „Ludas Matyi" durch Zeichnungen angezeigt. Beide Zeitschriften verkündeten ihren gemeinsamen Standpunkt durch Illustrationen, welche die „Beerdigung" der Selbständigkeit Ungarns und Transsilvaniens durch die Unterzeichnung der Vereinigung darstellten.[10] Die Skizzen in „Üstökös" und „Ludas Matyi" bezogen sich auf die ungleiche Verteilung der Pflichten unter den Völkern Österreich-Ungarns. Darauf zielten auch die Anspielungen in Vers und Karikatur aus „Gura satului". Die Zeichnungen des „Kikeriki" beschuldigten die Österreicher der Plünderung Ungarns und suggerierten das Ideal der Unabhängigkeit, während der Dialog zwischen „Német Miska" (Deutscher Michel) und „Magyar Miska" (Ungarischer Michel)

[9] „Magyar Figáró", IV, 1886, Nr. 16, S. 8; Nr. 17, S. 8; Nr. 19, S. 8; Nr. 27, S. 8; Nr. 29, S. 8; Nr. 34, S. 8; V, 1887, Nr. 7, S. 10; Nr. 14, S. 7; Nr. 18, S. 7; Nr. 22, S. 7; Nr. 25, S. 7; Nr. 30, S. 7; Nr. 31, S. 7; Nr. 44, S. 7; Nr. 51, S. 7; „Umoristul", III, 1865, Nr. 26, S. 131; Nr. 28, S. 139; Nr. 33, S. 159; „Gura satului", VII, 1869, Nr. 3, S. 11; XI, 1871, Nr. 46, S. 182; XII, 1872, Nr. 27, S. 108; XIII, 1873, Nr. 7, S. 28; Nr. 14, S. 56; „Füles Bagoly", I, 1865, Nr. 3, S. 12; „Chárivári", I, 1875, Nr. 13, S. 104; „Kikeriki", II, 1898, Nr. 3, S. 7.

[10] „Gura satului", V, 1867, Nr. 25, S. 136; „Ludas Matyi", I, 1867, Nr. 1, S. 5.

im ,,Üstökös" die Rivalität zwischen den Österreichern und den anderen Völkern des dualistischen Regimes aufdeckte.[11]

Die ungarischen und rumänischen Blätter beschäftigten sich eingehend mit den Gebrechen des neuen Systems in ihren Auswirkungen auf das parlamentarische Leben und auf die Wahlordnung. ,,Ludas Matyi" brachte Nachrichten ,,Von der Parlamentsgalerie", und ,,Bolond Istók", ,,Chárivári" oder ,,Kikeriki" gebrauchten denselben Spitznamen (,,Mameluken") für die opportunistischen Parlamentarier, wie die rumänischen satirischen Zeitschriften. Die satirische Presse verdammte in beiden Sprachen mit gleicher Energie die Wahlsitten. Diese Angriffe sammelten sich sowohl im ,,Ludas Matyi" und ,,Chárivári" als auch in ,,Gura satului" und ,,Calicul" in Versform unter so suggestiven Titeln wie *Lieder* und *Erinnerungen der Wahlhelfer*. In ,,Borsszem Jankó" erschien eine Zeichnung mit dem Thema *Die Wahlhelfer nach den Wahlen*, welche fast identisch ist mit den *Souvenirs von den Wahlen* aus ,,Gura satului". (Siehe Abb. S. 310 u. 311.) Die Gestalt des ,,Wahlhelfers" ist aus der Presse jener Zeit nicht wegzudenken, und wir treffen sie auch bei dem ungarischen Künstler Jankó János in der Pester Zeitung ,,Vasárnapi Újság" (,,Sonntagszeitung") an. [12]

Die Feststellungen der satirischen Periodika bezüglich der schwierigen finanziellen Lage, in welcher der Staat sich befand und die als Folge der Auslieferung an den preußischen Kapitalismus ausgelegt wurde, boten Gelegenheit zu ähnlichen Schlußfolgerungen. Eine Karikatur aus ,,Füles Bagoly" erinnert an eine Zeichnung aus ,,Umoristul", in der die *Kasse*, d.h. die Schatzkammer, als leere Kiste dargestellt wurde.[13] Die Strussberg-Affäre, der die rumänischen Blätter umfassende Kommentare widmeten, beschäftigte auch den ,,Borsszem Jankó". Auch im Falle der antiklerikalen Stellungnahmen lassen sich einige Annäherungen zwischen den satirischen Zeitschriften aus Pest feststellen. Die Vorbehalte des ,,Umoristul" oder ,,Gura satului" gegenüber der rumänischen Kirche beider Konfessionen zeigen Ähnlichkeiten mit Jankós Zeichnungen aus ,,Bolond Miska", die Dorfpfarrer oder Bischöfe abbilden. Gemeinsame Standpunkte bezogen diese Blätter auch hinsichtlich der Ereignisse der Jahre 1870/71 in Frankreich. Sowohl die ungarische als auch die rumänische Presse widmete ihnen besondere Aufmerksamkeit, verbunden mit einer meist zustimmenden Haltung. Dementsprechend sind die Verse Jókais (unter dem Pseudonym Carinus) aus ,,Üstökös" ein Loblied auf die Pariser Kommune, wie auch die wahrscheinlich von Appelrath stammenden Zeichnungen aus ,,Ludas Matyi". ,,Gura satului" gab seiner Solidarität mit der Sache der französischen Arbeiterschaft konsequent Ausdruck und bereute ehrlich, daß ,,die Republik und die Freiheit" des französischen Volkes erwürgt worden waren. ,,Borsszem Jankó" veranstaltete seinerseits richtige Sympathiekundgebungen für die Kommune und ,,Bolond Miska" verurteilte nachträglich trotz gewisser Anfeindungen die Terrorakte gegen die Kommunarden.

[11] ,,Üstökös", XI, 1868, Nr. 2, S. 12 f.; Nr. 17, S. 132 f. ,,Kikeriki", I, 1897, Nr. 3, S. 5; ,,Gura satului", V, 1867, Nr. 37, S. 196; Nr. 41, S. 209.

[12] ,,Borsszem Jankó", II, 1869, Nr. 65, S. 123; ,,Gura satului", VII, 1869, Nr. 25, S. 100.

[13] ,,Umoristul", III, 1865, Nr. 21, S. 112; ,,Füles Bagoly", I, 1865, Nr. 18, S. 77.

Die Beziehungen zwischen den ungarischen und rumänischen satirischen Zeitschriften können auch durch die zahlreichen gegenseitigen Hinweise belegt werden. Manche rumänische Blätter („Tutti frutti" und „Gura satului") kommentierten Witze und Zeichnungen aus „Bolond Miska" und „Borsszem Jankó", andere wieder („Tutti frutti" und „Umoristul") stritten lustig mit „Bolond Miska" und „Fekete Leves", während „Gura satului" gelegentlich darauf aufmerksam machte, daß die deutsche oder ungarische Presse „Witze und Satiren" aus den eigenen Seiten abdrucke.[14]

Die ungarischen Blätter waren ihrerseits gut informiert über alle Ereignisse, die die Rumänen betrafen. Diesbezüglich zeichnete sich „Üstökös" aus, der vieles dem vorurteilslosen Geist Jókais verdankte, so wie dieser klar hervortritt in der Feststellung: „Das rumänische Volk ist keinem seiner Nachbarn feindlich gesinnt, umso weniger den Ungarn..."[15]

In seinen Beiträgen zur Krönungsfeier vergaß der „Ludas Matyi" auch die rumänischen Abgeordneten nicht, die an den Festlichkeiten unter der Leitung Balomiris teilnahmen, den auch die rumänischen Blätter aus demselben Grund angegriffen hatten. Das Gedicht *Kedves testvéreinkhez* (*An unsere lieben Brüder*) aus „Fekete Leves", „übersetzbar ins Kroatische, Serbische, Rumänische, Sächsische u. a.", warnte vor der Diversionspolitik der Habsburger:

„Persze hogy jobb lesz Bécs mint Pest,
Ott igérnek mennyországot:
Mindenféle nemzetiség
Kap különvált kis országot..."

„Gewiß ist Wien besser als Pest,
Dort wird das Paradies versetzt:
Jede Nation hat zuguterletzt
Sich dort ein winziges Ländchen besetzt..."

Neben einer Karikatur, in welcher die Idee des Gedichts erneut auftauchte, versuchte eine andere Zeichnung die „rumänischen Brüder" davon zu überzeugen, daß die konservativen Politiker den „Zeitgeist" nicht ignorieren könnten. Die rumänischen Verhältnisse beschäftigten auch den begabtesten Zeichner der ungarischen Blätter, János Jankó. Sie regten ihn zu den Illustrationen in „Hazánk s a Külföld" („Heimat und Ausland") an, wo unter dem Titel „Bukareszti életképek" („Bukarester Szenen") auch Rumäninnen in Volkstracht auftauchen.

Trotz aller Meinungsverschiedenheiten zwischen der rumänischen und ungarischen Presse in Pest kennzeichnet doch eine gewisse Herzlichkeit das Verhältnis zwischen den humoristischen Blättern. So z.B. übermittelte „Füles Bagoly" bei ihrem Erscheinen dem Gefährten „Umoristul" den komischen Glückwunsch: „Da Dumnezó norok și bány mult și szinetátye bunje!" („Gebe Gott Glück, viel Geld und gute Gesundheit!"), — wobei

[14] „Gura satului", XI, 1871, Nr. 21, S. 8; „Borsszem Jankó", IV, 1871, Nr. 163, S. 613; Nr. 174, S. 728; „Tutti frutti", I, 1861, Nr. 1, S. 30, Nr. 2, S. 54; „Umoristul", III, 1865, Nr. 29, S. 142; „Gura satului", XIV, 1874, Nr. 48, S. 186; XV, 1875, Nr. 2, S. 7.

[15] Jókai Mór Öszes művei. Cikkek és beszédek 1850—1860. Bd. V, T. II, Budapest 1968, S. 162.

die ungarische Schreibweise dem rumänischen Text den Ton des Ungarischen verleiht.[16]

In ihrer Ausrichtung auf Humor und Satire griffen die ungarischen und rumänischen Periodika aus Pest zu ähnlichen Mitteln, um ihre Absichten zu verhüllen oder den Wagemut ihrer Ansichten zu dämpfen. Sie verwendeten sowohl den Vers (in der Satire, dem Epigramm, der Parodie usw.) als auch verschiedene Formen der Prosa und der Dramatik (Brief, Witz, Anekdote, Aphorismus, komische Einakter u.). Die Mitarbeiter der ungarischen satirischen Blätter teilten mit ihren rumänischen Kollegen die Bewunderung für die Volksdichtung, in deren Manier sie Lieder schufen, die meist von Zeichnungen begleitet wurden, sogenannte *illusztrált népdalok* (illustrierte Volkslieder).

Zahlreichere Beziehungen lassen sich jedoch im Falle der Prosatexte feststellen. Hintergründige Briefe wie jene aus „Tutti frutti", „Umoristul" und vor allem „Gura satului" (*Păcală an Tăndală, Şiandricu an Todorica* usw.) finden wir auch in Jókais Blättern, unterzeichnet von Tallérossy Zebulon, Kakas Márton, oder im „Kikeriki" unter dem Namen Pipacs Mihály und im „Bolond Istók" an den Bruder der Titelgestalt, an Tejfölösszájú Jankó, gerichtet. Die Aphorismen und Witze wurden überall in Sonderrubriken gruppiert: *Umoristiade* (Humoristiaden), *Picături de holeră* (Choleratropfen), *Prorociri* (Weissagungen), *Treanca—Fleanca* (Larifari) bei den Rumänen und *Tutti frutti, Bombons, Pêle-mêle, Larifari* oder *Bittere Tropfen, Borsszemek, Bolond Miskaságok* usw. bei den Ungarn und Österreichern.

Gelungene Prosastücke gehören zu den Ausnahmen und stammen von solchen Autoren wie Jókai oder Slavici. Selbst die meistgepflegten Gattungen, wie die Anekdote, der Schwank oder die Humoreske blieben meist auf niedrigem Niveau, waren jedoch beim Publikum der Zeit beliebt, auch wenn ihr Humor fragwürdig war und lebenswichtige Probleme verschleierte.

Die Dramatik kam seltener zu Wort, ist aber durch kleine Komödien oder Tragikomödien sowohl in „Gura satului" als auch im „Ludas Matyi" und „Fekete Leves" vertreten.

Als Ausdrucksform wurde der Dialog bevorzugt. *Ama bizonyos politikus csizmadia beszélgetése feleségével* (Gespräch des gewissen politischen Schustermeisters mit seiner Frau) von Jókai, *Politikai diskurzus* (Politischer Diskurs) aus „Ludas Matyi", *Párbeszéd* (Zwiegespräch) zwischen *Bikficz* und *Ostoba* in „Bolond Istók", der Dialog zwischen *Tónigróf* und *Stefigróf* aus „Chárivári" usw. sowie die Gespräche zwischen *Tanda und Manda, Treanca und Fleanca, A und B, Transcarpatinul und Ciscarpatinul, Ciurilă und Borilă* u. a. werden meist von kleinen Illustrationen begleitet.

Neben dem Dialog steht öfters das Portrait im Stil der Groteske. Den Portraits aus „Borsszem Jankó" und „Nagy Tükör" entsprechen diejenigen des *Pantheon* in „Gura satului" und die *Zeitgenössischen Portraits* in „Calicul". Die karikaturistischen Dimensionen mancher Portraits werden außer der Zeichnung noch durch die geistreichen und suggestiven Benennungen

[16] „Fekete Leves", I, 1861, Nr. 17, S. 65; Nr. 25, S. 100; Nr. 30, S. 120; „Hazánk s a Külföld" I, 1865, Nr. 52, S. 824—826; „Borsszem Jankó", II, 1869, Nr. 59, S. 66; „Füles Bagoly", I, 1865, Nr. 6, S. 23.

Március 28. 1869. Borsszem Jankó 123

Kortesek a választás után.

betont. Die Eigennamen der Briefschreiber oder Dialogpartner stammen meist aus dem Bereich der Volksdichtung und verbinden sich in der satirischen Presse mit bestimmten Symbolgestalten (so etwa *Păcală* und *Tăndală*, *Treanca-Fleanca*, *Stan Păţitul* in den rumänischen Blättern und *Mokány Berci* in „Borsszem Jankó" oder *Paprika Jancsi* in „Fekete Leves"). Von hier wurden diese Gestalten, bedeutend angereichert, der Volksdichtung „zurückerstattet".

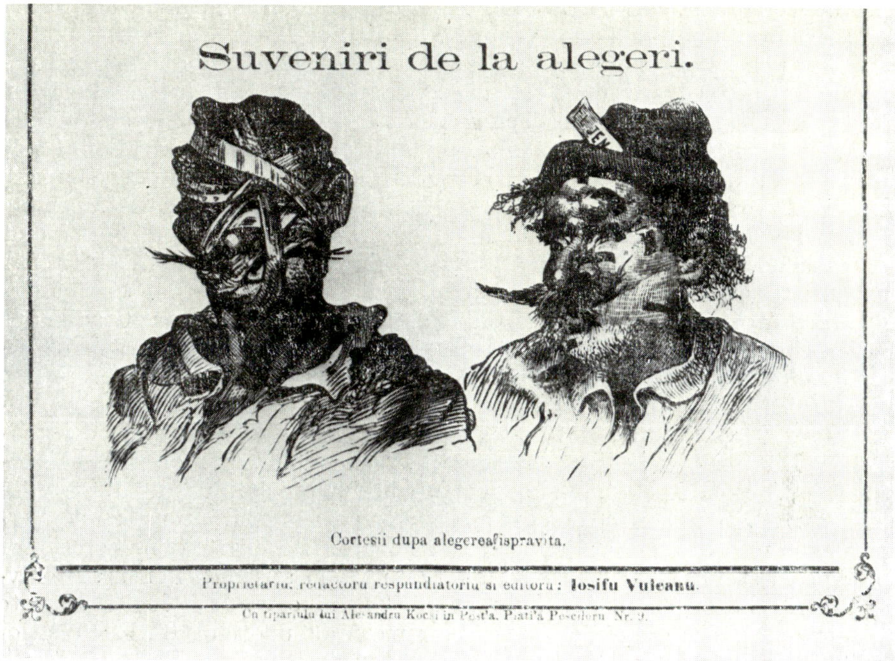

Der Durchsetzung von Ideen dienen innerhalb der satirischen Presse eigene Mittel, die auf besondere, figurative Art die Mitteilungskraft erhöhen, und die ein ungarischer Forscher treffend „virágnyelv" („durch die Blume") genannt hat.[17]

Die Beziehungen zwischen den Pester satirischen Blättern ermöglichten den Publizisten aus den Reihen der verschiedenen Nationalitäten auch gegenseitige Anregungen in bezug auf die Bereicherung und Verfeinerung der Gestaltungsweisen. So gesellte sich zum Gedankenaustausch auch ein Tausch spezifischer, meist aus der Folklore stammender Gestaltungsmittel. So gelangten die Publizisten dieser Zeitschriften dazu, gleichermaßen die Wirkungen des Kalauers, der Maxime, der direkten Anspielung, der mutigen

[17] Vgl. Gazdag, Lajos: Az önkényuralom és a Tóth Kálmán Bolond Miskája. In „Katholikus Szemle", Bd. XXIII, Heft I, 1909, S. 397–411, 494–508.

Insinuation und der sensationellen Nachricht auszunutzen. Die zahlreichen Richtungen in der Kritik wurden oft durch verwandte Stilmittel erzeugt, wie den originellen, vieldeutigen Vergleich, die Allegorie, das prägnante Epitheton, den bunten Ausdruck, das Sprichwort oder die bildhafte Redewendung aus der Umgangssprache. Die Vielheit dieser Mittel ergab einen besonderen Reichtum an Tönen und Nuancen. Anfangs, als 1848 „Chárivari" die Reihe der ungarischen satirischen Blätter eröffnete, richtete es sich nach dem gedämpften Ton etlicher österreichischer oder französischer Zeitschriften und versprach, seine Leser mit Hilfe des Humors und nicht der Satire zu unterhalten und nach dem Vorbild Saphirs nur Lächeln hervorzurufen.[18] Obwohl auch später noch der „Magyar Figáró" (1883) den humoristisch-unterhaltsamen Charakter von Gusztáv Laukas Blatt beibehielt, zeigten die ungarischen und rumänischen Periodika im allgemeinen während des Kampfes für nationale und soziale Freiheit, in ihrer Glanzzeit also, betont politische und satirische Züge, insbesondere im Falle von „Bolond Miska", „Fekete Leves", „Gura satului" und „Calicul". In ihren Blättern überwog die scharfe Ironie, die boshafte Anspielung, die giftige, dem Sarkasmus nahestehende Satire im Vergleich zum leichten Witz, zum feinen Humor oder zur ausgewogenen, gemilderten Ironie. Ebenso herrschte der unbändige, aggressive Ton gegenüber dem gedämpften, zurückgehaltenen. Gerade aus diesem Grunde gerieten die ungarischen und rumänischen satirischen Zeitschriften des öfteren in Konflikt mit den Bestimmungen des Pressegesetzes.

Bei einer Debatte über das Pressegesetz erklärte der rumänische Abgeordnete Iosif Hodoş 1867, daß einige Paragraphen dieses Gesetzes die satirischen Blätter unmittelbar beträfen: „Wehe euch, humoristische Zeitschriften, ‚Bolond Miska', ‚Kakas Márton' und ‚Gura satului', ihr alle werdet eingesperrt". Manche Redakteure sahen sich gezwungen, ihren Lesern Verspätungen und das Fehlen einiger Karikaturen zu begründen. Selbst der wendige „Üstökös" hatte Schwierigkeiten mit der strengen Zensur. Archivdokumente bezeugen in den Jahren 1861/62 seine wiederholten Konflikte mit der Obrigkeit, die einige seiner Nummern als unerlaubte „Provokationen" bezeichnete.[19] Noch viel mehr bekam der streitlustige „Bolond Miska", den die Herrschenden als „schreckliches Hetzblatt" betrachteten, die Strenge der Zensur zu spüren.[20] Im Laufe des Jahres 1861 wurde der Redakteur vor Gericht zitiert und nach seiner Verurteilung durch Győző Szokoly ersetzt.[21]

[18] Vgl. Imre, Sándor: A néphumor a magyar irodalomban. Budapest 1890, S. 154. Beziehungen zur deutschen Presse werden auch von einigen rumänischen Blättern bezeugt. So zum Beispiel möchte „Gura satului" dasselbe Format wie der „deutsche Humorist aus Wien", „Der Floh" haben. In „Umoristul" erscheint neben *Pista* und *Ion* auch *Michel*, und aus „Calicul" ist ersichtlich, daß in Bukarest die *Kalender* „des Hans Jörgel" sehr bekannt waren („Gura satului", XVI, 1876, Nr. 11, S. 36; „Calicul", V, 1885, Nr. 10, S. 218).

[19] Vgl. T. Păcaţian: *Cartea de aur.* Bd. IV, Sibiu 1906, S. 155; Ungarisches Nationalarchiv. Neugegründete Statthalterei (1861—1867), Präsidialakten, D. 191, Jg. 1861, 9146 IV B, Blatt 1—8, 6842; IV B, Blatt 1—4, 3417 IV B, Blatt 1—8; Jg. 1862, 1425 IV B, Blatt 1—10, 9556 IV B, Blatt 1—6.

[20] Ibid., D. 191, Jg. 1861, 4709 IV B, Blatt 1—2, 5536 IV B, Blatt 1—4, 12437 IV B, Blatt 1—10; vgl. auch Dezsényi, Béla—Nemes, György: a. a. O., S. 141.

[21] Ungarisches Nationalarchiv . . ., D. 191, Jg. 1861, 13795 IV B, Blatt 1—7.

Im selben Jahr wurde auch der Redakteur von „Fekete Leves“ verurteilt, für den die Drucker Poldini und Noseda und danach seine Landsleute Mór Jókai, Kálmán Tóth, Zsigmond Kemény und andere bürgten. In der Redaktion vertrat ihn Arnold Vértesi, der aber nur noch zwei Nummern herausbringen konnte, weil die Zeitschrift bankrott ging. Als Vulcan das Gefängnis von Vác besichtigte, stellte er fest, „der älteste Einwohner war von allen der Redakteur des humoristischen Blattes ‚Ludas Matyi‘ “.[22]

Auch die rumänischen Periodika aus Pest haben die Strenge des Pressegesetzes kennengelernt. Im ständigen Verdacht, klagte „Tutti frutti“: „Dieser Tage wurde er arg am Ohr gezogen, weil er ungezogen war.“ Auf dieselbe Situation verweist auch eine Karikatur in „Üstökös“, auf der der Minister Gyula Andrássy das Blatt Jókais an den Haaren zieht. „Umoristul“ sah sich ebenfalls von der intoleranten Zensur bedroht und beschwor Vorsicht. Diese Umstände erforderten die Suche nach Mitteln und Wegen, um die Zensur hinters Licht zu führen. „Umoristul“ und „Gura satului“ tarnten ihre Aussagen in der Art der Kommentare aus I. Budai-Deleanus *Ţiganiada.* Der erstere begleitete seine Angriffe auf den Adel mit der Erklärung: „Ich sagte das alles sei in Sachsen geschehen, damit keiner denkt, daß womöglich irgendein rumänischer Bojare...“ oder „das ist alles schon lange her, aus der Türkenzeit.“ In einer Anmerkung aus „Gura satului“ wird die Übersetzung des ungarischen Wortes *szél* (Wind) folgendermaßen glossiert: „Niemand soll dahinter eine Anspielung auf den Finanzminister vermuten“, der tatsächlich Kálmán Széll hieß.[23] Trotz alldem wurden sowohl die Redakteure als auch die Mitarbeiter rumänischer Blätter in mehreren Prozessen verurteilt. Aber die Geld- und Gefängnisstrafen konnten die Publizisten der Pester satirischen Periodika nicht zur Kapitulation zwingen. Angetrieben vom Ideal der Freiheit und der nationalen Unabhängigkeit setzten sie ihre Offensive gegen das Regime unerschrocken fort.

Die ungarischen und rumänischen satirischen Zeitschriften aus Pest weisen auch in ihrer Aufmachung und graphischen Gestaltung Ähnlichkeiten auf. Im allgemeinen waren sie, wie die Wiener Blätter, kleinformatig, in Oktav („Komische Briefe des Hans Jörgel...“ „Tudós Palóc...“, „Nagy Tükör“, „Kakas Márton Albuma“, „Tutti frutti“ usw.), oder auch von größerem Zeitschriftenformat, in Quart („Figáró“, „Garabonciás Diák“, „Diogenes“, „Borsszem Jankó“, „Chárivári“, „Tarka Világ“, „Umoristul“, „Gura satului“ u. a.). Gemeinsamkeiten zeigen auch manche Titelvignetten, vor allem in „Ludas Matyi“ und „Gura satului“, die beide, ihrem Profil entsprechend, durch ähnliche graphische Mittel eine rustikale Atmosphäre zu gestalten bemüht waren. Außerdem fällt die gleiche Ausschmückung vieler Titelbuchstaben mit Menschen- oder Tiergestalten (in „Chárivári“, „Üstökös“, „Fekete Leves“, „Umoristul“ usw.) auf, zum Unterschied von den Titeln deutscher Blätter, die meist mit Blumengirlanden verziert waren (z.B. „Figaro“).

[22] Ibid., D. 191, Jg. 1861, 6086 IV B, Blatt 1–4, 6685 IV. B, Blatt 1–4, 7915 IV B, Blatt 1–4, 12601 IV B, Blatt 1–23, 14276 IV B, Blatt 19–20; „Gura satului“, VIII 1870, Nr. 3, S. 11.

[23] „Tutti frutti“, I, 1861, Nr. 3, S. 85; „Umoristul“, II, 1864, Nr. 35, S. 135, IV, 1866, Nr. 17, S. 78 f., Nr. 35, S. 150; „Gura satului“, XVII, 1877, Nr. 6, S. 23.

Die interessantesten Assoziationen ergeben sich innerhalb der Graphik dieser Zeitschriften bei den Karikaturen. Diesbezüglich gar nicht österreichisch, sondern viel eher französisch beeinflußt, widmeten die ungarischen und rumänischen satirischen Blätter den Zeichnungen besondere Aufmerksamkeit. Dadurch sollte die Satire ergänzt und die Kritik verschärft werden. Die ungarischen und rumänischen Blätter aus Pest weisen dabei Karikaturen auf, die entweder im Hinblick auf die Thematik oder auf die Gestaltungsweise Gemeinsamkeiten besitzen. Solche Übereinstimmungen zeigen sich beim Vergleich von Zeichnungen aus „Borsszem Jankó", „Ludas Matyi", „Füles Bagoly" oder „Bohóc", die zum Teil von Klič, Újházi, Stuhlmüller oder Appelráth stammen, mit denen des „Umoristul" oder „Gura satului".[24] Noch überzeugender sprechen für die Beziehungen zwischen den rumänischen und ungarischen satirischen Zeitschriften aus Pest einige identische Karikaturen in den Seiten des „Ludas Matyi", „Borsszem Jankó", „Fekete Leves" und „Umoristul" oder „Gura satului".[25]

Das Vorhandensein dieser Zeichnungen in den rumänischen und ungarischen Periodika beweist den Austausch von Materialien zwischen den Redaktionen. Solche Austausche mögen auch dadurch gefördert worden sein, daß

[24] „Borsszem Jankó", I, 1868, Nr. 48, S. 632, II, 1869, Nr. 85, S. 328; „Ludas Matyi", I, 1867, Nr. 10, S. 76; Nr. 14, S. 109; Nr. 21, S. 164 f.; Nr. 34, S. 269; II, 1868, Nr. 1, S. 5; Nr. 5, S. 36 f.; „Füles Bagoly", I, 1865, Nr. 20, S. 77; „Bohóc", I, 1861, Nr. 19, S. 66; „Fekete Leves", I, 1861, Nr. 4, S. 16; „Umoristul", I, 1863, Nr. 3, S. 12; III, 1865, Nr. 10, S. 56; Nr. 21, S. 112; Nr. 27, S. 144; IV, 1866, Nr. 11, S. 40; Nr. 28, S. 124; „Gura satului", V. 1867, Nr. 25, S. 136; Nr. 34, S. 180; VI, 1868, Nr. 32, S. 128; VII, 1869, Nr. 12, S. 48; Nr. 28, S. 112. Manchmal wurden Karikaturen zu demselben Thema je nach dem Profil der Zeitschrift leicht verändert. So etwa im Falle der beiden Zeichnungen mit der Darstellung des „Begräbnisses der Autonomie" in „Gura satului" bzw. „Ludas Matyi" mit den Besonderheiten eines orthodoxen und eines katholischen Begräbniszuges. Bei anderen Gelegenheiten tauchen kleine Veränderungen auf, welche den unterschiedlichen Zielen der rumänischen oder ungarischen Periodika entsprechen. So zum Beispiel bezieht sich die karikaturistische Darstellung von Hunden, die den Mond anbellen, in „Ludas Matyi" und „Bohóc" auf die reaktionäre Minderheit im Parlament oder auf die feindliche Opposition der österreichischen Presse, während in einer ähnlichen Zeichnung aus „Gura satului" die Hunde mit Menschenköpfen Zeitungsredakteure (Bolliac von der „Trompeta Carpaților" u. a.) darstellen, welche in der „literarischen Gesellschaft" aus Bukarest „ins Blaue bellen". Die Ungleichheit der Völker im dualistischen System wird unterschiedlich in „Gura satului" und „Borsszem Jankó" interpretiert, wobei in jeder Hinsicht verwandte Zeichnungen verwendet werden, deren besonderer Sinn jedoch durch den Begleittext präzisiert wird.

[25] Identische Karikaturen weisen vielfältige Verwendungsmöglichkeiten auf. Dieselbe Zeichnung betrifft in „Umoristul" (II, 1864, Nr. 10, S. 52) die „monstruöse Koalition", jedoch in „Fekete Leves" (I, 1861, Nr. 14, S. 56) den linken und rechten Flügel im Parlament, so wie auch Marastoni eine allegorische Löwengruppe bei verschiedenen Gelegenheiten verwendet. „Umoristul" (II, 1864, Nr. 1, S. 4) greift zu dieser äsopischen Modalität, um die Gegner des Herrschers Cuza zu belangen, „Fekete Leves" (I, 1861, Nr. 11, S. 44) verwendet sie ihrerseits gegen die Feindlichkeiten der österreichischen Presse den Ungarn gegenüber. Schließlich gleichen sich manchmal die Illustrationen aus der ungarischen und rumänischen satirischen Presse sowohl in der Bedeutung als auch in der Gestaltung (*Souvenirs von den Wahlen* in „Gura satului", VII, 1869, Nr. 25, S. 100 und *Kortesek a választás után* in „Borsszem Jankó", II, 1869, Nr. 65, S. 123 oder *Die Proklamation des Generals Murawieff* in „Umoristul", I, 1863, Nr. 6, S. 24; „Fekete Leves", III, 1863, Nr. 6, S. 24).

die meisten der besprochenen Zeitschriften in derselben Pester Druckerei gedruckt worden sind. Einige wurden im berühmten Unternehmen Gusztáv Emichs, des bedeutendsten ungarischen Buchdruckers und Verlegers, gedruckt (zeitweilig „Üstökös", dann „Bolond Miska" und „Bolond Istók" zusammen mit „Tutti frutti"). Aus der Druckerei Imre Bartalis kamen „Ludas Matyi" und „Gura satului", während Ede Poldini zusammen mit Gyula Noseda eine Zeitlang den „Ludas Matyi" und „Strigoiul" und danach „Fekete Leves" und „Diogenes" herstellten. Auch „Umoristul" entstand in einer Pester Druckerei, deren Besitzer, Vasiliu Cosma, ein fortschrittlicher Revolutionär von 1848 war und mit Lajos Kossuth und Mihály Táncsis zusammengearbeitet hatte. In dem Unternehmen eines seiner ehemaligen Angestellten, Alexandru Kócsi, ist gelegentlich auch „Gura satului" gesetzt worden. Für diese Pester Druckereien arbeiteten die Zeichner János Jankó, Karel Klič, Ferencz Újházi, Antal Marastoni, Appelráth, Stuhlmüller u. a.[26] Für die Zinkographie, die in Wien hergestellt wurde, schnitzten Károly Rusz, Zsigmond Pollák, József Huszka u.a. die Zeichnungen ins Holz. Die beiden ersteren waren Jankós engste Mitarbeiter und mit ihnen hat er auch an einigen rumänischen Blättern in Pest mitgewirkt.[27]

[26] Der Begabteste unter diesen war der in der Wiener Schule ausgebildete Jankó János (1833–1896), der in kurzer Zeit als origineller Künstler auch jenseits der Grenzen des Imperiums durch seine Mitarbeit an den „Illustrated London News" und den „Fliegenden Blättern" bekannt geworden war. Schon als Student schickte er seine Zeichnungen aus Wien nach Pest an die ungarischen Periodika „Vasárnapi Újság", „Üstökös" und „Bolond Miska". Gleichzeitig zeichnete er auch für den Wiener „Kikeriki". Als ihm Kálmán Tóth sein Blatt zur Verfügung stellte, ließ er sich 1866 in Pest nieder. Jankó arbeitete gleichzeitig für den „Borsszem Jankó" und später für den „Bolond Istók". Er wurde als Zeichner von den bedeutendsten Blättern Pests verwöhnt. Als ursprünglicher Künstler, der ein immer waches Gewissen besaß und die Technik des Zeichnens vollkommen beherrschte, hat Jankó zahlreiche Illustrationen mit großer Arbeitskraft und außerordentlicher Schnelligkeit geschaffen. Seine Neigung zur humoristischen Zeichnung führte ihn zur ausgezeichneten Darstellung von Menschengruppen und Menschentypen. Er war der populärste bildende Künstler seiner Zeit und wird wegen seines realistischen Stils als „ungarischer Hogarth" (vgl. Takács, Mária: a. a. O.) bezeichnet. An seiner Seite behauptete sich der Tscheche Karel Klič, welcher nach einer Zeit der Mitarbeit an satirischen Blättern in Brno und Prag („Vesele Listy") nach Pest kam, wo er für den „Borsszem Jankó" zeichnete. Er weilte hier jedoch nur drei Jahre lang, ging dann nach Wien und von dort nach England und Amerika. Ohne die Begabung und die Technik Jankós zu haben, zeichnet sich Klič vor allem durch Lebendigkeit, dramatische Bewegung, kämpferischen Mut seiner Karikaturen aus, die er oft mit seltener Erfindungsgabe improvisierte. Großen Erfolg hatten vor allem seine Portraits berühmter Leute und seine komischen Figuren. Selbst Jankós Kunst erfuhr durch den Kontakt mit Klič Veränderungen und wurde kräftiger, energischer, kämpferischer, was der Komik von Nutzen sein sollte. Mit Ausnahme Appelráths von „Ludas Matyi" standen alle anderen Zeichner der satirischen Blätter aus Pest (Marastoni Antal, Újházi Ferencz, Stuhlmüller usw.) im Schatten ihrer beiden großen Zeitgenossen. Die erfolgreiche Tätigkeit Jankós markiert ein goldenes Zeitalter der ungarischen Karikatur, das auch den satirischen Blättern etwas von seinem Glanz verliehen hat.

[27] Zu wiederholten Malen konnten wir feststellen, daß sich die rumänischen satirischen Zeitschriften an die Xylographen in Pest wendeten, selbst wenn sie nicht in der ungarischen Hauptstadt, sondern in Siebenbürgen erschienen. So etwa schrieb M. V. Stănescu aus Arad an seinen Mitarbeiter F. Hossu-Longin nach Pest und empfahl diesem eine Illustration „direkt unserem Xylographen in Pest" zu übergeben,

Auf Grund des Gesagten kommen wir zur Schlußfolgerung, daß zwischen den ungarischen und rumänischen satirischen Zeitschriften in Pest ständige Kontakte existiert haben, aus denen sich in der Folgezeit Beziehungen enger Zusammenarbeit herausgebildet haben. Diese widerspiegeln sich in einigen gemeinsamen Anschauungen und Zielsetzungen. Sie sind durch verwandte Stilmittel oder Gestaltungsweisen in der Kritik und vor allem durch graphische Ähnlichkeiten hinreichend belegt. Das Vorhandensein ähnlicher und sogar identischer Zeichnungen beweist die Lebenskraft solcher Beziehungen, die nicht nur gegenseitige Anregungen boten, sondern sogar bis zum Austausch von Unterlagen geführt haben.

Durch die Vielfalt und Zeitbezogenheit der behandelten Themen, durch ihre kämpferisch-kritische Haltung, ihre mutige Stellungnahme und durch die Mannigfaltigkeit der Gestaltungsmittel haben die satirischen Zeitschriften aus Pest zur Vollendung des Spezialisierungsprozesses in der Presse des Habsburgerreiches und zur Ausrichtung der Literatur und bildenden Kunst der beiden Völker auf dem Wege der realistischen Kunst wesentlich beigetragen.

---

und später bevollmächtigte er ihn, ebendort einen Vertrag mit einem anderen Xylographen abzuschließen („Gura satului", XII, 1872, Nr. 20, S. 80; Nr. 22, S. 92). Die Bilder wurden in Wien hergestellt, woher sie immer rechtzeitig eintrafen („Calicul" XVI, 1903, Nr. 3, letzte Umschlagsseite, Verso). Die Redakteure beklagten sich ständig darüber, daß „die Bilder beachtenswerte Spesen erfordern" („Vulturul", III, 1894, Nr. 13, S. 1), oder daß „der Preis der Xylographien, der Zeichner, des Holzes und des Papiers heute alle höher sind . . ." und daß man folglich, um den Lesern mehr Karikaturen bieten zu können, „außer der Arbeit auch materielle Opfer" bringen müsse, („Gura satului", XII, 1872, Nr. 49, S. 194; XIX, 1879, Nr. 3, S. 12). Angesichts der Geldschwierigkeiten, in denen sich die rumänischen und ungarischen Redakteure der satirischen Blätter befanden, sowie der hohen Preise für die Anfertigung der Illustrationen ist es natürlich, daß manche Negative zwischen den einzelnen Redaktionen ausgetauscht wurden. Vgl. dazu Sennovitz, Adolf: Emich Gusztáv 1814–1869. Budapest 1893; Szana, Tamás: Jankó János élete és munkái. Budapest 1899; Újság és könyvillusztrálás Magyarországon, in „Grafikai Szemle" 1909, Nr. 5, S. 102–105; Lyka, Károly: A magyar karikatúra úttörő mestere: Jankó János, in „Élet és Tudomány", 31. Dez. 1964, S. 2499–2502; G. F.: A magyar grafika történetéből, in „Népújság" (Eger), 1969, Nr. 164 (18. Juli), S. 5.

COOPÉRATION ENTRE LES PREMIERS SPÉCIALISTES DES BIBLIOGRAPHIES NATIONALES HONGROISE ET SLOVAQUE

EUGEN KLEMENTIS

Ludovit Vladimir Rizner,[1] un des fondateurs de la bibliographie nationale slovaque, pionnier de la bibliographie nationale retrospective et auteur de la *Bibliografia písomníctva slovenskeho* (Bibliographie de la littérature slovaque),[2] est une personne remarquable dans l'histoire de la culture nationale de Slovaquie. L'éminent bibliographe entretenait une relation continue avec son collègue hongrois Géza Petrik.[3] Quant à cette relation des questions se posent: comment est-elle née? Qui avait attiré l'attention de Rizner à Petrik? Qui avait donné l'impulsion aboutissant à leur connaissance et à leur liaison, qui devait permettre une coopération fructueuse entre eux?

La réponse se trouve dans le journal de Ludovit Vladimii Rizner, écrit à la main,[4] où il raconte (pages 7—8) en détails les circonstances dans lesquelles il avait fait connaissance de l'ouvrage de Petrik. Il y est révélé que c'était Eduard Krajnyák,[5] professeur au lycée catholique de Presbourg qui lui fit

[1] Ludovit Vladimir Rizner (1849—1913) fut le maître d'école de Nemesváralja où il est né, fit ses études élémentaires et fonctionna, après les études secondaires faites à Presbourg, Modor et Nagyröcze, durant plus de quarante ans, et où il mourut en 1913. Ayant, dès sa première jeunesse, de l'attirance pour la bibliographie, il obtiendra dans ce domaine un succès remarquable. En même temps, il fut aussi un pédagogue éminent. Les prémices de son talent ont vu le jour dans *Hlásnik* (Courrier), tandis que ses conseils pratiques d'agriculture dans *Obzor* (Horizon). C'est dans la rédaction de Rizner qu'a paru la série « Kniznica slovenského ludu » (Bibliothèque du peuple slovaque). Le meilleur de ses ouvrages est la bibliographie nationale rétrospective de Slovaquie parue en six volumes. C'est par cette œuvre que fut fondée la bibliographie rétrospective de la nation.

[2] Bibliografia písomníctva slovenského na spôseb slovníka od najstarších čias do konca r. 1900 (Bibliographie de la littérature slovaque mise au point sous forme de dictionnaire depuis les origines jusqu'à la fin de l'année 1900). En six volumes.

[3] Géza Petrik (1845—1925) bibliographe hongrois. Ses ouvrages principaux sont: Magyar könyvészet 1860—1875 (Bibliographie hongroise); Magyarországi német könyvészet 1801—1860 (Bibliographie allemande de Hongrie); Magyarország bibliographiája 1712—1860 — Bibliographia Hungariae 1712—1860; Magyar Könyvészet 1886—1900 (Bibliographie hongroise).

[4] Denník rokov 1889—1898. 4°. p. 476. Literarny archív Matice slovenskej, Martin (Archives littéraires de Matica Slovenska). Sign. C I (Rizner.)

[5] Eduard Krajnyák (1848—1924) professeur au lycée catholique de Presbourg, fut né en 1848 à Körtvélyes de Zips. Après avoir fréquenté les écoles primaires de Márkusfalva et d'Igló, il fit ses études secondaires à Lőcse et à Eger et les termina aux universités de Budapest et de Vienne. A partir de 1883, il est professeur au lycée catholique de Presbourg, où il reste jusqu'en 1907. Cette même année il se trouve mis

parvenir le premier volume de *Bibliographia Hungariae 1712–1860*,[6] le 13 juillet 1889. Ayant reçu le volume, Rizner constate aussitôt que, déjà dans cette première partie (A–G), environ 60 à 80 noms slovaques font défaut. Il forme le projet d'établir la liste des ouvrages de ces auteurs et de l'envoyer à Petrik sous certaines conditions. Si — se disait-il — ces conditions n'étaient pas respectées par Petrik, il ne tarderait pas à les publier dans *Magyar Könyvszemle.*[7] Krajnyák, ami dévoué de Rizner et grand connaisseur de ses activités bibliographiques, ne se lasse pas de l'aider dans ses recherches et c'est encore lui qui intervenait auprès des autorités des bibliothèques de Presbourg pour que les livres dont Rizner avait besoin lui fussent prêtés. Et les titres de livres ne cessent de se multiplier dans le répertoire de celui-ci. Son journal en témoigne et nous relate que le 20 juillet 1889, les titres supplémentaires dépassent déjà une centaine,[8] malgré que les recherches ne se poursuivissent que dans deux bibliothèques, dont l'une était la sienne propre, l'autre celle de la paroisse de l'Église romaine de Beczkó. Il se propose de se rendre à Besácz pour étudier les collections du monastère de Beczkó. Il travaille avec un si grand zèle qu'un mois à peine passé, le 25 juillet 1889, il possède déjà 200 titres.[9] Krajnyák, autorisé par une lettre de Rizner, se rend à Pest le 21 août 1889, fait visite à Petrik et l'informe sur la collection de titres d'ouvrages de Rizner.[10] Après quoi, par une lettre écrite à Pest, il s'empresse de mettre celui-ci au courant du résultat de sa visite chez Petrik[11], à qui il n'a pas manqué de transmettre l'adresse de Rizner. Entre-temps, le deuxième volume de la bibliographie de Petrik sort de la presse (Gy–L),[12] et Krajnyák l'envoie aussitôt à Rizner (18 septembre 1890).[13] Celui-ci se met sans tarder à l'œuvre pour le compléter. A ce temps, il a déjà plus de 400 titres.[14] Nous apprenons par son journal qu'il compte atteindre le chiffre de 500. En même temps, il s'apprête à écrire à Petrik.[15] C'est du 8 décembre 1890 que date cette lettre adressée à Petrik[16] dans laquelle il lui propose ses titres en échange d'un exemplaire gratuit de son ouvrage. La réponse de Petrik date du 16 décembre 1890.[17] Cette réponse — dont le texte et la traduc-

---

à la retraite à cause de sa sympathie pour les Slovaques. En 1918, il sollicite un poste de professeur à Szakolcza, mais en vain. Plus tard, il est recommandé au poste de lecteur à l'Université de Prague, mais sans succès, on ne l'invite pas. Il en sera de même à l'Université de Presbourg. Se trouvant sans emploi, il accepte un poste à la chambre commerciale, puis au magistrat de Presbourg. C'est dans cette ville qu'il meurt le 6 mars 1924. Ses articles paraissaient également dans les journaux et calendriers croates, allemands, russes et slovènes. Il publia dans *Budapesti Szemle*, *Katolikus Szemle*, *Westungarischer Grenzbote*, *Pressburger Tagblatt*. De 1910 à 1914, il rédige le journal *Sv. Adalbert*, et de 1916 à 1919 le *Buditel' kat. ludu*.

[6] Petrik Géza: *Magyarország bibliographiája* 1712–1860, parue en quatre volumes.

[7] Journal cité de Rizner, pp. 7–8.

[8] Ibid., p. 12.

[9] Ibid., p. 19.

[10] Ibid., p. 37.

[11] Ibid., p. 39.

[12] Le second volume de la Bibliographie de Petrik a paru en 1890.

[13], [14], [15] Journal cité de Rizner, p. 276.

[16] Ibid., p. 304.

[17] Voir l'autre lettre également publiée ici.

tion, accompagnés d'une autre lettre et de sa traduction, sont publiés ci-après — illustre la coopération dans le domaine de la vie culturelle entre les Slovaques et les Hongrois à la fin du siècle dernier.

Il faut encore mentionner que les données bibliographiques de Rizner ont été publiées en 1892, dans le quatrième volume de la Bibliographia Hungariae de Petrik.

Les lettres dont nous citons ci-après les textes complets et leur traduction française, se trouvent dans les archives littéraires de Matica Slovenska: Literarny archiv Matice slovenskej, Martin, sous la cote: Sign. A I/Rizner.

Petrik Riznernek

Budapest, 1890 december 16.[18]

Tisztelt Uram!

Becses levelét megkaptam. Egy pozsonyi tanár[19] (neve hamarjában nem jut eszembe) már a múlt évben tette nekem azt az ajánlatot t. Tanító Úr részéről s csak túlságos elfoglaltságom az oka, hogy eddig függőben maradt az ügy.

Mindenek előtt köszönöm szíves ajánlatát. Elvileg nincs ellene semmi kifogásom: kész vagyok a felajánlott címek fejében bibliographiám egy teljes példányát adni, csak azt vagyok kénytelen föltétlenül kikötni, hogy előbb meggyőződhessem, vajjon a kérdéses gyűjtemény csakugyan olyan-e, hogy én ezt nyugodtan fölhasználhatom. Mert hozzáértő emberrel lévén dolgom, nem kell említenem, hogy nagy a különbség oly címek között, amelyeket az ember a könyvekről maga ír le, és olyanok között, amelyeket mások után idézünk. – Én az első esetet teszem föl, de biztosat kívánnék tudni, mielőtt egy 60–70 frtos munkát adnék oda. Azért bizalommal fölkérem, hogy nekem a kérdéses címeket beküldeni szíveskedjék s ha azok rám nézve használhatók, bibliographiám eddig megjelent 8 részét posta fordultával [fogom] megküldeni. Ha nem használhatnám, ugyancsak posta fordultával visszaküldöm az egész gyűjteményt.

Ha ajánlatomat el tetszik fogadni, kérem szíveskedjék a már eddig kiszemelt 400 címet külön tenni, hogy ezek képezzék a próbát; a többit azután revideálnám alkalmilag.

Sajnálnám, ha bármi oknál fogva nem volna hajlandó a címeket mutatványul beküldeni; ez esetben kénytelen volnék t. Tanító Úr gyűjteményéről annál inkább is lemondani, mert említeni tetszett, hogy valamely lapban[20] szándékozik azt közzétenni s így is az ügy maga nem szenvedne semmit, mert ha nem is éppen az én gyűjteményemben, meg lenne az mentve irodalmunk részére másutt is. Ez a fődolog.

Becses válaszát az ügyben minden esetre kérve, vagyok őszinte tiszteletem nyilvánítása mellett

kész szolgája

Petrik Géza

Vár, Úri utca 6.

Petrik à Rizner

Budapest, le 16 décembre 1890[18]

Monsieur,

J'ai bien reçu votre lettre. Un professeur de Presbourg[19] (dont le nom ne me vient pas à ce moment à l'esprit) m'avait fait mention de votre proposition déjà l'année dernière, mais trop occupé, j'ai dû laisser l'affaire en suspens.

Tout d'abord, je vous remercie de votre proposition. En principe, je n'ai rien à y objecter: je suis prêt à vous donner un exemplaire complet de ma bibliographie en échange des titres offerts, à condition pourtant de pouvoir vérifier la collection et me rendre compte si les titres peuvent bien être utilisés par moi. Car, en m'adressant à un expert en votre personne, je n'ai pas besoin d'insister sur la différence qui existe entre les notices bibliographiques qu'on réunit soi-même et celles citées en seconde main. Je suppose que c'est le premier cas dont il s'agit ici, mais je voudrais en être sûr avant de vous donner un ouvrage d'une valeur de 60—70 florins. C'est pourquoi je vous prie, en toute confiance, de m'envoyer les titres en question et, s'ils se révèlent utiles pour mon œuvre, je vous ferai immédiatement parvenir les huit parties terminées de ma bibliographie. Sinon, c'est votre collection que je vous renverrai par retour de courrier.

Dans le cas où vous acceptez ma proposition, ayez l'obligeance de garder à côté les 400 notices déjà rédigées, afin qu'elles puissent servir de matériel d'essai; pour ce qui est des autres, je les contrôlerais plus tard.

Je regretterais si, pour une raison quelconque, vous refusiez de me faire voir vos notices; dans ce cas, je serais obligé d'y renoncer d'autant plus que vous m'avez écrit d'avoir l'intention de les publier vous-même dans une revue.[20] Ainsi, l'affaire ne devrait pas souffrir atteinte et, si ce n'est pas dans ma bibliographie, le matériel serait de toute façon sauvé pour la littérature, ce qui est, au bout du compte, l'essentiel.

Dans l'attente de votre réponse en toute manière, je vous prie d'agréer mes salutations distinguées

votre dévoué

Géza Petrik

[18] Dimensions de la lettre: 14,5×22,8 cm.

[19] Le professeur de Presbourg fut Edouard Krajnyák.

[20] Notamment dans *Magyar Könyvszemle* (Revue Hongroise du Livre, Budapest, 1876 —): périodique de l'histoire du livre, de l'écriture, de la presse et de la bibliographie.

Petrik Riznernek

Budapest, 1891 június 6.[21]

Tisztelt Uram!

Bocsánatot kérek, hogy még csak most küldöm a munkát,[22] de bizony annyira el voltam foglalva, hogy még csak ez a kis csomagolás is terhemre volt.

A címeket eddig csak fölületesen nézegethettem át, de, amint látszik, gondosan vannak készítve, ámbár akadtam néhányra olyanra is, amelyről meglátszik, hogy idézés után lett közölve, mint p. o. a mellékelt cím is. Mindamellett igen köszönöm az adatokat, s azon remény fejében, hogy az M—Z betűkből kapok legalább éppen annyit, küldöm a kívánt tiszteletpéldányt.

Midőn még arra kérném, hogy a pótadatokat hozzám lehetőleg augusztus végéig beküldeni szíveskedjék, mert a pótlékot szeptember elején sajtó alá akarnám adni,[23] vagyok

őszinte tisztelettel

Petrik Géza

Petrik à Rizner

Budapest, le 6 juin 1891.[21]

Monsieur,

Je vous prie de m'excuser pour ne pas vous avoir fait parvenir l'ouvrage jusqu'ici.[22] Ce retard est dû à mes occupations m'empêchant de trouver le temps même pour ce petit emballage.

Je ne pouvais pas non plus étudier de plus près vos notices, mais il apparaît au premier abord qu'elles ont été établies avec beaucoup de soin. Encore que quelques-unes, comme celle qui se trouve ci-jointe, laissent voir qu'elles avaient été prises à une citation. De toute façon, je vous remercie beaucoup de ces données bibliographiques et, en espérant d'en recevoir du moins autant des lettres M—Z, je vous envoie l'exemplaire souhaité.

En vous priant encore de bien vouloir me faire parvenir les titres supplémentaires avant la fin d'août si possible, car je me propose de les envoyer à la presse au début de septembre,[23] je vous assure d'être toujours

votre dévoué

Géza Petrik

[21] Dimensions de la lettre: 14,5 × 23,2 cm.
[22] Petrik, Géza: *Magyarország bibliographiája* 1712—1860.
[23] Le quatrième volume de la Bibliographie de Petrik a paru en 1892.

LEO FRANKEL UND SEINE BEITRÄGE IN DER SOZIALDEMOKRATISCHEN PRESSE ÖSTERREICHS

HERBERT EXENBERGER

Leo Frankel, am 24. Februar 1844 in Altofen-Neustift (rechtsufriges Stadtviertel der heutigen ungarischen Hauptstadt Budapest) geboren, ging nach der Erlernung des Goldschmiedehandwerks auf Wanderschaft ins Ausland. Er wurde Mitglied der Pariser Kommune, nahm an den Barrikadenkämpfen teil und mußte nach der Niederlage der Pariser Kommune ins Exil gehen. Am 22. August 1871 wird er als korrespondierender Sekretär für Österreich-Ungarn in den Generalrat der Internationalen Arbeiter-Assoziation gewählt. Hier zeichnete sich Frankel durch eine besondere Aktivität aus.

Sein Leben und sein Wirken für die internationale Arbeiterklasse ist ja schon eingehend behandelt worden.[1] In dieser Darstellung wird versucht, den Einfluß von Leo Frankel auf die sozialdemokratische Presse Österreichs aufzuzeigen. Folgende Zeitungen wurden nach Beiträgen von Frankel durch gesehen: ,,Volksstimme", ,,Volkswille" und ,,Die Gleichheit", herausgegeben von Viktor Adler. Sozusagen als Randgebiet wurden noch die Arbeiterkalender für die Jahre 1874 und 1875 miteinbezogen. Auch hier fanden sich zwei sehr interessante Aufsätze von Leo Frankel. Um ein anschauliches Bild über die Schreibweise von Frankel in der sozialdemokratischen Presse zu bekommen, war es notwendig, Auszüge aus seinen Beiträgen in diese Darstellung einzubauen. Die anderen sozialdemokratischen Blätter der Monarchie mußten unberücksichtigt bleiben, denn ihre Behandlung würde den Rahmen dieser Arbeit sprengen.

Die Geschichte der Arbeiterpresse ist innig mit der Geschichte der sozialdemokratischen Arbeiterbewegung Österreichs verbunden Die sozialdemokratische Presse dieser Jahre mußte gegen Schikanen, wie etwa den Zeitungsstempel, die ständige Beschlagnahme und die auftauchenden Schwierigkeiten technischer, administrativer, und redaktioneller Art und vor allem gegen die finanzielle Ungewißheit kämpfen.[2] Dadurch ist es zu verste-

[1] Aranyossi, Magda: Leo Frankel. Dietz Verl., Berlin 1957.

[2] Miersch, Klausjürgen: Die Arbeiterpresse der Jahre 1869 bis 1889 als Kampfmittel der österreichischen Sozialdemokratie. Europa Verl., Wien 1969 (Veröffentlichungen der Arbeitsgemeinschaft für Geschichte der Arbeiterbewegung in Österreich 6); Miersch, Klausjürgen: Konfiskationspraktiken österreichischer Staatsorgane gegenüber der frühen sozialdemokratischen Presse. In: Archiv. Mitteilungsblatt des Vereins für Geschichte der Arbeiterbewegung 3, 1968, S. 62 ff.; Herlitzka, Ernst K.: Zur Geschichte der sozialistischen Parteipresse in Österreich. In: Archiv . . 3.

hen, daß den meisten Zeitungen der Arbeiterbewegung nur ein kurzes Leben beschieden war.

Karl Kautsky definierte die Bedeutung der Arbeiterpresse wie folgt:

> ... Die sozialistische Theorie ist nicht ein bloßes Spielzeug einiger Intellektueller, die in der proletarischen Bewegung sonst nichts zu tun haben, sie ist vielmehr ein unerläßliches Mittel, die Kraft des Proletariats aufs höchste zu steigern, seine Opfer im Klassenkampf auf ein Minimum zu reduzieren. Das wichtigste Mittel, theoretische Einsicht den Massen zuzuführen, ist die Parteipresse, namentlich die tägliche Parteipresse ...[3]

Für wichtige Hinweise zu diesem Thema habe ich Herrn Prof. Dr. Herbert Steiner zu danken. Für die wertvolle Unterstützung danke ich noch Herrn Prof. Ernst K. Herlitzka vom Verein für Geschichte der Arbeiterbewegung, Richard Klucsarits von der Bibliothek der SPÖ und Herrn Karl Flanner vom Stadtarchiv Wiener Neustadt.

VOLKSSTIMME

Wie schon in der Einleitung bemerkt wurde, hatte die Presse der Arbeiterbewegung mit mannigfachen Schwierigkeiten zu kämpfen. Davon war natürlich auch das erste autonome sozialdemokratische Parteiorgan, die „Volksstimme", betroffen. Ihr kurzes Leben — es erschienen 17 Nummern — legt dafür ein Zeugnis ab. Als Verleger, Herausgeber und verantwortlicher Redakteur zeichnete Hermann Hartung.

Leo Frankel, seit 1867 in Frankreich lebend, schrieb für die „Volksstimme" mehrere Beiträge über die Verhältnisse in Frankreich.[4] Sie erschienen unter der Spalte „Zur Tagesgeschichte". Gleich in der ersten Nummer schrieb Frankel über Verleumdungen, die Arbeitervertreter über sich ergehen lassen mußten.

> ... Es ist lächerlich zu glauben, was unsere Bourgeoispresse schreibt, und was auch in die deutschen Journale übergegangen ist, daß nämlich in den Pariser Arbeiterversammlungen Polizeiagenten das Wort führen. Jene Männer, welche dort auftreten, besitzen zum großen Theile das volle Vertrauen der Arbeiter. Sie sprechen einfach aus, was ist, und man weiß von Ihnen, daß sie auch den Muth besitzen, von der Rednertribüne auf die Barrikaden zu steigen. Polizeiagenten werden gewiß am wenigsten daran denken, die Republik als die beste und billigste Staatsform zu empfehlen, und das Kaiserreich als die permanente Fäulnis, das permanente Unrecht zu bezeichnen...[5]

Am 25. April 1869 machte Frankel die Leser der „Volksstimme" mit dem Manifest der Pariser Sozialisten zu den bevorstehenden Wahlen bekannt.

1962, S. 55 ff.; Die Arbeiterpresse als Quelle der Geschichte der Arbeiterbewegung. Ref. Nicolae Goldberger u. Nicolae Copoiu. Koref. Kurt Koszyk. IV. Linzer Konferenz 1968.

[3] Jubiläumsausgabe der Arbeiter-Zeitung anläßlich des 30. Jahrestages ihres täglichen Erscheinens. In: Archiv ... 1, 1970, S. 9.

[4] Steiner, Herbert: Die Arbeiterbewegung Österreichs 1867—1889. Europa Verl. Wien 1964, S. 16 (Veröffentlichungen der Arbeitsgemeinschaft für Geschichte der Arbeiterbewegung in Österreich 2).

[5] Volksstimme. Organ der sozial-demokratischen Partei. Nr. 1, 1. Jg. 11. April 1869.

Ein Loblied auf die sozialdemokratische Republik und auf A. Barbès beendete diesen Beitrag.[6] In der Nummer 4 veröffentlichte die Redaktion der „Volksstimme" wieder einen Bericht von Leo Frankel über die Wahlen in Frankreich.

Die stürmischen Wählerversammlungen sind vorüber. Die Rufe: „Nieder mit dem Kaiser!", „Es lebe die Republik", „Nach den Tuilerien", sind wie der Gesang der Marseillaise einstweilen verstummt. — Es war das erste Aufflammen jenes revolutionären Geistes, der das ganze intelligente französische Volk erfüllt, und welcher der allgemeinen Nothlage, dem Ringen nach Freiheit und nach der Beseitigung der Bedrücker entspringt. Noch ist Europa ruhig, noch sind alle bedeutenden Krisen durch künstliche Machinationen vermieden worden und noch hält daher Louis Napoleon die sämmtlichen Fäden der organisierten Staatsmacht in Händen. Sein Sieg bei den Wahlen ist daher gewiß. Aber schon hat die demokratisch-sozialistische Partei in Paris ihr kühnes Haupt erhoben, sie wird Vertreter in den gesetzgebenden Körper senden, deren Macht man eines Tages kennen lernen wird. Selbst die schläfrige Opposition der alten Demokraten Jules Favre, Garnier Pagès und Cons wird aufhören, da diese Herren bereits eingesehen haben, daß sie das Vertrauen eines großen Theils des Volkes eingebüßt haben . . . Und wenn es sich darum handelt, die Sozialdemokraten zu bekämpfen, so schließen sich auch noch die National-Liberalen der sauberen Koalition von beschränkten Demokraten, Pfaffen und Particularisten an, wie wir dieß im März in Hannover und früher an anderen Orten gesehen haben. Allen Respekt vor den Schwaben, welche wenigstens stets eine streng prinzipielle Stellung angenommen haben. Gleichlicherweise sind diese Nachwehen kleinststaatlichen Krähwinkels, diese Manifestationen spießbürgerlicher Beschränktheit ohne große Bedeutung, denn die Lösung der deutschen Frage wird nur in Wien und Berlin, in den Hauptstädten des alten deutschen Reiches entschieden. Es wird daher auch in den demokratisch-sozialistischen Kreisen von Paris die Zeit herannahen, wo das Programm verwirklicht werden wird, welches der geistreiche Sozialist Rochefort unumwunden in seiner „Laterne" proklamiert hat und welches in die kurzen Worte zusammengefaßt ist: „Niederwerfung des Kaiserreiches, Verjagung der Dynastie, Aufrichtung der Republik."[7]

„Am Grabe der Junikämpfer" lautete der Leitartikel der sechsten Nummer der „Volksstimme". Obwohl er nicht gezeichnet ist, kann er durch den Stil und die genauen Kenntnisse der Materie ebenfalls als Beitrag von Leo Frankel angesehen werden. Ein paar Zeilen aus diesem Artikel wollen wir nun wiedergeben.

. . . Am 21. Juni erließ der Arbeitsminister Marie ein Dekret, in welchem die Arbeiter aufgefordert wurden, in die Armee einzutreten oder sich zum Abgang in die Provinz bereit zu halten. Am 22. Juni begab sich eine Arbeiterdeputation zu dem genannten Minister, um gegen das Dekret zu protestieren. Aber dieser antwortete ihnen: „Wenn die Arbeiter nicht in die Provinzen reisen wollen, werden wir sie mit Gewalt dazu zwingen." Der Kampf war unvermeidlich geworden. Dies sahen Alle ein, welche die Aufrechterhaltung der Republik wünschten. Hatte doch bereits sowohl die provisorische Regierung, wie die National-Versammlung ihre Regierungsunfähigkeit in Fragen der inneren und äußeren Politik (Nichteintreten für Polen u.s.w.) bewiesen. Am 23. Juni, Früh 6 Uhr, versammelten sich große Volksmassen beim Pantheon. Man zog in geordneten Zügen und mit wehenden Fahnen nach dem Bastilleplatze, um der Kämpfer von 1789 und 1830 zu gedenken, dann erschallte der Ruf: „Zu den Waffen! Auf die Barrikaden!" Unterdessen hatten sich die Monarchisten, die Bourgeois und die Jesuiten dahin geeinigt, die Militärdiktatur und den Belagerungszustand zu prohlamieren . . . Am Abend des 26. Juni war die letzte Barrikade

[6] Volksstimme. Nr. 2, 1. Jg. 25. April 1869.
[7] Volksstimme. Nr. 4, 1. Jg. 23. Mai 1869.

genommen. Die Einzelheiten des Kampfes müssen wir übergehen, obwohl aus denselben hervorgeht, welcher Edelmuth, welche Begeisterung und welch' rührender Opfermuth in den Reihen der Sozial-Demokraten herrschte ... Es war nur der erste Stoß eines sozialen Erdbebens, welches über kurz oder lang unseren Erdtheil heimsuchen wird, und zwar mit voller Explosivkraft und mit einer Wirkungsmacht, womit verglichen die seitherigen, sogenannten politischen Revolutionen als wahre Kinderspiele zum Vorscheine kommen werden! Möge diese Zeit uns gerüstet finden![8]

Als letztes Beispiel über die Tätigkeit Leo Frankels als Korrespondent der „Volksstimme" möchten wir seinen Artikel aus der Nummer 7 zitieren:

In Paris beschäftigt sich der gesetzgebende Körper dermalen mit der Prüfung der Wahlen. Es zeigt sich dabei, zu welch' erbärmlichen Mitteln das Kaiserreich bereits greifen muß, um sich am Leben zu erhalten. In den Provinzen ist es vorgekommen, daß der Maire (Bürgermeister) die Stimmzettel der Demokraten anstatt in die Urne, hinter die Urne geworfen hat, dabei aber von den Wählern ertappt worden ist. Das Mißtrauen der Arbeiter, welche an vielen Orten Wache hielten bei den Wahlurnen, war also mehr als gerechtfertigt ... Die Oppositions-Deputirten werden demnächst die Pariser Unruhen zur Sprache bringen, und bezüglich des Vereins- und Versammlungsrechts folgende Interpellation einbringen: Die unterzeichneten Deputirten befragen die Regierung nach dem Grunde des Verbotes, welches auf den öffentlichen Versammlungen lastet, und verlangen die Abschaffung des Artikels 13 des Gesetzes über die öffentlichen Vereinigungen, eines Artikels, welcher folgendermaßen abgefaßt ist: „Der Polizeipräfekt in Paris und die Präfekten in den Departements können die Abhaltung jeder Versammlung vertagen, welche ihnen geeignet scheint, die öffentliche Ruhe zu stören und die öffentliche Sicherheit zu gefährden."[9]

Ein anderes Kapitel sind die theoretischen Beiträge, die Leo Frankel für die „Volksstimme" verfaßte. Unter dem Titel: „Ein belauschtes Zwiegespräch" versuchte er in acht Fortsetzungen in Form eines Dialoges Probleme der Arbeiterklasse und des Sozialismus volkstümlich darzustellen.

Wenn Klausjürgen Miersch in seiner Arbeit[10] über die „Volksstimme" ausführt, daß sie nur das Motto „Proletarier aller Länder vereinigt euch!" von Marx hätte, sonst aber ganz auf Lassalle eingestellt war, ist das doch eine zu allgemeine Feststellung. Es stimmt schon, daß Hartung und Oberwinder begeisterte Lassalleaner waren. Aber gerade Leo Frankel versuchte in seinen theoretischen Beiträgen unter anderem eine populäre Darstellung des Kapitals von Karl Marx zu geben.[11]

Wir wollen uns nun etwas eingehender die acht Fortsetzungen betrachten und mehrmals Auszüge daraus zitieren. In dem ersten Beitrag legte Frankel dem Arbeiter folgende Forderungen in den Mund:

... Und dies glauben und behaupten Sie sogar und noch dazu als ein Österreicher! Ja, dann begreife ich nicht, daß man sich gegen die Gewährung des Koalitionsrechtes sträubt, daß man nicht dem Volke überhaupt alle Freiheit wie Vereins- und Versammlungsrecht, freie Presse, allgemeines und direktes Stimm- und Wahlrecht entgegenbringt. Sehet ihr die sozialistische Idee nur als ein Hirngespinst toller Menschen an,

[8] Volksstimme. Nr. 6, 1. Jg. 20. Juni 1869.
[9] Volksstimme. Nr. 7, 1. Jg. 11. Juli 1869.
[10] Miersch, Klausjürgen: Die Arbeiterpresse ... S. 31.
[11] Marx, Karl: Das Kapital. Kritik der politischen Ökonomie. Messner, Hamburg 1867. Siehe dazu die Ankündigung in der Zeitung „Der Vorbote" Nr. 4, 2. Jg. April 1867. „So eben, als der ‚Vorbote' unter die Presse gebracht werden sollte, erhalten wir die, für unsere Gesinnungsgenossen besonders wichtige Nachricht, daß der erste Band des von Bürger Karl Marx verfassten Werks ‚Das Kapital, Kritik der politischen Oekonomie, dem Druck übergeben ist ..."

was habt ihr dann zu fürchten bei den Forderungen des Volkes, aber nein, ihr wißt gleich uns, daß die Wunden am sozialen Körper, wie dieselben von den Sozialisten geschildert werden, auch vorhanden sind, aber ihr wollt nicht, daß man sie betaste, um nicht den allgemeinen Schrei des Schmerzes hervorzurufen und deßhalb verdammt man die Sozialisten, deßhalb seid ihr Reaktionäre bis in das Tiefeste eurer Seele; Fluch sei aber Jenen, welche die Wunden schlagen, und nicht Jenen, welche dieselben enthüllen . . . Ich, der ich mich mit Stolz ein Sozialist nenne, will Ihnen sagen, was wir wollen. Erstlich wollen wir, eine gemeinschaftliche, unentgeltliche Erziehung mit Schulzwang, so daß Jedermann an den Quellen der Intelligenz seinen Sitz haben kann, wir wollen einen Staat, in welchem man das Geld, was man heute in Gefängnissen aller Art braucht, für Schulen verwenden wird . . . Lassen Sie mich doch zu Ende kommen, ich will Ihnen dann auf allen Einwendungen zu Rede stehen. Wir wollen einen Staat, in welchem, anstatt daß sich wie heute die Gewerbe-Inhaber im gegenseitigen Kriege liegen, die produzirende Klasse sich in Gruppen, beruhend auf Gegenseitigkeit verbinden werden, um brüderlich die Früchte ihrer Arbeit zu theilen d.h. jeder nach seinem Verdienst; einen Staat, in welchem die verschiedenen Ämter nicht nach der Verschiedenheit der Adelsdiplome oder Reichthümer, sondern nach den Gesetzen der menschlichen Natur, nach der Verschiedenheit der Anlagen und Fähigkeiten vertheilt werden, endlich einen Staat, in welchem man nicht seine Überlegenheit auf dem Schlachtfelde zeigen wird, nicht den Wetteifer in der Vervollkommnung mörderischer Waffen sondern in der Intelligenz, in der Vervollkommnung und Verfeinerung landwirthschaftlicher und industrieller Erzeugnisse bestehen wird. In einem solchen Staat werden aber auch die Besten und Intelligentesten die Führer des Volkes sein, aber auch nur die Führer, um denselben zur Freiheit, Gleichheit und Brüderlichkeit den Weg voranzugehen, und die frei vom Volke gewählt werden. Das wollen die Sozialisten und wer nicht vom niedern Egoismus gelähmt ist, hat mitzuwirken an dem Baue der Brücke, die zu diesem Volksstaat führt . . .[12]

Ganz im Sinne des Wahlspruchs ,,Wissen ist Macht und Bildung macht frei" ruft der Arbeiter aus:

. . . Wie wollen Sie, daß die Masse des Proletariats auf and'rer Stufe stehe, daß derselbe intelligenter, charakterfester und selbständiger sich zeige. Hat man dieselben schon als Kinder dazu erzogen? Männer geworden, konnten sie sich Zeit ihres Lebens mit etwas Anderem beschäftigen, als nicht Hungers zu sterben? Sind die Schätze der Wissenschaft denselben zugänglich? Ist nicht die Erziehung gleich den übrigen Reichthümern ungerecht vertheilt? Alles ist in unserer Gesellschaft monopolisirt . . .

Scharf rechnete Leo Frankel in der gleichen Fortsetzung mit den Kapitalisten ab, wenn er sagte:

Unser Auftreten gilt aber nicht dem Kapitale sondern dem Übermuthe der Kapitalisten. Mögen dieselben Alles, was sie durch unsern Schweiß in Gold verwandelt, in ihre Taschen schoben, behalten. Wir wollen den Kapitalisten nur bitten, sich in jenen Ländern anzusiedeln, wo noch Sklaverei herrscht, denn wir europäischen Arbeiter und bedenken Sie wohl, die intelligenteren zugleich haben es endlich satt, Kapitalien zu schaffen, die in unserer ganzen Produktionsweise, seiner Concurrenz genöthigt werden, auf das Elend des Volkes neue Kapitalien zu schmieden. Wollen wir hier halbwegs Linderung schaffen, müssen wir uns überall ohne Hindernisse verbinden können . . .[13]

Bereits in der dritten Fortsetzung werden wir schon mit dem Werk von Marx ,,Das Kapital" bekannt gemacht.

[12] Volksstimme, Nr. 3, 1. Jg. 9. Mai 1869. Der erste Beitrag wurde von Leo Frankel am 1. Mai 1869 in Paris geschrieben.
[13] Volksstimme. Nr. 4, 1. Jg. 23. Mai 1869.

... Wodurch entsteht neues Kapital? Es kann nur dadurch entstehen, daß Sie den vorhandenen Produkten Etwas zusetzen, dessen Werth sie möglichst gering zu erhalten und möglichst hoch wieder zu verkaufen. Dieses Etwas ist die Arbeitskraft. Da er diese Kraft nicht verbrauchen kann an sich allein, setzt er ihr Produktionsmitteln zu, oder besser, alte Werthe. Nun begnügt sich aber nicht der Kapitalist, seine alten Werthe stets zu erhalten, er will noch Neuwerthe. Dieser Neuwerth, der nur dadurch entstehen kann, daß die Arbeitskraft nicht zu ihrem vollen Werthe gekauft wurde, ist der Schweiß der Arbeiter, welchen der Kapitalist als neues Kapital kristallisirt, und da dadurch ,,der Reiche immer reicher wird", und zwar durch den nicht bezahlten Schweiß, und nur dadurch immer mehr Macht über den Besitzer der Arbeitskraft erringt, werden Sie auch zugeben müssen, daß jedes Atom des kristallisirten Schweißes, nur neues Kapital, dem Proletariat stets neue Massen zuführt.[14]

Zwei Zitate aus dem ,,Kapital" wurden sinngemäß von Frankel miteinbezogen: 1. ,,Das Kapital produziert eine Ware, dessen Wert höher ist, als die Wertsumme der zu ihrer Produktion erheischten Waren." 2. ,,Er will nicht nur Wert, sondern Mehrwert". Die damals gerade aktuellen Ereignisse in Paris baute Frankel in die vierte Fortsetzung ein.

Was an den Geldsack der Bourgeoisie naht, findet bei Euch Leutchen selten günstige Aufnahme. Ihr unterstützt jede Sache, wenn sie Euch materiellen Nutzen gewährt. Heute kauft Ihr kaiserlich mexikanische Papiere um einem neuen Kaiserreich gründen zu helfen, morgen betheiligt Ihr Euch an ein Anlehen, um mitzuhelfen eine eben gestürzte monarchische Regierung für künftige Zeiten unmöglich zu machen. Ihr seid bald Republikaner, bald Imperialisten oder Royalisten; bald Atheisten, bald Papisten, je nachdem Ihr Euren Nutzen sehet. Wie das Geld heute der Werthmesser der Waaren ist, ebenso ist es der Werthmesser Eures politischen, sozialen und religiösen Handelns . . . Da mußte man noch Stimmzettel fälschen, vertauschen, ja man fand Stimmzettel von Bürgern, die vor der Hauptwahl das Diesseits mit dem Jenseits schon vertauscht hatten. Ein großer, ja der größte Theil der Landbevölkerung kann nicht lesen, muß deshalb erst einen des Lesens Kundigen um Rath fragen, welches Bulletin er in die Urne werfen soll, und wohin wendet man sich am Besten, als zum Bürgermeister, Pfarrer oder Schulmeister? Ach! Sie nennen dies dann Volksstimme. Weinen könnte man ob all' dieser Niederträchtigkeit oder — wuthentbrannt die Fäuste ballen.[15]

Interessant ist der Satz, den der Fabrikant in der fünften Fortsetzung aussprach. Hier ging Frankel direkt auf die Sozialdemokratische Partei Österreichs ein. Aber lassen wir ihn selbst sprechen.

Und vergessen Sie auch nicht, besonders Sie, der Sie so voll revolutionärer Ideen sind, ,,daß der Sozialismus die Bürger zum Throne treibt" dem Fortschritt ein Hinderniß bildet, und so die goldene Sonne der Freiheit mit düsteren Wolken umhüllt, diese Sonne, ohne deren erwärmende Strahlen alle Völker in ein dumpfes Sein versinken müßten, diese Sonne, von welcher das Gedeihen eines wahren Menschenglückes bedingt ist . . .

Frankel führte in einer Anmerkung über das Zitat ,,daß der Sozialismus die Bürger zum Throne treibt" folgendes aus:

Diesen Satz sprach Herr Horn in einer hiesigen Versammlung aus. Ich benütze absichtlich diesen Satz, um meine Brüder in Ungarn — denn, wenn ich gut unter-

[14] Volksstimme. Nr. 6, 1. Jg. 20. Juni 1869. Geschrieben in Paris am 28. Mai 1869.
[15] Volksstimme. Nr. 8, 1. Jg. 25. Juli 1869. Dieser Artikel wurde auch in der Nr. 9 vom 8. August 1869 abgedruckt.

richtet bin, befindet sich Horn daselbst — Vorsicht zu rathen, bevor sie denselben beim Erscheinen in einer sozial-demokratischen Versammlung mit Eljen ! empfangen.[16]

In der letzten Nummer der „Volksstimme" erschien die sechste Fortsetzung der Reihe „Ein belauschtes Zwiegespräch".[17] Das Hauptthema dieses Beitrags waren wieder nationalökonomische Probleme. Die Fortsetzungen sieben und acht, hier speziell über den Mehrwert, erschienen in der Nachfolgezeitung der „Volksstimme", im „Volkswillen". Da sie aber eine Einheit bilden, wurden sie hier miteinbezogen.[18]

Diese kurze Darstellung über die erste autonome sozialdemokratische Zeitung Österreichs zeigt uns, welche aktive publizistische Rolle Leo Frankel hier einnahm. Völlig unverständlich ist es daher, daß Klausjürgen Miersch in seiner Arbeit über die Arbeiterpresse Österreichs Frankel mit keinem Wort erwähnt.

VOLKSWILLE

Am 30. Jänner 1870 erschien die erste Nummer des „Volkswillen". Als Herausgeber, Verleger und verantwortlicher Redakteur war zunächst Andreas Scheu allein angegeben. Während seiner Haftzeit, vom 2. März 1870 bis 8. Februar 1871, übernahm ab 12. März 1870 Heinrich Scheu die verantwortliche Redaktion.[19]

In seinen Erinnerungen beschrieb Heinrich Scheu seinen Eintritt in die Redaktion des „Volkswillen" wie folgt:

> . . . Das Redaktionslokal befand sich auf der alten Wieder Hauptstraße, in einem häßlichen Zimmer mit separiertem Eingang im zweiten Stock, dessen Fenster auf einen öden, geschlossenen Hof gingen. So selbstständig die Partei im politischen Leben auftrat, hier war sie ein Aftermieter, und zwar bei einer Witwe Kunigunde Strobl, die mit ihren zwei Töchtern die kleine Wohnung mit uns teilte. Die gute, treue Seele ! Sie war keine Genossin und auch sonst von keinen politischen und sozialen Grundsätzen belastet. Vom Sozialismus verstand sie kaum mehr als die Polizeikommissäre, mit denen wir zu tun hatten, aber sie hielt mit dem richtigen Empfinden, daß wir das Rechte wollten, zu uns. . . . Einen guten Teil des Raumes füllten Ballen von Zeitungen und primitive Gestelle mit Broschüren und Büchern. Ein unförmiger Kleiderschrank an der einen Wand, ein dürftiges Bett an der anderen, eine angestrichene tannene Kommode neben einer vorsintflutlichen Waschgelegenheit, mehrere Stühle und zwei Tische vollendeten das Inventar . . .[20]

Mit der Nummer 43 vom 27. Juni 1874 stellte der „Volkswille" sein Erscheinen ein. Wie schon bei der Darstellung der Beiträge Leo Frankels in der

[16] Volksstimme. Nr. 11, 1. Jg. 5. September 1869.
[17] Volksstimme. Nr. 17, 1. Jg. 5. Dezember 1869.
[18] Volkswille. Nr. 2, 1. Jg. 6. Februar 1870 und Nr. 10, 2. April 1870.
[19] Miersch, Klausjürgen: Die Arbeiterpresse . . . S. 41 f.
[20] Der Wiener Hochverratsprozeß. Bericht über die Schwurgerichtsverhandlung gegen Andreas Scheu, Heinrich Oberwinder, Johann Most und Genossen, neu hrsg. v. Heinrich Scheu. Nebst einer Einleitung „Zur politischen und sozialen Geschichte 1848 bis 1870" von Karl Renner, mit den „Erinnerungen von Heinrich Scheu. Ein Beitrag zur Geschichte der österreichischen Arbeiterbewegung". Wiener Volksbuchhandl. Ignaz Brand, Wien 1911, S. 167 f.

„Volksstimme“ berichtet wurde, setzte Frankel auch im „Volkswillen“ seine Korrespondententätigkeit über Ereignisse in Frankreich fort. Über seine populärwissenschaftlichen Feuilletons „Ein belauschtes Zwiegespräch“, von denen noch zwei im „Volkswillen“ erschienen, wurde schon berichtet. Wenden wir uns nun seiner Korrespondententätigkeit zu.

Am 22. März 1870 berichtete Leo Frankel über den Prozeß gegen Prinz Pierre Bonaparte. In kritischer Weise nahm er gegen die ungleiche Behandlung vor dem Gericht Stellung.

Der Mörder Victor Noir's, der Prinz Pierre Bonaparte, ist endlich vor die Richter gestellt worden; da aber ein fürstlicher Mörder immer eine hohe Person bleibt, muß man auch solche Individuen vor einen hohen Gerichtshof stellen, was auch bei dem Verwandten Napoleon III., angeklagt des begangenen Mordes an der Person Victor Noir's und des Mordversuchs an der Person Ullric de Fonvielle, Redakteur des Journals „Marsellaise“ geschehen ist. Der hohe Gerichtshof ist in Tours zusammengetreten, und haben die Verhandlungen gestern begonnen. Der Mörder wurde mit dem Eisenbahnwagen erster Classe dahin befördert, und bewohnt das Appartement des Gefängnisdirectors, wie es auch hier in der Conciergerie der Fall war, währenddem der Zeuge Paschal Grousset, Redakteur der „Marsellaise“ in einem Zellenwaggon nach Tours befördert wurde, und ein Zellengefängis daselbst bewohnt.

Man kann natürlich noch kein Urtheil fällen, welches Resultat die Verhandlungen haben werden, um so weniger man nicht wissen kann, ob der ausnahmsweise Gerichtshof nicht auch eine ausnahmsweise Beschaffenheit des Rechtsbewußtseins hat. Soviel aus der ersten Verhandlung ersichtlich ist, scheint die Unparteilichkeit, das erste Erforderniß eines Richters, keine Hauptrolle daselbst zu spielen.

Den gewöhnlichen Verhandlungen folgend, findet man immer, daß dem Angeklagten alle vorhergehenden Vergehen vorgehalten werden, die er schon auf seiner Lebensbahn begangen hat. Wir erinnern uns sogar eines Falles, in welchem einem Zeugen öffentlich bekannt gemacht wurde, daß er keine Aussagen machen kann, weil derselbe für ein Jugendvergehen — obwohl schon beinahe 30 Jahre seit dieser Zeit verstrichen waren — eine Strafe erhalten hatte. Dem Angeklagten Pierre Bonaparte wurde bloß eine Verurtheilung, welche denselben wegen der Ohrfeige traf, die er einem Greis, dem Volksvertreter Gastier, in der constituirenden Versammlung gab, vorgehalten. Von den Verbrechen, die derselbe in Rom und anderwärts begangen hat, erwähnt nur der Präsident, daß ihm in den Zeitungen gewisse Handlungen der Heftigkeit zur Last gelegt wurden, die er außer Frankreich begangen haben soll, daß aber diese Anschuldigungen irrige sein müssen.

Zu den vorliegenden Thatsachen übergehend, kam der Präsident auf das Journal „l'Avenir de la Corse“, in welchem Bonaparte einen Artikel der gemeinsten Art gegen die republikanischen Parteien richtete. Er nennt dieselben „Judase, welche in früherer Zeit von den eigenen Eltern in einem Sack ins Meer geworfen wären, Ruchlose, welchen die wahren Corsen, wenn man sie nicht zurückgehalten hätte, die Eingeweide aufs Feld geworfen hätten“. Auf diese Schreibweise bemerkte der Präsident zum Angeklagten: „Mit dem Namen, welchen Sie tragen, ist es bedauernswerth, daß Sie sich solche Ausdrücke haben entschlüpfen lassen.” Als der Angeklagte von Beleidigungen spricht, die ihm indirect zugefügt worden wären, sagte der Präsident: „Die Beleidiger hätten Sie der öffentlichen Meinung überlassen sollen, welche ehrbare Leute niemals annehmen sollten” und weiter: „Sie hätten Ausdauer gegenüber den Beleidigern, welche dem Publikum einen gründlichen Abscheu einflößen, haben und nicht diese Artikel schreiben sollen.“ Auf diese Weise, mit zarten Sammtpfötchen verlauft die ganze Verhandlung mit dem Angeklagten, der immer glauben machen will, daß man ihn erschießen wollte, und er findet in der That einen guten Beistand in der Person des Präsidenten des hohen Gerichtshofes . . . Der Zeuge Herr Grousset wurde nach kurzer Verhandlung ins Gefängnis zurückgeschickt, weil er sich Worte bediente, die den Ohren des Präsidenten unangenehm klangen.

Derselbe erzählte nämlich, als Victor Noir tödtlich verwundet vor dem Hause des Prinzen niederstürzte und man sagte, daß ein Republikaner von einem Bonaparte ermordet wurde, „da zerstreute sich die Menge mit Scheu und Kaltblütigkeit. Als ich den Schreck der Leute sah, da sie dieses Verbrechen erfuhren, fühlte ich mehr als je, wie tief Frankreich durch ein achtzehnjähriges Kaiserreich gesunken ist." Das sind doch gewiß Worte, die man unzählige Mal in den hiesigen Zeitungen finden kann. Dem Präsidenten waren diese Worte vielleicht neu, da er wahrscheinlich keine Zeitungen liest, deren Inhalt nicht für „ehrbare Leute" ist, und nur dem „Publikum einen gründlichen Abscheu einflösen". Ich glaube die Leute werden zu spät — nicht für uns — zur Einsicht kommen . . .[21]

In dem gleichen Artikel setzte sich Frankel mit der Beschlagnahmung seiner letzten Korrespondenz durch die k. k. Post und die Weiterleitung an das k. k. Landesgericht auseinander. Diese Stelle sei hier wiedergegeben, zeigt sie uns doch sehr deutlich, mit welchen Schwierigkeiten die Arbeiterpresse zu kämpfen hatte.

Ich kann auch nicht umhin, meiner letzten Correspondenz zu erwähnen, welche von der k. k. Post dem k. k. Landesgericht übergeben wurde, und trotz des Verlangens von Seite der Redaction des „Volkswille" nicht ausgefolgt wurde. Fände ich in dieser Handlungsweise eine Verletzung des Briefgeheimnisses, so könnte man mir erwidern, daß die Regierung dies zu thun berechtigt sei, wenn dieselbe vermuthet, daß der Inhalt eines Briefes gegen sie gerichtet sei; würde ich der Post eine Veruntreuung zur Last legen, insoferne berechtigt, als ich derselben 60 Centimes gab, um einen Brief an seine Adresse zu befördern, was sie nicht gethan, ein Vergehen, das um so strafenswerther ist, als ich auf sie angewiesen bin, da sie das Monopol in Händen hat, so könnte man mir entgegnen, daß das Monopol nur vorhanden sei, um der Regierung in gewissen Fällen Handlangerdienste zu leisten.

Mein Vorwurf richtet sich daher gegen das Landesgericht. Als dieses von dem Inhalt meiner Correspondenz Kenntniß hatte, mußte es wissen, daß dies kein Privatschreiben, sondern ein für den „Volkswille" bestimmter Artikel war. Dadurch, daß sich das Landesgericht meine Correspondenz aneignete, hat es sich der Verletzung des Eigenthums schuldig gemacht, denn ein Artikel ist eben so gut eine Waare, d. i. Eigenthum seines Erzeugers, wie ein Paar Stiefel Waare und Eigenthum eines Schuhmachers. Wie wäre es, wenn ich auf das Erträgniß meiner Waare gewartet hätte, um mir Brot kaufen zu können, oder wie gar, wenn ich eine Familie hätte, welche ich dem Hungertode preisgeben muß, wenn ich nicht regelmäßig den Ertrag meiner Arbeit haben kann? Ich wäre dann vielleicht gezwungen gewesen, um meine Kinder am Leben zu erhalten, einen Laib Brot zu stehlen. Ertappt, wäre ich wegen Diebstahls verurtheilt worden, meine Ehre wäre verloren und das Lebensglück einer ganzen Familie für immer zerstört und dies Alles wäre die Folge einer unrechtmäßigen Aneignung meines Artikels von Seite des Landesgerichtes gewesen. Ich werde natürlich keine Klage beim Justizministerium anstreben, aber ich halte es für Pflicht, die Thatsachen zu constatiren.

Interessant ist sein Artikel vom 11. April 1870. Frankel zeigte uns wieder eine Gerichtsverhandlung. Diesmal aber finden wir Arbeiter auf der Anklagebank. Hier sehen wir in der Prozeßführung genau das Gegenteil zum Prozeß gegen Pierre Bonaparte.

Von den Arbeitseinstellenden in Creuzot wurden 25, worunter eine Frau (!) als „Rädelsführer" auf die Anklagebank gesetzt um folgende Verurtheilung zu hören: Signouver 3 Jahre; Dulet, Desplanches, Camberlin und Lamalle 2 Jahre; Sautier, Jean Poisot, Delory 1 Jahr und 1 Monat; Janet, Voillot, Detilleul und Dubarnaud 8 Monate; Revillot, E. Poisot, Gaudrey, Delhomme, Mongenot Vater und Sohn und Bertrand 6 Monate; Degueurse, Gerdery, Lassaigne und Batisse 3 Monate; Alemanns 2 Monate Gefängniß. Die Frau Mercier wurde (aus Milde oder Scham?) freigesprochen. Und doch haben diese Männer weder geplündert, gestohlen, gemordet! In unseren

[21] Volkswille. Nr. 10, 1. Jg. 2. April 1870.

heutigen Staaten fragt man aber auch nicht, was man gethan hat, sondern wer der Ankläger ist. Ist ein Mann aus dem Volke der Ankläger, der Angeklagte aber eine hohe Person, dann wird der Letztere freigesprochen, auch wenn er ein Mörder ist; im umgekehrten Fall wird der Angeklagte zur Kerkerstrafe verurtheilt, wenn er von seinem Rechte Gebrauch zu machen sich erkühnt. In der That, worin bestand das Vergehen der Verurtheilten? Die armen Leute waren so naiv, an eine Gleichheit der Bürger vor dem Gesetze zu glauben und meinten, daß, wenn es den Fabrikanten erlaubt sei, ihre Arbeiter zu jeder Zeit auf's Pflaster zu setzen, dieselben auch zu jeder Stunde das Recht haben, den Fabrikanten allein mit seinen Rohstoffen und Werkzeugen zu lassen. Was werden doch unsere spätern Nachkommen für Ideen sich bilden, wenn sie einmal die Geschichte der zweiten Hälfte des 19. Jahrhunderts studiren werden, und solche Exempel zur vielgepriesenen „freien Arbeit" finden werden.

Das Bemerkenswerthe ist, daß der Staat sich in derartiger Weise nur dann einmischt, wenn der Industrie-Besitzer ein Großcapitalist ist. Daß sich der Staat nicht zwischen Capitalisten und Arbeiter einmischt, wenn es sich um Überarbeit, gesundheitschädliche Arbeitslocale, Kinderarbeit handelt, ist uns nicht neu, daß er nur die Großcapitalisten in jeder Weise unterstützt, nicht befremdend; wir wollen nur damit dem Kleinmeister, der doch heute oder morgen nothgedrungen in die Reihe der Lohnarbeiter fallen wird, ein Zeichen geben, daß selbst die Regierungen nicht mehr von seiner Zukunft halten als wir, und derselbe deßhalb besser thäte, sich gleich heute mit den Lohnarbeitern zu verbinden, bevor er morgen vom eignen Elend es zu thun gezwungen wird . . .[22]

Am 2. Juli 1870 wurde Leo Frankel wegen seiner Teilnahme an einer geheimen Verbindung zu einer Gefängnisstrafe verurteilt. Am 4. September 1870, als die Pariser Arbeiter die Republik proklamierten, wurde Frankel aus dem Gefängnis befreit. Über einen Prozeß gegen 38 Personen, die wegen Teilnahme an einer geheimen Gesellschaft vor Gericht standen, berichtete Frankel am 27. Juni 1870 aus Paris.

. . . Bei der Wiederaufnahme der Gerichtssitzung theilt der Präsident mit, daß das Verlangen dem Staatsanwalt übergeben wurde, der seine Meinung darüber abzugeben hat, und daß das Gericht vor Schluß der Sitzung sich darüber erklären wird. Es wurden dann sämtliche Angeklagte nach Name, Alter und Stand befragt, und ob dieselben anerkennen, einer geheimen Gesellschaft anzugehören. Letzteres wurde von Allen verneinend beantwortet. Da wollte nun der Präsident die Frage aufwerfen, ob man zugebe, einer Gesellschaft von mehr als 20 Mitgliedern anzugehören, ohne die behördliche Erlaubniß nachgesucht zu haben; doch da demselben erwidert wurde, daß von dieser zweiten Frage in der Anklage nichts zu finden sei, sah er sich genöthigt, dieselbe zurückzuziehen. Es wurde hierauf dem Staatsanwalt das Wort ertheilt, den es zu ärgern schien, daß man nicht mit zu Erde gebeugtem Kopfe und schlaff herabhängenden Armen auf der Anklagebank erschien. „Einige Angeklagte" — sagte derselbe — „scheinen die Anklage, welche auf denselben ruht, mit einer sehr großen Leichtigkeit aufzunehmen, es ist dies von deren Seite eine sehr große Illusion, daß man sich da nicht täusche. Dieser Proceß ist sehr bedenklich, sowohl in seinen Anfängen, wie in seinen Schlußfolgerungen; er hat eine wahre politische wie sociale Tragweite und verdient von beiden Seiten eine gründliche Prüfung." Nach diesem väterlichen Mahnruf blickten wir um uns herum, um die Wirkung zu erfahren, welche derselbe auf die Angeklagten hervorbrachte und siehe: kein Kopfhängen! keine Thräne! kein Schluchzen! Kein Einziger beugte sein Knie, um reuevoll zu versichern, daß er wieder ein frommes Schaf werden wolle; o Internationale, was hast du gethan? Alle, die deinen Worten lauschen, werden zu verstockten Sündern. Die angesehensten Männer, wie Fürsten, Bischöfe, Banquiers, die sich sogar herablassen, zu sagen, „daß Armuth keine Schande sei, machen auf dieselben keinen Eindruck mehr, da muß unsere heutige Welt bald zu Grunde gehen . . ."[23]

[22] Volkswille. Nr. 12, 1. Jg. 16. April 1870.
[23] Volkswille. Nr. 23, 1. Jg. 2. Juli 1870.

Wir kommen nun zur Darstellung der Pariser Kommune, die im Leben von Frankel eine große Rolle spielte. Vom 13. Pariser Bezirk als Mitglied der Pariser Kommune gewählt, sehen wir ihn schon am 29. März 1871 in der Kommission für Arbeit, Industrie und Handel tätig. Die ersten Aktivitäten dieser Kommission, deren Vorsitz Frankel führte, waren die Abschaffung der Lohndrückerei und der Geldstrafen in den Betrieben, das Verbot von Nachtarbeit in den Bäckereien (die Arbeit durfte erst um fünf Uhr früh begonnen werden) und anderes mehr. Auch die internationale Arbeiterbewegung nahm an der Entwicklung der Pariser Kommune regen Anteil. So schrieb zum Beispiel Karl Marx an Leo Frankel und Louis-Eugène Varlin am 13. Mai 1871 unter anderem:

> ... Ich habe in Ihrer Angelegenheit mehrere hundert Briefe in alle Ecken der Welt geschickt, wo wir Sektionen haben. Die Arbeiterklasse war übrigens für die Kommune von ihrem Anfang an ...[24]

Als Beispiel für Österreich möchte ich eine Arbeiterversammlung in Wiener Neustadt zur Zeit der Pariser Kommune erwähnen, wo der Wiener Neustädter Arbeiterfunktionär Franz Johann Leitner folgendes zu den Versammelten sprach:

> ... Das Bürgertum blickt mit Entsetzen nach Frankreich, doch die Arbeiter verstehen die dortigen Vorgänge und halten sie gerechtfertigt. Die Presse fälscht die Informationen aus Paris und nennt die Kämpfer der Kommune Banditen. Doch ein Volk welches für die Ideen der sozialen Befreiung sein Herzblut gibt, kann nicht aus Banditen bestehen! ...[25]

Hier war es wieder Leo Frankel, der die österreichischen Arbeiter mit Informationen über die Pariser Kommune auf dem laufenden hielt. Voll Begeisterung schrieb er einen Bericht über die Proklamierung der Pariser Kommune an die Redaktion des „Volkswillen". Wir wollen dieses wichtige, interessante Dokument in vollem Wortlaut wiedergeben.

Die Proclamirung der socialrepublikanischen Commune in Paris. (Original. Corr. des „Volkswille") Paris, 29. März.

Die Republik, die Republik!
Wer redet von Entzweien?
Was Völkerhaß! Die Republik!
Als Freie, jochlos das Genick,
So tretten wir zu Freien!
Die Republik, die Republik.
Vive la Republique!
Freiligrath.

Unter dem Einflusse der gewaltigen Ereignisse stehend, die sich in diesen Tagen vollzogen haben, bin ich leider nicht in der Lage, Ihnen eine ausführliche Schilderung

[24] Karl Marx, Friedrich Engels. Werke, Bd. 33. Hrsg. v. Institut für Marxismus-Leninismus beim ZK der SED. Dietz Verl., Berlin 1966, S. 226 f. Siehe auch Brief von Marx an Frankel vom 26. April 1871, S. 216 f.

[25] Flanner, Karl: Vive la Commune! Wiener Neustädter Nachrichten. 26. März und 2. April 1871.

des gestrigen so freudevollen und glückverheißenden Tages zu geben. Ich habe mich, wie Sie sich denken können, nicht von einer Bewegung ausschließen können, die zum Endziel die Verwirklichung unserer Principien hat und meine jetzige Stellung ist eine solche, daß jeden Augenblick die Pflicht an mich herantreten kann, gegen den Feind zu marschiren.

Noch vor einer Stunde befand ich mich im Kriegsministerium, wo mir mitgetheilt wurde, daß die Zuaven und fanatisch-katholischen Bretonen des Bauernparlaments einen baldigen Überfall beabsichtigen. — Hier herrscht jedoch die furchtbarste Entschlossenheit, und man hofft auf einen endlichen Sieg, wenn auch bei dem Mangel an militärischen Führern im Anfange keine günstigen Resultate erzielt werden sollten. — Möglich ist es auch, daß es unseren Deputirten dennoch gelingt, im entscheidenden Momente der Versailler Regierung Concessionen abzuringen.

Ich habe in der letzten Zeit oft daran gedacht, welchen Eindruck unsere Revolution auf die Philister meiner deutschen Heimat gemacht haben möge, und da ich wußte, daß die Versailler Lügenfabrik die Zeitungen mit Nachrichten in Fülle versorgt, so habe ich mir lebhaft vorgestellt, wie die Philister in den Kaffee- und Wirthshäusern über uns schimpfen werden.

Deshalb wünschte ich gestern nichts sehnlicher, als daß Diejenigen, die aus Unwissenheit Gegner unserer Sache sind, der Proclamirung der Commune hätten beiwohnen können. Sie würden Achtung bekommen haben vor der majestätischen, Ehrfurcht gebietenden Haltung des Pariser Volkes und sie würden vielleicht im Zorne darüber, daß man ehrliche Männer der Arbeit, Plünderer und Gütervertheiler geschimpft, einige Zeitungsschreiber gelyncht haben.

Gegen drei Uhr Nachmittags begann gestern der Aufmarsch der Nationalgarden-Bataillone. Festlich geschmückt, unter dem Gesange der Marseillaise und anderer revolutionärer Lieder rückten sie heran und nahmen Stellung auf dem Stadthausplatz, in der Rivolistraße und auf dem Boulevard Sebastopol. Außer ihren Bataillonsabzeichen führten sie auch rothe Fahnen mit sich. In den Straßen wogte das Volk, sogar die rechts vom Stadthausplatze befindlichen Barrikaden waren dicht von Menschen besetzt. Vor dem Stadthause war eine rothausgeschlagene, drei Stufen hohe Estrade errichtet, die mit rothen Fahnen, phrygischen Mützen und socialistischen Emblemen entsprechend geschmückt war. Auf derselben fanden sich allmälig die Mitglieder des Centralcomite's ein. Sie trugen theils bürgerliche Kleidung, theils die Uniform der Nationalgarde-Officiere.

Um vier Uhr kündigten Kanonensalven, die sich von Zeit zu Zeit wiederholten, die Eröffnung der Feier an. Die Freude und die Begeisterung, die sich bis dahin nur auf den strahlenden Gesichtern gezeigt hatte, machte sich nun in einem ungeheuren Jubelgeschrei Luft. Das Volk schwenkte die Mützen, die Nationalgarden steckten ihre Käppis auf die Gewehre und aus der Volksmenge und dem unabsehbaren Wald von Bajonneten — es waren ungefähr 160.000 Mann Nationalgarden anwesend — ertönten die donnernden Rufe:

„Es lebe die Commune! Es lebe die Republik!"

Gleichzeitig spielten die Militärcapellen die Marseillaise. Der Horizont, der bis dahin mit Wolken bedeckt war, heiterte sich plötzlich auf und die Sonne beleuchtete mit ihren erwärmenden Strahlen das nie gesehene Schauspiel.

Es wurde nun zunächst das Resultat der Wahlen, das Ihnen bekannt sein dürfte, verkündet. Darauf hielten einzelne Mitglieder des Comite's Ansprachen, in denen sie die Bedeutung des Tages kennzeichneten. — Der Beifall, den die Nächststehenden den Rednern zollten, theilte sich der ganzen ungeheueren Menschenmasse mit; die Gewählten des Volkes wurden mit stürmischen Zurufen begrüßt. Dem grenzenlosen Jubel folgten erschütternde Scenen der Rührung. Die Augen vieler alten Nationalgardisten füllten sich mit Thränen. Es waren ja darunter Viele, die in den Junitagen 1848 und im December 1851 selbst auf den Barrikaden gestanden, die den Vater oder den Bruder im Kampf verloren hatten, die selbst die Leiden des Exils gekostet und deren Angehörige in der verpesteten Luft von Cayenne und Lambessa zu Grunde gegangen waren. — Sie sahen nun, daß ihr Ideal — die socialdemokratische Republik — Aussicht habe, verwirklicht zu werden.

Nach Beendigung der Feier fand ein Defiliren sämmtlicher Nationalgarden vor den Mitgliedern der Commune statt. — Die Nacht war bereits hereingebrochen und die

Sterne standen schon am Himmel, als die letzten Bataillone den Stadthausplatz verließen.

Der neue Gemeinderath ist nun installirt, eine erdrückende Arbeit lastet auf ihm und wahrscheinlich wird dieser Brief schon von Telegrammen überholt, die Ihnen von Kämpfen berichten werden, welche die Pariser Commune für ihre Fortexistenz durchzumachen haben wird.

Was aber auch kommen möge, der Same, der in diesen Tagen gepflanzt wurde, wird aufgehen und einen Stamm erzeugen, dessen Aufschwung keine Macht der Erde verhindern wird.

Wir haben nicht vergebens gekämpft, wenn auch die Republik noch einmal im Blute des Bürgerkrieges erstickt werden sollte. Der Tag wird kommen, wo die leidende Menschheit sich dem Socialismus in die Arme werfen muß. Wie nach dem Verfall des römischen Reiches das Christenthum trotz aller Verfolgungen und Ausrottungen seine Herrschaft errichtete, so wird auch dereinst der Socialismus über seine Feinde triumphiren.

,,Spottet des Völkleins nicht! es hat ja den römischen Adler
Eine geringere Zahl solcher Apostel gestürtzt."[26]

Nach seiner Verwundung bei den Barrikadenkämpfen im Mai 1871 flüchtete Frankel am 28. Mai 1871 aus Paris. Sein Weg führte ihn über Italien, die Schweiz und Belgien nach England. Über seine Flucht gibt es ein sehr interessantes Dokument. Es ist dies ein Brief, den Frankel am 12. Juni 1871 aus Bellagio an die Redaktion des ,,Vorboten" schrieb.[27]

ÖSTERREICHISCHER ARBEITERKALENDER

1872 erschien der erste Arbeiterkalender als ,,Wiener Arbeiterkalender", herausgegeben von J. Metall, Redakteur der sozialdemokratischen Zeitung ,,Volkswille" im Selbstverlage des Herausgebers.[28] Uns interessieren die Arbeiterkalender aus den Jahren 1874 und 1875. Diese enthalten jeweils einen Beitrag von Leo Frankel. Beide Artikel wurden in London geschrieben, wo Leo Frankel, nach seiner Flucht aus Paris, als korrespondierender Sekretär für Österreich-Ungarn beim Generalrat der Internationalen Arbeiter-Assoziation tätig war.

Im ,,Österreichischen Arbeiter-Kalender für das Jahr 1874", herausgegeben von Robert Wagner in Wiener Neustadt, schrieb Frankel im November 1873 eine Biographie von Karl Marx.[29] Geschickt wurde eine kleine Vorstellung der Werke von Karl Marx miteingeflochten. So schrieb Frankel zum Beispiel über das ,,Kapital":

... 1867 erschien das Hauptwerk von Karl Marx ,,Das Kapital, Kritik der politischen Oekonomie" (2. Auflage 1872, in russischer Übersetzung 1872, in französischer Übersetzung 1873).

Dieses Werk, wovon uns bis jetzt nur der erste Band, (828 Seiten) Buch I. ,,Der Produktionsprozeß des Kapitals" vorliegt, ist unstreitig die bedeutendste Erscheinung unserer Zeit auf dem Gebiete der politischen Oekonomie.

[26] Volkswille. Nr. 14, 2. Jg. 8. April 1871.

[27] Der Vorbote. Politische und sozial-ökonomische Monatsschrift. Zentralorgan der Sektionsgruppe deutscher Sprache der Internationalen Arbeiterassoziation. Nr. 7, 6. Jg. Juli 1871 und Nr. 8, Aug. 1871.

[28] Herlitzka, Ernst K.: Arbeiter-Kalender 1872 bis 1934. Bibliographie und Autorenverzeichnis. Hrsg. v. Verein für Geschichte der Arbeiterbewegung. Selbstverl. d. Hrsg., Wien 1962.

[29] Karl Marx als Denker und Agitator. S. 17 ff.

Wir finden in diesem Buche, abgesehen von seinem theoretischen Inhalt, die Entwicklungsgeschichte der modernen Industrie- und Grundbesitzverhältnisse seit Anfang des 16. Jahrhunderts.

Es wurde in Deutschland dem Verfasser dieses Werkes, Karl Marx und seiner Schule, oft der Vorwurf gemacht, sich nicht mit der Zukunft der geistigen, der ,,Kopfarbeiter", zu befassen. Dieser Vorwurf klingt wahrlich sonderbar, wenn man bedenkt, welch jammervolles Leben den deutschen Denkern, Dichtern und Künstlern von der bürgerlichen Gesellschaft bereitet ist. (Wir erinnern an Feuerbach.) Sollte aber unter den Kopfarbeitern jene Sorte feiler Zeitungsschreiber und Bücherverfertiger gemeint sein, die den Volksgeist zu korrumpiren suchen, wollen wir nur antworten, daß diese Art geistiger Prostitution mit der körperlichen Prostitution verschwinden wird, da sie beide nur die Früchte einer auf Klassengegensätzen beruhenden Gesellschaft sind. Es ist daher begreiflich, daß ein Mann, der diese Gesellschaft zu sprengen sich zur Aufgabe machte, sich nicht durch einen Misthaufen beirren lassen kann.

Marx zeigte die Anatomie der menschlichen Gesellschaft und hatte sich daher nicht mit den Excrementen dieser Gesellschaft zu befassen.

Diesen Arbeiterkalender widmete Leo Frankel persönlich Karl Marx. Am Vorsatzblatt befindet sich folgende Widmung: ,,A son maître Karl Marx. Leo Frankel."[30]

Im November 1874 verfaßte Leo Frankel für den ,,Neuen Österreichischen Kalender für Arbeiter vom Jahre 1875", herausgegeben von Louis Werner in Wiener Neustadt, einen Artikel über die Frauenfrage.[31] Über diese Frage schrieb Frankel:

Man hat bisher diese Frage, die doch unbedingt zur socialen Frage gehört, in den socialistischen Organen Deutschlands fast gar keiner Aufmerksamkeit gewürdigt. Da wo diese Frage behandelt wurde, hatte man sie, gleich den meisten Ideologen vom ,,christlich-germanischen" Standpunkt aus aufgefaßt. So schreibt der ,,Volksstaat" z. B. in einem Artikel zur ,,Emancipation der Frauen" (12. Juni 1874:) ,,Kommende Geschlechter werden es unserer Zeit wenig Dank wissen, daß sie, im feilen Mammonsdienst versanken, des heiligsten aller Gefühle, von dem Jahrtausende mit feurigen Zungen reden, an dem sich unsere Dichterheroen emporgerankt, der Mutterliebe, so gering geachtet, daß sie nicht ihr Alles daransetzte, dem Weibe, diesem ,,heiligsten Stücke der Schöpfung" seine Stellung als Gattin, als Mutter ihrer Kinder zu bewahren, daß sie es hineingezogen in den Strudel des Ringens um ,,Sein oder Nichtsein", daß sie seine Gefühle begraben haben im Dampfgetriebe der Fabriken, und daß sie ,,die züchtige Hausfrau, die Mutter der Kinder" dem sinnigen ordnenden Walten ,,im häuslichen Kreise entzogen hat — zur Ehre des Gottes Mammon". Nicht viel besser als Herr Roßbach — so heißt der Verfasser des angeführten Artikels — drückte sich Herr Haselclever in einer Berliner Versammlung (siehe N. Socialdemokrat Nr. 18, 1872) aus. Beide Ansichten gipfeln in der von der Bourgeoisie vertretenen Idee, daß der ,,eigentliche Beruf des Weibes, der Gattin, Mutter und Erzieherin der eignen Kinder" ist, (wie dies im ,,Frauenschutz und Frauenbildung" Sonderabdruck aus dem Leipz. Tageblatt 1854. p. 18) also von gegnerischer Seite ebenfalls ausgedrückt wurde.

Wir können das Vorgehen der Bourgeoisie, die sich an diesen Ideen festklammert, nur mit mitleidigem Lächeln betrachten, weil wir wissen, daß sie Beide als Früchte einer geschichtlichen Epoche, auch mit dieser verschwinden müssen. Von den Sprechorganen der socialistischen Arbeiterpartei verlangen wir aber eine tiefere Einsicht in das innere Wesen der menschlichen Gesellschaft; von ihnen haben wir das Recht zu fordern, daß die gesellschaftlichen Beziehungen von der Entwicklungsgeschichte

[30] Ex libris Karl Marx und Friedrich Engels. Schicksal und Verzeichnis einer Bibliothek. Hrsg. vom Institut für Marxismus-Leninismus beim ZK der SED. Eingeleitet v. Bruno Kaiser. 1967.

[31] Zur Frauenfrage. S. 15 ff.

der Productionskräfte, den Productionsverhältnissen abhängen, und daß sich mit diesen gesellschaftlichen Beziehungen auch ihre Vorstellungen, Anschauungen und Begriffe ändern.

Wir erwarten von unseren Parteigenossen, die über social-politische Dinge schreiben, daß sie mindestens Marxs Hauptwerk „Das Capital" kennen. . . Nicht also die Verdrängung der Frauen vom Arbeitsmarkt, sondern die Organisation derselben zu socialistischen Vereinen, um gemeinsam mit den männlichen Arbeitern die heutige capitalistische Gesellschaft zu bekämpfen, muß unsere Aufgabe sein. So faßte auch die 1871 zu London abgehaltene Conferenz der Internationalen Arbeiter-Association die Sache auf, wenn sie Art. V. erklärt: „Die Conferenz empfiehlt die Bildung weiblicher Sektionen innerhalb der Arbeiterclasse . . .

Der Aufsatz endet mit einem Aufruf zur Bildung einer Organisation der weiblichen Arbeiter.

. . . Da sich also die Beschäftigung der Frauen nicht wegtheoretisiren läßt, da dieselbe factisch besteht, ist es unsere Pflicht zu sorgen, auf welche Weise man dieselbe gegen die unersättliche Ausbeutungsgier der Capitalisten so weit als möglich, vorläufig schützen könne.

Wir kennen hierfür nur das eine Mittel, welches wir bereits angeführt haben: die Organisation der weiblichen Arbeiter.

Man mag uns allerdings einwenden, daß gegen das Lohngesetz, gegen das Gesetz von Nachfrage und Angebot kein Kraut gewachsen sei; daß wenn die weiblichen Arbeiter schlechter bezahlt werden, es daher komme, daß deren Lebensbedürfnisse geringer seien.

Wenn man nun die englischen Blaubücher sowie die statistischen Mittheilungen der übrigen Länder liest und darin findet, daß die Mehrzahl der weiblichen Arbeiter, wenn sie keine Unterstützung von Verwandten oder Gemeinden erhalten, gezwungen sind „einen oder zwei Liebhaber" zu halten, um ihr Leben fristen zu können, dann ersieht man, daß ohne Organisation nicht einmal das Minimum der Löhne, das zur Erhaltung der Arbeitskraft nöthig ist, errungen werden kann.

Das Gesetz von Nachfrage und Angebot ist nicht nur kein Naturgesetz, sondern selbst als ein aus den ökonomischen Verhältnissen hervorgegangenes Gesetz nur ein Gesetz aus Kautschuk, das sich, wenn auch nur bis zu gewissen Grenzen, so doch immerhin ausdehnen läßt. So werden wir finden, daß unter sonst gleichen Verhältnissen die organisirten Arbeiter immer höhere Löhne erzielen werden, als die nicht organisirten.

Unser Losungswort muß daher nicht nur Organisation der Arbeiter, sondern auch Organisation der Arbeiterinnen sein.

So wird sich die Emancipation der Arbeiterinnen mit der Emancipation der Arbeiter vollziehen, so sich die Frauenfrage, mit der Männerfrage, d. h. mit der socialen Frage lösen.

Daher sei unser Ruf:

Proletarier und Proletarierinnen aller Länder, vereinigt Euch!

Soweit die Beiträge von Leo Frankel in den österreichischen Arbeiterkalendern.

DIE VERHAFTUNG VON LEO FRANKEL IN WIEN 1875

Im November 1875 war Leo Frankel nach Österreich gekommen. Schon von England aus wurde er durch Spitzel avisiert und nach einer Zusammenkunft in der Redaktion der „Gleichheit" in Wiener Neustadt am 9. Dezember 1875 in Gaudenzdorf verhaftet.[32] In einem Akt der Präsidial-Sektion des Ministeriums des Äußeren wird auf die Verhaftung Frankels hingewiesen:

[32] Steiner, Herbert: Die Arbeiterbewegung Österreichs . . . S. 118.

„Ein vom k. k. Ministerium des Inneren sub Nr. 4970 anher zur Einsicht mitgeteilter Bericht der Wiener Polizei-Dion vom 9. Dezember l. J. Nr. 3242 wonach das ehemalige Mitglied der Pariser Commune Leo Frankl in Gaudenzdorf am 9. d. M. verhaftet und dem hiesigen Landesgericht eingeliefert wurde.

Leo Frankel, zu Ofen im J. 1844 geb., von Profession Gold- und Juwelenarbeiter, — war zur Zeit der Commune-Herrschaft in Paris Adjunkt der Finanz-Commission und Administrator des 13. Arrondissements; er wurde von dem 6. Kriegsrath zu Versailles am 19. November 1872 zum Tode verurtheilt und zwar: weil er ein Commando geführt hat und weil er ein Mitschuldiger an der Ermordung der Dominikaner in Arcuel und an der Brandlegung in der Gobelinfabrik ist.“[33]

Über zwei Monate mußte Frankel im Wiener Landesgericht absitzen ehe er nach Budapest abgeschoben wurde. In dieser Zeit bestand für Frankel die Gefahr, daß er nicht nach Budapest überstellt werde, sondern der französischen Regierung ausgeliefert werde, die ihn in Abwesenheit wegen seiner Teilnahme an der Pariser Kommune zum Tode verurteilt hatte.

Nachdem ich über zwei Monate im Wiener Landesgericht unter Gaunern jeder Gattung zugebracht hatte und dann gekettet nach Budapest transportiert wurde, um daselbst über einen Monat über die Justiz meines „Vaterlandes“ philosophische Betrachtungen anstellen zu können, bin ich endlich wieder frei, das heißt auf freiem Fuß, und zwar gegen Kaution von 5000 Gulden. Die Akten, mein Verbrechen betreffend, sind noch nicht aus Frankreich angelangt. Ich zweifle sehr, daß derartige Akten überhaupt jemals hieher gelangen werden. Einstweilen hat sich die österreichisch-ungarische Regierung glänzend blamiert, da sie der französischen Regierung, ohne von derselben aufgefordert worden zu sein, Polizeidienste erweisen wollte; denn es ist Tatsache, daß die französische Regierung weder meine Auslieferung noch meine Verhaftung gefordert hatte. Ja, wäre ich kein Internationaler gewesen und nicht als solcher mit den österreichischen Arbeiterführern in Korrespondenz gestanden, hätte man mich gewiß nicht verhaftet. Man glaubte, soviel ich aus den Fragen bei meinem Verhör entnehmen konnte, daß ich nach Wiener-Neustadt gekommen sei, um einer geheimen Konferenz irgendeinen „hochverräterischen“ Plan zu unterbreiten. Es wurde eine Hausdurchsuchung bei mir vorgenommen und unter anderen Papieren und Photographien auch die Photographie von Freund Grillenberger, die mir derselbe bei unserer Zusammenkunft in Nürnberg zum Andenken überreichte, konfisziert. Ich war klug genug, mich in Wien nicht in die Arbeiterbewegung zu werfen, verhielt mich derselben vis-à-vis ganz passiv, weil ich die Polizei mit ihrer Sucht nach Hochverratsprozessen genau kannte, aber das schützte mich, wie Sie sehen, doch nicht vor Verhaftung. Als die Polizei sah, daß kein Grund vorhanden sei, mir wegen der österreichischen Arbeiterangelegenheiten einen Prozeß anzuhängen, mich aber gerne auf andere Weise unschädlich machen wollte, hatte sie eine Anfrage an die französische Polizei gerichtet, die als Antwort das in allen Zeitungen im Monat Dezember vorigen Jahres enthaltene Telegramm schickte, in welchem ich des Mordes und der Brandstiftung beschuldigt wurde. Um den Ausgang meines Prozesses war und bin ich in keinem Augenblick besorgt gewesen, da ich ernstlich beweisen werde, welcher Blamage man sich ausgesetzt hatte, die Handlungen der Kommune als nichtpolitische aufzufassen, daß die Kommune eine aus dem allgemeinen Wahlrecht hervorgegangene legale Regierung, jedenfalls legaler als die des 4. September gewesen sei, legaler als das auf den Staatsstreich gegründete napoleonische Kaiserreich gewesen. Ich werde Gelegenheit haben, eine Apologie der Kommune vor aller Welt zu liefern, ohne meinen Richtern die gewünschten Anhaltspunkte zu einer Verurteilung zu geben, denn

[33] Haus, Hof- und Staatsarchiv. Nr. 1572/1875; Aranyossi, Magda: Leo Frankel. S. 80 ff.

ich werde denselben schließlich beweisen, daß ich an den mir zur Last gelegten Handlungen gar nicht teilgenommen habe.[34]

Über die Verhandlung gegen Frankel vor dem Budapester Strafgericht berichtete die „Gleichheit":

Leo Frankels Auslieferung nach Ungarn ist von der höchsten Instanz, vom österreichischen Justizministerium, bewilligt worden und steht demnach seinem Transporte nach Pest nichts mehr im Wege. Zugleich hat das königliche Strafgericht in Pest im Wege des Ministeriums des Äußeren ein Schreiben an die französische Regierung abgeschickt, in welchem dieselben um eine detaillierte Angabe aller jener Handlungen ersucht, auf Grund deren gegen Frankel das Todesurteil des Versailler Kriegsgerichtes gefällt wurde. Nach Eintreffen der Antwort seitens der französischen Regierung wird der Pester Oberstaatsanwalt die Anklage gegen Leo Frankel vor dem Budapester Strafgerichte erheben, jedoch nur in dem Falle, wenn auf Grund des Versailler Anklagematerials die ungarische Regierung Frankel nicht als politischen, sondern als gemeinen Verbrecher ansieht. Sollte Leo Frankel als politischer Verbrecher angesehen werden, wofür die Entscheidungen Englands und der Schweiz sprechen, so würde die Anklage und somit der ganze Prozeß entfallen und die Freilassung Frankels baldigst zu gewärtigen sein . . .[35]

Das Pester Strafgericht hat in seiner ersten Sitzung beschlossen, dem Freilassungsgesuche des Verteidigers Leo Frankels, Dr. Emmer, nicht stattzugeben und die Akten des Versailler Kriegsgerichtes über Leo Frankel zu requiriren, um danach zu beurteilen, ob seine „Verbrechen" gemeine oder politische sind. In einer Pariser Korrespondenz des „Pester Lloyd" wird übrigens bereits jetzt auf das bestimmteste ausgesprochen, daß Frankel an den eigentlichen Akten der Kommune keinen Anteil gehabt habe.[36]

Nach seiner Freilassung gegen eine Kaution am 27. März 1876 nahm Frankel, in führender Position, an der Gestaltung der Sozialdemokratie in Ungarn regen Anteil.[37] Seit Leo Frankel direkten Einfluß auf die ungarische Sozialdemokratie ausübte, wurden die Verbindungen zwischen der österreichischen und der ungarischen Arbeiterbewegung enger gestaltet. Es kam zu einer Vereinbarung zwischen Wiener Arbeiterfunktionären und Frankel über einen regelmäßigen Austausch von Informationen und Protokollen und um eine möglichst gemeinsame politische Linie. Die Sozialdemokraten aus Salzburg wandten sich direkt an Leo Frankel mit der Bitte, ihnen Druckschriften zu senden, was er auch tat.[38]

DIE WIENER JAHRE 1883–1888

Ende März 1883 kam Frankel aus Ungarn nach Wien, wo er nun seinen Wohnsitz nahm. Viktor Adler versuchte, für seine Wochenzeitung „Gleichheit" Leo Frankel als Redakteur zu gewinnen. Frankel, der schon drei Jahre in Wien lebte, durfte aber als Ausländer öffentlich keine politische

[34] Brief von Leo Frankel, welchen der „Nürnberg-Fürther Sozialdemokrat" am 7. April 1876 veröffentlichte. In: Brügel, Ludwig: Geschichte der österreichischen Sozialdemokratie. 2. Bd. Verl. d. Wiener Volksbuchhandlung, Wien 1922. S. 198 f.

[35] Gleichheit. Organ der sozialdemokratischen Arbeiterpartei in Österreich. Wiener-Neustadt. Nr. 8, 7. Jg. 19. Februar 1876. Bericht vom 16. Februar 1876.

[36] Gleichheit. Nr. 9, 7. Jg. 26. Februar 1876. Bericht vom 23. Februar 1876.

[37] Aranyossi, Magda: Leo Frankel, S. 85 ff. Steiner, Herbert: Die Arbeiterbewegung Österreichs . . . S. 139 f.

[38] Steiner, Herbert: Die Arbeiterbewegung Österreichs . . . S. 150.

Tätigkeit entfalten. Er sagte seine gelegentliche Mitarbeit zu, lehnte es jedoch ab, Redakteur zu werden.[39]

Als Viktor Adler im Sommer 1883 eine Studienreise nach England unternahm, waren es Leo Frankel und Karl Kautsky, die durch Einführungsschreiben Adler mit Engels bekannt machten. Der Brief von Frankel lautete:

Wien am 14. Juli 1883. Mein lieber Engels! Überbringer dieses, Parteigenosse Dr. Adler, beabsichtigt eine Studienreise nach Deutschland und England zu machen, um die Institution des Fabriksinspektorats eingehend zu studieren. Da Du Dich schon in den vierziger Jahren mit den englischen Fabriksberichten beschäftigt hast, und besser als irgendeiner in der Lage bist, diese Institution zu kennen, vermagst Du es auch am leichtesten, diesbezügliche Auskünfte zu erteilen und so Herrn Dr. Adler bei seinem Studium an die Hand zu gehen.

Dein freundliches Entgegenkommen allen gegenüber, die sich mit Ernst der Arbeitersache widmen, enthebt mich wohl, Dir den Überbringer dieses besonders zu empfehlen, weshalb ich Dir auch schon im vorhinein meinen besten Dank für Dein Entgegenkommen hiemit ausdrücke.

Dich herzlichst grüßend, verbleibe ich wie immer Dein Dich hochschätzender und aufrichtiger Freund Leo Frankel.[40]

Am 12. Februar 1885 bat Viktor Adler Karl Kautsky in einem Brief unter anderem:

„. . . Fordern Sie doch Frank(e)l auf, über österreichische Unfall- und Krankenversicherung zu schreiben — er versteht das sehr genau. Wenn Sie schreiben, wirkt das mehr als mein Zureden."[41]

1889 erschien in der „Gleichheit" ein Erinnerungsartikel über die Pariser Kommune von Leo Frankel, der schon wieder nach Paris übersiedelt war. Diesen Beitrag wollen wir als Ergänzung zu dem Artikel von Frankel über die Proklamierung der Pariser Kommune hier ebenfalls vollständig wiedergeben.

Zum 18. März. Ein Erinnerungsblatt an die Pariser Kommune. Wenn es einen Tag gibt, an welchem der von schweren Sorgen und harten Plagen niedergedrückte Arbeitsmann sich hoch emporrichtet, seine Brust sich höher wölbt und Hoffnungsstrahlen aus seinen müden Augen brechen, ist es sicherlich der Tag, an dem das Proletariat im Hotel de Ville, dem Pariser Rathause, seinen Einzug hielt und die rothe Fahne, das Symbol der Menschheitswerdung und Menschenliebe, als Verkünderin einer neuen Zeit weithin von seinen Zinnen flatterte, sicherlich der 18. März. Was ficht's ihn an, wenn Jene, welche die Kommune im Blute erstickten, wenn alle Jene, die der Dreieinheit von Säbel, Krummstab und Geldsack dienen, ja, wenn die ganze Welt des Müßigganges und der Ausbeutung die Männer des 18. März als eine

[39] Steiner, Herbert: Die Arbeiterbewegung Österreichs . . . S. 261; Winter, Max: Der Werdegang der „Arbeiter-Zeitung". Von der Gumpendorferstraße in die Wienstraße. In: Österreichischer Arbeiterkalender für das Jahr 1911. S. 53 ff; Aranyossi, Magda: Leo Frankel. S. 215 ff. Dieser Abschnitt von Magda Aranyossi ist mit kritischen Augen zu betrachten. Sie baut diesen Beitrag vor allem auf die Zeitschrift „Die Neue Zeit" auf, von der sie angibt, daß diese Zeitschrift das theoretische Organ der österreichischen Sozialdemokratischen Partei sei. „Die Neue Zeit" war die theoretische Wochenschrift der deutschen Sozialdemokratie, erschienen im Verl. Dietz in Stuttgart.

[40] Viktor Adlers Aufsätze, Reden und Briefe. Hrsg. v. Parteivorstand der Sozialdemokratischen Arbeiterpartei Deutschösterreichs. Erstes Heft. Verl. d. Wiener Volksbuchhandlung, Wien 1922, S. VII.

[41] Viktor Adlers Briefwechsel mit August Bebel und Karl Kautsky. Gesammelt u. erläutert v. Friedrich Adler. Hrsg. v. Parteivorstand der SPÖ. Verl. d. Wiener Volksbuchhandlung, Wien 1954, S. 11.

Bande von Missethätern, als den Auswurf der „Weltkloake Paris" bezeichnen — die Welt der Arbeit geht mit Verachtung darüber hinweg. Sie weiß, daß es eine weite, schier unüberbrückbare Kluft ist, die zwischen den, jede produktive Thätigkeit verachtenden Gesellschaftskreisen und jenen Arbeitssklaven, dem „Auswurf", der „Kanaille", den „Banditen" liegt, die, während sie ihre Ketten brachen, im Bewußtsein ihrer heiligen Sache, wie im Bewußtsein der Verleumdungswuth ihrer Gegner, an die Thore des Hotel de Ville die Worte: „Tod den Dieben!" hefteten und damit gleich von vorneherein jede Gemeinschaft mit dem von den herrschenden Kreisen großgezogenen Gesindel in der unzweideutigsten Weise von sich wiesen. Sie kennt aber auch die Ursache, warum jene zur Arbeit zu vornehmen Kreise die Männer der Kommune mit ihrem Geifer besudeln, denn sie weiß eben, daß die Männer, die in und um Paris kämpften und bluteten, den Kampf für die Unterdrückten aller Länder führten, daß der Sieg der Kommune zugleich ihr Sieg und damit der Sieg der Menschheit gewesen wäre, wie sie auch weiß, daß selbst der Fall der Kommune der Arbeitersache einen mächtigen Vorschub leistete. Wer wollte es auch in der That leugnen, daß die Arbeiterbewegung allüberall einen mächtigen Impuls durch die Pariser Kommune erhielt, wer leugnen, daß es nicht das Gespenst der Kommune ist, welches die Regierungen und Staatsmänner, welches die herrschenden Kreise überhaupt dazu treibt, sich wider ihren Willen mit der sozialen Frage zu beschäftigen. Die Henker der Kommune und deren Beifallklatscher, die in lautem Jubel ausbrachen, in welchem sich das Te Deum laudamus mischte, als die Kommune, aus tausend Wunden blutend, niedersank, sie mögen sich lange zurufen: „Il n'y a que les morts qui ne reviennent plus" — nur die Todten kehren nie wieder — das fahle Antlitz der Kommune taucht immer wieder vor ihnen auf. Ja, wer weiß, wo die französische Republik längst schon wäre, wenn die Reaktion, die ihr schon gerne bei der Geburt den Garaus gemacht hätte, im entscheidenden Momente nicht immer wieder das Gespenst der Kommune vor sich sähe!

So sehen wir denn, daß selbst Niederlagen, im Kampfe um die Menschheit erlitten, trotz aller Schmähungen, mit welchen die Besiegten überhäuft werden, der Menschheit dienen. Auch die Revolution von 1789 wurde geschmäht, ja sie wird von denen, die ihre bevorrechtete Stellung durch sie einbüßten, noch heute in den Koth gezerrt; wer aber, der das Interesse der Menschheit über das der Einzelnen stellt, möchte dieselbe ungeschehen machen? . . .

Vae victis! — Wehe dem Besiegten! — war von jeher der Ruf der Sieger, und es wundert uns daher auch nicht, wenn die Gegner der Kommune das Andenken an dieselbe in jeder nur denkbaren Weise zu beschmutzen suchen. Es wundert uns auch nicht, wenn Royalisten und Imperialisten, wenn der ganze monarchistische Schwanz der herrschenden Klassen über die Kommune und deren Streiter in der erbärmlichsten Weise herfallen, wissen sie doch, daß der Geist, der dieselben belebte, jede wie immer geartete monarchistische Restauration und damit jede Neugestaltung alter Privilegien unmöglich macht. Es nimmt uns auch nicht Wunder, wenn das Pfaffenthum und deren klerikale Anhang die Kommune in Acht und Bann legen, hat diese doch die Trennung der Kirche von Staat und Schule ausgesprochen, das Kultusbudget aufgehoben und die Kirchengüter als Nationaleigenthum erklärt. Fragen muß man sich aber, wieso es kommt, daß nicht nur die Bourgeoisie im Allgemeinen, sondern selbst jener Theil, der sich zum Republikanismus bekennt, Freiheit, Gleichheit, Brüderlichkeit sich zur Devise erkoren und die Trennung der Kirche von Schule und Staat zu einem ihrer Postulate erhoben hat, daß selbst dieser Theil die Kommune schmäht. Mit Recht fragte daher das „Journal Officiel" der Kommune am dritten Tage nach der Erhebung von Paris: „Werden denn die Freunde der Menschheit, die Vertheidiger des Rechts, siegreich oder besiegt, immer die Opfer der Lüge und Verleumdung sein? Sollen denn die Arbeiter, diejenigen, die Alles erzeugen und nichts genießen, diejenigen, die inmitten der aufgehäuften Produkte, die Frucht ihrer Arbeit und ihres Schweißes, Elend leiden, unaufhörlich dem Schimpfe ausgesetzt sein? Wird es ihnen niemals erlaubt sein, an ihrer Emanzipation zu arbeiten, ohne gegen sich ein Konzert von Verwünschungen hervorzurufen? Begreift deren ältere Schwester, die Bourgeoisie, die ihnen auf dem Wege der Revolution vorangegangen, und die ihre Emanzipation vor mehr als drei Viertel-Jahrhundert vollzogen hat, nun nicht, daß die Emanzipation des Proletariats gekommen ist? Warum besteht sie also mit einer verhängnisvollen Blindheit und unerhörten Beharrlichkeit darauf, dem Proletariat seinen legitimen Emanzipations-Antheil zu verweigern?""

Die Antwort auf diese Fragen gab die Kommune selbst, indem sie in ihrem Manifeste vom 19. April unter Anderem erklärte, daß die Revolution vom 18. März nicht nur das Ende der alten Welt mit seinem Klerikalismus, Militarismus und Bureaukratismus bedeute, sondern auch das Ende der Ausbeutung, der Agiotage, der Monopole und Privilegien, denen das Proletariat seine Knechtschaft schuldet.

Wäre es aber nur dieses Manifest, es hätte als Antwort wenig zu bedeuten, denn wie viel Regierungen haben nicht schon bei ihrem Antritte die pomphaftesten Erklärungen abgegeben, die schönsten Versprechungen gemacht, um schließlich in der alten Weise „fortzuwursteln"? Die Kommune hat aber ihre Worte auch durch die That bezeugt. Und damit kommen wir zugleich auf eine der neueren Verdächtigungen zu sprechen, auf die Verdächtigung nämlich, daß die Arbeiterschaft erst nach dem Falle der Kommune den Kampf derselben als einen Kampf um die Emanzipation der Arbeiter hinstellte. Diese Verdächtigung mag wohl ingeniöser als alle anderen sein, sie zerfällt aber gleich diesen, wenn man sie den Thatsachen gegenüberstellt, in ein Nichts. Gegen sie spricht nämlich schon die Thatsache, daß alle während des Aufstandes erschienenen Arbeiterblätter diesseits wie jenseits des Atlantischen Ozeans, sowie zahlreiche, an die Kommune abgesandte Arbeiter-Adressen die Revolution vom 18. März als eine im Interesse der allgemeinen Arbeitersache stattgehabte Erhebung feierten und deren Kämpfer als die Avantgarde der Armee zur Befreiung der ganzen Welt, als die Pioniere einer neuen Gesellschaft begrüßten.

Nun erst die Handlungen der Kommune in Bezug auf die Arbeitersache. Da steht obenan die Bildung einer Arbeits-Kommission, die fast ausschließlich aus Mitgliedern der Internationalen zusammengesetzt und gleichbedeutend mit einem Arbeits-Ministerium war. Diese Kommission allein prägt der Kommune schon ihren sozialistischen Charakter auf. Die Kommune hat aber, trotz ihres kurzen Bestandes, auch eine genügend große Zahl von Dekreten erlassen, die ihren sozialistischen Charakter noch erhärten. Da ist denn — abgesehen von den Dekreten, welche die Nachtarbeit der Bäckergehilfen abschafft, die übliche Praxis der Arbeitgeber, den Lohn, bez. Gehalt durch Auferlegung von Strafgeldern willkürlich herabzusetzen, beseitigt und alle von der Kommune zu vergebenden Arbeiten, die von Arbeiter-Genossenschaften ausgeführt werden können, diesen zu überweisen bestimmt, — in erster Linie ein Dekret vom 16. April zu erwähnen, welches die Arbeiter-Syndikatskammern (Gewerkschaften) unter Anderem beauftragt, statistische Daten betreffs der von den Arbeitgebern im Stiche gelassenen Arbeitsstätten, deren Zustand und der daselbst befindlichen Arbeitswerkzeuge zu sammeln; der Arbeits-Kommission einen Bericht betreffs der erforderlichen Maßregeln zu erstatten, welche behufs Inbetriebsetzung dieser Arbeitsstätten durch eine Kooperativ-Verbindung der daselbst beschäftigt gewesenen Arbeiter als nothwendig erscheinen, und einen Entwurf bezüglich der Konstituirung dieser Kooperativ-Genossenschaften auszuarbeiten.

Dazu kommt noch, daß die Arbeits-Kommission bereits eingehende Vorarbeiten betreffs Errichtung kooperativer Bäckereien, Schneidereien, wie überhaupt betreffs einer allmäligen Hinüberleitung der kapitalistischen in die kooperativ-genossenschaftliche Produktionsweise gemacht hatte, deren Vollendung und Durchführung nur durch den Fall der Kommune verhindert wurde. Daß aber der redliche Wille dazu vorhanden war, ist wohl am besten daraus zu ersehen, daß der Delegirte der Finanz-Kommission in der Sitzung der Kommune vom 6. Mai auf einen Einwurf des Delegirten der Arbeits-Kommission erklärte, diesem behufs Organisation der Frauenarbeit allein schon den Betrag von acht Millionen Franks — die provisorische Regierung vom Jahre 1848 bestimmte für sämmtliche Arbeiter-Genossenschaften den Betrag von drei Millionen — zur Verfügung stellen zu wollen.

Wenn man nun dabei noch den kurzen Bestand der Kommune in Betracht zieht und dabei weiß, wie all' ihre Kräfte von der Vertheidigung von Paris in Anspruch genommen waren und wie sie nur unter aufreibender Thätigkeit für die Sache der Arbeiter zu wirken vermochte, dann begreift man erst so recht die Größe des Verlustes, der die arbeitende Menschheit mit dem Hinsinken der Kommune betroffen hat, dann begreift man aber auch die ganze bodenlose Niedertracht der Gegner der Kommune denen es nicht genügt, Tausende und Abertausende von Menschen, die es gewagt haben, das Sklavenjoch zu brechen, hingemordet zu sehen, sondern dieselben überdies noch im Grabe zu beschmutzen suchen. Die Männer, die mit einer Todesverachtung, wie sie nur Helden eigen ist, in den Kampf zogen und begeistert für die

Kommune fochten, werden als Auswurf der Menschheit; die Mitglieder der Kommune als eine Handvoll Verbrecher; die Arbeiterfrauen, die da fühlten, daß mit der Emanzipation der Arbeiter sich auch ihre eigene Emanzipation vollziehen würde, und sich im Kampfe gegen Versailles als wahre Heldenfrauen zeigten, als Megären; die Jungen, die, träumend von einer glücklichen Jugendzeit, heiteren Antlitzes dem Tode entgegengingen, verwahrloste, arbeitsscheue Burschen, das ganze Leben und Weben der Kommune als eine große Orgie bezeichnet. Der Muth wird zur Feigheit, die Tugend zum Laster, die Offenheit zur Frechheit, die Todesverachtung zur Pose, die ernste Arbeit zum Bacchanal, die selbstlose Jugend zum Rangenthum gestempelt.

Doch was ficht dies All' die Welt der Arbeit an? Sie sagt sich mit Altmeister Goethe:

„Über's Niederträchtige
Keiner sich beklage,
Denn es ist das Mächtige
Was man dir auch sage.

In dem Schlechten waltet es
Sich zum Hochgewinne,
Und mit Rechten schaltet es
Ganz nach seinem Sinne.

Wand'rer! — Gegen solche Noth
Wolltest du dich sträuben?
Wirbelwind und trock'nen Koth,
Lass' sie dreh'n und stäuben!"

So mögen denn Alle ihre Galle über die Kommune ausspeien, das Proletariat wird in ihr stets den Morgenstrahl einer neuen Zeit, den Vorboten einer besseren Gesellschaft erblicken.[42]

Am 29. März 1896 starb Leo Frankel. Fünftausend Pariser Arbeiter begleiteten den in die rote Fahne des Proletariats gehüllten Leichnam Leo Frankels am 3. April auf seinem letzten Weg.

Welche Bedeutung er für die österreichische Arbeiterklasse, für die Presse der österreichischen Sozialdemokratie hatte, wurde versucht hier darzustellen. Die notwendigen Beispiele aus seiner schriftstellerischen Tätigkeit wurden getreu dem Original in der gleichen Schreibweise wiedergegeben.

Der Nachruf auf Leo Frankel von Viktor Adler aus der „Arbeiter-Zeitung" soll diesen Aufsatz abschließen.

Genosse Leo Frankel ist nach langer Krankheit vorgestern im Spital Laribrisière zu Paris gestorben. Er lag zwei Monate an einem schweren Lungenabszeß darnieder, und schon ließen günstige Nachrichten seine Genesung hoffen, da uns die Drahtnachricht von seinem Tode schmerzlich enttäuscht. Leo Frankel war einer von der alten Garde der Internationale. Am 28. Februar 1844 (richtig 24. Feb., d. Verf.) in Budapest geboren, wurde er Goldarbeitergehilfe und wanderte einige Jahre in Österreich und Deutschland. Etwa 23 Jahre alt, kam er nach Frankreich, und dem Sozialismus mit Leib und Seele ergeben, betheiligte er sich an der Gründung der Lyoner Sektion der Internationale. Knapp vor dem Sturze Napoleon's im Juli 1870 wurde er wegen „Betheiligung an geheimen Gesellschaften" zu zwei Monaten Gefängniß verurtheilt, und die Proklamirung der Republik befreite ihn aus dem Kerker. Er genoß, obwohl er Ausländer war, in dem Grade das Vertrauen der Pariser Arbeiter, daß er beim Ausbruch des Commune-Aufstandes am 26. März 1871 zum Mitglied des Ausschusses gewählt und zum Delegue au Travail, etwa „Arbeitsminister", ernannt wurde. Von ihm stammen die zahlreichen ebenso klug durchdachten wie

[42] Gleichheit. Sozial-demokratisches Wochenblatt. Hrsg. Viktor Adler. Verantwortl. Redakteur. L. A. Bretschneider, Nr. 11, 3. Jg. Wien, 15. März 1889.

energischen Dekrete, die mitten im Waffenlärm den Arbeiterschutz in Paris weiter förderten als jahrelange parlamentarische Quälereien. Als die Commune zusammenbrach, gelang es ihm als einem der Letzten, mit einem Verwundetentransport, in den Mantel eines bayrischen Dragoners gehüllt, durch die feindlichen Linien zu kommen und nach England zu flüchten. Dort wurde er von Marx und Engels wie ein alter Freund in die Familie aufgenommen und verdankte ihrem intimen Umgang eine tiefe theoretische Ausbildung. Dieser Proletarier war eine wahre Gelehrtennatur, unermüdlich im Studium, gewissenhaft, nüchtern, der Phrase abgeneigt, bis zur Trockenheit. Dabei aber war Leo Frankel ein praktischer Organisator und ein unermüdlicher Agitator. In London war er Mitglied des Generalrathes der Internationale und korrespondirender Sekretär für Österreich-Ungarn. Im Jahre 1871 (richtig 1876, d. Verf.) kehrte er nach Ungarn zurück, und seiner Thätigkeit zumeist ist es zu danken gewesen, daß die ungarländische Arbeiterpartei sich rasch entwickelte und in der „Arbeiter-Wochenchronik" ein tapferes, nach den Grundsätzen des wissenschaftlichen Sozialismus geleitetes Blatt bekam. Wegen eines Preßvergehens saß er achtzehn Monate im Gefängniß und kam dann auf kurze Zeit nach Wien. Aber seine Sehnsucht zog ihn nach Paris zurück, wo er seit 1889 lebte. Zuletzt haben wir Leo Frankel auf dem internationalen Kongreß in Zürich 1893 gesehen, und nichts ließ damals ahnen, daß der Mann, der in vier Sprachen mit dem größten Eifer alle prinzipiellen und praktischen Fragen erörterte, der von Engels als sein „lieber Junge" begrüßt wurde, dem Alten sobald ins Grab nachfolgen werde. Die „Arbeiter-Zeitung" verliert an Leo Frankel einen treuen Mitarbeiter, der in den Zeiten der „Gleichheit" Beiträge theoretischen Inhalts lieferte, von Paris aus Korrespondenzen schrieb, die sich durch ihre absolute Verläßlichkeit und Gründlichkeit auszeichneten. Wer ihn kannte, hat ihn geliebt, den alten Communard, der weich und gut war wie ein Kind, aber in dem eine Heldenseele stürmte, wenn es den Kampf galt gegen die Tyrannei des Kapitalismus. Ehre seinem Andenken![43]

[43] Arbeiter-Zeitung. Nr. 90, 31. März 1896.

HUNGARIAN WRITERS IN ENGLAND, ENGLISH BOOKS IN HUNGARY DURING THE YEARS OF HITLER'S RULE

GYÖRGYI MARKOVITS

COMMON FRONT AGAINST FASCISM

As contemporaries remember it, about 4000 Hungarian exiles lived in England during the Second World War, some of them writers and artists of distinction who played an important part in the struggle against fascism. Obviously, the various groups representing the various political trends did not agree in all questions at hand; but they all agreed on the three main issue of the struggle against fascism, and undertook joint actions. The most important groups were the following: "The Hungarian Club of London", "New Democratic Movement", and "Society of Free Hungarians in Great-Britain". *Londoni Magyar Klub* (28. Dawson Pl.) was founded by communist refugees. Its leaders and members loyally carried out the policy of the common front, consistently struggling against fascism in co-operation with non-party groups. In its leadership we meet with the names of István Igaz, György Kellner and Miklós Szüsz, with Mihály Richter taking part in the activities as a member. The following writers and artists were also members: the writer Lajos Barta, the poet Imre Forbáth, Kálmán Moskovics, the former editor-in-chief of the Czechoslovakian journal *Magyar Nap* (Hungarian Day), the journalists László Ferencz, Endre Havas, the writer Mária Szucsich, the composer Mátyás Seiber. The Hungarian Club of London edited the *Londoni Magyar Klub Értesítője* (Gazette of the Hungarian Club of London) in multigraphed form.

The founder and leader of the second group *Új Demokratikus Mozgalom* (New Democratic Movement) was Mihály Károlyi. Its leaders included Katinka Andrássy, Károlyi's wife, Zoltán Kellermann and Endre Havas, who brought in Pál Ignotus, Béla Lévi, Mihály Polányi. They were joined by Lajos Hatvany, Artur Koestler, a Hungarian by origin, and by the Hungarian Jenő Práger who had been compelled to go into exile after the suppression of the Hungarian Republic of Councils, and had become famous the world over for his antifascist books. Another Hungarian publisher belonged to Károlyi's group, the typographer Károly Rosner, the founder of the Sylvan Press of London. Before he went abroad, he had published in Hungary a number of works of importance: *Magyar grafikus művészet* (Hungarian graphic art). Officina, Budapest, 1938. *A magyar fametszet két évtizede* (Twenty years of Hungarian wood engraving). *Magyar Iparművészet* (Hungarian arts and crafts) No. 10, p. 19. *Új magyar könyvművészet* (New Hungarian bookprinting art) 1932. No. 32.

The third significant group was the *Angliai (Nagybritanniai) Szabad*

Magyarok Egyesülete (Society of Free Hungarians in Great-Britain). Its members had rather an English-American orientation, but were not averse to the actions launched by the two pro-Soviet movements mentioned above. Its leaders were: György Buday, a founding member of the *Szegedi Fiatalok Művészeti Kollégiuma* (Art College of Youths of Szeged); the historian Béla Iványi-Grünwald; András Révai, formerly a reporter of the Hungarian newspaper *Pester Lloyd*, and György Tarján, former member of the Hungarian National Theatre (who went abroad in 1938, together with his wife Etelka Dán). Jolán Földes, the author of the once famous novel *A halászó macska utcája* (The Street of the Fishing Cat) also took part in the activities of the Society, together with Ilonka Kabos, the famous pianist. The founder of the Society was a young Hungarian diplomat, Antal Zsilinszky, who had resigned his office in London, sided with the antifascist movement, and later committed suicide as a result of a personal tragedy. After his death, András Révai, a member of the family which owned the Révai Publishing House of Budapest, was elected leader of this group. The organization's newspaper was the *Szabad Magyar Szemle* (Free Hungarian Review) (Fig. 1).

During the last year of the war, these three important organizations joined in forming the *Angliai Magyar Tanács* (Hungarian Council of England) on the motion and insistence of the communist leaders of the Hungarian Club of London. The Council was headed by Mihály Károlyi, the outstanding combatant Hungarian exile, who co-ordinated the antifascist struggle of Hungarians in several lands and on several continents, and through lectures, meetings, conferences, appeals and inflammatory publications supported the Allies and the Soviet Union. His articles were published not only in the Hungarian newspapers of London and Paris, not only in the *Új Világ* (New World) of Buenos Aires, and the *Szabad Magyarság* (Free Hungarians) of Mexico, but also in English, American and Canadian newspapers and reviews. The Council published the "Hungarian Bulletin" in English.

Besides the societies mentioned above, some smaller, notable associations of exiles joined the antifascists' political and educational activities; the work of many Hungarian intellectuals became a part of the history of the struggle against Hungarian and international fascism.

When in 1941 the Hungarian Pen Club was suppressed in Hungary, a Free Hungarian Pen-group was formed in London, headed by Lajos Hatvany. Ferenc Körmendi and Pál Tábori took part in its activities, together with other writers. After the end of the war, at the time of the inflation of the Hungarian currency, they organized an appeal for the writers living in Hungary. During the years of the Second World War, an Ady Endre Society was also active at London. Jolán Földes was the Hungarian member of the board of the Hungarian group of Women's Anglo-Soviet Committee working under the aegis of the Soviet ambassador. It should also be mentioned that the House of Free Hungarians (Szabad Magyar Ház) (W. 1. 22 Manchester Square) was solemnly inaugurated in London on June 12, 1943.

It is thus that Gyula Káldor recalls the activities of the Hungarian exiles in England: "The cultural political activities of the Hungarian Club of London, which was the most important and the best organized of the three democratic antifascist Hungarian associations, have to be emphasized. The

Hungarian Club of London regularly organized conferences on social, political, literary or other topics. The most frequent lecturers from among the leadership of the Hungarian Club of London were: László Ferencz, Imre

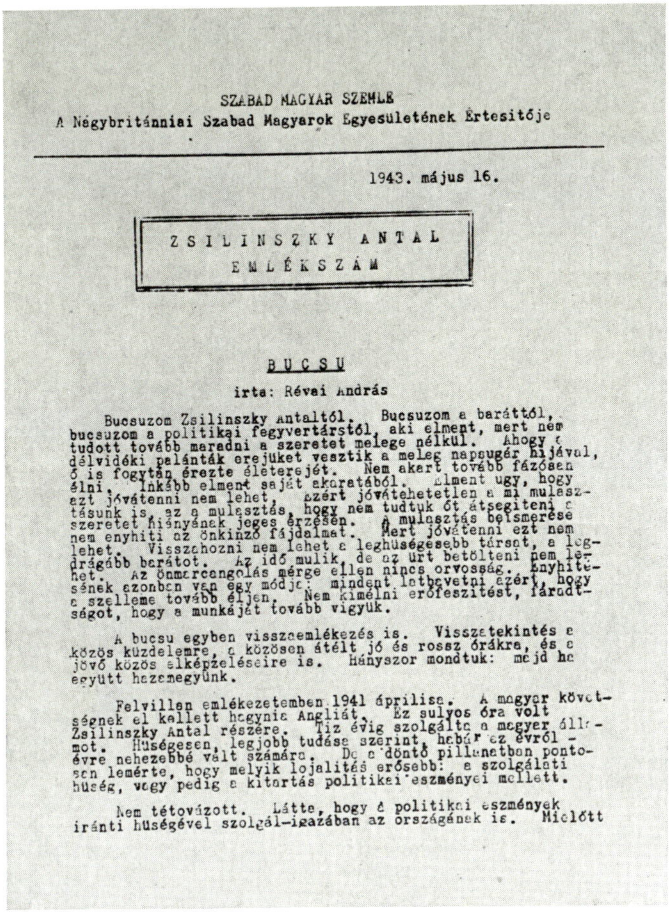

SZABAD MAGYAR SZEMLE
A Nagybritanniai Szabad Magyarok Egyesületének Értesitője

1943. május 16.

ZSILINSZKY ANTAL
EMLÉKSZÁM

BUCSU

irta: Révai András

Bucsuzom Zsilinszky Antaltól. Bucsuzom a baráttól, bucsuzom a politikai fegyvertárstól, aki elment, mert nem tudott tovább maradni a szeretet melege nélkül. Ahogy a délvidéki palánták erejüket vesztik a meleg napsugár hijával, ő is fogytán érezte életerejét. Nem akart tovább fázósan élni. Inkább elment saját akaratából. Elment ugy, hogy ezt jóvátenni nem lehet. Ezért jóvátehetetlen a mi mulasztásunk is, az a mulasztás, hogy nem tudtuk őt átsegiteni a szeretet hiányának jeges érzésén. A mulasztás beismerése nem enyhiti az önkinzó fájdalmat. Mert jóvátenni ezt nem lehet. Visszahozni nem lehet a leghüségesebb társat, a legdrágább barátot. Az idő mulik, de az űrt betölteni nem lehet. Az önmarcangolás mérge ellen nincs orvosság. Enyhitésének azonban van egy módja: mindent latbavetni azért, hogy a szelleme tovább éljen. Nem kimélni erőfeszitést, fáradtságot, hogy a munkáját tovább vigyük.

A bucsu egyben visszaemlékezés is. Visszatekintés a közös küzdelemre, a közösen átélt jó és rossz órákra, és a jövő közös elképzeléseire is. Hányszor mondtuk: majd ha együtt hazamegyünk.

Felvillan emlékezetemben 1941 áprilisa. A magyar követségnek el kellett hagynia Angliát. Ez sulyos óra volt Zsilinszky Antal részére. Tiz évig szolgálta a magyar államot. Hüségesen, legjobb tudása szerint, habár ez évről - évre nehezebbé vált számára. De a döntő pillanatban pontosan lemérte, hogy melyik lojalitás erősebb: a szolgálati hüség, vagy pedig a kitartás politikai eszményei mellett.

Nem tétovázott. Látta, hogy a politikai eszmények iránti hüségével szolgál-igazában az országának is. Mielőtt

Fig. 1. *Szabad Magyar Szemle* (Free Hungarian Review)

Forbáth, Gyula Káldor, György Kellner, Kálmán Moskovics, Zoltán Radó, Mihály Richter, Miklós Szüsz. The most prominent guest-lecturers were: Mihály Károlyi, György Buday, Endre Havas, Pál Ignotus, Béla Iványi-Grünwald, András Révai and others. The proceedings were published, e.g. the lecture delivered in 1942 by Mihály Károlyi: *Október és ma* (October and today) and Zoltán Radó's speech: *Az angliai magyar egységért* (For the unity of the Hungarians living in England), a pamphlet entitled *A szabadság útján* (On the way to liberty) were published by the Hungarian Club of London under the editorship of Kálmán Moskovics.

The political theatre, *Podium*, operated within the compass of the Hungarian Club of London; the high standards of its performances drew a large audience. The scripts of its performances also appeared in print. Entitled *Londoni Pódium* (London Podium), the series was published jointly by the Hungarian Club of London and the Society of Free Hungarians. The theatrical troupe of the Hungarian Club of London performed the antifascist opera-parodies *Balaton* and *Három kis pék* (Three little bakers); the music was by Mátyás Seiber.

The activities of Lajos Barta and of Mária Szucsich should also be mentioned. Though — to the best of my recollection — their papers were not published in England, they wrote several of their playlets and skits for the theatrical troupe of the Hungarian Club of London, and lectured in the Club."[1]

The recollections of Gyula Káldor are corroborated by some leaflets still extant, e.g. a notice of the Hungarian Club of London inviting the club members to the rehearsals of the choir organized by Éva Salgó. The invitation is typewritten. Another valuable document is the 1942 *Májusi Meghívó* (May invitation) of the Hungarian Club of London carrying the program of the Thursday-evening club-meetings. The sequence of the lectures was as follows: "Anglo-saxon Poets" by Pál Tábori; "Distribution of Income" by László Rostás; "Hungarian Youth Movements During the Last Twenty Years" by György Buday and "Széchenyi" by Imre Forbáth. For Sunday, May 31, 1942, the invitation announced the lecture already mentioned, "October and Today", to be delivered by Mihály Károlyi.

HUNGARIAN PUBLICATIONS AGAINST WAR AND FASCISM

The few but valuable publications of the Hungarian men of letters living in England were outstanding contributions to committed antifascist literature. Novels, dramas and philosophical papers, books of verses and political pamphlets attest the inner wealth of Hungarian book-publishing in London.[2]

A booklet of 48 pages published in 1940 in London as a Lincoln-Prager book: *A háború kezdetének belső története* (The inside story of the beginning of the war) is one of the first publications in Hungarian to appear in England within the period with which the present paper deals. Jenő Práger, the owner of the publishing house and member of the New Democratic Movement, an active member of the Social-Democratic Party, had already published some excellent Hungarian antifascist books during his years of exile in Vienna, Pozsony and Prague. On the eve of the World War, he had no choice but to flee further — as many others — and he established himself at London, where he died in 1967.

[1] Note made by Gyula Káldor, March 29th. 1942.

[2] The absence of sufficient documents prevents us from a thorough investigation of the literary activity of Hungarian exiles in England. We thus restrict ourselves to a brief account.

We have already mentioned the series — mostly of pamphlets — published by the Hungarian Club of London (Fig. 2): short, polemical summaries of lectures and of political and other relevant questions. One of the first pamphlets has for its title the memorable words of Attila József's poem *Hazám*

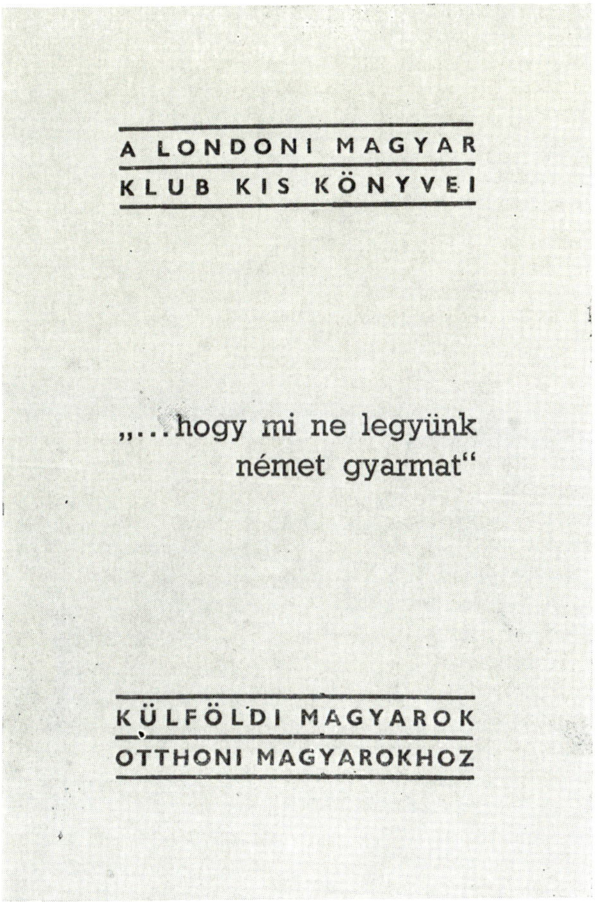
A LONDONI MAGYAR
KLUB KIS KÖNYVEI

„...hogy mi ne legyünk
német gyarmat"

KÜLFÖLDI MAGYAROK
OTTHONI MAGYAROKHOZ

Fig. 2. One of the publications of the Hungarian Club of London

(Homeland): "... that we should not become a German colony!" Its dust-jacket has on top the series-title "Booklets of the Hungarian Club of London" in capital letters, and at the bottom the following words: "Hungarians abroad to Hungarians at home." Today this booklet is already a curio; not even the National Library got a copy in those days. The 16-page pamphlet contains two extremely important documents of those times, summarized in the introduction as follows:

"*The message of Hungarian war-prisoners* appeared in 1942. Not only a humane treatment is given to the prisoners of war in the Soviet Union, but they are given the possibility to discuss freely all problems concerning their native land and this great struggle of today. Moreover, meetings of delegates of the different prisoner camps scattered throughout the country are promoted, in order that they may render account of the intense political life of their camps, of their opinions freely brought forth and of the results of their vivid discussions. In this way, the first conference of Hungarian war prisoners was held with the participation of democratically elected delegates of all camps. During this conference the reasons of the war were discussed and, especially the question how the Hungarians may find a way out of the present situation. The results of the deliberations were summarized in an address to the Hungarian people signed by all members present. Their names, home-address and the accurate designation of their military unit were transmitted also by the Hungarian broadcasting of Moscow.

The *Address of Hungarians living in the Soviet Union* was published in April 1942. Hungarian writers, scholars and leaders of the workers' movement living in Moscow and in other towns of the Soviet Union took a stand on all important issues of the day in this address to the Hungarian people. The text was signed by some fifty persons among whom we find Béla Balázs, László Dienes, Andor Gábor, Sándor Gergely, Gyula Háy, Béla Illés, Endre Lilienthal, Ferenc Szabó, Béla Uitz, Dezső Vozári, Elek Bolgár, Gizella Berzeviczy, Béla Fogarasi, György Lukács, József Révai, László Rudas, Jenő Varga, Mária Csorba, Andor Havas, István Hunya, Rezső Kertész, Ferenc Münnich, György Nyisztor, Mátyás Rákosi, Zoltán Vas."

The two documents are followed by a vigorous paper written by Miklós Kálmán, entitled *A mi kötelességünk* (Our duty). He points out that Hungarians abroad have never been faced by the duty to solve such a highly responsible task as at present. Through appropriate examples he pictures the policy of the Hungarian adventurers doomed to disaster.

The other Hungarian papers, published in England, were written in the same spirit, too. The London publication of Imre Forbáth's poems in 1942 served the same purpose. This poet, member of the Communist Party since 1918, left for Czechoslovakia after the suppression of the Hungarian Republic of Councils. In Czechoslovakia he continued his practice as a physician in working-class districts. In those years he compiled a Petőfi volume in Czech. In 1939 he went to London where he edited his poems born between 1935 and 1938; the title of the volume was *Panasz és remény* (Complaints and hopes). And in London he wrote his last poem *Emigráns dala* (Song of the exile).

Every honest man was obliged to take sides against fascism. Ferenc Körmendi has been known in Hungary chiefly for his "successful", "superficially psychologizing" novels. During his years of exile in England he wrote two works of importance. In 1940 he wrote a drama *Adversary of Man* sarcastically exposing Hitler and his staff. It was published in 1941 by Secker and Warburg in English, with a jacket design by the Polish painter Topolsky.[3] One passage of the drama was presented in Hungarian at a meeting of the Society of Free Hungarians in Great Britain. Next year this drama was followed by a novel, entitled *Júniusi hétköznap* (Weekday in June),

[3] Körmendi, Ferenc: *Adversary of Man* (A Historical fantasy in three acts). Translated from Hungarian by Lawrence Wolfe. Secker and Warburg, London 1941, 175 pages.

published by the Sylvan Press Publishing House owned by the Hungarian Károly Rosner (Fig. 3).

It is of some interest to quote a contemporary review of the Buenos Aires newspaper *Új Világ* (New World), published by Hungarian communist

Fig. 3. Dust-cover of the novel written by Ferenc Körmendi

exiles on this novel.[4] "We warmly welcome the first Hungarian book to appear in England. The enemy country publishes in Hungarian — is there a better way to express what liberty is? In the home country, only morsels of the truth may be told and even that only hemming and hawing and with a stammer; here in London Ferenc Körmendi may frankly unfold the problems of the Hungarian Jews. Special thanks to the English publishing

[4] *Új Világ* (New World). Buenos Aires, 2nd year, No. 26.

house and to all those who made possible the publication of this book. The hero of Körmendi's novel is a Hungarian petty bourgeois Jew losing the ground from under his feet, losing his job and preparing to leave home. The writer comes upon this sentimental helpless clerk on a weekday in June and condenses into one day the whole plot of the novel proceeding from the first line to the last towards the ineluctable doom. The young man, before setting off for a material and spiritual hopelessness, is taking leave of Budapest so deeply attached to him. But during the Friday-evening service in the synagogue of the Dohány Street a bomb kills him which is thrown by one of his former school-mates who has become a Nazi."

Pál Tábori, a noted political writer in Hungary and abroad, already before his emigration, was a correspondent to left-wing reviews [*Névtelen Jegyző* (Anonymous Notary) — *Keresztmetszet* (Cross-Section), etc.]. He wrotein English some antifascist papers during his stay in England, e.g. a political publication entitled *The Nazi Myth*, edited in London by Pallas, i.e. by Sándor Forbáth. In this satiric pamphlet the myth of the Nazis is laid bare vigorously.[5] In 1943 Hodder and Stoughton published his novel *They Came to London.*[6]

After the end of the war the author is recalling those years: "...During the last six years two publishers brought out my eleven original books. One of them was a volume of short stories, three adventure stories about exciting phases of the war, a tale on youth... I should call three of my favourite ones. The first is entitled *They Came to London.* It is a tale about twelve men of different nationalities, of different occupations and age who arrived in London in adventurous ways in order to fight against Nazism. Among them we find a Chinese scientist, a Danish porcelain manufacturer, an American broadcasting commentator, a Greek abbot, a Norwegian skipper. All meet during the invasion of Normandy which serves the frame, the introduction and the ending of the book (the book has been written nine months before the invasion). My second favourite is entitled *Two Forests*; the third *Bricks upon Dust* tells about the rebuilding of an imaginary town in Eastern Europe..."[7]

Some other publications have to be mentioned also which, though they exist, cannot at present be found in Hungarian libraries. On the back of Endre Havas's book edited by Sylvan Press the following book is advertised as being under preparation: *Mi a magyar most?* (What are the Hungarians today?) Edited by Pál Ignotus. Statements and essays of Hungarian writers and scholars. (György Buday, László Ferencz, Lajos Hatvany, Endre Havas, Pál Ignotus, Béla Iványi-Grünwald, Ilona Kabos, Mihály Károlyi, Artur Koestler, Béla Lévy, Mrs Nemes, née Márta Müller, Mihály Polányi, László Rostás.)

A literary anthology of Hungarians in exile was also edited in English, entitled *Hungarian Anthology.* The whole proceeds of the book were donated

[5] Tábori, Pál: *The Nazi Myth* (Pamphlet). Pallas, London (editor: Sándor Forbáth), 1938, p. 64.

[6] Tábori, Pál: *They Came to London* (Novel). Hodder and Stoughton, London 1943. These both books cannot be found in libraries in Hungary.

[7] Tábori, Pál, see Note 5.

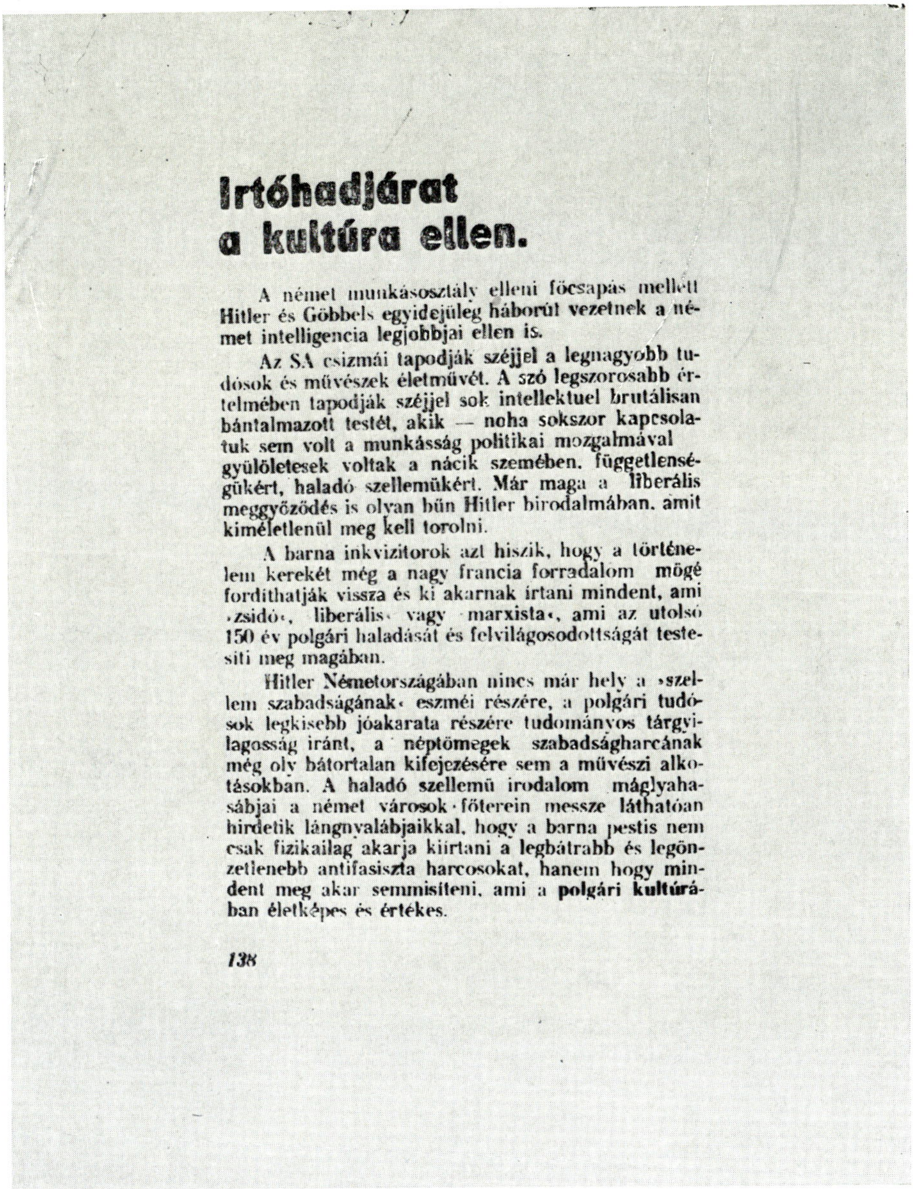

Irtóhadjárat a kultúra ellen.

A német munkásosztály elleni föcsapás mellett Hitler és Göbbels egyidejüleg háborút vezetnek a német intelligencia legjobbjai ellen is.

Az SA csizmái tapodják széjjel a legnagyobb tudósok és művészek életművét. A szó legszorosabb értelmében tapodják széjjel sok intellektuel brutálisan bántalmazott testét, akik — noha sokszor kapcsolatuk sem volt a munkásság politikai mozgalmával gyülöletesek voltak a nácik szemében. függetlenségükért, haladó szellemükért. Már maga a liberális meggyözödés is olyan bün Hitler birodalmában. amit kiméletlenül meg kell torolni.

A barna inkvizitorok azt hiszik, hogy a történelem kerekét még a nagy francia forradalom mögé fordithatják vissza és ki akarnak irtani mindent, ami »zsidó«, liberális« vagy marxista«, ami az utolsó 150 év polgári haladását és felvilágosodottságát testesiti meg magában.

Hitler Németországában nincs már hely a »szellem szabadságának« eszméi részére, a polgári tudósok legkisebb jóakarata részére tudományos tárgyilagosság iránt, a néptömegek szabadságharcának még oly bátortalan kifejezésére sem a művészi alkotásokban. A haladó szellemü irodalom máglyahasábjai a német városok főterein messze láthatóan hirdetik lángnyalábjaikkal, hogy a barna pestis nem csak fizikailag akarja kiirtani a legbátrabb és legönzetlenebb antifasiszta harcosokat, hanem hogy mindent meg akar semmisiteni, ami a polgári kultúrában életképes és értékes.

138

Fig. 4. Pamphlet jointly published by the Society of Free Hungarians in Great Britain and of the Hungarian Club of London to the Red Cross for the seriously wounded soldiers. The authors of this volume were: Jolán Földes, Hans Habe, Ferenc Körmendi, Ferenc Molnár, Pál Tábori and others. Nearly all copies of this anthology edited by Staples Press were destroyed by fire during the war.[8]

Lajos Bíró, Endre Ady's friend, after staying in Vienna, Rome, Paris and Berlin settled in London where he died in 1948. We know that he wrote two dramas, published in the same year, 1942.[9]

A menekülés könyve (Book on flight) by Endre Havas was edited by the Sylvan Press Publishing House, i.e. by Károly Rosner, with an introduction by Katinka Andrássy, and contained four original woodcuts, executed by Bálint Biró, a Hungarian painter living in exile in London. Its contents are: a lengthier paper in prose and Endre Havas's poems, one of them a verse addressed to Károlyi which until now remain unknown to the readers in Hungary.

1943 the Hungarian Club of London and the Society of Free Hungarians in Great Britain published a 15-page leaflet[10] with the text of a lecture delivered on September 19th, 1943. In his lecture "Italy's capitulation and the present situation of Hungary" András Révai spoke chiefly about the task of the exiles to help the resistance in Hungary. His evaluation of this movement is: "...its extent may be questionable, but its existence is definitely unquestionable. It is obvious that in present-day Hungary there are more possibilities for an open political resistance than in any country of the Axis or in any country occupied by the Axis. The underground organizing activity is not the only, exclusive way of resistance... There are many signs of active sabotage going on ... and as for organized propaganda, I am referring to those leaflets the Hungarian police confiscated some weeks ago... [*Követeljetek különbékét*!; *Mi oroszországi hadifoglyok szólunk hozzátok*! — (Demand a separate peace! We prisoners of war in Russia speak to you!) etc.]" At the end of the pamphlet we find the message of the Hungarians present at the meeting, read by Mihály Richter. Its last words are: "All forces of the resistance have to be united in order to square accounts with a governmental system which subordinated the interests of the nation to foreign interests. Only if it liberates itself will the Hungarian people excercise its historical mission." (Fig. 4.)

We know of two writings about Hungary, published in 1944, that bore great importance. One is an essay on fascism in German by György Lukács, diffused in a typewritten edition: Der deutsche Faschismus und Nietzsche. London 1944. Freier Deutscher Kulturbund in Gross-Britannien.

The other is the program of the Hungarian Council of England, accepted by the statutory meeting of the Hungarian Council of England, on March

[8] Verbal communication by Pál Tábori May, 24th, 1971.

[9] Biró, Lajos: *Miss Patricia's Seven Houses.* (A comedy). London 1942; Lajos Biró: *School of Slavery* (A tragedy). London, 1942.

[10] Révai, András: *Olaszország fegyverletétele és a magyarországi helyzet* (Italy's capitulation and the present situation of Hungary). Introduction by Zoltán Radó. Joint publication of the Society of Free Hungarians in Great Britain and of the Hungarian Club of London. S. Sidders and Son Ltd., London 1943, 15 pages.

28th, 1944, in London. The situation is summed up briefly in the introductory paragraph:

"The criminal policy followed through twenty-five years by the Hungarian counter-revolution has put the Hungarian nation into the service of the German plans of aggression and plunged it into a dangerous situation. The Horthy—Bárdossy and later the Horthy—Kállay government surrendered all resources and supplies of Hungary to the Germans with blind faith in the hope of the promised booty and has forced the Hungarian people into an ignominious war against nations struggling for their freedom. The result of this policy of the ruling gang is the German occupation of Hungary, Hungary become a German province and the seat of war-operations.

It is the vital interest of the Hungarian people to free itself from this infamous and catastrophic situation and to find its way into the camp of the democratic, progressive nations struggling for their independence . . ."

This preamble is followed by a program of nine clean-cut, clearly formulated points covering all the tasks to be done by the end of the war, giving the outline of fundamental reforms to be carried out after the liberation. Mihály Károlyi signed the program in the name of the Council.

The exiles longed for home. The majority of them returned to Hungary after the liberation.

ENGLISH AND AMERICAN LITERATURE IN HUNGARY DURING THE SECOND WORLD WAR

In 1923 Hitler pronounced: "The source of all the troubles is too much culture." Ten years later he put this thought into practice.

"The life-work of the greatest scholars and artists is crushed under the heels of the S.A. In Hitler's Germany there is no more place for the idea of intellectual freedom. The death-fire of the progressive literature burnt on the main squares of the German towns proclaims that the brown pestilence wants to destroy not only physically the most courageous and the most self-denying antifascist militants, but it also wants to destroy all that is viable and valuable in the bourgeois culture. . ."[11] (Fig. 5).

The cleansing of the school and university libraries of books of English origin began in 1938. As a help to this operation a book-list had been compiled where we find the works of racially unsuitable authors enumerated along with works only the subject of which was racially alien. In this list we find the names of Byron, Defoe, Dickens, James Joyce, Marlowe, Walter Scott, Shakespeare and Chaplin.[12]

In Nazi ruled Germany the works of English and American authors are burnt. Among the masterpieces smouldering in 1933 on the stakes of Berlin the works of Jack London, Ernest Hemingway, G. B. Shaw and others

[11] *Barna-könyv Hitler-Németországról és a lipcsei perről* (Brown book on Hitlerite Germany and the process of Leipzig). Introduction by Zoltán Fábry (Editor: Edgár Balogh). Bratislava 1934, p. 143, Table 8.

[12] *Népünnepély az Opera előtt* (Popular festival before the Opera House). — Pálvölgyi, Endre: Könyvek a vádlottak padján (Books as culprits). Budapest 1970, pp. 216—217.

are perishing. Later, with the help of systematically compiled catalogues the German Empire is "cleaned from the poisoning" literature. In the meanwhile, in Hungary the intellectual resistance is maturing in silence. Its important topic was exactly the diffusion of the literature which had got its death sentence also by the official Hungary.

RÉVAI ANDRÁS

OLASZORSZÁG FEGYVERLETÉTELE

ÉS A MAGYARORSZÁGI HELYZET

RADÓ ZOLTÁN
bevezetésével

A NAGYBRITÁNNIAI SZABAD MAGYAROK EGYESÜLETE ÉS A LONDONI MAGYAR KLUB
kiadása

A röpirat ára 6D

Fig. 5. A page of the Brown-book

"... the ground of the counter-revolution is also revolutionary — said Marx. If anywhere, these words apply to the Hungary of inter-war years where despite all oppression and all ignominies of the transition to fascism Hungary produced *ideologically* a very serious resistance to Hitlerism" pointed out György Lukács in his volume of essays *Magyar irodalom — magyar kultúra* (Hungarian literature — Hungarian culture).[13]

[13] Lukács, György: *Magyar irodalom — magyar kultúra* (Hungarian literature — Hungarian culture). Válogatott tanulmányok (Selected essays). Edited and selected by Ferenc Fehér and Zoltán Kenyeres. Budapest 1970, p. 641.

In 1939 the Office for the Control of Foreign Publications was set up the competence of which covered not only books but all kinds of publications imported from abroad. The control was carried out in the Office by censors knowing German, English, French, Croat, Romanian, Slovak and other languages. On the basis of an experience of four years the chiefs of the Office were obliged to state: "The importation of books from Germany is declining and at the same time that from Switzerland and other foreign countries is increasing. And that is easy to understand: it is well known that the Third Empire has set the writers and poets of Germany to work for its own propaganda. Consequently, the Hungarian reader took interest in non-German literature and therefore our booksellers buy books especially from German and French booksellers in Switzerland. When the Albatros-series edited by Tauchnitz ceased publication, similar enterprises were set up at Stockholm turning out cheap editions of English authors; this explains the sudden rise in the import of books from Sweden. The report of the most important Swiss book-distributing enterprise of last September characterized very well the trend of interest taken by the Hungarian reading public: Hungary appears there on the top of forty-three states as the best customer with 54,691.09 Swiss Francs. The order 5.120/1943. M. E. by which the customs examination of the printings arriving from abroad is taken from the Office for the Control of Foreign Publication and assigned to the competence of the Minister of Trade and Communications will at any rate result in a slow-down of the arrival and of the ordering of books from abroad which does not seem expedient at all from the point of view of foreign policy. This intricate procedure will surely put an end, sooner or later, to those orders from Switzerland or Stockholm and will open the way to the German literature which is not wanted by the Hungarian public." This may be read in the confidential Pro Memoria of the Office for the Control of Foreign Publications.[14]

As a matter of fact, the German literature, or rather the officially authorized and vigorously propagated German literature, was not wanted by the Hungarian public. But it did want the persecuted literature, obliged to go abroad and doomed to destruction in Germany: Thomas Mann, Franz Werfel, Stefan Zweig, Wassermann. Their works were published just during the war in Hungary in excellent translations. And the persecuted literature of other nations was also wanted. The Hungarian publishing houses answered by actions to this persecution. The Athenaeum Publishing House publishes 1942 the series *A német irodalom kincsesháza* (Treasures of German literature), edited by Dezső Keresztury, *Az olasz irodalom kincsesháza* (Treasures of Italian literature), edited by Pál Ruzicska, *Az orosz irodalom kincsesháza* (Treasures of Russian literature), edited by Zoltán Trócsányi, as a lightning retort to Hitler's destruction of culture.[15] In the introduction

[14] Pro Memoria. National Archives of Hungary. Office for the Control of Foreign Publications. Nov. 20th, 1943.

[15] *A német irodalom kincsesháza* (Treasures of German literature). Edited by Dezső Keresztury. Athenaeum, Budapest 1942, p. 345; *Az olasz irodalom kincsesháza* (Treasures of Italian literature). Edited by Pál Ruzicska. Athenaeum, Budapest 1942, p. 362; *Az orosz irodalom kincsesháza* (Treasures of Russian literature). Edited by Zoltán Trócsányi. Athenaeum, Budapest 1942, p. 498.

to the latter, Trócsányi wrote in the second year of the war: "... the social realism is gaining the upper hand in the Soviet literature. This realism is pure, clear, its notions are plain, it is not haunting either illusions or dreams, it is sober. It is always keeping in view the interests of the new social order and depicts facts or at least probable possibilities ... during the last three decades of the twentieth century the Soviet literature is the crystal-clear mirror of that new socialist world for which during the last hundred years so much blood has been shed and so many people were martyred..."

In the same year, in 1942, the Athenaeum Publishing House launches the series *Az Angol Irodalom Kincsesháza* (Treasures of English Literature) edited by Gábor Halász, the erudite literary man and librarian, martyre in 1944.[16] In the introduction to this new series he wrote as follows:

"Foreigners too were attracted to English literature by the feeling of trustworthiness. They were captivated by Shakespeare and the great poets, they were pervaded by long fevers, inebriated by Shakespeare's genius, by Byron's fate, by Wilde's beauty; to the English romantic authors they owed the purest ecstasy, but to the whole English literature they were drawn by serious attachment. They relied on it as on the English fabric, knowing that it could only be useful to them. Zealous intercessors brought to the continent the moral principles of the Enlightenment, the economic principles of liberalism and the political principles of Victorianism as indispensable manufacture, as requirements of civilization. To read the works of English writers meant not only a pastime, but a task, to travel to England meant not only an outing but a study. The Englishman of the Renascence or the Baroque still learned from the continent, but starting with Locke, England began to repay the loan. The long line of the disciples of the British isle is opened by a no lesser writer than Voltaire. In the inn of Canterbury pilgrims from Europe met during the nineteenth century.

Obviously, among those pilgrims we also find Hungarians. Bessenyey followed in spirit his Voltaire to England and linked his broodings to Pope. Kazinczy cheered up at Sterne's humour and cried over Young's touchiness. The reform generation hastened to learn from Macaulay and his companions and faithfully interpreted what they had learned. The romantics gained confidence from Shakespeare and grew bold on Byron. Vörösmarty, Petőfi and Arany tried their poetic vigour on the immortal tragedies, while the literary translators around Károly Szász exercised their scholarly humility. The populist feeling took to the Scotch Burns, while the thirst for freedom to the Irish Moore. The close of the century, awakening from Byronism, made the conquest of Byron through the brilliant translation of Emil Ábrányi, it hallowed the popularity of Burns through the noble transmission by József Lévay, and took in the crop of the English novelists, it examined England's political and economical masters, rendered homage to modern science with Darwin and Spencer, but modern English poetry was forgotten. For its discovery creative artists were needed: the generation of the literary magazine *Nyugat* (West).

By this generation the interpretation of Shakespeare was renewed, Milton's profound lyrical colours unfolded, Shelley's and Keats' ethereal tones began to ring in perfect music and the great Victorians dressed in ripe gold splendour, Tennyson and Swinburne, Wilde, the great decadent, in autumnal glamour. Nearly independent of its spirit and content, foreign verse was reborn for itself, for the thousand marvels of its euphony under the hands of such outstanding poets as Babits, Kosztolányi, Árpád Tóth, for the sparkling fire-works of pictures and similes, for beauty which is never enough. For that very reason their taste was not impressed by the intellectually abstract, more tenaciously strained lyric periods with other requirements; the task to reveal the hidden values of the Baroque had to await Lőrinc Szabó and his younger collaborators.

[16] *Az angol irodalom kincsesháza* (Treasures of English Literature). Edited by Gábor Halász. Athenaeum, Budapest 1942, p. 349.

Our anthology suggests a double process: the evolution of the imparted literature, its changes in style, its repeating and vanishing motives, its favourite topics and great personalities, its stages of self-knowledge, and simultaneously the reception of this foreign literature and the reaction of the Hungarian taste to the ascendencies drifting towards the Hungarian literature."

In those times when the swastika is waving over almost the whole of Europe, while in Hungary Ferenc Rózsa and Zoltán Schönherz are put to death, when a vile war and a war-mongering propaganda are separating Hungary from the Allies, the Hungarian publishing houses try to give voice to the best of the European spirit, sentenced to silence. The guards of progress are compiling foreign anthologies. Masterpieces written by persecuted writers are edited in translations — devotees and combatants of the spiritual resistance and of the antifascist ideas endeavour to guard the integrity of the European thought.

Between 1939 and 1944 almost 300 belletristic works translated from English were published in Hungary. According to the accessions register of the *Országos Széchényi Könyvtár* (Széchényi National Library) the ratios are the following:

1939		30 works
1940		35 works
1941		45 works
1942		50 works
1943		75 works
1944		34 works
	total:	269 works

However, these data cannot be regarded thoroughly valid for the following reasons. On account of the social and political situation of those times it seems very probable that even the legally operating publishing houses did not send the deposit copies for every book they edited to the National Library; this is even more so in the case of semi-legal and illegal publishers and printing offices. That means that during the period dealt with it is probable that more books translated from English were published. It is to be observed that when we went through the accession register, we could not take into account the cheap trash-editions for the present investigation.

According to statistics composed in autumn 1945[17] the number of books translated from English between 1940 and 1944 amounted to an average of 40 per cent of all translations: every second foreign belletristic book was the work of an English-speaking writer.

Though the book-publishing in Hungary during the Second World War had several sources and components (the great publishing houses were partly attracted by the "good", by the respect to culture, partly by the success of the business; another very important point of view was to employ fellow-writers persecuted by the fascists, this expressed human solidarity and was also a testimony and a protest against war, fascism and the persecution of culture), at any rate it belongs to the antifascist resistance.

[17] Szabó, Zoltán: *Könyvek külpolitikája* (Foreign policy by books). Új Magyarország (New Hungary), Sept. 4th, 1945.

Our statement is confirmed by the activity — during the war — of camouflaged and illegal publishers and by the publication of works which served almost directly as weapons in the struggle against fascism, by the translations of writers who were members of the illegal workers' movement, by the publication of books under fictitious names.

According to the investigations of János Bak,[18] in the catalogue of books sold in great numbers the following translations from English may be found in the last quarter of 1940 and in April–May, 1941:

Steinbeck: *Grapes of Wrath*, Llewellyn: *How Green Was My Valley*, John Erskine: *Brief Hour of François Villon*; Bromfield: *Night in Bombay*, and, naturally, Mitchel: *Gone with the Wind.*

In an article "The answer of the librarians of workers' libraries" published in 1943 in the newspaper *Népszava* (Voice of the People) the team of the librarians of workers' libraries of Budapest and its vicinity gives account of the model-book-list they had prepared.[19] Among the books required most frequently were the following:

Steinbeck: *Grapes of Wrath*; Jack London: *Iron Heel*; Upton Sinclair: *Oil*, and three novels by Traven: *Der Karren, Baumwollpflücker, Das Totenschiff.*

The majority of the books published in Hungary between 1939 and 1944 which were translated from English viz. relating to English topics were classics, outstanding works of contemporaries, high- and low-level best-sellers.

The Singer and Wolfner Publishing House edited in 1939 two works by Shakespeare. In the Collection of English authors *The Happy Prince* by Oscar Wilde was published in English. In Budafok a tale by Tennyson was published.

In the series *Szép Írások* (Works of Taste) the translation of *Christmas Holiday* by Somerset Maugham was published and the Franklin Publishing House edited *Over the River* by John Galsworthy, translated by György Bálint.

As for the best-seller literature, the Dante Publishing House published the novel *Flood in India* by Louis Bromfield and *Stars Look Down*, *The Citadel* by Cronin, translated by Tivadar Szinnai, *Three Loves* and *Hatter's Castle* by Cronin, translated by Marcel Benedek. Within two years *The Citadel* attained its 11th edition. For the first time it had been published in 1937 in Hungarian and in the 1937 December number of the review *Szép Szó* (Belles Lettres) the translator wrote about it in flattering terms emphasizing the moral problem of the conflict between the desire to make fortune and the sense of vocation.

In 1940 the number of works translated from English increased to 35. Besides the classics — Byron, Defoe, Swift — the works of "subversive" writers suspicious to the authorities from the beginning were published and circu-

[18] Bak, János: *Mit olvas Magyarország?* A legnagyobb példányszámban eladott magyar könyvek jegyzéke (What are the Hungarians reading? Catalogue of Hungarian books which sold in the greatest numbers). Magyar Kultúrszemle (Hungarian Cultural Review), 1940, p. 293; 1941, pp. 126–127.

[19] Válaszolnak a munkáskönyvtárosok. (The answer of the librarians of workers' libraries). Népszava (Voice of the People), Dec. 12th, 1943.

lated by the illegal movement in Hungary. The Athenaeum Publishing House appears on the "market" with Jack London books, the Singer and Wolfner Publishing House publishes *The Grapes of Wrath* by Steinbeck, which had come out in 1939 and had a world-wide success. In the series of the *Szépirodalmi Céh* (Belletristic Guild) *Of Human Bondage* by Somerset Maugham is published. Pantheon publishes a translation of a novel written by the Nobel-prize winner Sinclair Lewis. Dante publishes *How Green Was My Valley* by Richard Llewellyn and *The Farm* by Louis Bromfield both translated by Tibor Déry. *The Years* by Virginia Woolf is translated by András Hevesi and *The Keys of the Kingdom* by Cronin is translated by József Fodor. A novel by John Knittel is translated by György Bálint. Among the translators of the books by Jack London we find the name of Józsi Jenő Tersánszky.

1941 shows a new increase of the translations from English: 45 works are accepted into the accessions register of the Országos Széchényi Könyvtár (National Széchényi Library). The publication, viz. re-publication of classics continues. In the meantime, the most widely read books (the works of Bromfield, Cronin, Knittel, Llewellyn, Maugham, H. Spring, Steinbeck) are re-edited. The list of authors also increased: the Hungarian public gets acquainted for the first time with Graham Greene, whose novel *The Power and the Glory* is published by the Athenaeum Publishing House, translated by István Sőtér. Among the works of the well-selected series of foreign novelists published by the Franklin Publishing House we find a novel by Richard Hughes, translated by Iván Boldizsár with an introduction by Albert Gyergyai, further *After Many a Summer* by Aldous Huxley, translated by István Nagypál (pseudonym of Gyula Schöpflin). The Nova Publishing House published *The Two Wives* by Frank Swinnerton, translated by Soma Braun.

In 1942 a new increase in quantity and value occurs. As a number of the series Az *Európai IrodalomKincsesháza* (Treasures of European Literature) an English anthology is published, selected and edited by Gábor Halász. The mere fact that in the very middle of the war this volume was published meant that the intelligentsia was taking sides, had humanist aspirations and ideological sympathies. Likewise it meant to take up a political position to publish *Uncle Tom's Cabin* by Beecher Stowe.

That year more classics got into the hands of the readers. Franklin published an anthology composed of works written by Byron, Shelley and Keats, translated by László Cs. Szabó. *Hard times* by Dickens was translated by István Sőtér and Thomas More's *Utopia* by László Geréb.

In 1942 three works by Oscar Wilde were published. In the *Kaland* (Adventure) edition the translation of a work entitled in Hungarian *Heten egy kísértet ellen* (Seven People Against a Ghost) was published. Wilde's *Poems* were translated by Dezső Kosztolányi. In the series *Kétnyelvű Klasszikus Könyvtár* (Bi-lingual Classics) *The Happy Prince* was published: translated by Rezső Honti and revised by Arthur B. Yolland.

The books which had the greatest success in 1941 were re-edited and several new successful authors were added to the list. *Bibliotheca* published the 2nd edition of *Jane Eyre* by Charlotte Brontë. Bárd published *The moon and sixpence* by Somerset Maugham, a novel about Gauguin, translated by

Mrs Devecseri, née Erzsébet Guthi. In 1942 the novel *Sparkenbroke* by Charles Morgan is published for the first time in Hungary, in Gyula Schöpflin's translation.

A number of translators could not use their own name any longer. On the cover-jacket of *Love's Pilgrimage* by Upton Sinclair, we find the translator's name: Ferenc Kollár. However, this is one of the innumerable pseudonyms used by the philosopher and writer Pál Sándor while in illegality.

The book of highest importance published in 1942 by the Dante Publishing House was *Love among the Artists* by G. B. Shaw, translated by Tivadar Szinnai. The colour cover-jacket of the book was designed by the well-known socialist artist Sándor Bortnyik.

Compared with 1939 the number of translations trebled in 1942: we know that 75 works were translated from English. Books which had great success were repeatedly re-edited (the majority of them were best-sellers), but the edition of classics also increased. The Officina Publishing House published *Christmas Carol* by Charles Dickens with an introduction by Aurél Kárpáti; the Antiqua Printing Office published *The Prince and the Pauper* by Mark Twain, arranged by Iván Mándy; the Grill Publishing House published *Treasure Island* by Stevenson, translated by Gábor Devecseri, and *Vanity Fair* by Thackeray, translated by Mrs Devecseri née, Erzsébet Guthi. This work, translated by István Vas, was published in the same year by the Franklin Publishing House.

The Phönix Publishing House lived a short life;[20] a confidential police report from 1934 characterized it as follows: "The name of this publishing house is intentional: the phoenix, the fire-bird resuscitated from its ashes — Bolshevism reborn." In the series ***Klasszikus Írások*** (Classical Papers) it published *On Liberty* by John Stuart Mill. In the same year three works by Shakespeare came out: *Hamlet*, translated by János Arany, *King Lear* in Dezső Kosztolányi's and the *Sonnets* in Zoltán Keszthelyi's translation. The Franklin Publishing House published *Utopia* by Sir Thomas More, translated by Tibor Kardos; the Vajda János Társaság (János Vajda Society) published selected verses by Keats, translated by Endre Pál; the short novel *The Narrative of Arthur Gordon Pym* by Edgar Allan Poe was also published, translated by Andor Tiszay, who was placed under police surveillance.

In 1943 works of the following contemporary English writers were published by the Franklin Publishing House in its series "Külföldi Regényírók" (Foreign Novelists): *The Fountain* by Charles Morgan, translated by Lajos Bálint and *The Voyage* by the same author, translated by István Nagypál, i.e. Gyula Schöpflin; in the series "Nagy Regények, Nagy Sikerek" (Great Novels, Great Successes) *Mainstreet* by Sinclair Lewis was published; the Singer and Wolfner Publishing House published *Of Mice and Men* by Steinbeck (which was at the same time also a theatre performance) translated by Marcel Benedek. The book was illustrated by the drawings of Lajos Szalai. Vigilia published a book by Thornton Wilder translated by János Szentmihályi (founder-member of the Codex Publishing House). That year two

[20] PI Arch. Vörös könyv (Red Book). 28. Report No. XXXVIII of the Main Division for Political Investigations. Budapest Headquarters of the Royal Hungarian Police.

works of the Nobel-prize winner Shaw were also published, translated by Tivadar Szinnai and Klára Szőllősy. And while some editions in foreign languages of works written by Upton Sinclair are put on the black list and sequestered (e.g. the German edition of *Oil*), in 1943 some of his works were published in Hungary by the Nova Publishing House: the 3rd edition of *World's End,* the 2nd edition of *Wet Parade* and similarly *Mountain City,* the latter translated by Soma Braun.

In 1943 the excellent novel *Three Partners* by Bret Harte was translated by Ferenc Safáry, pseudonym for Pál Sándor who was soon forced into illegality by his political and literary activity and by his connection with the *Filozófiai Lexikon* (Encyclopaedia of Philosophy).

1944 was the last year of the war and Hungary was relatively free until March 19th. While the Germans occupied the country, the printing offices worked and the books got into the hands of the readers. We know that in this short time 34 belletristic works were published, some of them of outstanding importance. *Sapphira and the Slave Girl* by the American writer Willa Cather was translated by László Kéry. Selected verses by Chesterton were translated by the translator of poetic works and music critic István Raics and published under the title of *Muzsika* (Music). The Rózsavölgyi Publishing House published a series of novels of Joseph Conrad edited by Géza Supka. One of those novels was published in 1944, edited by Andor Tiszay. A novel by Bret Harte, translated by Ödön Palasovszky, was published, and already the 3rd edition of *Lost Horizons* by Hilton came out, translated by Tibor Déry.

In the series Külföldi Regényírók (Foreign Novelists) two novels: *Two or Three Graces* and *Eyeless in Gaza* by Aldous Huxley were published while the translator, András Hevesi, died a hero's death in the French resistance movement. When the 3rd edition of a book written by John Knittel, appeared, its translator, György Bálint, was already dead. When the Athenaeum published *Theatre* by Somerset Maugham, its translator, Antal Szerb was in a work camp; Soma Braun, the translator of *The Jungle* by Upton Sinclair, was killed in a company of refractory soldiers, while at home thousands were reading the book he had translated.

The last book to appear in 1944 was an essay by Macaulay about Frederic the Great, translated by József Szigeti; the allusion was obvious: an English writer wrote about the Germans.

A reminiscence by a contemporary, Tibor Déry, gives a personal insight into the intimate life of translators and writers and a picture of the atmosphere of the days:

"... for a long time I was a so-called chargeless writer and free: I could write as much as I wanted, but could not get it published. This had been so already for eight or ten years and since my condemnation was pronounced in 1938 it was strictly in vigour. (Inasmuch that the newspaper *Pester Lloyd* stopped to publish my novel just in the middle of the plot the very day after my condemnation. I believe that that was an unparalleled case in the history of Hungarian journalism.) In short, I was a free writer and it seems to me that I had got used to this freedom, like the convict sentenced for life in the Middle Ages got accustomed gradually to the nocturnal obscurity of the underground prisons and to the ten stone chains. For about ten years I made my living by translation. I translated mostly shoddy books, mainly so-called best-sellers chosen by the publishing houses, from German, French, English and Italian. In this way I could earn my living and by favour of the publishing houses springing up like mushrooms during the war years, I did it pretty well, so that I was even able to provide livelihood for another person. It did not hurt my self-respect that my translations were not generally published under my own name. I was even able to laugh at the clownery of politics by which they seemed to caricature themselves. To give an inkling of it: In those times the biggest success of that year, *Fuhrmann Henschel* by Gerhart Hauptmann, was performed in my translation in the Magyar Színház (Hungarian Theatre), which in those times was the second theatre of Hungary, after the National Theatre. Fuhrmann Henschel was played by Ferenc Kiss, who was then the president of the Hungarian Actor's Guild with strong pro-Nazi feelings. Ferenc Kiss knew, of course, nothing of my co-operation because the translation went under the name of my friend, the poet József Fodor. From this translation I made about one month's living, while the purses of the theatre were bulging with money after the big success. In short, during the last twelve or eighteen months of the war I had no considerable difficulties to make both ends meet; however, with the German occupation every source of income dried up immediately. Then only once I was entrusted with a translation by the Franklin Publishing House. It was the order for the translation of *Die Räuber* by Friedrich Schiller. They told me that they hoped to be able to publish it sometime and somehow. To the best of my recollection it was Emil Grandpierre, one of the literary advisers of the Franklin Publishing House, who paid me the royalties in secret.[21]

The old, well-known publishing houses which had funds at their disposal were inclined to publish foreign classic literature and works of outstanding representatives of world literature because of the favourable tendency of the book-market — the greater enthusiasm for reading which for various reasons developed during the war. However, as we said above, private motives of the publishers played also a considerable part in this upward trend. For example, the foreign books and book-series published by the Athenaeum Publishing House were far from accidental. Its manager was György Sárközi, its literary adviser was József Fodor, its outside literary advisers were Endre Kádár and László Cs. Szabó. It was here that the series "Magyarország felfedezése" (Discovery of Hungary) was edited, raising a great storm in the late 1930s: law-suits on account of subversive activities, imprisonment of writers, protests from abroad against the persecution of the writers.

The review *Nyugat* (West), true to its progressive tradition, published in 1943 *Az európai irodalom története* (The history of European literature), a work of 728 pages, by Mihály Babits; the Singer és Wolfner Publishing House — the literary director (formerly literary adviser) of which was Marcell Benedek, its manager was the painter-artist István Farkas, returned from Paris — was trying to publish beside the best-sellers new editions of the English classics and the contemporary progressive literature (e.g. Steinbeck). The Révai Publishing House issued in 1941 *A világirodalom története* (History of the world literature) in three volumes by Antal Szerb. The Révai Publishing House started during the war two series entitled *Klasszikus mesterek* (Classic masters) and *Világsikerek* (World suc-

[21] Déry, Tibor: *Emlékeim az alvilágról* (My reminiscence of the inferno). Designs by István Zádor. Békebizottságok Kiskönyvtára (Pocket library of the Commission for Peace). Budapest, 1955, pp. 5—6 and 11—13.

cesses). The Franklin published three book-series at that time: *Kétnyelvvű remekművek* (Bilingual masterpieces — Macaulay, *A regényírás mesterei* (Master-novelists — Dickens, Thackeray) and *Nagy regények, nagy sikerek* (Great novels, big successes — Sinclair Lewis). László Dormándi, manager of the Pantheon Publishing House, rendered great service by publishing several works written by Traven, the pseudonym for Ret Marut, a German revolutionary writer (sentenced to death in 1919 in Munich, who had fled to Mexico where he wrote his novels in English). His novels were the favourite readings of workmen. The Bárd Publishing House started the series *Szép írások* (Belles lettres — Maugham, Knittel) and published several books translated by György Bálint.

Soma Braun, excellent teacher, sociologist, high-level propagandist of the workers' movement, outstanding folklorist, "silent" adviser and translator of the Nova Publishing House, renowned for its capitalist-type best-sellers, induced the managers of the Nova into publishing the books written by Upton Sinclair, who had been proclaimed communist. Nova published also *Anti-Proudhon* by Karl Marx, translated by Soma Braun.

Around the renowned left-wing publisher Imre Cserépfalvi gathered the partisans of the progressive literature — though belonging to various groups: communists, left-wing social-democrats, rural sociologists and bourgeois liberals, all forming so to say a common front against the penetration of the Nazi spirit. Among Cserépfalvi's literary advisers we find Attila József, Ferenc Földes, András Hevesi, Miklós Radnóti, Ferenc Vághidi. Between 1936 and 1941 Cserépfalvi was sentenced eight times for subversive activities. In 1941 he published an anthology entitled: *Mi, európaiak* (We, Europeans).

The Bibliotheca Library also edited books of value: Shakespeare, William Saroyan, Charlotte Brontë, among others. The Officina Library launched by Imre Trencsényi-Waldapfel published chiefly classics (Plato, Sir Thomas More). It spoke to the present through the values of the past. The Vajda János Társaság (János Vajda Society) gained distinction for its series *Flora mundi* where it published among others *Poems* by Keats.

The Európa Library was an enterprise of distinction during the war years. It was founded by Pál Sándor for the propagation of left-wing books. The Európa displayed its activity from 1938 to 1941. Its business agent was Lajos Szenes who had been since 1928 manager of the Népszava bookshop. In those years he smuggled many valuable books into Hungary from abroad, mostly camouflaging them by false dust-jackets. During the years of the war the Európa Library published, among others, works written by Maxim Gorkij, Lev Tolstoy, Upton Sinclair, and distributed them in tobacco-shops and the news-vendors on the street corners. Its slogan was: Noble literature at a low price (Fig. 6).

In those years there were many ephemeral publishers and small printing offices embarking on the edition of valuable works of literature. The Epocha Publishing Enterprise founded by Sándor Benamy published e. g. *Mammonart* by Upton Sinclair.

The Renaissance Publishing House managed to publish only a small number of books, among others *Napoleon* by Tarlé, sequestrated by the authorities immediately after its publication for its historical analogy. In 1944 it published the 5th edition of *World's End* by Upton Sinclair.

István Oravetz, a self-sacrificing man, belonging to the workers' movement, was the promoter of the Cronos Library and the Phönix Publishing House, the editor of the illegal review *Új Harcos* (New combatant) and the

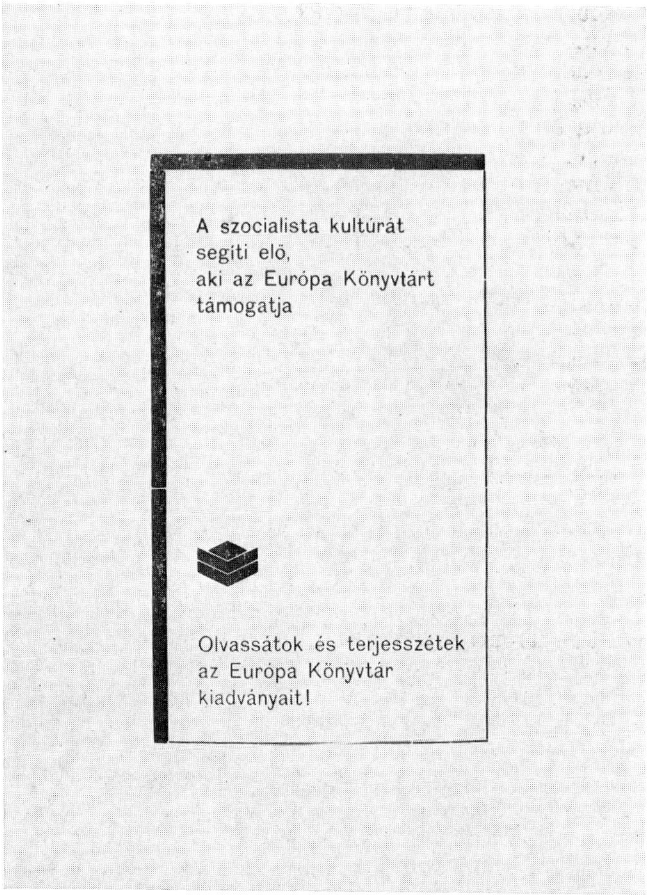

Fig. 6. Advertisement of the Európa

colporteur of some left-wing books. He launched the series *Klasszikus írások* (Classic writings) in order to establish the legality of his publishing house. He published the book written by John Stuart Mill mentioned above.

Valuable works were published sometimes by short-lived publishers, or by small left-wing printing offices, e.g. one work by Sinclair Lewis and one by Theodore Dreiser by the Klein Printing Office; some left wing works were published by the typographer Imre Faragó in his printing office in Kispest with the help of the poet Ferenc Mátyás. In 1942, e.g., the small volume of verses entitled: *A nép nevében* (In the name of the people) by Attila József and Gyula Illyés with an introduction by Miklós Kovalovszky was published, but seized by the police. The Anonymus Publishing House published in 1943 a novel by Allen Hervey and in 1944 a novel by Ilf–Petrov with the Hungarian title *Szovjetmilliomos* (Millionaire in the Soviet Union) and *The Kreutzer Sonata* by Lev Tolstoy. The Forrás Printing Office issued the series *A kaland klasszikusai* (Classics of the adventure story) within which appeared a story by Poe translated by Andor Tiszay, a novel by Joseph Conrad also revised by Tiszay, and one by Bret Harte in Ödön Palasovszky's translation.

While in Germany the best part of world literature and consequently works of English authors had since 1933 been burnt and destroyed according to lists set up for this purpose, in Hungary the number of translations from English was gradually increasing between 1939 and 1944. In Hungary, allied to the Nazis, these translations got into the hands of the reading public in new editions and had a wide circulation.

The Hungarian regime shifted more and more to the right while, in the meantime, government bodies (e.g. the Office for the Control of Foreign Publications, the Ministries) and political and economic interests were in opposition behind the scenes.

The leading circles officially took sides against the infiltration of "liberal plutocratic" ideas and for the publications proclaiming the principles of the so-called Third Empire — while the reading public did not want the German but the western bourgeois, western progressive literature.

By the press-law of 1938 the best of the Hungarian writers were excluded from the Hungarian literary life (György Bálint, Soma Braun, Tibor Déry, András Hevesi, Zoltán Keszthelyi, Miklós Radnóti, Pál Sándor, György Sárközi, István Száva, Antal Szerb), whereas the publishing houses asked them to translate officially persecuted works (e.g. works written by Chesterton, Joseph Conrad, Galsworthy, Kipling, D. H. Lawrence, Maugham, Shaw, Swinburne, Waugh, Wells, V. Woolf) which had been put on the German black-list.

Though one government relieved the other shifting more and more to the extreme right, the Hungarian book publishing business did not throw its lot with fascism. In Hungary only very few fascist belletristic books were edited (books written by Kálmán Sértő or even by the extreme rightists, the arrow-cross men, Dövényi and his associates — but in their case we cannot speak about 'belles-lettres'). Those which were edited were published by extreme right-wing publishing houses, e.g. Stadium, organized especially for this purpose.

History's lessons taught us that the power of human thought, the truth once pronounced and written down, the justice robed in artistic garments have proved to be always victorious.

MITARBEITER DES BANDES

Dr. Csaba Csapodi, 1082 Budapest, Üllői út 46
Dr. Róbert Dán, 1055 Budapest, Balassi Bálint u. 2/b
Dr. Lajos Demény, Bucureşti, 63, Bd. Aviatorilor 1
Dr. Béla Dezsényi †
Dr. Sándor Dörnyei, 1012 Budapest, Attila út 131
Herbert Exenberger, 1010 Wien, Wipplingerstraße 6-8
Adrienne Fodor, 1146 Budapest, Dózsa György út 29
Dr. Lívia Gramada, Cluj-Napoca, Str. Dobrogeanu-Gherea No. 16
Dr. György Hölvényi, 1121 Budapest, Martonlaki u. 19
Dr. Eugen Klementis †
Dr. Jaroslav Kolár, Praha 6, Na Kvitusce 8
Dr. Györgyi Markovits, 1012 Budapest, Attila út 91
Dr. László Mezey, 1118 Budapest, Somlói út 22
Dr. Sándor Scheiber, 1081 Budapest, Kun u. 12
Dr. József Spielmann, Tîrgu Mureş, Str. Gheorghe Marinescu 38
Dr. Piroska D. Szemző, 1083 Budapest, Tömő u. P/2 II. 2
Dr. Karola L. Szini, Tîrgu Mureş, Piaţă Trandasirilor 9
Pál Timkovics, 1066 Budapest, Jókai u. 38
Dr. Zsolt Trocsányi, 1027 Budapest, Lipthay u. 7
Dr. András Vizkelety, 1053 Budapest, Fejér György u. 4

NAMENVERZEICHNIS